Kirsten Süselbeck/Ulrike Mühlschlegel/Peter Masson (eds.)
Lengua, Nación e Identidad.
La regulación del plurilingüismo en España
y América Latina

BIBLIOTHECA IBERO-AMERICANA

Publicaciones del Instituto Ibero-Americano
Fundación Patrimonio Cultural Prusiano
Vol. 122

BIBLIOTHECA IBERO-AMERICANA

Kirsten Süselbeck/
Ulrike Mühlschlegel/Peter Masson (eds.)

Lengua, Nación e Identidad.

La regulación del plurilingüismo en España y América Latina

Iberoamericana Vervuert

2008

Bibliografic information published by Die Deutsche Nationalbibliothek
Die Deutsche Nationalbibliothek lists this publication in the Deutsche
Nationalbibliografie; detailed bibliografic data are available on the Internet at
http://dnb.ddb.de

© Iberoamericana 2008
Amor de Dios, 1
E-28014 Madrid
info@iberoamericanalibros.com
www.ibero-americana.net

© Vervuert Verlag 2008
Elisabethenstr. 3-9
D-60594 Frankfurt am Main
info@iberoamericanalibros.com
www.ibero-americana.net

ISSN 0067-8015
ISBN 978-84-8489-370-7
ISBN 978-3-86527-393-2
Depósito Legal: S. 1.359-2008

Diseño de la cubierta: Michael Ackermann
Ilustración de la cubierta: "México Máscara"
© Ramiro de Santiago Márquez

Composición: Anneliese Seibt, Instituto Ibero-Americano, Berlín
Este libro está impreso íntegramente en papel ecológico blanqueado sin cloro
Impreso en España

Índice

Ulrike Mühlschlegel/Kirsten Süselbeck

Introducción

El tema de la pluralidad lingüística ha llegado a ser una de las principales preocupaciones de la Lingüística y de las Ciencias Políticas, Sociales y Culturales en los últimos decenios. El hecho no sorprende, ya que en la era de la "globalización" las lenguas llegan a ser –una vez más en la historia de la humanidad– un campo de batalla: por un lado, las posibilidades de convivencia internacional abren amplios espacios de comunicación que exigen la reducción de la diversidad lingüística, por otro, el temor de perder la orientación en un mundo complejo reclama un espacio seguro de identidad y diferenciación cultural. La vida moderna se sitúa hoy por tanto entre dos polos conflictivos: unidad y diversidad.

En las luchas de carácter social, político e ideológico creados por esta situación, juegan un papel importante las políticas lingüísticas: mientras que por un lado las políticas regionales y nacionales combaten por la supervivencia, la promoción y el prestigio de las lenguas menos difundidas, por otro, la economía, la política global y también los hablantes (incluso los lingüísticamente marginalizados) no siempre reconocen la necesidad de mantener las barreras comunicativas que el multilingüismo conlleva. En este marco, la lucha por las lenguas es una lucha por el poder y una lucha por su definición como símbolo de culturas, de naciones y de identidades.

La relación entre la lengua por un lado y la cultura, la nación y la identidad por otro tiene una larga tradición en los pensamientos filosóficos y lingüísticos. Las lenguas han servido a los grupos para marcar diferencias hacia el exterior y crear la ilusión de homogeneidad hacia el interior. En los escritos de Condillac y Herder, surgió el concepto de "genio de la lengua", el cual cobra su sentido solamente en la relación de este "genio" con el "carácter especial" del "pueblo", de la "cultura" o de la "nación". El tema nuevamente descubierto de la relación entre lengua e identidad (cultural, nacional...) es por tanto una vieja constante en los discursos sobre lengua. Es más: la constitución de la identidad del grupo es una de las principales razones por las cuales se producen discursos que reflexionan sobre la lengua.

La ciencia misma, sobre todo la lingüística, es uno de los lugares de donde estas reflexiones surgen. Sobre todo aquellas ramas donde se tratan temas de política lingüística llegan a dar tarde o temprano con el tema de la identidad. Así por ejemplo, en la Lingüística, el Círculo de Praga, en sus teorías sobre la cultura lingüística, formuló no solamente sus preocupaciones por la lengua checa sino también su interés por la constitución de una identidad nacional. También el movimiento acerca del *language planning* que se constituyó en los años 60 alrededor del sociolingüista Joshua Fishman no solamente reclama la promoción de lenguas (sobre todo minoritarias) sino también la revitalización o salvación de la identidad cultural que éstas representan.[1]

Como reflexión sobre (o incluso crítica hacia) la actitud de este grupo de lingüistas, que es la de intervenir en las batallas lingüísticas con planificaciones realizadas por ellos mismos como expertos en el campo de la lingüística, surgió un nuevo movimiento que se propuso analizar las implicaciones sociales y culturales y los intereses políticos y/o económicos que toda política lingüística entraña ocupándose de lo que ellos llaman "ideologías lingüísticas" *(language ideologies).*[2]

Una de las premisas principales de este movimiento es la idea de que el análisis sociolingüístico de los procesos de política lingüística debe partir de los *debates* que tienen lugar en la sociedad sobre la lengua (véase sobre todo Blommaert 1999b: 8-12). El punto de partida

---

1 Así, el concepto *language planning* fue definido por primera vez en 1959 por Einar Haugen en un ensayo sobre los intentos de Noruega de convertir la lengua noruega en un adecuado instrumento de expresión de la identidad nacional. El movimiento surgió a raíz de las investigaciones de Haugen. Aparte de Fishman son representantes importantes: Jiří Neustupný, Moshe Nahir, Björn Jernudd y Jyotirindra das Gupta.

2 Las principales publicaciones de este movimiento son Joseph/Taylor (1990), Schieffelin/Woolard/Kroskrity (1998), Blommaert (1999a), Kroskrity (2000b), Gal/Woolard (2001). Con el término de ideologías lingüísticas el grupo se refiere a esquemas explicativos de fenómenos lingüísticos que son influenciados por ciertos intereses del grupo que los produce: "[...] language ideologies represent the perception of language and discourse that is constructed in the interest of a specific social or cultural group", explica por ejemplo Kroskrity (2000a: 8), y Gal/Irvine aclaran: "[...] we call these conceptual schemes ideologies because they are suffused with the political and moral issues pervading the particular sociolinguistic field and are subject to the interests of their bearers' social position" (Gal/Irvine 2000: 35, cursiva de Gal/Irvine).

son por tanto textos y, en una visión más amplia, discursos que tratan cuestiones lingüísticas, entre ellos el discurso de la lingüística misma. A partir de ahí se intentan reconstruir los intereses político-culturales y económicos que los diversos actores de los debates persiguen. Se saca así a la superficie el hecho de que la política lingüística juega un papel importante en una más amplia lucha entre diferentes poderes de política regional, nacional e internacional.

En las ciencias que se ocupan del ámbito cultural hispánico el análisis de las ideologías lingüísticas ha tenido repercusión sobre todo a través de los estudios de Kathryn A. Woolard (1998), Clare Mar-Molinero (2000; 2006), y José del Valle/Luis Gabriel-Stheeman (2002; 2004). En Alemania, además, los estudios de la *Leipziger Forschungsgruppe Soziolinguistik* versaron en los años 90 alrededor de las implicaciones políticas de los debates sobre las lenguas románicas (Bochmann et al. 1993).

Sin embargo, queda todavía mucho por investigar en esta área, sobre todo considerando la importancia que tiene el tema del multilingüismo y su regulación en el espacio lingüístico del español.

En España nos encontramos por un lado con la lucha por la expansión del catalán, del vasco y del gallego como lenguas regionales y por el otro con el apoyo del español, el cual se encuentra en vísperas de un enorme éxito internacional. Ambos son apoyados, respectivamente, por la política nacionalista regional o centralista.

Latinoamérica comprende un espacio comunicativo de un multilingüismo espectacular, el cual plantea problemas pero también oportunidades para el área. Solamente en los últimos dos decenios se ha empezado a tener en cuenta seriamente la situación plurilingüe en los programas políticos y educativos. Por el otro lado nos encontramos, igual que en España, con una creciente voluntad de promocionar el español como lengua de cultura común, y en este margen también con deseos de una política purista que se expresa sobre todo en una actitud crítica ante el contacto lingüístico con el inglés.

En Estados Unidos, el español tiene cada vez un mayor peso por causa de los inmigrantes hispanoparlantes. Ante este hecho se abre un campo de batalla entre los defensores de un monolingüismo estadounidense en inglés (como el movimiento *English Only*) por un lado y las organizaciones de inmigrantes que reclaman una educación bilingüe por el otro. Intervienen en la lucha además los gobiernos de países hispanoparlantes, sobre todo España, que tienen intereses (económicos) en la expansión del español en Estados Unidos.[3]

Para informar y debatir sobre estos diversos campos de batalla y sobre los mecanismos de política lingüística, sus discursos y sus relaciones con la realidad social y política, se celebró en Berlín en el Instituto Iberoamericano del 2 al 4 de junio de 2005 el Coloquio Internacional *Relaciones entre Lengua, Nación, Identidad y Poder en España, Hispanoamérica y Estados Unidos*. Este tomo reúne las ponencias de los participantes de este coloquio. Los investigadores proceden de diferentes áreas científicas: Lingüística, Pedagogía, Antropología, Etnología y Sociología. Aparte de tratar cuestiones generales de política lingüística, los artículos se ocupan de las más diversas regiones: España y sus autonomías, Latinoamérica (sobre todo Guatemala, Bolivia, Ecuador, Perú, Paraguay y Argentina), así como Norteamérica (Estados Unidos y Canadá). Se encuentran además ejemplos de Asia y de los ruso-alemanes así como alusiones a discursos históricos en Alemania, Francia e Italia.

El interés de los textos se centra en tres cuestiones fundamentales:

– ¿Cuáles son los fines (explícitos e implícitos) de las políticas lingüísticas en las diferentes áreas? ¿Qué medidas se toman y tomaron a lo largo de la historia?
– ¿Qué tipo de discurso difunden las políticas lingüísticas para justificar y alcanzar sus fines? ¿Qué definición de la relación entre lengua y nación y lengua e identidad se expresa en ellos?
– ¿Cuál es la relación entre las medidas y los discursos y la realidad social, cultural, política y económica de las regiones o países en los cuales se llevan a cabo? ¿Qué grupos se ven involucrados y cuáles son sus intereses?

Los artículos analizan los discursos de política lingüística producidos por instituciones, organizaciones y/o hablantes (muchas veces partiendo de sus conceptos pilares), presentan las medidas, los procesos, sus consecuencias y resultados, así como su fondo histórico, político y cultural.

Todos los investigadores parten de una visión crítica de una definición esencialista de la lengua y su relación con la identidad de gru-

---

3   Véase en relación a este tema Valle (2005).

pos sociales, regionales, nacionales o culturales y son conscientes de la instrumentalización ideológica de tales interpretaciones. Tanto "lengua" como "identidad" y el concepto de "nación" son vistos como productos culturales que se constituyen a partir de nuestros actos, los cuales a su vez se organizan según la definición que se da de ellos en los discursos. Lejos de ser realidades constantes, aparecen por tanto como ideas dinámicas, mutables e híbridas.

El artículo de **Klaus Zimmermann** titulado *Política lingüística e identidad: una visión constructivista* parte de esta definición híbrida y dinámica del concepto de identidad. Analiza algunos discursos ejemplares desde el siglo XIII hasta la actualidad que definen a lengua e identidad como constructos y critica al mismo tiempo las visiones esencialistas. La perspectiva constructivista, sin embargo, no se interpreta como obstáculo para la justificación de políticas que persiguen la revitalización de lenguas. Al contrario: puede ayudar a desarrollar planificaciones adecuadas según los contextos multilingües más diversos.

El ensayo de **Dirk Geeraerts** titulado *The Logic of Language Models: Rationalist and Romantic Ideologies and their Avatars*, partiendo de discursos de la Ilustración y del Romanticismo, esboza cuatro modelos prototípicos de estandarización lingüística: un modelo ilustrado-racionalista, un modelo romántico y los modelos postnacionalista y postmoderno. Todos los modelos juegan un papel importante en la argumentación a favor o en contra de la diversidad lingüística, así como en el afán de reforzar la relación entre nación y lengua.

En *Language as Identity in Language Policy Discourse: Reflections on a Political Ideology*, **Christopher Hutton** se ocupa del concepto de *oralidad* en relación con la problemática identitaria en discursos de política lingüística. Muestra que éstos parten muchas veces de la premisa de que la lengua oral materna es el fundamento de la identidad tanto individual como colectiva. Este privilegio de la oralidad se basa en la idea de que la lengua de la socialización familiar debe ser también la de la educación, la del ámbito jurídico y del gobierno así como de la administración. A partir de ejemplos, Hutton muestra que este modelo de identidad basado en la oralidad como ideología política puede tener efectos de opresión. Se revela por tanto la necesidad de cuestionar las implicaciones políticas de las ideas sobre oralidad y escritura.

Harald Weydt desarrolla en *Complex Ethnic Identities and Language* un esquema interpretativo del concepto de "identidad": según éste, la identidad es gradual, no absoluta; no es una característica estable de la persona, sino un proceso activo y dinámico; la identidad no es exclusiva sino aditiva y se constituye a través de dos procesos: identificación y adscripción; la conciencia de la propia identidad no es fija sino dependiente de la situación. Weydt aplica el esquema a la identidad colectiva de los ruso-alemanes. En *The Semantics of Ethnic Denominations: What is the Meaning of "Mexican", "American", etc.?* Weydt muestra que la diferencia conceptual entre dos identidades étnicas se puede materializar también en forma de una oposición inclusiva, como es conocida en la fonología y la semántica estructural. Como ejemplos se refiere a los *purépecha* en México así como a los estadounidenses de habla española como los *mexican-americans*.

En su artículo *¿Europeización de los conflictos lingüísticos españoles? Las Españas central y periférica ante la Carta europea de las lenguas regionales o minoritarias*, **Franz Lebsanft** vuelve su mirada hacia una nueva fase del debate sobre política lingüística en España. Analiza e interpreta informes tanto del gobierno y del *Observatori de la Llengua Catalana* así como comentarios jurídicos y otros textos procedentes de instituciones, organizaciones y expertos entre 1982 y 2004. A partir de estas observaciones se revela que la aplicación de la Carta no podrá constituir un margen adecuado para una reforma de la Constitución que signifique una salida del puro "bilingüismo constitucional".

Carsten Sinner y **Katharina Wieland** en *El catalán hablado y problemas de la normalización de la lengua catalana: avances y obstáculos en la normalización* investigan la situación actual del catalán en diferentes áreas de la sociedad y ofrecen razones y explicaciones para el escaso éxito que ha tenido la normalización. Para ello se han de tener en cuenta las peculiaridades regionales, sobre todo la situación especial en Barcelona, así como la migración de trabajo hacia Cataluña, el lenguaje juvenil (oral y, en parte, escrito) así como las condiciones específicas que se dan en la educación, el ámbito jurídico, la administración, el comercio (etiquetaje de productos) y los medios de comunicación.

Kirsten Süselbeck en *"Lengua", "nación" e "identidad" en el discurso de la política lingüística de Cataluña* analiza los conceptos de *lengua propia* y *normalización lingüística* surgidos en la lingüística catalana. Se comparan las definiciones que da Jordi Pujol (Presidente del Gobierno de Cataluña entre 1980 y 2003) y las de los lingüistas catalanes que trabajan en las instituciones de normalización lingüística. Resulta que en ambos casos las definiciones parten de la idea de una relación unidimensional e inmutable entre nación, lengua e identidad. El discurso nacionalista se sirve de ambos conceptos para propagar la idea de una nación lingüísticamente homogénea y diferenciada de otras naciones y la visión de una identidad nacional colectiva, eterna y homogénea, definida por la lengua de la nación.

Haralambos Symeonidis en *La actitud de los hablantes bilingües guaraní-castellano en la zona guaranítica del territorio argentino hacia la política lingüística de la Argentina* presenta la situación sociolingüística de las provincias Corrientes, Formosa, Chaco, Santa Fé y Misiones. La política lingüística de la Argentina, orientada todavía hacia el monolingüismo, se opone aquí a una realidad lingüística que abarca un elevado número de hablantes bilingües español-guaraní y realiza una fuerte presión sobre éstos. Muchos hablantes desarrollan actitudes negativas hacia el guaraní, lo cual llega a tener efectos de desplazamiento de esta lengua en el margen de una situación que ya en sí es diglósica.

En *Balance crítico y perspectivas de la educación bilingüe en Guatemala*, **María Jesús Vitón de Antonio** da una amplio resumen de los tres decenios de programas, medidas y problemas de la educación intercultural bilingüe para los indígenas. Sobre todo se sacan a la luz los contragolpes que han tenido que sufrir los intentos de implementar estas medidas por culpa de una política educativa neoliberal.

Silke Jansen en *La "defensa" del español en Hispanoamérica: normas y legislaciones acerca del uso de la lengua*, partiendo de textos legislativos, presenta la política lingüística de los países latinoamericanos que tiene como fin principal prevenir a la lengua española de las influencias del inglés. Esta actitud político-ideológica parte de la idea de la pureza de la lengua y reclama el uso obligatorio del español en ciertos dominios. Las medidas son acompañadas por un discurso ideológico que las justifica, o bien a partir de la definición de la lengua española como patrimonio nacional, o bien presentando la pureza como ventaja para personas menos formadas que podrían no entender las palabras y frases en lenguas extranjeras. En este último caso la política oficial se sirve de justificaciones en el nivel de la pragmática para borrar los verdaderos trasfondos ideológicos.

El ensayo de **Emili Boix-Fuster** titulado *25 años de la Constitución española. Las ideologías lingüísticas en la configuración del Estado español* muestra cómo la Constitución Española y los Estatutos de Autonomía han creado una constelación asimétrica y jerárquica, en la cual el castellano ocupa una posición hegemónica, mientras que el catalán, el gallego y el vasco se relegan a un segundo plano. El desarrollo insuficiente del multilingüismo se refleja en una representación insuficiente de las lenguas minorizadas en los órganos centrales del Estado, en las administraciones y en las instituciones del área comercial. El autor propone una alternativa pluralista que supera el centralismo.

Kathryn A. Woolard en *Language and Identity Choice in Catalonia: The Interplay of Contrasting Ideologies of Linguistic Authority* investiga los contrastes y conflictos entre dos ideologías lingüísticas que compiten en la sociedad catalana y que determinan la autoridad que se les concede a las lenguas (y al que las habla): la autenticidad y el anonimato. Aunque el catalán como lengua minoritaria se asocia más bien con la autenticidad y el castellano con el anonimato, un complejo juego de fundamentos ideológicos hace que ambos valores competan en relación a ambas lenguas. Los esfuerzos de intelectuales como por ejemplo J. R. Lodares, que ven al castellano como lengua post-nacional, lo definen como lengua de anonimato, pero al mismo tiempo se recurre también a imágenes de autenticidad de la cultura hispánica.

El ensayo *Shifting Sands: Language and Identity in North American Indigenous Communities* de **Gordon Whittaker** presenta una gran gama de actitudes y actividades en relación a los fenómenos de lengua e identidad. Oralidad y escritura, diglosia, muerte lingüística e intentos de revitalización de lenguas han tenido en los últimos 150 años las más diferentes apariencias y se relacionan a su vez con las más diversas visiones de la relación entre identidad étnica, lengua autóctona y tradiciones culturales por un lado y socialización escolar estadounidense, presión de asimilación, experiencias de marginalización social y participación en el mundo moderno y globalizado por otro.

Utta von Gleich en su artículo *Conflictos de ideologías lingüísticas en sistemas educativos: tres décadas (1975-2005) de observación y análisis en los países andinos Bolivia, Ecuador y Perú* compara diferentes programas de educación bilingüe bicultural indígena. Vislumbra las fases y el desarrollo de las determinadas políticas culturales y de educación así como las actitudes y reacciones de los alumnos indígenas y de sus padres y maestros. Además se tematizan cuestiones de planificación lingüística y las relaciones entre la lengua indígena y la identidad étnica y cultural.

Rosaleen Howard en *Language Ideologies, Identities and the Discourse of Interculturalism in the Andes* presenta los resultados de investigaciones actuales en Ecuador, Perú y Bolivia. Se basa en una concepción constructivista de las relaciones entre lengua y entorno social y parte de un método de análisis crítico de discurso *(Critical Discourse Analysis)*. En este marco se analiza la interdependencia entre concepciones de poder, *distinction* e identidad en los discursos metalingüísticos de los hablantes.

Wolf Lustig en *De la lengua de guerreros al* Paraguái ñe'ẽ: *Coyunturas del guaraní paraguayo como símbolo de identidad nacional* traza los caminos de la caracterización ideológica del guaraní paraguayo. Los primeros dos puntos culminantes de ésta fueron la *Guerra de la Triple Alianza* y la *Guerra del Chaco*: en ambas épocas históricas el uso del guaraní servía como símbolo ideológico de diferenciación de "lo paraguayo" frente a las naciones enemigas vecinas. Desde el final del siglo XX se observan intentos de promoción del uso del guaraní, el cual ahora se denomina *Paraguái ñe'ẽ*. El discurso ideológico sobre el guaraní no ha logrado, sin embargo, superar hasta ahora la situación diglósica en la cual se encuentra todavía esta lengua.

Los artículos de este volumen no contienen solamente perspectivas diversas, sino también diferentes opiniones. No se consideran una aportación "objetiva" o "neutral" al análisis de las políticas lingüísticas. Más bien la investigación de los debates lingüísticos es siempre en sí una aportación a los discursos sobre la lengua y el multilingüismo y por tanto una participación en ellos. La ciencia es en sí una actitud crítica; por consiguiente, se trata de *tomar parte*.

Damos las gracias a la *Deutsche Forschungsgemeinschaft* y a *Thyssen* por su apoyo financiero y a todos los participantes del coloquio y autores de este compendio.

Bibliografía

Blommaert, Jan (ed.) (1999a): *Language Ideological Debates*. Berlin/New York: De Gruyter.

— (1999b): "The debate is open". En: Blommaert, Jan (ed.) (1999a): *Language Ideological Debates*. Berlin/New York: De Gruyter, pp. 1-38.

Bochmann, Klaus/Brumme, Jenny/Erfurt, Jürgen et al. (eds.) (1993): *Sprachpolitik in der Romania: zur Geschichte sprachpolitischen Denkens und Handelns von der Französischen Revolution bis zur Gegenwart*. Berlin/New York: De Gruyter.

Daneš, František (1988): "Sprachkultur". En: Ammon, Ulrich/Dittmar, Norbert/Mattheier, Klaus (eds.): *Sociolinguistics. An International Handbook of the Science of Language and Society*. Vol. 2. Berlin/New York: De Gruyter, pp. 1691-1703.

Eastman, Carol (1983): *Language Planning: an Introduction*. San Francisco: Chandler & Sharp Publishers.

Gal, Susan/Irvine, Judith T. (2000): "Language Ideology and Linguistic Differentiation". En: Kroskrity, Paul V. (ed.): *Regimes of Language: Ideologies, Polities, and Identities*. Santa Fe: School of American Research Press, pp. 35-83.

Gal, Susan/Woolard, Kathryn A. (eds.) (2001): *Languages and Publics. The Making of Authority*. Manchester/Northampton: St. Jerome Publishing.

Haugen, Einar (1959): "Planning for a Standard Language in Modern Norway". En: *Anthropological Linguistics*, 1, pp. 8-21.

Joseph, John E./Taylor, Talbot J. (eds.) (1990): *Ideologies of Language*. London/New York: Routledge.

Kroskrity, Paul V. (2000a): "Regimenting Languages". En: Kroskrity, Paul V. (ed.) (2000b): *Regimes of Language: Ideologies, Polities, and Identities*. Santa Fe: School of American Research Press, pp. 1-34.

— (ed.) (2000b): *Regimes of Language: Ideologies, Polities, and Identities*. Santa Fe: School of American Research Press.

Mar-Molinero, Clare (2000): *The Politics of Language in the Spanish-Speaking World: from Colonisation to Globalisation*. London/New York: Routledge.

Mar-Molinero, Clare (ed.) (2006): *Globalization and Language in the Spanish-Speaking World: micro and macro Perspectives*. Basingstoke/Houndmills: Palgrave Macmillan.

Schieffelin, Bambi B./Woolard, Kathryn A./Kroskrity, Paul V. (eds.) (1998): *Language Ideologies: Practice and Theory*. New York/Oxford: Oxford University Press.

Valle, José del (2005): "La lengua, patria común. Política lingüística, política exterior y el posnacionalismo hispánico". En: Wright, Roger/Ricketts, Peter (eds.): *Studies on Ibero-Romance Linguistics Dedicated to Ralph Penny*. Newark: Juan de la Cuesta Monographs, pp. 391-416. (<http://www.elcastellano.org/ns/edicion/ 2006/septiembre/delvalle.html>, 08.08.2007).

Valle, José del/Gabriel-Stheeman, Luis (eds.) (2002): *The Battle over Spanish Between 1800 and 2000: Language Ideologies and Hispanic Intellectuals*. London: Routledge.

— (2004): *La batalla del idioma. La intelectualidad hispánica ante la lengua*. Frankfurt am Main: Vervuert/Madrid: Iberoamericana.

Woolard, Kathryn A. (1998): "Language Ideology as a Field of Inquiry". En: Schieffelin, Bambi B./Woolard, Kathryn A./Kroskrity, Paul V. (eds.): *Language Ideologies. Practice and Theory*. New York/Oxford: Oxford University Press, pp. 3-47.

Klaus Zimmermann

Política lingüística e identidad: una visión constructivista

1. Problema

Desde hace algunos años la idea de que los conceptos que describen fenómenos sociales deben considerarse como construcciones (sociales, discursivas, etc.) gana cada vez más adeptos. Uno de los conceptos temáticos de este encuentro, el de identidad, es uno de los más discutidos dentro de este contexto. Cabe precisar que mis planteamientos siguientes versan sobre la identidad colectiva, la identidad del nosotros. Ésta se basa en la identidad individual con la que tiene varios aspectos en común en su formación cognitiva; no obstante, conforma un fenómeno diferente y *sui generis*.

Concebir el fenómeno de la identidad como construcción significa rechazar una visión esencialista de la misma. Una visión esencialista diría que la identidad es algo dado, que los seres humanos "tenemos" identidad y, por ello, podemos "perderla". El considerar el cambio de identidad como *pérdida* de identidad conlleva una visión algo negativa tanto desde la perspectiva del afectado como desde la del observador, como se ve en el uso de la palabra "pérdida". Una visión constructivista diría que la identidad (individual y colectiva) es algo que se construye socialmente (de manera discursiva), algo que sufre cambios, algo momentáneo, altamente dependiente de las circunstancias históricas y sociales. Más que identidad debe considerarse como proceso de *identificación*, término que expresa el carácter de acto del fenómeno y que alude al hecho de que hay un protagonista del acto: sin una persona que se identifica no hay identificación. Esta visión permite enfocar los factores generales que participan en cualquier identificación y los factores que influyen en una identificación particular, abriendo un espacio de problematización y explicación del cómo y por qué de identificaciones divergentes, adversas, antagónicas etc. De hecho ya Carlos Marx propone una teoría de la identidad, cuando dice que "el ser determina a la conciencia". Sin embargo, podemos decir hoy en día que el asunto es mucho más complicado, los hechos externos no se reflejan simplemente en la conciencia, tampoco cierta condición económica se refleja en la conciencia y la identidad (por ejemplo de clase). La clase social no es un reflejo de la condición laboral, sino una construcción cognitiva igual que la conciencia de clase, no son productos automáticos ni naturales, sino cognitivos y sociales (por medio de actividades discursivas).

Concomitantemente con esta concepción muchos dicen que si la identidad es apenas una construcción, ésta se puede modificar y reconstruir en cualquier momento. Y por ello políticas destinadas a *salvar* o *defender* una identidad momentánea no tienen sentido, no pueden tener éxito reflejando una concepción romanticista, o sea, irracional. Mis planteamientos tratarán, en lo que sigue, de poner un poco de orden en esta controversia y de mostrar que la concepción constructivista de la identidad ni quita relevancia al fenómeno, ni implica un relativismo de identidades, ni es una licencia para influir a través de medidas coercitivas o ilícitas en las identidades de otros para, por ejemplo, asimilarlas.

De hecho, desde hace aproximadamente treinta años, en América Latina y en España podemos observar un cambio radical en cuanto a la política lingüística frente a las lenguas indígenas y criollas, minoritarias y, a veces, mayoritarias en sus regiones pero dominadas. De una política que tenía como meta la erradicación de estas lenguas (de manera drástica o suave, de manera directa o indirecta, de propósitos explícitos o implícitos) se cambió o se está cambiando a una de respeto e incluso de revitalización.

2. El constructivismo basado en la neurobiología

Antes de empezar cabe aclarar algo muy importante: el constructivismo es una *epistemología,* basada en la neurobiología. El constructivismo no es una teoría sobre la verdad o falsedad de aseveraciones. Su esencia consiste en que las representaciones mentales que tienen los seres humanos de la "realidad" no *son* ni *pueden ser* un reflejo objetivo de ella, sino que son construcciones del cerebro humano en las que entran muchos otros factores más que los de las características de las cosas del mundo real. En la presentación que sigue me valgo sobre todo de los planteamientos de neurobiólogos como Humberto Maturana (1980), Francisco Varela (1981), Gerhard Roth (1996; 2003), de filósofos como Ernst von Glasersfeld (1987; 2003) y Siegfried J. Schmidt (1987; 1995). Para no extenderme demasiado expondré de manera bastante abreviada los postulados del constructivismo en diez puntos principales.

1. En la percepción nuestros órganos sensoriales reciben tan sólo oscilaciones y ondas físicas. Los neurobiólogos hablan de "perturbaciones": cuando vemos una cosa, no nos llega una representación de la cosa al cerebro a través de los órganos sensoriales, sino que a éste le llegan impulsos eléctricos, que son el lazo de relación con el mundo exterior. Los órganos sensoriales (ojo, oído, tacto, olfato) *no* proporcionan una *representación objetiva* del mundo exterior en el cerebro. El cerebro es ciego y sordo. El cerebro es tan sólo capaz de registrar y combinar estas señales eléctricas.

2. Las representaciones que tenemos del mundo exterior en el cerebro son construcciones del cerebro. Estimulado por los impulsos y las percepciones difusas, el cerebro produce "construcciones de la realidad". El constructivismo no niega la existencia de una realidad extracerebral. Pero las construcciones que el cerebro hace son diferentes de esta "realidad". Esto se debe a varios factores: a) la restricción de los órganos sensoriales (no son capaces de recibir ciertos impulsos como rayos X, ciertas frecuencias de sonidos etc. y otras que tal vez ni nos imaginamos), b) la selección de los impulsos por su relevancia ego y antropocéntrica y c) por la "traducción" de los impulsos a procesamientos específicamente neuronales. Éstos son diferentes de los que se dan en la realidad. Por ello, Roth (1996: 252) distingue tres mundos diferentes:

– El mundo físico, cuya existencia tenemos que postular aunque no tengamos una representación objetiva de ella.
– El mundo de los acontecimientos neuronales en el cerebro.
– El mundo de experiencias individuales subjetivas, que es el resultado del procesamiento de las "perturbaciones" y de actividades adicionales ejecutadas sobre las señales. En este último mundo se *construye* la "realidad mental" que no es la misma que la realidad física. Y es esa realidad mental la que tiene relevancia para el ac-

tuar de los seres humanos. Actuamos en función de nuestras construcciones (de la realidad y fantasía).

Sin embargo, la construcción mental no es tan sólo una de las alteraciones posteriores a la percepción objetiva sino que afecta también a la percepción misma:

> El mundo de la percepción está construido en un sentido no trivial, ya que el ser humano descompone y divide los acontecimientos del mundo exterior en acontecimientos elementales y los recompone según criterios genéticos así como según reglas de experiencias personales. Las reglas que determinan la recomposición o construcción, no se toman del mundo exterior, sin embargo, se comprueban en confrontación con él.

> Nuestros órganos sensoriales eliminan buena parte de lo que pasa en el mundo exterior y al mismo tiempo nuestro mundo perceptivo contiene muchos aspectos que no tienen ninguna correspondencia en el mundo exterior. Ejemplos son contenidos perceptivos, pretendidamente simples como los colores y la visión espacial (los objetos de nuestro mundo no tienen color, nuestro mundo no está construido según las reglas de la perspectiva, es decir objetos que están lejos no son pequeños). Sobre todo hay que incluir en ello todas las categorías y conceptos con los que ordenamos (de manera consciente o no) el mundo, así como todo lo que nos parece significativo en la percepción (los acontecimientos en el mundo no tienen significado o importancia por sí mismos), fenómenos como *atención*, conciencia, identidad personal, conceptos, pensar y el *lenguaje*. Los seres humanos aplican estos constructos altamente complejos al mundo, pero no los deducen o derivan del mundo (Roth 1996: 252-253, traducción y cursivas de K. Z.).

3. La percepción misma no es neutral, sino que está guiada por la aplicación del fenómeno de relevancia antropocéntrica y egocéntrica (yo diría también etno- y sociocéntrica) y es selectiva. El ser humano no percibe la totalidad y pluralidad que podría percibir sensorialmente (ver, oír, sentir ...) sino que aplica un filtro específico de su especie así como también un filtro de relevancia individual y temporal. Por ello su percepción es selectiva y se enfoca según construcciones anteriores.

4. La percepción no es una percepción cognitiva racional, sino guiada, además, por el sistema límbico del cerebro donde se producen las emociones y los afectos. La percepción y la construcción constituyen un proceso integral en el cual cooperan las actividades del cerebro en el área de la corteza cerebral con las del área del sistema límbico. Afectos y emociones son acontecimientos cerebrales en el sistema límbico que producen estados como alegría, tristeza, esperanza, mie-

do, temor, estrés, agresividad, malicia, compasión, orgullo, vergüenza, admiración, odio, desprecio, simpatía, amor, bienestar, etc. El sistema límbico, sin embargo, no sólo coopera de manera contingente en el proceso de la percepción y construcción en el cerebro, sino que es determinante: "la cognición no es posible sin emoción" (Roth 1996: 211), ya que las dos partes del cerebro conforman en conjunto un

> sistema de valoración al servicio de la gestión del comportamiento [...]. La valoración se compone de la percepción afectiva y emocional, relativamente pobre en los detalles de una situación concreta por un lado y de la comparación con la memoria emocional por otro (Roth 2003: 376).

5. En los procesos de percepción de niños, los seres humanos emplean estrategias innatas y genéticas. Con cada percepción particular se acumula paulatinamente una concretización en la construcción mental de la realidad. Ésta se almacena (de manera selectiva) en la memoria. Este almacenaje no sólo se efectúa de forma aditiva de percepciones particulares, sino también de manera constructiva, es decir, por medio de la abstracción, categorización, etc. Se construye un orden de las percepciones. Este orden no es el del mundo exterior, que no está ordenado, sino está determinado "por la experiencia que adquirimos continuamente de nuevo en la confrontación con el mundo y con nosotros mismos" (Roth 1996: 261). Por ello, "la memoria es el sistema integrativo para establecer la uniformidad de la percepción" (263), comparando lo ya percibido con lo nuevamente percibido y atribuyéndolo a categorías ya existentes. Este proceso de comparación y atribución a categorías no se hace por medio de análisis exactos y pormenorizados sino de manera muy rápida utilizando rasgos característicos y salientes desde el punto de vista subjetivo de cada individuo. "Por ello, la memoria es nuestro 'órgano sensorial' más importante" en el "proceso circular de percepción, atención, reconocimiento, acción y evaluación" (Roth 1996: 263).

6. Cada cerebro efectúa su propia construcción individual de la realidad cognitiva. No debemos creer que el mismo objeto produce la misma construcción en dos cerebros diferentes por ser el mismo objeto. "El significado que damos a las señales no depende de ninguna manera de la calidad de las señales, sino de las condiciones en las que están recibidas por el receptor. *Es el receptor quien constituye el significado*" (Roth 1996: 106-107, cursiva del autor).

7. El hecho de que la construcción individual de la percepción y del significado tenga como consecuencia que la transmisión de significados de un cerebro al otro por medio de la comunicación no sea posible en sentido estricto y al cien por cien, como postularía una teoría simplista de transmisión de información. Al contrario: "[...] cada cerebro tiene que construir el significado verbal y no verbal de señales comunicativas de manera individual. Hay tantos universos semánticos como cerebros" (Roth 2003: 422). Esto tiene consecuencias inmediatas para la concepción de fenómenos centrales de la lingüística, el concepto de "lengua" y el de "comunicación".[1]

8. Los seres humanos, a pesar de este reconocimiento, tienen la impresión de que existe una transmisión de significados y comprensión cuando se comunican y que tienen lo que llamamos comúnmente un "código cumún" ("lengua"). Pero desde el punto de vista neurobiológico la comunicación no debe concebirse como la transferencia de significados idénticos, sino como "construcción mutua y paralela de significados entre dos o más interlocutores" (Roth 2003: 422). Lo que consideramos como entendimiento se efectúa de otra manera: con referencia a Humberto Maturana (1980), uno de los primeros pensadores del constructivismo radical, Roth (2003: 422-425) presupone la actuación de *áreas consensuales* en la comunicación. Por áreas consensuales se entiende: a) la capacidad de entender enunciados por intuición, b) la inscripción de los mismos esquemas de pensar, de lengua y de comportamiento en el individuo por haber nacido en una determinada cultura y sociedad, c) la misma educación escolar y formación profesional, d) experiencias individuales idénticas, hechas en las áreas descritas antes.

9. Las construcciones individuales son verificadas de manera explícita e implícita a través de su aplicación y del examen de su viabilidad en el mundo físico, en la praxis de las acciones de cada uno. A este proceso se le denomina *viabilización*. La *viabilización* es un proceso complejo en el cual interactúan todos los órganos sensoriales (por ejemplo, la construcción del espacio que no nos ofrece el ojo). La viabilización está orientada principalmente por los usos prácticos, no

---

1   Cf. los planteamientos sobre la teoría del lenguaje con base en el constructivismo en Zimmermann (2004b).

por una supuesta cognición pura. En la vida cotidiana los seres humanos se contentan con saber que algo funciona, no se busca, como en las ciencias, una verdad más profunda. Este proceso de viabilización funciona como un proceso de *trial and error*.

10. El ser humano es un ser social. Su sociabilidad constitutiva reside precisamente en la estructura y el funcionamiento del cerebro que requiere la cooperación para la supervivencia (Roth 2003: 555). Si podemos decir que hasta ahora el funcionamiento del cerebro parece hacer del ser humano un ser casi "autista", tenemos que reconocer que ha elaborado métodos e instrumentos que se enfrentan a esta condición y que sirven para reparar este "autismo" cerebral. Para garantizar su supervivencia y para conseguir metas concretas así como por necesidades emocionales tiene que juntarse con otros seres humanos. De ahí que esté obligado a tratar de *socializar* sus construcciones individuales. Podemos llamar a este proceso la *viabilización intersubjetiva*. Para efectuar la *viabilización intersubjetiva* se tiene que entablar lo que llamamos comunicación. En el primer momento de comunicación verbal el niño viabiliza sus construcciones en confrontación con las de sus padres u otras personas que comunican con él. La viabilización es una actividad cognitiva concomitante en cada acto de comunicación, se hace inconscientemente. Sin embargo, también hay momentos de *viabilización intersubjetiva* conscientes, hay actividades o partes de actividades verbales con el objetivo dominante de viabilización, hasta institucionales. Las visiones del mundo (en el sentido de Humboldt), encrustadas en la semántica cultural de las lenguas, son producto de viabilizaciones, o sea de construcciones socializadas y compartidas hasta un cierto punto por todos los miembros de un grupo étnico-cultural o de grupos subculturales.

3. Construcción de la identidad por medio de la construcción de la lengua

Con todo, tenemos que tener claro que decir que tal concepto no es idéntico con la realidad sino una construcción a partir de la percepción y del procesamiento específico que hace el cerebro humano con los estímulos sensoriales, y claro que también con la imaginación, no implica decir que los conceptos sean fortuitos y arbitrarios y cualquier concepto igualmente válido que otro. Muchas veces se oye que tal concepto no tiene arraigo en la realidad sino que es tan sólo una construcción. Esta afirmación demuestra un malentendimiento del concepto de construcción (se confunde con ficción e irrealidad) y de los planteamientos claves del constructivismo. Según éste, todos los conceptos son resultado de la construcción cognitiva. Creemos que algunos expresan la realidad más que otros, pero esta creencia es una creencia momentánea e histórica así como etnocéntrica. Teniendo en cuenta esto cabe decir que inevitablemente los seres humanos y grupos culturales actúan como si los conceptos fueran conformes a la realidad (también los constructivistas). Nuestros conceptos, a pesar de ser constructos, si están suficientemente viabilizados, adquieren un estatus de *realidad cognitiva* para nosotros. Claro que también el concepto de lengua, de lengua española, catalana, quechua, zapoteca, tupí, alemana, etc. son construcciones. Adversarios del constructivismo dirían que la diferencia entre el español y el chino no es una construcción sino que es una diferencia objetiva. Este argumento falla en dos sentidos. Primero, es obvio para todos la diferencia entre dos lenguas y, segundo, nadie explica esta diferencia no inválida a través del carácter de construcción cognitiva. Siempre debemos recordar que el constructivismo quiere explicar la actividad epistémica del cerebro. Es una construcción aceptada por todos. Vemos la variación de las construcciones en otro caso, por ejemplo la distinción de la lengua castellana de la catalana, de la gallega o de la portuguesa. En estos casos necesitamos el trabajo de especialistas (lingüistas e historiadores) y la viabilización (consenso) de los criterios de distinción o no distinción entre los especialistas para determinar si categorizamos las diferencias como suficientes para decir que son diferentes lenguas, y ello depende de todo un conjunto de otras construcciones dentro del campo de la lingüística como, por ejemplo, dialecto, variación, fonética, fonología, sintaxis, ponderación de factores, etc.

4. Las identidades siempre son construcciones

Adoptando una visión de constructivismo neurofisiológico resulta que también las *identidades* son construcciones ya que cualquier concepto mental es una construcción. En cuanto a nuestro problema, se trata del constructo de la identidad étnica-cultural incluyendo la nacional, es decir identidades colectivas. Frente a una concepción esencialista de identidad étnica hemos reconocido que también ésta es producto de una construcción, como demuestran (sin apoyarse en el constructivismo neurobiológico) Amselle (1985) y Elwert (1989a) para la formación de varias etnias, sobre todo africanas. La visión esencialista se nutría de dos aspectos, a) el origen remoto y la longevidad del fenómeno y b) la universalidad del sentimiento de pertenecer a un grupo que comparte rasgos comunes entre sus miembros (identidad) y la percepción de que los miembros de otro grupo (étnico-cultural) comparten otros rasgos (otra identidad, o alteridad). Los esencialistas, sin embargo, tomaban esto como un hecho. No se preguntaban cómo se generan y desarrollan estos factores.

Fue el descubrimiento de "actos de identidad" (Le Page/Tabouret-Keller 1985) en grupos no tan evidentes como los jóvenes o *nuevas etnias* el que nos enseñó el carácter de construcción *(avant la lettre)*. También los estudios sobre *face work* en el análisis conversacional se combinan con la visión constructivista descubriéndose en ellos mecanismos discursivos de construir la identidad (de manera interactiva) de los participantes en encuentros interactivos (Schenkein 1978). En los encuentros los interlocutores se identifican –para garantizar el buen funcionamiento de la interacción– como miembros de grupos étnicos, sociales, generacionales, religiosos, profesionales, etc. y expresan sus roles, competencias y estatuto así como *virtudes* individuales (bondad, fuerza, poder, belleza, atractividad, simpatía, carisma, etc.). Es una actividad de *identificación* y expresión de la identidad (sea actual, pasada o proyectiva) en la que se intermezclan categorías sociales e individuales. Cabe recordar que en la teoría de la construcción de identidad del análisis conversacional se recoge el importante reconocimiento de Mead (1934) de que la identidad no es un hecho del mero individuo sino un producto psicosocial: la identificación del individuo y la ratificación del otro, así como la oferta de identidades ya producidas por una cierta sociedad en un momento determinado.

En los últimos años se ha podido demostrar que también la identidad étnica es resultado de un acto de identificación ya que también ella se produce en momentos históricos y con instrumentos sociales determinados (instituciones) y sobre todo en un proceso discursivo, iniciado por algunos que logran convencer a los demás de la utilidad de su construcción. Las identidades étnicas, aun pareciendo casi naturales, muchas veces se basan en falsificaciones o interpretaciones erróneas de la historia. Sin embargo, a pesar de su falsificación, puede ser una innovación productiva (Elwert 1989a: 9).

5. La construcción de las lenguas

5.1 La construcción de las lenguas vulgares como lenguas escritas y nacionales en la historia de Europa

El reconocimiento de la diferencia de las lenguas, también de la diferencia dialectal, diatópica y diafásica, es algo muy arcaico. En el mito de Babel tenemos un testimonio de ello y un intento de explicación. Debe surgir de la experiencia de no entender el habla de otros o de percibir la distinción en algunos rasgos y su correlación con un factor externo.

Sin embargo, en la historia lingüística y en el desarrollo de las concepciones de lengua en Europa (que tuvo un impacto sobre la historia lingüística de otros continentes) los expertos del pensamiento lingüístico no se contentaron con el reconocimiento de la diversidad del hablar sino vincularon este reconocimiento con lo que hoy llamamos "identidad". El caso es sumamente interesante en el desarrollo de la percepción-construcción de la diferencia entre el latín y las lenguas neolatinas o romances en la Edad Media. El proceso de construcción de la diferencia se debe dividir analíticamente en dos procesos diferentes: a) el uso de las lenguas neolatinas, consideradas como *vulgares* (en el sentido de usadas en la vida cotidiana) y sólo orales, para usos reservados antes para el latín, es decir su uso en el ámbito de la comunicación escrita y b) la construcción teórica y consciente de estas lenguas como equivalentes al latín y su instauración como lenguas nacionales.

En el siglo XII, con el renacimiento jurídico del derecho romano en Boloña (Italia) y su praxis de glosas en lengua vulgar de textos jurídicos en latín, se desarrolló, debido a este factor determinante, el origen de dar un *nuevo valor* al italiano, y, por la expansión de esta nueva orientación (recepción y actividad de discípulos de la universidad de Boloña en varios países), la misma praxis se dio en otros países: por ejemplo, en el *Decretum* francés, el *Codi* occitano, los *Costums de Tortosa* (Cataluña), los *Furs* de Valencia, las *Flores,* el *Fuero Juzgo* y finalmente las *Siete Partidas* en Castilla. La recepción del derecho romano escrito en latín creó la necesidad de traducir palabras al italiano para la enseñanza por lo cual se anotaron las glosas al margen de los textos. De ahí surgieron cada vez anotaciones nuevas, más elaboradas y después textos enteros en las lenguas vulgares. Como sostiene Kabatek (2005):

> [...] führt die Bolognesische Renaissance zur Schaffung von romanischsprachigen Texten, die unmittelbar das Römische Recht zum Inhalt haben [...]. Zweitens bewirkt die Rezeption die Schaffung von Texten verschiedener lokaler Gewohnheitsrechte in der Volkssprache (Kabatek 2005: 110).

Cabe constatar que no se encuentra en los textos del ámbito legislativo y jurídico ninguna justificación explícita de la decisión de escribir las glosas y después los textos autónomos en lengua vulgar y no en latín. Comparto una parte de los planteamientos de Kabatek, la del desarrollo de la lengua escrita, a pesar de que la hipótesis de Kabatek reside en gran medida en la mera contemporaneidad de recepción de las ideas de Boloña y el uso de la lengua vulgar, como lo confesa él mismo:

> Die Tatsache es Auftauchens bedeutender romanischsprachiger Manuskripte im Umfeld von Orten und Personen der Rezeption des Römischen Rechts ist auffällig; teilweise setzt die elaborierte romanischsprachige Schriftproduktion in Frankreich und auf der iberischen Halbinsel praktisch zeitgleich mit der wichtigsten juristischen Rezeptionswelle ein (Kabatek 2005: 2).

> Dabei sind Vermutungen darüber, inwiefern die gelehrte Schriftproduktion in Volkssprache mit der Rezeption (der bolognesischen Schule, K. Z.) zusammenhängt, zwar spekulativ, doch lassen sich auffällige Parallelen feststellen (Kabatek 2005: 93).

Las glosas y los textos emergentes en lenguas vulgares son expresión de la ya existente conciencia de la diferencia entre latinidad y romanidad (Kabatek 2005: 4). No veo, sin embargo, una prueba de que este proceso histórico sea un *proyecto consciente* de elaboración, como sostiene el autor:

> Die Verschriftlichung ist also alles andere als ein "Verlegenheitsprodukt" derjenigen, die kein Latein konnten, sondern ein bewusster Ausbauprozess, der von den Personen mit der höchsten Bildung getragen wurde (Kabatek 2005: 6).

La elaboración y creación no fueron planificadas conscientemente, sino que fueron la *consecuencia técnica sine qua non* de escribir en lengua vulgar. Muestras de una reflexión por parte de los autores analizados del siglo XII y XIII sobre la cuestión del uso de la lengua en esta situación diglósica no se encuentran en los textos analizados por Kabatek.

Podemos resumir que a partir del siglo XII se habían creado en el uso variedades escritas y tipos de textos escritos en lenguas vulgares, no en forma de reglas gramaticales, sino en forma de praxis y en el ámbito textual de la legislación y jurisdicción, lo cual tuvo un impacto decisivo: contribuyó a la creación de una forma escriptural de varias lenguas romances y de diversos modelos textuales o géneros de prosa científica.[2]

El segundo paso, el decisivo, fue la *construcción teórica y programática*, la construcción de un nuevo *concepto de lengua*. El autor de este paso en la Europa medieval es Dante Alighieri con su tratado *De vulgari eloquentia* de 1304, como ha demostrado Apel ([1963] 1980). Fue Dante el primero en concebir la diferencia entre el *volgare* y el latín de una manera trascendental: le atribuye al *volgare* el estatus de *lingua naturalis* y al latín, lengua de la escritura de la época en la que había una diglosia entre latín y las lenguas habladas, el estatus de *lingua artificialis* con una gramática. Situándonos en la época, en la mayor parte de los países en Europa había una estabilidad diglósica viable, con las funciones de dos lenguas/variedades bien distribuidas. En la Italia de la época el *volgare*, como en el Imperio Romano tardío, concibió el *sermon vulgaris* como estilo, no como lengua diferente. Nada indica que los autores de las glosas jurídicas en Boloña, y después en otros países, consideraran la lengua vulgar como lengua diferente y no como estilo. Como ha demostrado Niederehe (1975: 82-83), en la España de Alfonso X el Sabio se reconoce la diferencia de las lenguas *romances* regionales, pero esta diferencia todavía no tiene importancia alguna en términos políticos, sino que las concibe más bien como "registros", enfocando sólo las diferencias léxicas, nunca las fonéticas o morfosintácticas. Podemos constatar, entonces, que fue Dante el que *construye* en un discurso metalingüístico y programático un nuevo campo concepcional. Buscando una lengua común para la Italia de su tiempo que no sea el latín, por ser esta lengua no entendible para todos, sino tan sólo para los eruditos, construye, a manera de

---

2   Ya Koch/Oesterreicher (1990: 200) proclaman este hecho, pero fue Kabatek (2005) quien lo demostró de manera detallada.

invención, el *volgare* como lengua diferente del latín, partiendo de su estatus de *lengua materna* frente a la de *lingua artificialis* del latín de su época.

A primera vista puede sorprender que sea precisamente en la región en la que más se asemeja la *lingua vulgaris* al latín erudito donde se construya como *lengua aparte* lo que se concebía hasta entonces como registro o estilo y no en las regiones de hablas vulgares de estirpe germánica, donde la distinción parece mucho más obvia. La respuesta práctica es la siguiente: se debe al desarrollo intelectual en el ámbito de la jurisprudencia en Boloña arriba descrito, donde se inventa una tradición de glosas escritas de textos legislativos latinos en lengua romance primero para la enseñanza, convirtiéndose éstos paulatinamente en tipos de textos autónomos (Kabatek 2005). Pero es exactamente el hecho del reconocimiento de la separación de los dos estilos en Italia el que demuestra tan claramente el carácter de construcción: el enfocar y utilizar ciertas características de un objeto para construir el objeto mismo y en este caso la atribución de un estatus que no tenía antes. Porque precisamente es la atribución de un estatus alto al *volgare* por parte de Dante la invención secular que ha tenido mayor impacto en la historia de las lenguas de Europa (y en las regiones colonizadas por Europa) hasta hoy en día.

Lo innovador en la construcción de Dante es el hecho de que se da cuenta de la variedad y del cambio de la *lingua vulgaris* y lo considera como indeseado. En un doble programa propone utilizar el volgare como lengua de la literatura e intervenir –para que esto sea factible– en el *volgare* para darle una forma adecuada a tal efecto. Proponer la *lingua vulgaris* como medio de expresión de la literatura presupone para él intervenir en ella para impedir la variación y el cambio, lo que significa darle una *grammatica* que la convirtiera en *lingua regulata* o –como diríamos hoy– en lengua estandarizada o normativizada. Como tal podría servir en el futuro de vehículo para la comunicación literaria. Sabemos que desde este momento empieza la construcción de las lenguas populares, que fueron lenguas habladas sin pocas excepciones y lenguas no dignas para otros fines, como lenguas literarias, comerciales, administrativas y finalmente científicas. El concepto de construcción aquí se usa en dos sentidos: la construcción cognitiva de las lenguas italiana, castellana, francesa, alemana, inglesa, checa, etc. como *lenguas* (y no sólo estilos) y su transformación de una multitud de *vulgaria municipalia* en un solo *vulgare illustre* para toda Italia *(Latium)*. Con estas construcciones cognitivas de Dante y después la ejecución de esta idea en forma de *gramatización* y *normativización, en España* por Nebrija,[3] se inicia paulatinamente un proceso de *construcción institucional*, en el cual entra como factor clave otra construcción: la idea de la *norma* (aspecto destacado y analizado detalladamente por Lara 2004), vinculada inicialmente con la normativización del sistema gráfico ampliado en épocas posteriores a casi todos los dominios de la lengua (vocabulario, morfología, sintaxis, pronunciación).[4] Además, se crearon en varios países instituciones (estatales o paraestatales) para ejecutar esta normativización (academias de la lengua o instituciones con funciones similares). La institucionalización de la norma produce (o reinventa o aplica por primera vez a estas hablas) tres cosas: a) la ratificación del concepto cognitivo nuevo y con ello un proceso que podemos llamar *esencialización* de tal construcción de lengua y b) un elemento adicional al concepto de lengua, la distinción entre una variedad correcta y otras no correctas y c) la idea de la posibilidad de intervención en la forma, el estatus y el uso de las lenguas. Por *esencialización* entiendo el efecto de que una construcción nos parezca la única posible y por ello esencial. Y con ello se construye la concepción de que *lengua* signifique *lengua estandarizada*. Con estas tres construcciones se desarrolla un proyecto que hoy en día llamamos *planificación del estatus y del corpus* (aspectos evidentemente interdependientes; Zimmermann 1999: 16).[5] Nos damos cuen-

---

3   Según su planteamiento (derivado de la gramática latina, como el de Dante), para que pueda funcionar un hablar como un concepto identitario (en su caso, el de Castilla) necesita estabilidad y homogeneidad. Por ello aplica el concepto de normativización como instrumento de homogenización y para impedir el cambio lingüístico a un objeto todavía no concebido como digno de intervención político-lingüística. Su propósito es: "reduzir en artificio este nuestro lenguaje castellano para que lo que agora y adelante en él se escriviere pueda quedar en un tenor, y estender se en toda la duración de los tiempos que estan por venir, como vemos que se ha hecho en la lengua griega y latina, las cuales por haver estado debaxo de arte, aun que sobre ellas an passado muchos siglos, toda vía quedan en una uniformidad" (Nebrija 1492: 100s.).
     Cabe aclarar que el concepto "lenguaje castellano" o "lengua castellana" Nebrija ya lo usa de manera natural, lo que deja entrever que era ya un concepto compartido por todos.

4   Cf. Settekorn (1988) para el caso de Francia.

5   En la *planificación del corpus* paulatinamente la normativización se ve complementada por la elaboración *(Ausbau)* explícita y artificial de la lengua. Claro está

ta de que estas actividades glotopolíticas deben entenderse como instrumentos que convirtieron una construcción innovadora y todavía débil, por no ser viabilizada a nivel general, en una construcción que se percibe como *esencial* y como un concepto que se refiere a un hecho *objetivo*.

Como se ve, la praxis del uso de las lenguas vulgares en el ámbito escrito antecede en varios países a la reflexión teórica y construcción conceptual de Dante. Ésta, sin embargo, no es una simple descripción y ratificación de la praxis sino que va más allá, la extiende a otros ámbitos del mundo de la comunicación escrita y, sobre todo, la *construye* por primera vez de manera explícita, consciente, teórica y programática en un discurso de *identidad lingüística*, con lo que inicia el proceso histórico de la esencialización de esta construcción.

5.2 El proyecto de construcción de lenguas como lenguas escritas en la actualidad en Iberoamérica

Creo que en Iberoamérica nos encontramos hoy en día en una situación similar. Tenemos en las diversas comunidades indígenas una situación diglósica (o prediglósica o posdiglósica) entre el español (y portugués) y las lenguas amerindias en la cual se asemejan las funciones y atribuciones de funcionalidad del español con el latín de la Edad Media (sin ser iguales, por supuesto) y de las lenguas amerindias con las lenguas vulgares. En los últimos veinte años experimentamos un movimiento comparable (tal vez copiado de la idea europea) de convertir las lenguas amerindias en lenguas de uso general en sus dominios y de abolir la prerrogativa del castellano como lengua escrita, de literatura, de la enseñanza, etc. Igual que en tiempos de Dante y posteriormente de Nebrija no había ya necesidad comunicativo-funcional del proyecto, tampoco hoy la hay en América. Se ve que la construcción de la lengua ha sido exitosa en el ámbito europeo y se ve que su éxito se debe a la vinculación con el aspecto de identidad (nacional). De la misma manera tenemos que percibir que de nuevo es un asunto de identidad. La política del lenguaje actual sigue en estos términos a

---

que hay también una elaboración "natural" en el transcurso de la comunicación, como es descrito por ejemplo por Kabatek (2005) como producto del renacimiento de Boloña. Por razones históricas la elaboración *(Ausbau)* de las lenguas amerindias hoy en día requiere una intervención explícita y artificial, evidentemente muy difícil en todos los aspectos.

este modelo europeo erradicando otro modelo europeo, el de la imposición de una sola lengua (el modelo de la Revolución Francesa).

Claro está que en Iberoamérica no se trata de crear nuevos Estados étnicamente homogéneos para cada pueblo amerindio. No se perciben en ningún caso tendencias serias de separatismo. Más bien se demanda la autonomía cultural por lo que una remonolingualización en lengua indígena se discute raramente. Al contrario, parece ganar aceptación creciente el proyecto de una estructura sociocultural de bilingüismo e interculturalidad en la que las lenguas amerindias (y en pocos casos también lenguas criollas como el Palenquero en Colombia) tengan un estatus por lo menos regionalmente cooficial.

Pero este aspecto de identidad colectiva tiene enormes consecuencias. La construcción de identidad no es un pasatiempo sino algo muy necesario para el ser humano y de grupos humanos. Si bien cada identidad concreta, la de ser español, peruano, otomí, aguaruna o mapuche, es una construcción, percibimos que cada ser humano construye una identidad. Independientemente de cómo sea ésta, es tan necesaria como comer, dormir, tener relaciones interpersonales, etc. La identidad colectiva parece ser entonces una necesidad universal, sólo su concretización varía según la formación histórica de la sociedad.

Como ya expliqué en el capítulo anterior, las dos, el concepto de lengua (histórica) como la separación de las lenguas son producto de construcciones. Como señaló Lara (2004), el proceso de construcción de la diferencia de la lengua castellana es el producto de dos construcciones, una a nivel diacrónico en contraste al latín (lengua escrita de prestigio) y la segunda a nivel sincrónico en contraste a las otras lenguas romances vecinas. En Castilla ha sido un proceso paulatino a partir de las prácticas lingüísticas de Alfonso el Sabio y consumándose con la gramática de Antonio de Nebrija. Como dice Niederehe (1975), antes de Nebrija, cuando la gente hablaba de la lengua castellana, pensaba más bien en un estilo diferente, no en una lengua diferente. La construcción "lengua castellana" no fue producto de lingüistas descriptivos, comparando hablas diversas, construyendo sistemas de lenguas y encontrando de este modo diferencias fonológicas, sintácticas, léxicas, etc. Más bien se vinculó a la construcción de la comunidad política de Castilla. Fue la identificación de la manera de hablar con una entidad política la que prestó no sólo la denominación "lengua castellana" sino también la que proporcionó un marco regional a una variación de lenguas romances (en Aragón, Castilla, Cataluña, Galicia, Portugal) todavía sin ser conceptualizado en términos ideológicos.

El repaso de la historia de las lenguas nacionales en Europa nos enseñó dos cosas: la política y planificación lingüística mediante intervención normativa, con la meta de dar a una lengua un estatus que no tuvo antes, es posible, factible en sentido técnico y ha sido exitosa. Además, no cabe duda de su legitimidad. Lo que se ha hecho en Europa y lo que es la base de la formación nacional en Europa no se puede impedir a los otros, salvo en caso de haber reconocido entretanto que no hubiera sido ventajoso, lo cual no es el caso.

A diferencia con la Europa de Dante, Nebrija, Hus, Lutero y Du Bellay nos encontramos en Iberoamérica en una situación poscolonial y de colonialismo interno en la que se siente todavía la ilegitimidad de la dominación en tantos aspectos de la vida. Por ello predomina un factor, el derecho de autodeterminación lingüística. Sin embargo, la autodeterminación lingüística no es un fin en sí, es un instrumento (entre otros, pero uno muy importante) del derecho a construirse a sí mismo como entidad colectiva. El sentido y el éxito de la planificación lingüística depende de esta voluntad, de este proyecto de construcción de una identidad colectiva. Pero como tal, una vez establecida y esencializada, se convierte en realidad cognitiva y social y los miembros del grupo y los hablantes de la lengua del grupo actúan conforme a la construcción y esto desencadena un proceso dialéctico de identificación retroactiva (asumir la historia común) y proactiva (proyectos colectivos) del individuo con la colectividad, que de manera recíproca fortalecen la identidad colectiva. Política y planificación lingüística se ven así como instrumentos de construcción de identidad colectiva.

Sin la intervención, que se caracterizó por una planificación de estatus y de corpus como dos medidas interdependientes del mismo proyecto, posiblemente estaríamos todavía hoy en una situación diglósica con un latín como variedad alta. Simultáneamente nos damos cuenta de que la misma estructura de las sociedades requiere una estructura sociolingüística de diglosia. En las lenguas europeas exvulgares, después de la eliminación del latín como variedad alta, también se han desarrollado variedades altas al lado de variedades bajas dentro del campo considerado como "misma lengua". Parece entonces

que esta distribución de variedades altas y bajas no es algo que derive
de la existencia de dos lenguas en el mismo territorio, sino que es un
resultado de la estructura de la sociedad y de las necesidades de la
comunicación (lengua escrita vs. lengua oral en combinación con la
estratificación social). También las lenguas amerindias se encuentran
frente a una situación como ésta. Germán de Granda (1981: 471), di-
sertando sobre, o, mejor dicho, en contra del purismo guaranítico en
Paraguay, afirmó que al crear un guaraní menos mezclado y más
auténtico debido a medidas de planificación purísticas, lo que algunos
han propuesto y se ha llegado a ejecutar en libros de Educación Bilingüe, se producirá una nueva diglosia intralingüística. Tiene razón el
gran maestro de los estudios de contacto de lenguas y de lenguas criollas. Sin embargo, se equivoca cuando dice que ello se debe evitar
para no fomentar la desigualdad social. Este tipo de razonamiento se
basa en un análisis incompleto (Zimmermann 2002). Los casos digló-
sicos derivados de procesos políticos de imperialismo, colonialismo o
de opresión cultural son nefastos; por ello hay que rechazar cualquier
distribución de estilos en el uso de lenguas que no tenga en cuenta que
el desarrollo de las variedades es el resultado de una diferenciación
comunicativa y social. Además piensa que el evitar la creación artificial de una variedad pura impediría el desarrollo de una diferenciación
de variedades (altas y bajas). Sabemos hoy que la creación de variedades es más bien el resultado normal de cómo funciona el lenguaje y
cómo se viabilizan las innovaciones verbales hechas por los individuos en este evento originario de pensar y expresarse para comunicar,
para determinadas funciones y en sociedades diferenciadas. La creación de variedades funcionales es inevitable cuando se tiene una división de trabajo y una diferenciación de funciones dentro de una sociedad. Lo que se puede intentar de evitar es –a nivel político– la discriminación social vinculada con el uso de las variedades, pero no la
creación de ellas si responden a una función.

Muchas veces los afectados por la planificación lingüística se que-
jan de que no entienden las palabras creadas artificialmente (sobre
todo las de neologismos intralingüísticos), de que esta nueva lengua
no es la suya y, por lo tanto, rechazan la planificación del corpus o
parte de ella. Los adversarios de todo este proyecto ven aquí una
prueba de vanidad y falsedad del proyecto mismo. Por ello, cabe decir,
a modo explicativo, que –como puede demostrar la visión constructi-

vista del lenguaje– en cualquier lengua los individuos crean constantemente nuevas expresiones y éstas son aceptadas por unos hablantes y por otros no.

Es una característica evidente del proceso de evolución de las lenguas. La diferencia con la situación en la que se encuentra la planificación de las lenguas amerindias hoy en día es que, por el estancamiento evolutivo, por la dominación política, se tiene y se quiere hacer –en un tiempo muy breve y de manera artificial– una puesta al día como recuperación. Por la situación histórica misma en Iberoamérica, predomina en esta recuperación la integración de elementos semánticos y pragmáticos elaborados inicialmente en la sociedad dominante e hispano o lusohablante (o mejor dicho –a decir verdad– de elementos de una cultura cosmopolita de impronta occidental, importada a su vez en la sociedad llamada dominante en los países iberoamericanos), lo que da la impresión falsa de que se trata tan sólo de una aculturación encubierta. No cabe duda, la planificación lingüística producirá un cambio cultural, también una planificación que se inscribe en una política de defensa y revitalización de las lenguas amerindias. Pero depende de cada nación amerindia si utiliza este material de manera pasiva y aculturadora o de manera activa, transcultural y creativa. Una cierta cantidad de las propuestas artificiales no será aceptada por los hablantes en su uso comunicativo, otras sí. No conocemos los criterios de la atractividad de las innovaciones. Pero es obvio que innovaciones artificiales, creadas fuera de un contexto comunicativo, tienen una fuerza constructivo-cognitiva menor. Por ello los planificadores deben ser conscientes de su papel e impacto restringido y que –sobre todo– la planificación lingüística no debe proponer tan sólo nuevos significantes para conceptos conocidos y nuevos significados, sino entablar una actividad de re-construcción (en el sentido constructivista) de los significados. La difusión de las innovaciones no se puede contentar con la mera difusión de significantes, sino que debe iniciar y reforzar el proceso cognitivo de construcción a nivel cognitivo. Y, claro está, en otros niveles de la lengua como de padrones sintácticos más elaborados, tal vez de elementos operativos y de la transformación de lenguas concepcionalmente habladas en lenguas concepcionalmente escritas. Pero también las innovaciones artificiales rechazadas funcionan como catalizadores para iniciar el proceso de creación originario en las lenguas: pensar y expresar en la interacción verbal.

6. Perspectivas

No cabe duda de que este proceso es muy difícil, lento y no funcionará ya al aplicar los primeros programas. Tenemos poca experiencia, tenemos que inventar estrategias, corregirlas y reempezar con otras. Es algo completamente normal. Ninguna planificación de esta índole y complejidad en la historia del mundo ha funcionado enseguida y al cien por cien conforme a las metas inicialmente establecidas. Hay casos exitosos en Europa (por ejemplo: Cataluña); en América (Québec), pero es verdad que en condiciones muy diferentes. Por ello es muy alentador el caso de los Rapa Nui (en la Isla de Pascua). Fisher, un gran conocedor de la situación lingüística de este pueblo, predecía en los años noventa del siglo XX que según todos los indicios esta lengua desaparecerá dentro de poco tiempo (Fisher 2001). El gobierno chileno había adoptado en los años noventa una nueva política lingüística que fomentaba el uso de la lengua y la educación bilingüe. Relatando estos hechos en una ponencia en mayo de 2005 en Bremen el mismo Fisher destacó un cambio fundamental entre los Rapa Nui frente a su lengua que se ve en el uso de la lengua en dominios antes dejados al español indicando el inicio alentador de la revitalización.

Bibliografía

Amselle, Jean-Loup (1985): "Ethnies et espaces: pour une anthropologie topologique". En: Amselle, Jean-Loup/M'Bokolo, Elikia M. (eds.): *Au cœur de l'ethnie: Ethnies, tribalisme et État en Afrique*. Paris: La Découverte, pp. 11-48.

Apel, Karl-Otto ([1963] 1980): *Die Idee der Sprache in der Tradition des Humanismus von Dante bis Vico*. Bonn: Bouvier [3ª edición].

Dante Alighieri ([1304] 1925): *De vulgari eloquentia*. Deutsche Übersetzung von F. Dornseiff und J. Balogh. Darmstadt: Reichl.

— (1948): *De l'art d'ecrire en langue vulgaire*. Introduction et traduction de Paul Godaert. Lovaina: Université Catholique de Louvain.

Elwert, Georg (1989a): *Nationalismus und Ethnizität: Über die Bildung von Wir-Gruppen*. Berlin: Das Arabische Buch.

— (1989b): "Nationalismus, Ethnizität und Nativismus: über Wir-Gruppen-Prozesse". En: Waldmann, Peter/Elwert, Georg (eds.): *Ethnizität im Wandel*. Saarbrücken/Fort Lauderdale: Breitenbach, pp. 21-60.

Fisher, Roger (2001): "Hispanicization in the Rapanui Language of Easter Island". En: Zimmermann, Klaus/Stolz, Thomas (eds.): *Lo propio y lo ajeno en las lenguas austronésicas y amerindias*. Madrid: Iberoamericana, pp. 313-332.

Gabbert, Wolfgang (1994): "Die Bildung neuer ethnischer Gruppierungen: das Beispiel Nicaragua". En: Greive, Wolfgang (ed.): *Identität und Ethnizität*. Rehburg-Loccum: Evangelische Akademie Loccum, pp. 137-150.

Glasersfeld, Ernst von (1987): "Siegener Gespräche über Radikalen Konstruktivismus". En: Schmidt, Siegfried J. (ed.): *Der Diskurs des Radikalen Konstruktivismus*. Frankfurt am Main: Suhrkamp, pp. 401-440.

— (2003): "Konstruktion der Wirklichkeit und des Begriffs der Objektivität". En: Foerster, Heinz von et al. (eds.): *Einführung in den Konstruktivismus*. München/Zürich: Piper, pp. 9-39.

Granda, Germán de (1981): "Actitudes sociolingüísticas en el Paraguay". En: Corvalán, Grazziella/Granda, Germán de (eds.): *Sociedad y lengua: Bilingüismo en el Paraguay*. Vol. 1. Asunción: Centro Paraguayo de Estudios Sociológicos, pp. 445-472.

Kabatek, Johannes (2005): *Die Bolognesische Renaissance und der Ausbau romanischer Sprachen: Juristische Diskurstraditionen und Sprachentwicklung in Südfrankreich und Spanien im 12. und 13. Jahrhundert*. Tübingen: Niemeyer.

Koch, Peter/Oesterreicher, Wulf (1990): *Gesprochene Sprache in der Romania: Französisch, Italienisch, Spanisch*. Tübingen: Niemeyer.

Köck, Wolfram K. (1978): "Kognition – Semantik – Kommunikation". En: Hejl, Peter M./Köck, Wolfram K./Roth, Gerhard (eds.): *Wahrnehmung und Kommunikation*. Frankfurt am Main/New York: Lang, pp. 187-213 [reimpresión en: Schmidt, Siegfried J. (ed.) (1987): *Der Diskurs des Radikalen Konstruktivismus*. Frankfurt am Main: Suhrkamp, pp. 340-373].

Lara, Luis Fernando (2004): *Lengua histórica y normatividad*. México, D.F.: El Colegio de México.

Le Page, Robert B./Tabouret-Keller, Andrée (1985): *Acts of Identity: Creole-based Approaches to Language and Ethnicity*. Cambridge: Cambridge University Press.

Maturana, Humberto R. (1980): "Biology of Cognition". En: Maturana, Humberto: *Autopoesis and Cognition: the Realization of the Living*. Dordrecht: Reidel.

Mead, George H. (1934): *Mind, Self, and Society. From the Standpoint of a Social Behaviorist*. Chicago: University of Chicago Press.

Nebrija, Antonio de ([1492] 1992): *Gramática de la lengua castellana*. Edición crítica de Antonio Quilis. Madrid: Ediciones de Cultura Hispánica/Instituto de Cooperación Iberoamericana.

Niederehe, Hans-Josef (1975): *Die Sprachauffassung Alfons des Weisen*. Tübingen: Niemeyer.

Oksaar, Els (1987): "Idiolekt". En: Ammon, Ulrich/Dittmar, Norbert/Mattheier, Klaus (eds.): *Sociolinguistics: An International Handbook of the Science of Language and Society*. Vol. 1. Berlin: De Gruyter, pp. 293-297.

Roth, Gerhard (1996): *Das Gehirn und seine Wirklichkeit: kognitive Neurobiologie und ihre philosophischen Konsequenzen*. Frankfurt am Main: Suhrkamp [5ª edición elaborada].

42   Klaus Zimmermann

— (2003): *Fühlen, Denken, Handeln: Wie das Gehirn unser Verhalten steuert.* Frankfurt am Main: Suhrkamp [nueva edición completamente reelaborada].

Schenkein, James (1978): "Identity Negotiations in Conversation". En: Schenkein, James (ed.): *Studies in the Organization of Conversational Interaction.* New York: Academic Press, pp. 57-78.

Schmidt, Siegfried J. (ed.) (1987): *Der Diskurs des Radikalen Konstruktivismus.* Frankfurt am Main: Suhrkamp.

— (1995): "El constructivismo radical: un nuevo paradigma en el discurso interdisciplinario". En: *Teoría/Crítica*, 2 (Universidad de Alicante), pp. 37-83.

Settekorn, Wolfgang (1988): *Sprachnorm und Sprachnormierung in Frankreich.* Tübingen: Niemeyer.

Varela, Francisco (1981): "Autonomy and Autopoiesis". En: Roth, Gerhard/Schwegler, Helmut (eds.): *Self-organizing Systems: an Interdisciplinary Approach.* Frankfurt am Main: Lang, pp. 14-23.

Zimmermann, Klaus (1999): *Política del lenguaje y planificación para los pueblos amerindios: Ensayos de ecología lingüística.* Frankfurt am Main: Vervuert/Madrid: Iberoamericana.

— (2002): "La amenaza de la lengua guaraní, planificación lingüística y purismo en Paraguay". En: *Thule: Rivista italiana di studi americanistici*, 12, 13, pp. 175-205.

— (2003): "Lingüísticas parciales, nacionales y transnacionales: Construcción y transgresión de fronteras". En: *Lexis*, 17, pp. 1-2 ["Homenaje a José Luis Rivarola", ed. por Cisneros, Luis Jaime et al.], tomo 1, pp. 503-527.

— (2004a): "Ecología lingüística y planificación lingüística". En: Lluís i Vidal-Folch, Ariadna/Palacios, Azucena (eds.): *Lenguas vivas en América Latina/Llengües vives a l'Amèrica Llatina.* Barcelona: Institut Català de Cooperació Iberoamericana, pp. 93-109 [Amer&Cat 11].

— (2004b): "Die Frage der Sprache hinter dem Sprechen: Was kann die Gehirnforschung dazu beitragen?". En: Graumann, Andrea/Holz, Peter/Plümacher, Martina (eds.): *Towards a Dynamic Theory of Language: A Festschrift for Wolfgang Wildgen on Occasion of his 60th Birthday.* Bochum: Brockmeyer, pp. 21-57.

Dirk Geeraerts

The Logic of Language Models: Rationalist and Romantic Ideologies and their Avatars

1. Cultural models of language variation

If language is a social and cultural reality, what are the models that shape our conception of language? Specifically, what are the models that shape our thinking about language as a social phenomenon? What are the paradigms that we use to think about language, not primarily in terms of linguistic structure (Reddy 1979), but in terms of linguistic variation: models about the way in which language varieties are distributed over a language community and about the way in which such distribution should be evaluated?

Contemporary analyses of language debates tend to answer these questions very much in terms of linguistic and social identities, but identity questions far from exhaust the topics that enter into the debates. Let us therefore widen the scope beyond the identity question: Can we identify the full spectrum of underlying cultural models that shape linguistic debates? Can we determine their internal logic? And can we specify the logic of their mutual relationships?

In this paper (which is a revised version of the first part of Geeraerts 2003), I will argue that four basic ideologies may be identified: a *rationalist* and a *romantic* one, and a *nationalist* and a *postmodern* one. The two initial ideologies are underlying, antithetically related models. The two final ones are both synthetical models, in the sense that they try to transcend the initial antithesis. For each of the models, the same set of topics will be presented: the internal logic of the model, the rhetoric that accompanies it, and an example illustrating these features. For the two synthetical models, I will also point out that neither of both is a completely happy synthesis, to the extent that tensions remain within each of them.

There are two preliminary remarks that I should make in order to situate the present paper against a wider background. The first remark places the paper in the context of my own research history. The second remark relates the paper against the tradition of ideology research.

1) The analysis is a marginal offshoot of a more central interest in empirical methods for studying linguistic variation and change. The work that I have been doing over the last ten years or so with my research group in Leuven has specifically focused on various aspects of lexical variation and change: diachronic semantics (Geeraerts 1997), the relationship between semantic and lexical variation (Geeraerts/ Grondelaers/Bakema 1994), and lexical variation within pluricentric languages such as Dutch (Geeraerts/Grondelaers/Speelman 1999). Within the latter line of research, we have been particularly concerned with the development of quantitative techniques for measuring lexical variation and processes of lexical standardization.

There are two ways, then, in which the present more or less essayistic paper links up with the more rigorous descriptive and methodological work that is my basic field of interest. For one thing, an investigation into linguistic usage needs to be complemented by an investigation into the way in which the users of the language perceive the actual situation. The cultural models that I will be talking about define, in a sense, basic language attitudes – and an adequate interpretation of language variation should obviously take into account language attitudes along with language behavior.

At the same time, both perspectives (the behavioral and the attitudinal) have links with Cognitive Linguistics. On the one hand, the attitudinal approach draws inspiration from the Cognitive Linguistic analysis of cultural models and folk theories. In fact, in line with well-known trends in cultural theory (Burke/Crowley/Girvin 2000), Cognitive Linguistics has stressed the idea that we think about social reality in terms of models – *cultural models* or *folk theories*: from Holland/ Quinn (1987) over Lakoff (1996) and Palmer (1996) to Dirven/Hawkins/Sandikcioglu (2001) and Dirven/Frank/Ilie (2001), Cognitive linguists have demonstrated how the technical apparatus of Cognitive Linguistics can be used to analyze how our conception of social reality is shaped by underlying patterns of thought.

On the other hand, the descriptive approach is a further development of the Cognitive Linguistic interest in lexical-semantic variation as represented by prototype theory. Underlying the publications mentioned above there is a logical line of development from semasiological prototype theory (Geeraerts 1997) to a model of lexical variation encompassing onomasiological variation (Geeraerts/Grondelaers/ Bakema 1994), which then further broadens to the investigation of "external", sociolectal and dialectal factors of variation (Geeraerts/Grondelaers/Speelman 1999).

2) Is there a difference between a *cultural model* and an ideology? It is a common idea in Cognitive Linguistics that the cultural models underlying reasoning and argumentation are to some extent idealized entities (see, for instance, the notion of ICM's or *Idealized Cognitive Models* as introduced in Lakoff 1987). Actually occurring phenomena and situations usually differ to a smaller or a greater extent from the models that act as cognitive reference points: the models themselves, then, are to some extent abstract, general, perhaps even simplistic, precisely because we use them to make sense of phenomena that are intrinsically more complicated.

With regard to social phenomena, this means that cultural models may turn to be not just idealized entities, but also ideological ones. Cultural models may be ideologies in two different respects: either when their idealized character is forgotten (when the difference between the abstract model and the actual circumstances is neglected), or when they are used in a prescriptive and normative rather than a descriptive way (when they are used as models of how things should be rather than of how things are). In the latter case, an ideology is basically a guiding line for social action, a shared system of ideas for the interpretation of social reality, regardless of the researcher's evaluation of that perspective. In the former case, an ideology is always to some extent a cover-up, a semblance, a deliberate misrepresentation of the actual situation, and a description of such ideologies will of necessity have to be critical.

The distinction is of course well-known in ideology research, and there is an extensive linguistic literature probing the relationship between language and ideology. There are two basic (and to some extent overlapping) approaches here: on the one hand, all forms of critical discourse analysis, as represented by Van Dijk (1998), Wodak/Meyer (2001), or Blommaert/Bulcaen (1997); and on the other, the "ideologies of language" approach, as represented by Joseph/Taylor (1990), Woolard/Schieffelin/Kroskrity (1998), and Schiffman (1996). The former approach critically analyzes any text with regard to its position in the social power play – with regard to the way, that is, in which it reproduces or counteracts existing social relations. The latter approach concentrates on how beliefs about language variation and specific linguistic varieties manifest themselves explicitly (as in language policies) or implicitly (as in educational practices), and how they interact with group identity, economic development, social mobility, political organization.

In the following pages, I will not take a critical approach, but rather start from a neutral and descriptive conception of linguistic cultural models. Rather than critically analyzing specific practices and policies as ideological, I will try to explore the underlying structure and the historical development of the competing cultural models that lie at the basis of such practices and policies as well as their critical analysis.

2. The rationalist model

In this section and the next, I will present the two basic cultural models that I think need to be distinguished if we want to get a grip on the logic of standardization debates: the *rationalist* one and the *romantic* one. I will present them in mutual contrast, showing how they are to a large extent each other's counterpart, and how they are dialectically related. In sections 4 and 5, the comparison will be further expanded, leading to the identification of two historical transformations of the basic models, in the form of a *nationalist* and a *postmodern* model.

2.1 The logic of the rationalist model

What are the characteristics that are ideally (and perhaps ideologically) attributed to standard languages? The most conspicuous feature is probably the *generality* of standard languages. Standard languages, in contrast with dialects and other restricted languages, are general in three different ways.

They are *geographically* general, in the sense that they overarch the more restricted areas of application of dialects. Further, they are *socially* general because they constitute a common language that is not the property of a single social group but that is available to all. Finally, they are *thematically* universal in the sense that they are equipped to deal with any semantic domain or any linguistic function.

More advanced domains of experience in particular (like science or high culture) fall outside the range of local dialects.

Because of their generality, standard languages have two additional features. First, they are supposed to be a *neutral* medium, with a mediating function, in an almost philosophical sense of "mediation". Standard languages, in fact, transcend social differences: they ensure that men and women from all walks of life and from all corners of the nation can communicate freely.

In that sense, they are a medium of *participation and emancipation*. Because of their neutrality and because of their functional generality, standard languages are a key to the world of learning and higher culture: functional domains par excellence for standard language use (or, reversing the perspective, functional domains that cannot be accessed on the basis of dialect knowledge alone). Perhaps even more importantly, standard languages are supposed to contribute to political participation. The possibility of free communication is a feature of a democratic political organization, in the sense of the ideal *herrschafts-freie Kommunikation* as described by Jürgen Habermas. If then linguistic standardization contributes to mutual understanding and free communication, it is a factor of political emancipation – just as it is a factor of social emancipation when it contributes to the spreading of culture and education. By contrast, if you believe in the beneficial effects of standardization, dialects are mere relics of an obscurantist social and political system that opposes democracy and emancipation.

2.2 An example of the rationalist model

In a context of postmodern ideological debunking, the positive conception of standardization implicit in the rationalist model is definitely suspect, but it is crucial for my line of argumentation that at least in the context in which it originated (that of the 18th century Enlightenment), there was a genuine positive appraisal of standardization. To illustrate, let us have a look at some excerpts from reports presented to the revolutionary Convention in France. Barère ([1975] 1794) puts matters as follows.

1) Citoyens, la langue d'un peuple libre doit être une et la même pour tous ([1975] 1794: 297). [Citizens, the language of a free people has to be one and the same for all.]

2) Les lumières portées à grands frais aux extrémités de la France s'éteignent en y arrivant, puisque les lois n'y sont pas entendues ([1975] 1794: 295). [The *lumières*, when they are brought with great difficulty to the remote corners of France, die out when they arrive there, because the laws are not understood.]

3) Laisser les citoyens dans l'ignorance de la langue nationale, c'est trahir la patrie; c'est laisser le torrent des lumières empoisonné ou obstrué dans son cours; c'est méconnaître les bienfaits de l'impri- merie, car chaque imprimeur est un instituteur public de langue et de législation ([1975] 1794: 296s.). [To maintain the citizens in their ignorance of the national language is to betray the country. It permits the torrent of the *lumières* to be poisoned or obstructed in its course. It means disavowing the blessings of the printing press, because all publishers are public teachers of the language and the legislation.]

4) Citoyens, les tyrans coalisés ont dit: l'ignorance fut toujours notre auxiliaire le plus puissant; maintenons l'ignorance; elle fait les fa- natiques, elle multiplie les contre-révolutionnaires; faisons rétro- grader les Français vers la barbarie: servons-nous des peuples mal instruits ou de ceux qui parlent un idiome différent de celui de l'instruction publique ([1975] 1794: 291). [Citizens, the allied ty- rants have said: ignorance has always been our most powerful helper. It creates fanatics, it breeds counter-revolutionaries. Let's make sure the French degrade into barbarity: let's take advantage of the badly educated peoples or of those that speak a language that is different from that of public education.]

5) Les habitants des campagnes n'entendent que le bas-breton; c'est avec cet instrument barbare de leurs penseés superstitieuses que les prêtres et les intrigants les tiennent sous leur empire, dirigent leurs consciences et empêchent les citoyens de connaître les lois et d'aimer la République. Vos travaux leur sont inconnus, vos efforts pour leur affranchissement sont ignorés ([1975] 1794: 292s.). [The inhabitants of the countryside speak only the Breton dialect. It is with that instrument of their superstitious way of thinking that the priests and the plotters keep them under their thumb, control their minds, and prevent the citizens from knowing the laws of the Re- public. Your works are unknown to them, your efforts to bring them liberty are ignored.]

The characteristics that we have attributed to standard languages (generality and communicative neutrality, emancipatory and participatory effects, opposition to obscurantism) can be easily identified in these fragments. Fragment 1) expresses the generality and uniformity of the standard language. Fragments 2) and 3) stress the emancipatory function of knowledge of the standard: citizens who only know their dialect will not understand the laws of the Republic (the assumption being, of course, that these have a liberating effect), nor will they, more generally speaking, be able to profit from the benefits brought by the printed press. Fragments 4) and 5) associate dialects more directly with counter-revolutionary obscurantism: it is suggested that priests and "tyrants" deliberately maintain ignorance by preventing the common people from acquiring the standard language.

A similar pattern can be found in the following quotes from Grégoire ([1975] 1794), who actually presents an entire educational project to the Convention to "abolish the dialects and generalize the use of the French language". (His notion of *dialect* actually includes not just the dialects of French, but also the different languages spoken in the territory of France, like German in the Alsace region, Flemish in the northern area, or Breton in Brittany.)

6) Mais au moins on peut uniformer le langage d'une grande nation, de manière que tous les citoyens qui la composent puissent sans obstacle se communiquer leurs pensées. Cette entreprise, qui ne fut pleinement exécutée chez aucun peuple, est digne du peuple français, qui centralise toutes les branches de l'organisation sociale et qui doit être jaloux de consacrer au plutôt, dans une République une et indivisible, l'usage unique et invariable de la langue et de la liberté ([1975] 1794: 302). [But at least one can standardize the language of a great nation, to the extent that all its citizens can mutually communicate their thoughts unhindered. Such an enterprise, which no people has fully achieved as yet, is worthy of the French nation, which centralizes all aspects of the social organization and which must endeavour to endorse as soon as possible, in a Republic that is one and indivisible, the sole and invariable use of language and freedom.]

7) "Il y a dans notre langue", disait un royaliste, "une hiérarchie de style, parce que les mots sont classés comme les sujets dans une

monarchie". Cet aveu est un trait de lumière pour quiconque ré-
fléchit. En appliquant l'inégalité des styles à celle des conditions,
on peut tirer des conséquences qui prouvent l'importance de mon
projet dans une démocratie ([1975] 1794: 316). ["There is in our
language", a certain royalist said, "a hierarchy of styles, because
the words are classified just like the citizens in a monarchy". This
confession constitutes a ray of insight for any thinking person. If
we apply the inegality of the styles to the inegality of the conditions under which people live, we may come to conclusions that
prove the importance of my project *(of linguistic standardization
through an educational language policy)* in a democracy.]

8) Tous les membres du souverain sont admissibles à toutes les
   places; il est à désirer que tous puissent successivement les rem-
   plir, et retourner à leurs professions agricoles ou mécaniques. Cet
   état de choses nous présente l'alternative suivante: si ces places
   sont occupées par des hommes incapables de s'énoncer, d'écrire
   dans la langue nationale, les droits des citoyens seront-ils bien
   garantis par des actes dont la rédaction présentera l'impropriété
   des termes, l'imprécision des idées, en un mot tous les symptômes
   de l'ignorance? Si au contraire cette ignorance exclut des places,
   bientôt renaîtra cette aristocratie qui jadis employait le patois pour
   montrer son affabilité protectrice à ceux qu'on appelait insolem-
   ment les petites gens. [...] Ainsi l'ignorance de la langue compro-
   mettrait le bonheur social ou détruirait l'égalité ([1975] 1794:
   303). [All members of the sovereign people are eligible for all
   positions. It is desirable that all may successively fill these positions, and afterwards return to their agricultural or industrial professions. This state of affairs yields the following alternative. If
   the positions are taken up by men incapable of expressing themselves or of writing in the national language, will the rights of the
   citizens be safeguarded by laws that are characterized by improper
   choice of words, by imprecise ideas, in short by all symptoms of
   ignorance? If on the contrary this ignorance prevents people from
   taking up office, then soon enough we will witness the rebirth of
   that aristocracy that once used the dialects to demonstrate its
   affability with regard to those that it insolently named "the small
   people". [...] Thus, ignorance of the language either compromises
   social happiness or destroys egality.]

Fragment 6) points to the communicative generality of the standard language: having a unitary language not only symbolizes the unity of the nation, but it also ensures that the citizens can freely communicate their thoughts. Fragment 7) symbolically links the absence of standardization to the pre-revolutionary situation: the existence of hierarchically ordered varieties within the language mirrors the hierarchical organization of society. Fragment 8) aptly describes the politically emancipatory function of standardization. The egalitarian ideal implies that any citizen can take part in the government of the nation; in fact, the ideal would be that all citizens successively fulfill political functions and then return to their professional environment. However, in order to be able to fulfill these functions, a thorough knowledge of the common language is necessary. People should not be prevented from taking up office by their ignorance of the language. Hence, an educational effort to ensure standardization is necessary: Grégoire is an ardent defender of the *Ecole publique* as a standardizing force.

3. The romantic model

In sections 4 and 5, I will describe the transformations that the rationalist, Enlightenment ideal of standardization goes through in the course of the last two centuries. Even in its transformed shape, however, the positive evaluation of standardization refers to one or another of the features mentioned here: a neutrally mediating communicative function, and an emancipatory and participatory effect, both of these supported by an educational system geared towards the spreading of the standard language. Such a positive evaluation contrasts markedly with the negative evaluation of standard languages in the romantic antithesis of the rationalist model.

3.1 The logic of the romantic model

The romantic conception of standardization may be easily defined in contrast with the two dominating features of the rationalist model. First, as against the emancipatory and participatory goals of the enlightened view, a romantic view will tend to point out that standard languages are themselves instruments of oppression and exclusion. At this point, of course, the analysis of standardization takes the form of an ideological criticism: it will argue that the enlightened ideals are

not often realized, and that, in fact, processes of standardization typically achieve the reverse of what they pretend to aim at. Although the
term is not often used, this type of critical discourse boils down to a
demonstration that linguistic standardization exemplifies what Hork-
heimer/Adorno (1947) called the *Dialektik der Aufklärung* – the (negative) dialectic of Enlightenment. Horkheimer and Adorno argue that
rationalist positions have a tendency to lead to their own dialectical
counterpart (in the sense, for instance, in which a growing technical
mastery of man over nature may lead to the destruction of the natural
world).

Now, if we look back at the three types of generality that standard
languages are supposed to characterize, it is easy to see that the actual
realization of the ideal may tend to contradict the ideal – which is then
a case in point of the *Dialektik der Aufklärung*.

First, standard languages are supposed to be geographically neutral, but in actual practice, processes of standardization often have
their starting-point in a specific region that is economically, culturally,
and/or politically dominant. For people in the other, outer provinces,
then, the standard language is not an impartial medium, but it rather
affirms the dominance of the leading province. Standard French, for
instance, is not just an unbiased language coming out of the blue; it is
the language of the upper and the middle classes of Paris and the Ile-
de-France, and it is associated with the role that the central province
has played since the medieval era.

Second, standard languages are supposed to be functionally general, but in actual practice, they are typically used in cultural, educational, scientific, administrative, and political contexts – at least in
those circumstances in which a language community is not entirely
standardized. Non-standard varieties may then naturally acquire additional, contrastive overtones. For one thing, if the standard language is
the language of public life, the non-standard varieties will be appreciated as the language associated with intimacy, familiarity, the personal
rather than the public sphere. For another, if the standard language
functions in typically intellectual contexts (education and science),
non-standard varieties will be invested with emotional values. For
speakers of a dialect, the dialect is often the language of the emotions,
of spontaneity, of naturalness, in contrast with the official and educational language. Ironically, the functional generality of standard lan-

guages engenders a functional specialization, separating the public sphere from the personal, and the emotional sphere from the intellectual.

Third, standard languages are supposed to be socially neutral, but in actual practice, they are typically the language of an elite. The link between an economical, cultural, or political elite and the standard language is in fact an inevitable side-effect of the functional generality of standard languages. If standard languages are typically used in cultural, educational, scientific, administrative, and political contexts, then those speakers of the language that act in these contexts will more easily learn the standard language or adopt it as their first language than speakers who remain foreign to these functions. The outsiders may then perceive the greater linguistic proficiency of the elite as a factor contributing to social exclusion. In Grégoire's view, knowledge of the standard language contributes to social mobility, but conversely, the real social distribution of standard language functions may turn the standard language into an instrument of discrimination.

We can see, in other words, how the alleged generality of standard languages actually takes the form of a series of specializations. The process of standardization takes its starting-point in the language of specific regions, specific groups of speakers, specific domains and functions, and this largely inevitable fact may subvert the very ideal that standardization was supposed to serve. When that happens, the original ideal may be critically unmasked as an ideological pretence.

Needless to say, this dialectical reversal may also affect the educational system. If the standard language is recognized as an instrument of oppression, discrimination, social exclusion, the educational system will likewise be rejected as contributing to such processes of social exclusion. Rather than seeing the school as an institution that spreads knowledge of the common language (and knowledge in general), creating possibilities for social mobility, it will then be pointed out that the educational system, relying on perhaps more than contributing to the knowledge of the language, favors those language users whose background makes them more familiar with the standard language, and thus reproduces rather than neutralizes social inequality.

But why call this critical reversal of the appreciation of the standard language a *romantic* model? Why not simply call it a *realistic* or a *critical* or an *anti-ideological* one? The reason is that this critical stance is often (though not necessarily always) accompanied by a second feature, that may be contrasted with the second characteristic of the rationalist model. That is to say, we have just seen how a critical approach questions the emancipatory, participatory conception of the Enlightenment model. But what about the second feature? What about the communicative aspects of the rationalist model?

We get a truly *romantic* model of language variation when the critical attitude towards official standards is coupled with a view of language as *expression* rather than *communication*. According to the Enlightenment perspective, languages are means of communication, and a standard language is a superior communicative tool because it is functionally general and socially neutral.

According to a romantic perspective, languages are primarily expressive rather than communicative. They express an identity, and they do so because they embody a particular conception of the world, a world view or *Weltanschauung* in the sense of Herder. The link between this well-known romantic conception of the relationship between language and thought and the standardization debate will be clear. If languages or language varieties embody a specific identity, then a preference for one language or language variety rather than another implies that the specific identity of a specific group of people is neglected or denied. Not recognizing the language is not recognizing the language users. If some language varieties are relegated to second rate status through the existence of a standard variety, then the speakers of those language varieties are denied a fundamental right: the right to express themselves in their own language – the only language, in fact, that could do justice to their individual identity, according to the romantic conception of the relationship between language and identity.

A correlate of this position is the positive evaluation of variety. Whereas the rationalist approach cherished linguistic uniformity as the symbolic expression of a free and open community in which all citizens have equal rights to speech, the romantic approach values diversity as a recognition of a fundamental respect for different identities.

In short, a fully romantic view of language variation and linguistic standardization opposes the Enlightenment view of language as communication with a view of language as the expression of an individual identity. It opposes the emancipatory and participatory rationalist ideal with a critical view of standardization as a tool of discrimination and exclusion, and it opposes the positive appreciation of education as an instrument for the dissemination of linguistic knowledge with a fundamental distrust of schools as part of a system reproducing social inequality.

3.2 An example of the romantic model

In order to illustrate the romantic model, I will not (as I did in the case of the rationalist model) use an historical example, but I would like to have a brief look at the current debate about linguistic genocide and the international position of English. In that interlinguistic form of variation, English replaces the standard language of intralinguistic variation, and minority languages threatened with disappearance replace the non-standard varieties. All the objections that a romantic approach would level against a dominating standard variety could then be applied against the international domination of English. Consider, as an example, the following excerpts from an abstract of Skutnabb-Kangas (2000) (The abstract, by the author herself, may be found on the author's homepage).

9) Indigenous peoples and minorities are the main bearers of linguistic and cultural diversity in the world – over 80% of the world's languages exist in one country only and the median language has no more than 5,000 speakers. Some of the direct main agents of linguistic (and cultural) genocide today are parts of what we call the consciousness industry: formal educational systems and the mass media. [...] The book shows that the education of most minorities and indigenous peoples in the world is organized in ways which both counteract sound scientific principles and lead to the disappearance of linguistic and cultural diversity. [...] Schools are every day committing linguistic genocide. [...] They also do it by forcibly moving children from one group (indigenous or minority) to another group (the dominant group) through linguistic and cultural forced assimilation in schools. [...] This inevitably includes a consideration of power relations. The book shows how the formal educational systems participate in maintaining and reproducing unequal power relations, here especially between linguistic minorities and others, but also more generally, and how the

ways of doing this have changed and are constantly changing, and how control and domination are resisted and alternatives are constantly created and negotiated, managed and controlled, and recreated. The deficiency-based models that are used in most minority education invalidate the linguistic and cultural capital of minority children and their parents and communities. They make the resources of dominated groups seem handicaps or deficiencies, instead of valued and validated non-material resources, or they render them invisible and therefore not possible to convert into material resources and positions of structural power. This happens just as much in global international relations and the Mcdonaldization of the world as it happens in ESL classrooms.

Regardless of whether Skutnabb-Kangas is right or not, the components of the romantic approach are conspicuously present in her statement. First, the disappearance of languages and the disappearance of cultures are equated. The very notion of *linguistic genocide* in fact invokes the extermination of an entire people (or at least culture) together with its language. As opposed to this process of forced assimilation and disappearance, different cultures have to be accepted as fundamentally equal, and diversity should be treasured as an end in itself. Second, the international dissemination of English does not lead to emancipation and participation, but rather serves purposes of international oppression, notably by multinational companies. And third, the text has explicit misgivings about the role schools play in this linguistic and cultural power play.

4. The nationalist model

In the previous pages, I have not only sketched the rationalist and the romantic model of standardization, but I have also indicated that they exhibit a specific and narrow relationship. Not only is one the counterpart of the other, but also, there is a dialectical relationship between the two, in the sense that actual processes of standardization seem to be caught in a negative *dialectic of Enlightenment* in the course of which the positive rationalist ideals tend to be subverted, thus giving way to a romantic, critical appreciation of the standardization process. This dialectical relationship, which is summarized in table 1, does not however exhaust the links that exist between the two basic conceptions.

One way of deepening the picture painted so far would be to have a look at the theoretical linguistic background of the basic models: is there a specific conception of language that goes hand in hand with either of the perspectives? It can actually be argued that 18th century theories about the origins of language complement the picture as it stands (Geeraerts 2003), but that is not the approach to be followed here.

Table 1: The rationalist and the romantic models of standardization

	the rationalist model	the romantic model
linguistic-philosophical basis	language as a medium of communication	language as a medium of expression
conception of standardization	a democratic ideal: standard language as a neutral medium of social participation	anti-ideological criticism: standard language as a medium of social exclusion
conception of language variation	language variation as an impediment to emancipation	language variation as expressing different identities

Rather, the present section and the next will have a look at two distinctive moments in the development of the competing rationalist and romantic models, in particular charting the transformations that they go through in the 19th and the 20th centuries. First, I will argue that the nationalist model of standardization that rose to prominence in the 19th century constitutes a specific blend of the rationalist and the romantic model. Further, I will have a look at the way in which our contemporary postmodern awareness influences the competition between the rationalist and the romantic model. It is an interesting question, by the way, whether the models ever occur in their purest form. Even in the examples from the French revolutionary period, a link with patriotic nationalism is present. If this is indeed the case, the models presented in the previous section are to be seen as analytic reference points, as *idealized cognitive models* in the sense of Cognitive Linguistics.

4.1 The logic of the nationalist model

Both the rationalist and the romantic model have a problem with the
level at which they should be situated. If the rationalist model is carried to its extreme, it implies the necessity of a universal, international
language. If the driving force behind standardization is maximizing
mutual communication, then a universal language that transcends all
existing language variation is to be recommended: the neutralization
of interlinguistic variation complements the neutralization of intralinguistic standardization. And of course, the ideal of a universal, ideal
language (Esperanto, Volapük and the like) is precisely the historical
realization of this consequent interpretation of the rationalist approach.

In actual practice, however, Esperantist movements and the like
remained marginal. The real level at which standardization processes
took place, lay at a lower level – that of the nation. Starting from the
Enlightenment model, there is a simple logic to this (which can, in
fact, be identified in the quotations from Barère and Grégoire that we
discussed): if standardization aims at democratic, political participation, then obviously the nation, as the ideal form of political organization, becomes the locus of standardization processes and the educational efforts supporting them. In itself, then, a link between nationalism and the rationalist view of standardization cannot come as a
surprise. Linguistic standardization is primarily standardization within
a nation, because it is within the nation that the processes of political
decision making take place that linguistic standardization is supposed
to contribute to. A terminological clarification may be useful at this
point. *Nationalism* is the political ideology in which a state, as a political organization, derives its political legitimacy from its people,
rather than from tradition, divine right, or the like. A state that lives up
to this requirement is a nation. Nationalism, in other words, claims
that any state should be a nation. The nationalist relationship between
the people and the state may be conceived of in two different ways:
according to a distinction that is customary in the literature on nationalism, we may make a distinction between civic nationalism and identity nationalism. On the one hand, *civic nationalism* is the conception
of nationalism in which the nation derives its legitimacy from the active participation of its citizens, through a system of political represen-

tation. This is the liberal, rationalist conception of nationalism. On the other hand, *identity nationalism* is the conception of nationalism in which the nation derives its political legitimacy from the cultural identity of the people. This is the romantic conception of nationalism.

Nationalism also refers to the claim and the efforts of a particular group to become a nation. Existing states are not necessarily nations according to the nationalist view: either because they do not achieve democratic legitimacy (the liberal point of view), or because they do not recognize the cultural identity of certain groups (the romantic point of view). Historically speaking, then, *nationalist movements* may be either movements trying to establish a liberal democracy, or movements claiming independence for a specific group or region. (In contemporary usage, though, the focus tends to lie more on the latter type.)

The link between nationalism and language that we described above clearly involves the liberal, rationalist version of nationalism: if the nation derives its legitimacy from the active participation of its citizens, then maximizing mutual communication through standardization is an instrument of participation. But if we turn to identity nationalism, nationalism has a similar, and maybe even stronger link with a romantic conception of language. Whereas the rationalist perspective contains a tendency towards universality, the romantic perspective has a tendency towards individuality. If carried to its extreme, the romantic conception of language variation implies that each person may have his or her own language. Just like the rationalist perspective tends to maximize communicability, the romantic perspective tends to maximize individual variation. Again, in actual practice, this is an extreme position that can hardly be realized as such. Except perhaps in the romantic admiration for the *individual voice of the poet* and the like, the romantic conception deals with the language of groups rather than with the language of individuals. The identity that is expressed by the language is the identity of a community, and the community is a nation when it acquires political autonomy. Hence the well-known romantic link between nationalism and language: see, among many others, Deprez/Vos (1998). On the one hand, language correlates with identity according to the romantic model, and on the other, nations may derive their legitimacy from the cultural identity of the people (which is not to say that all nationalism is linguistic nationalism: as is well known, the sense of identity may come from many other sources, like religion or ethnicity).

From two different angles, then, nationalism links up with language, and this recognition may be linked to the distinction between two basic types of nationalism that is often made in political theory. On the one hand, *civic nationalism* is the conception of nationalism in which the nation derives its legitimacy from the active participation of its citizens, through a system of political representation. In such a liberal, rationalist conception, the common language is the medium of participation. On the other hand, *identity nationalism* is the conception of nationalism in which the nation derives its political legitimacy from the cultural identity of the people, and language is one of the factors establishing such identity.

4.2 An example of the nationalist model

The actual alliance between both forms of reasoning may be briefly illustrated by the following quotes from Verlooy (1788). A Dutch-speaking lawyer in Brussels, which was then under Austrian rule, Verlooy argues against the growing use of French in public life and in favor of the use of the native Dutch tongue. In 1789, Verlooy played a role in the *Brabantse Omwenteling*, an (ineffective) insurrection against the Austrians. His pamphlet of 1788 may be read as the intellectual basis of his nationalist stance of the next year. But what is the role attributed to language in Verlooy's nationalism?

10) Het is zonder twyffel een goed voor eenigelyk wel ter tael en ter spraek te zyn, en zyne redens vaerdig en onbelemmert te voeren. Doch hier toe is een' zekere frankheyd noodig. Maer, gelyk by ons gezien en geplogen is, wanneer zullen wy frank zyn in die vremde tael? ([1979] 1788: 58). [Without any doubt, it is good for any person to be able to speak fluently, and to engage in conversation freely. But to achieve this a certain candour is necessary. However, as can be observed in our case, when will we obtain such candour in this foreign language?]

11) Door ons frans schynen wy van die middelbare geleertheyd en borgerlyke wysheyd af geheel het gemeyn, onze bestgemoedde en weetgirige borgers, ambachtslieden, akkermans, en onze vrouwen: die 't frans teenemael niet, of ten minsten zoo verre niet en weten,

dat-ze 't met vermaek of zonder moyelykheid konnen lezen: die daer door als als gedoemt schynen tot een' gezogte onwetendheyd ([1979] 1788: 49). [By speaking French, we separate from this common knowledge and this civic wisdom all the common people, our well-humoured and inquisitive townsmen, craftsmen, farmers, and our women: who do not know French, or at least not well enough to read it easily and efficiently, and who therefore seem to be condemned to ignorance.]

12) Voor het vaderlanderschap eener natie is zeer dienstig zoo veel eygen en bezonder te hebben als mogelyk is [...] en zelfs hoe meer een' zaek uytwendigs heeft, gelyk de tael, dragten, toneelen, godsdienst, zeker plechten; hoe meer zy de gemoederen van 't volk zal aentrekken. [...] Waerom werken wy dan om zoo bek-wamen band van vaderlanderschap, de moederlyke tael, te ban-nen? ([1979] 1788: 59s.). [For a feeling of national identity within a nation, it is useful to have as many common and specific features as possible, and these features will more readily attract the hearts of the people to the extent that they can be externally observed, like the language, the attire, the theater and the public entertain-ments, the religion. Why then do we endeavour to discard our mother tongue, which constitutes such a strong tie of patriotism?]

Quotation 10) emphasizes the individual and emancipatory perspec-tive: it is important for people to be able to express themselves freely, and this can only be guaranteed in their mother tongue. In the same vein, quotation 11) stresses the importance of a common language for an open communication within a given society and for the dissemina-tion of knowledge: the further use of French would engender an unde-sirable rupture between the middle classes and the lower classes. By contrast, quotation 12) stresses the importance of a common identity for nation-building. Both rationalist and romantic themes, in other words, may appear in the discourse of proponents of nationalist movements.

4.3 Tensions within the nationalist model

If the rationalist and the romantic model have a tendency to conver-gence on a nationalist level, this does not imply that the nationalist model is a straightforward happy synthesis of the two. It is rather the case that various tensions exist within the nationalist approach.

One obvious tension derives from the fact that the level on which nations should be constituted is not given a priori. The civic nationalism of nation states and the identity nationalism of specific ethnic or religious groups within that nation state may clash – as witnessed over and over again in the political history of the past two centuries.

Further, the tensions that exist within the original models are likely to reappear in their nationalist guise. For one thing, the rationalist model is subject to the danger of a discriminatory dialectic, and the romantic assumption of internal homogeneity may have similar oppressive side-effects. With the development of the national movements in the 19th century, in fact, the nationalist emphasis tended to fall more and more on the romantic notion of national identity. Minorities aspiring towards independence naively assume or explicitly construct an identity, and nation states may blatantly enforce a common identity, linguistic or otherwise. These processes are well known from the nationalism literature (in the line of Hobsbawm, Anderson, Gellner, Smith). For our present linguistic purposes, the crucial point is to see that this romantic nationalism reveals the paradoxes of the romantic cultural model that we identified above. The transition from the romantic model as described earlier to the nationalist model constitutes so to speak a *Dialektik der Romantik* that parallels the *Dialektik der Aufklärung*, i.e. an almost natural process through which the original romantic model becomes subverted and contradicts at least some of its own starting-points.

The paradox of the romantically inspired nationalist model, in fact, is this. On the one hand, it claims recognition of diversity, equal rights, political independence for one (linguistic) group with regard to other groups. On the other, it has to assume an internal homogeneity within that group, for the simple reason that within the romantic logic, it is the identity of the group that legitimatizes the claim for recognition. And so, the identity may have to be imposed or constructed, and dissident voices within the group may have to be stifled.

The romantic model, then, is no less prone to contradictory developments than the rationalist one. In the linguistic debate, the specific form of the romantically nationalist position is a concern for the *purity* of the language. Defending the common language against foreign influences (loan words, basically) is at the same time a defense of the cultural identity of the people. In the nationalist subversion of the initial romantic model identities are not only expressed, but they are also made permanent. Again, the link between purism and nationalism is well-known, and there is an extended literature on purism. What I would like to stress, in this respect, is less the phenomenon as such, but rather how it fits into the overall pattern that defines the paradoxical logic of the rationalist and the romantic model of language variation.

This paradoxical logic, to sum up, resides in the following points. First, although the basic models are opposites, they find a common ground in the notion of nationalism. Because the rationalist model cannot easily realize its extreme universalist claims, and because the romantic model cannot easily realize its radical individualist claims, both models meet on a middle ground where groups of people claim political identity and independence. Second, this coalescence of the models does not annihilate the tensions that exist between them: the history of the past two centuries brims with examples of conflicts between a more rationalist *Staatsnationalismus* (civic nationalism at the level of the nation-state) and a more romantic *Volksnationalismus* (ethnic or cultural identity nationalism). Third, in addition to the tensions between the models, we have to take into account tensions within each model: the rationalist model is subject to the danger of a discriminatory *Dialektik der Aufklärung*, and the romantic assumption of internal homogeneity may likewise have oppressive side-effects.

5. The postmodern model

Living as we do in the aftermath of the nationalist era, we should complete our overview of the historical transformations of the cultural models of language variation by charting what changes are brought to the debate by our post-nationalist environment.

5.1 The logic of the postmodern model

The cultural situation of the late 20th and early 21st century can best be characterized by two overlapping developments: the rise of globalization and the growth of a postmodernist awareness. Globalization is economic and political (to the extent that the growing importance of

international organisations diminishes the older importance of the
nation state). But it is also linguistic: the international spread of English almost realizes the old rationalist's dream of a universal language.

The postmodern awareness, on the other hand, resides in two features. First, the so-called *disappearance of the Great Narratives* signals a weakening of the older patterns of interpretation. There is a
great deal of suspicion with regard to the rationalist model of a
smooth, emancipatory progress as well as (and perhaps more domi-
nantly so) with regard to the nationalist model. Postmodern thinking is
the self-consciousness of the late 20th century: progress is not auto-
matic, and nationalism is dangerous. This critical attitude entails a
second feature: if the old models are no longer self-evident, a dehier-
archicalization and informalization occurs. If, for instance, the original
hierarchical ordering of high culture and low culture is rejected as part
of the old models of interpretation, then popular culture may claim
equal rights with regard to high culture. These two features imply that
postmodernism is at least to some extent a renewed form of the original romantic attitude: it renews the critical, "countercultural" attitude
with regard to the official stories, and it revives the claims for diversity.

The interesting question from our point of view is whether these
changes lead to a fundamental transformation of the cultural models
that are used to discuss language variation. With regard to the first
feature, globalization, there is a growing emphasis on the international
relationship between languages rather than the national relationship
between language varieties. The initial models of standardization are
essentially models of standard languages in comparison with dialects
or other varieties of the same language. In the nationalist era, the debate sometimes involves national languages as opposed to minority
languages, but it is only in our days that the debate concentrates on the
international relationship between different languages, viz. the relationship between English as a world language in comparison with
local, possibly endangered languages.

Now, to the extent that the position of global English is at stake,
the old opposition between rationalist and romantic attitudes receives
a new impetus. I have shown above how Skutnabb-Kangas's argumentation about the treatment of minority languages is largely situated
within what I would call a *romantic* frame. At the same time, it is not

difficult to see which form the basic pattern of a rationalist reply with regard to the position taken by Skutnabb-Kangas would probably take.

First, against the identification of language and culture, the rationalist could point to cases where the same language is unproblematically shared by different cultures, or conversely, where the same culture unites people with different languages.

Second, against the allegation that the international dissemination of English is discriminatory, the rationalist might want to stress the actual emancipatory effects of a knowledge of English. If English is indeed the key to international communication (and if, indeed, acquiring English is possible for all), then it can only be welcomed that more and more people are able to participate in that kind of communication.

At the same time, though (and this is the change that relates more directly to the rise of the postmodern awareness), the contemporary discussions seem to lead to the development of a model based on a functional differentiation between the varieties involved – an "and/and"-model rather than an "either/or"-model, so to speak. In the discussion about the international situation in particular, there is a growing recognition that *multilingualism* is a natural situation. Interestingly, the shift towards multilingualism as a (so to speak) dialectic synthesis of the opposite forces may be derived from the rationalist as well as from the romantic model. In the previous section, we saw that the shift towards nationalism fitted into the logic of both basic models, if account was taken of the "problem of levels". At this point, we can see in a similar way that a new focus on multilingualism fits in with both models.

On the one hand, a multilingual solution seems to presuppose some form of functional distribution: one language is used for a specific set of circumstances, and the other for another set of circumstances. Such a diglossic or polyglossic situational specialization is not incompatible with the original rationalist model. After all, the rationalist model is motivated by a desire to assure maximal democratic participation in what are sometimes called *secondary domains* of social life: specific, public domains of experience, to begin with higher education and political life. For the *primary domains*, beginning with the more private aspects of life, the existence of less uniform, more local language varieties does not fundamentally contradict the ideological basis of the model.

On the other hand, the postmodern twist of the romantic model entails a new attitude towards the question of personal identity. It is often said, in fact, that one of the hallmarks of the postmodern mentality is the fragmentation, or at least the pluralization of identity. People no longer experience a single personal identity, but they exhibit a number of different, possibly shifting identities, of a professional, social, ethnic, cultural nature. Different languages or language varieties may then, following the original "expressive" logic of the romantic attitude, express this fragmentation or multiplication of identities.

5.2 An example of the postmodern model

For an example of a text exhibiting the postmodern model, we turn to the *Guide for the Development of Language Education Policies in Europe* issued by the *Council of Europe* in 2003. The document defines and defends individual plurilingualism as an educational goal within Europe. Plurilingualism is introduced as in quotation 13).

13) Plurilingualism should be understood as:
    – the intrinsic capacity of all speakers to use and learn, alone or through teaching, more than one language. The ability to use several languages to varying degrees and for distinct purposes is defined in the Common European Framework of Reference for Languages (p. 168) as the ability "to use languages for the purposes of communication and to take part in intercultural action, where a person, viewed as a social agent, has proficiency, of varying degrees, in several languages and experience of several cultures". This ability is concretised in a repertoire of languages a speaker can use. The goal of teaching is to develop this competence (hence the expression: *plurilingualism as a competence*).
    – an educational value that is the basis of linguistic tolerance: speakers' awareness of their plurilingualism may lead them to give equal value to each of the varieties they themselves and other speakers use, even if they do not have the same functions (private, professional or official communication, language of affiliation, etc). But this awareness should be assisted and structured by schools since it is in no sense automatic (hence the expression: *plurilingualism as a value*).

Plurilingualism should be understood in this dual sense: it constitutes a conception of the speaker as fundamentally plural and a value in that it is the basis of linguistic tolerance, an essential element of intercultural education.

The two forms of the postmodern model are conspicuously present in the text. The romantic interpretation of postmodernism stresses the heterogeneity of identities, even for one individual: speakers are "fundamentally plural", and this plurality of identities is recognized as a value that needs to be recognized. The rationalist strand in the postmodern model reveals itself in the emphasis on the functional differentiation that may exist between languages or language varieties. We find, in other words, a double logic of multiplicity: from the romantic angle, the choice is not for one identity rather than the other, but for both (or more); and from the rationalist angle, the choice is not for one language or language variety rather than the other, but for both (or more). The rhetoric that goes with these two types of logic is one of shifting, fragmentary, flexible identities on the one hand, and one of functional differentiation on the other.

5.3 Tensions within the postmodern model

Although multilingualism would thus appear to provide a possible synthesis of the initial models, the multilingual solution does not, however, completely remove the tensions. Just like the nationalist convergence of the models in the 19th century engendered a tension between nation states and minorities, the multilingual convergence entails tensions about the exact functional and situational distribution of the language varieties. In both cases, the tension takes the form of a demarcation problem: in the nationalist model, with regard to the identitarian group that should be the basis for nation-building, and in the postmodern model, with regard to the exact functional domains that have to be distinguished and the way in which languages or language varieties are distributed over them. Even if we accept that there is a plurality of languages and language varieties, there is no natural and undisputed way of determining the territory of each of them.

A simple case in point is the current reform of higher education in Europe. The imposition of a uniform Bachelor/Master system is intended, among other things, to stimulate student mobility, and this in

turn increases the pressure to introduce English as a language of instruction at least at the Master level. But many, of course, are reluctant
to accept such a functional restriction on the original national language.

Likewise, if we start from the romantic rather than the rationalist
version of the postmodern awareness, the champions of linguistic
diversity may readily overlook the fact that the people they purport to
defend often prefer the educational and professional opportunities
provided by the non-native language (as appears to be the case, for
instance, in most African countries that are ex-colonies of Britain).
Also, romantically arguing for plurilingualism as a recognition of
different identities should take into account the fact that the opportunity to acquire a plurilinguistic repertoire is not the same for all. As
soon as this recognition prevails, the romantic attitude will have to be
complemented by such a rationalist concept as a deliberate educational policy (for instance, as recommended in the *Guidelines* of the
Council of Europe). Without such a conscious attempt to ensure equal
plurilinguistic opportunities, the plurilinguistic stance may lead to the
further discrimination of the monolingual speaker rather than to the
recognition of his or her identity.

All in all, then, we may sum up the present situation in a way that
largely parallels the summary at the end of section 4. On the one hand,
just like nationalism allowed for a coalescence between the rationalist
and the romantic model, multilingualism may constitute a point of
convergence for the post-nationalist manifestations of the models. On
the other, just like nationalism did not abolish the basic tensions between the models nor the internal tensions within the models, a multilingual model does not cancel out the tension between, for instance,
rationalistically seeing global English as a communicative and educational opportunity and romantically seeing it as a threat to diversity
and local identity. At the same time, though, we should keep in mind
that the multilingual model is only beginning to emerge, and that the
positions in the current debate have not yet crystallized as much as
they have in the older nationalism debate.

6. Overview and conclusions

We can now identify the pattern that emerges from the discussion in the previous pages. Referring to the philosophical and cultural climate of the 18th century, we have distinguished between a rationalist and a romantic basic model of linguistic standardization. Starting from a communicative conception of language, the former stresses the emancipatory function of a common language as an instrument of political and educational participation. Starting, on the other hand, from an expressive conception of language, the romantic model stresses how the imposition of a standard language may discriminate specific cultural identities. There is, then, a tension between the models to the extent that they are each other's counterpart. That tension is enhanced by the *Dialektik der Aufklärung*, the mechanism through which the implementation of the rationalist ideals may generate its own opposite.

In the successive transformations that the models undergo in the 19th and the 20th centuries, we have not only identified variants of the two models as such, but we have also indicated how the tension that exists between them reappears in different forms. Table 2 charts the various positions.

Table 2: Cultural models of standardization and their
historical transformations

	18th century: the archetypal models	19th century: the nationalist transformation	late 20th century: the postmodern transformation
the rationalist position	the common language as an instrument of political, cultural and educational participation	the nation as the basis of a liberal democracy	diversity and multilingualism as functional specialization
the romantic position	language as an expression of individual identity; the imposed standard language as a discrimination of specific identities	the nation as a focus of cultural or ethnic identity	diversity and multilingualism as the expression of fragmented and flexible identities
the tension between both positions	opposition between the models, enhanced by the *Dialektik der Aufklärung*	demarcation of relevant group: conflict between nation states and ethnic/cultural groups	demarcation of relevant functions: what is the exact shape of the functional specialization?

The late 20th century is characterized by a process of political and economic globalization that has its attitudinal counterpart in a postmodern view of the world, and that has its linguistic counterpart in the global spread of English. The debate accordingly shifts towards the position of English *vis à vis* local, possibly endangered languages. Although the process has not perhaps reached its culmination yet, the debate seems to find a new focus in the concept of individual or societal multilingualism as a way of reconciling the different positions. In the same way in which the nationalist focus of the 19th century followed logically from the initial models (through the problem of levels), the focus on multilingualism can be equally motivated on the basis of both models. For the rationalist model, multilingualism involves an acceptable functional specialization of different languages: if language is an instrument of communication, different communicative situations may require different languages. For the romantic model, multilingualism correlates with the fragmented and pluriform identity of the postmodern individual: if people may so to speak have different identities, they may use different languages to express those identities. However, the shift towards multilingualism does not eliminate the tension: the exact functional specialization of the languages involved remains a cause for conflict.

Each of these points may obviously be further developed. The identification of the models may be expanded towards a systematic map of standardization discussions, charting recurrent patterns of statements and replies. The historical sketch might be developed into a synthetic historical overview of standardization processes, standardization debates, and their relationship with linguistic theorizing. And the suggested link between models and language attitudes could lead to empirical attitudinal research. All of these possible developments, though, should contribute to a common goal: a better understanding of the underlying logic of standardization debates.

Crucial elements in such an understanding should be the following set of observations. First, dominant conceptions of language diversity form a logical pattern with both antithetical and synthetical tendencies. Second, restricting the linguistic analysis to just one or a few of the models would be an impoverishment; a discourse analysis of language debates needs to take into account the full spectrum of possible positions. Third, all models are ideological to the extent that they harbour but hide underlying tensions. Therefore, exposing one type of discourse as ideological should not imply falling prey to a different ideology: identifying the models does not equal solving the tensions.

Bibliography

Barère, Bertrand ([1975] 1794): "Rapport du Comité de Salut Public sur les idiomes". In: Certeau, Michel de/Julia, Dominique/Revel, Jacques (eds.): *Une politique de la Langue: La Révolution française et les Patois*. Paris: Éditions Gallimard, pp. 291-299.

Blommaert, Jan/Bulcaen, Chris (eds.) (1997): *Political Linguistics*. Amsterdam: John Benjamins Publishing Company.

Burke, Lucy/Crowley, Tony/Girvin, Allan (eds.) (2000): *The Routledge Language and Cultural Theory Reader*. London/New York: Routledge.

72   Dirk Geeraerts

Council of Europe (2003): *Guide for the Development of Language Education Policies in Europe: From Linguistic Diversity to Plurilingual Education*. Main version. <http://www.coe.int/lang> (Language Policies) (April 2003).

Deprez, Kas/Vos, Louis (eds.) (1998): *Nationalism in Belgium: Shifting Identities*.
Basingstoke: Macmillan.

Dirven, René/Roslyn, Frank/Ilie, Cornelia (eds.) (2001): *Language and Ideology*.
Vol. 2: *Descriptive Cognitive Approaches*. Amsterdam: John Benjamins Publishing Company.

Dirven, René/Hawkins, Bruce/Sandikcioglu, Esra (eds.) (2001): *Language and Ideology*. Vol.1: *Theoretical Cognitive Approaches*. Amsterdam: John Benjamins Publishing Company.

Geeraerts, Dirk (1997): *Diachronic Prototype Semantics*. Oxford: The Clarendon
Press.

— (2003): "Cultural models of linguistic standardization". In: Dirven, René/Frank,
Roslyn/Pütz, Martin (eds.): *Cognitive Models in Language and Thought. Ideology, Metaphors and Meanings*. Berlin: Mouton de Gruyter, pp. 25-68.

Geeraerts, Dirk/Grondelaers, Stefan/Bakema, Peter (1994): *The Structure of Lexical
Variation*. Berlin: Mouton de Gruyter.

Geeraerts, Dirk/Grondelaers, Stefan/Speelman, Dirk (1999): *Convergentie en Diver-
gentie in de Nederlandse Woordenschat*. Amsterdam: Meertens Instituut.

Grégoire, Henri-Baptiste ([1975] 1794): "Rapport sur la nécessité et les moyens
d'anéantir les patois et d'universaliser l'usage de la langue française". In:
Certeau, Michel de/Julia, Dominique/Revel, Jacques (eds.): *Une Politique de la
Langue: La Révolution française et les Patois*. Paris: Éditions Gallimard,
pp. 300-317.

Holland, Dorothy/Quinn, Naomi (eds.) (1987): *Cultural Models in Language and
Thought*. Cambridge: Cambridge University Press.

Horkheimer, Max/Adorno, Theodor W. (1947): *Dialektik der Aufklärung*. Amsterdam: Querido.

Joseph, John/Taylor, Talbot (eds.) (1990): *Ideologies of Language*. London: Routledge.

Lakoff, George (1987): *Women, Fire, and Dangerous Things. What Categories Reveal about the Mind*. Chicago: University of Chicago Press.

— (1996): *Moral Politics. What Conservatives Know that Liberals Don't*. Chicago:
University of Chicago Press.

Palmer, Gary (1996): *Toward a Theory of Cultural Linguistics*. Austin: University of
Texas Press.

Reddy, Michael (1979): "The conduit metaphor". In: Ortony, Andrew (ed.): *Metaphor
and Thought*. Cambridge: Cambridge University Press, pp. 284-324.

Schiffman, Harold (1996): *Linguistic Culture and Language Policy*. London: Routledge.

Skutnabb-Kangas, Tove (2000): *Linguistic Genocide in Education – or Worldwide
Diversity and Human Rights?* Mahwah, New Jersey: Lawrence Erlbaum Associates.

Van Dijk, Teun A. (1998): *Ideology: A Multidisciplinary Approach*. London: Sage.

Verlooy Jan B. ([1979] 1788): Smeyers, Jozef/Van den Broeck, Jan (eds.): *Verhandeling op d'Onacht der Moederlyke Tael in de Nederlanden*. Den Haag: Martinus Nijhoff.

Wodak, Ruth/Meyer, Michael (eds.) (2001): *Methods of Critical Discourse Analysis*. London: Sage.

Woolard, Kathryn/Schieffelin, Bambi/Kroskrity, Paul (1998): *Language Ideologies: Practice and Theory*. Oxford: Oxford University Press.

Christopher Hutton

Language as Identity in Language Policy Discourse: Reflections on a Political Ideology

1. Introduction

This paper examines the intellectual and ideological basis of the notion that the vernacular, spoken language is (or should be) the basis of individual and collective identity in the public sphere. This model of identity privileges "orality" and is grounded in demands for linguistic transparency between the governed and the governing, and for the language of formative childhood experience to be also the medium of education, law, government, etc. Orality is understood here as an ideology that gives priority to speech and the properties attributed to speech, including its rootedness in the private and family spheres and in face to face interaction, its metonymic relationship to the primary networks of socialization, its perceived semiotic properties of naturalness, direct expressivity and embeddedness in landscape, in fundamental social rhythms, folk culture and traditions. These qualities, while they are associated in the first instance with speech, can be ascribed secondarily to written language, i.e. to a written idiom understood as a vernacular.

The arguments for models of group identity grounded in orality are familiar; they served to undermine feudal and colonial models of governance now generally accepted to have been oppressive, and involve recognition of the fundamental role that language plays in human identity construction. However this paper argues that the principle of identity as orality is potentially no less oppressive as a political ideology and that we need to look again at our political understanding of the relationship between native speech form, orality, and literacy. This model is not merely a political theory of human identity but has entered the science of linguistics as a barely unexamined postulate about the *true* nature of language and languages.

Underlying the ideological priority given to orality is a set of assumptions about what constitutes a natural linguistic order or an ideal ethnolinguistic ecology. This natural order is contrasted with regimes of authority built on "artificial" languages of power, in a set of dichotomies that can be expressed as Protestant versus Catholic, authentic versus inauthentic, egalitarian versus hierarchical, etc. A progressive politics of language implies the citizen's access to power, his or her access to the texts of power (sacred texts, the language of laws and political life) and the open texture of a society in which there is no dramatic breach between the language of the private and public spheres.

This model implies a rejection of both imperial-dynastic and colonial models in which there is frequently a vast linguistic gulf between the governing and the governed. Dynastic and colonial systems are now understood as having been built on the inscrutability of alien power, and the coercive manipulation of ritual and symbols, including language. Modern anti-feudal and anti-colonial nationalism were grounded in a politics of language where the vernacular language or languages were projected as the basis for future language(s) of power. Artificial languages of the court or of the colonial elite were rejected, and linguistic transparency and orality promoted as a quality of national languages in waiting. Resistance to dynastic and colonial empires was frequently focussed on the question of naturalness in the relationship between writing and speech: court languages and languages of colonial administration were artificial, either intrinsically in that they were highly formal or ritualized varieties, or because they were alien imports into a pre-existing language ecology.

Modern progressive notions of language politics are thus based on two closely related ideas. Firstly, the language of primary socialization should be the language of public life; secondly, writing should be subordinate to speech. These two ideas come together in the idea of standardized written vernaculars. Emergent national languages were grounded in national speech. While there was inevitably a divorce or semiotic gap between writing and speech, the written language was subject to sovereignty of speech. Speech was "natural"; writing was "artificial" but could be made more natural by its relationship to the everyday speech of ordinary people, that of the *Volk*.

This paper will argue that there is nothing intrinsically progressive about this model of language politics. This position does not imply a defence of feudal or colonial language politics, but rather a questioning of the universal applicability of Romantic or ecological conceptions of linguistic identity.

2. The ecology of language

The ideology of orality is inseparable from an ecological understanding of linguistic naturalness. The ecological model has been given new impetus by concern for "endangered languages" and the perceived massive reduction in the world's linguistic diversity brought on by urbanization, migration, political, social and educational centralization, political repression, assimilation, marketization, and other processes loosely grouped under globalization. Linguistic diversity is understood as pairings of language systems and (ethnic) cultures. The need to save endangered languages is frequently based on the assumption that a lost language represents a lost world view:

> And there is another kind of loss, of a different type of knowledge. As each language dies, science, in linguistics, anthropology, prehistory and psychology, loses one more precious source of data, one more of the diverse and unique ways that the human mind can express itself through a language's structure and vocabulary (Ostler 2005: 2).

Mühlhäusler argues that language death will lead to lead to a situation where speakers "will employ the grammatical and semantic categories of Standard Average European (SAE) and deeper-level differences between human languages will have been replaced by superficial variation" (Mühlhäusler 1996: 283).

However, the rise of ecological metaphors for the socio-politics of language has had the ironic effect of shifting interest away from the agency and situated politics of ordinary speakers (the 'language makers', Harris 1980) and towards the implied malign agency of hegemonic national governments, global corporations, and Western cultural imperialism. It is not the purpose of this paper to defend these phenomena, but rather to point to the political dangers of the array of natural and naturalizing metaphors used in talking about language: "native speaker", "natural language", "mother tongue", and "language ecology".

A pioneer in the promotion of language ecology, Einar Haugen, recognized that the idea of a language as a living organism was "a metaphor only" (Haugen 1972: 326). Nonetheless, for Haugen, languages did have "life, purpose, form". He proposed to treat the "life" of language "in the spirit which I take to be that of the science of ecology" (Haugen 1972: 327). Ecology was concerned with "the inter-relationship of organisms and their environments": "Languages have in common with organisms their persistence through time and their more or less gradual change, but they are not inherited biologically" (Haugen 1987: 91). Interestingly, Haugen suggests that language ecology is a speaker or user-centered theory of language: "[t]he ecology of language is determined primarily by the people who learn it, use it, and transmit it to others" (Haugen 1972: 325).

Haugen was committed to the importance of the ecological metaphor in terms of a direct parallel between natural and linguistic ecology. Noting that "Americans are impatient with groups that claim rights for their own language", Haugen (1987: 96) concluded:

> But the steamroller approach to small languages has much in common with the superhighway that flattens and destroys our landscape. What is group cohesion and ethnic pride worth? How can one measure in money the values that are lost when a group gives up its language in favour of another?

There is a revealing slippage here, in that one cannot say that the landscape elects to submit to the advancing bulldozers, whereas Haugen presents the group as agents in giving up their language. Of course the argument would be that such decisions are constrained by powerful external forces which in many cases amount to coercion. But that is a political argument, and the ecological metaphor has no special insight to offer here.

Haugen's parallel between languages and organisms is less than convincing. As Mufwene points out, it has led to the domination within historical linguistics of an artificial distinction between internally and externally motivated causes of change (Mufwene 2001: 15). The key distinguishing feature of a biological organism, as Haugen himself recognizes, is that organisms transmit their identity across time through biological reproduction. This is precisely the feature absent from language and other social practices transmitted through socialization. The metaphor of languages as organisms draws attention away from institutional, cultural, ritual, political aspects of language, and from the understanding of language as involving situated, individual action. The kind of agency that Haugen himself appears to attribute to the users of a language is entirely absent in biological systems. The ecological metaphor works ideologically to discourage serious political reflection and socio-cultural analysis. A further important feature of the rhetoric of ecology is that the identities that are threatened in ecological disruptions are collective, and that, further, these identities are founded on group cohesion. This again prejudges a whole set of important questions about the relations of the individual to the group, and gives priority to an organicist model of community as total integration.

Mühlhäusler suggests that a linguistically globalized world would mean the domination of the European caste of mind. But – leaving aside the misleading proposition that it is only European languages that are encroaching on "endangered languages" – this model only makes sense if we consider that languages determine thought. Whorf's model, from which this is derived, is fundamentally flawed, since Whorf's understanding of the Hopi world view, for example, was contingent on a prior grammatical analysis that demonstrated the structural differences between Hopi and European languages (Whorf 1956). But it is a serious category error to conflate the grammatical analysis offered by an academic linguist with the world view of the speakers of the language. It is furthermore unclear what political role linguists have to play here: surely it is not being suggested that the reduction of endangered languages to writing can somehow preserve the speakers' world view for posterity?

As sociolinguists we need to attend to the texture of the everyday politics of language. An anecdote may help to illustrate this point. Recently in Hong Kong I got into the lift in my building with a Chinese family and as we progressed upwards I noticed an interesting feature of their conversation. The children were speaking English and the parents Chinese, Cantonese. The parents addressed their remarks to the children in Cantonese and my strong sense was that they wanted the children to reply in Chinese, perhaps because they were embarrassed by my presence and the fact that their children were unwilling to participate in a dialogue in Chinese. Evidently the children were being educated in an international English-medium school. Such parents are not Anglophiles, nor are they filled with self-hatred; they simply make the educational choice for their children which they believe will benefit the children in the longer run, and this overrides their very powerful sense of loyalty to Chinese culture. The discomfort of that short journey in the lift symbolized the price they were willing to pay, which included a degree of linguistic distance between the generations in the family and the guilty sense that they have failed in a key cultural obligation, even while they have tried to fulfil another. This discomfort increases where the grandparents are monolingual Chinese speakers.

For some this would be a tale of the malign effects of linguistic imperialism (Philipson 1992) in which the natural bond between ethnicity or race and language is broken down; for me the irony was that at least in the micro context the children were in control, in effect using my presence to embarrass their parents. But whatever the moral of this story, there is nothing here that corresponds to a loss of linguistic diversity. To be consistent, an ecological approach of language would have to look at the spread of English as part of language ecology (Mufwene 2001: 118) rather than as a noxious force operating from "outside". The question this anecdote raises for me is very basic: who has the right and authority to pass judgment in cases such as these?

Haugen's understanding of identity reflects his intellectual roots in the national and ethnic politics of pre-WWII Europe, including fears about assimilation and the effects of migration to the United States: "It is by slow, incessant attrition that each foreigner has been turned into an American, idea by idea, and word by word. Every language spoken by the American immigrant bears the marks of this conflict" (Haugen 1972: 1). Migration however is a universal feature of human history. Even in its own terms, this ecological model is primarily reactionary. The ecological metaphor dictates that progressive language politics arise primarily from resistance to change. Change is understood as coming from an ill-defined "outside", now frequently identified with globalization. For all the superficial praise of polycentric language systems and linguistic diversity, this model is grounded firmly in the tradition of European Romantic monolingualism. Whatever one's view of globalization, it is not international capitalism that is disrupting the pure ethnolinguistic identities of peoples around the world. These never existed except in the minds of intellectuals and as sociopolitical ideology. Each ethnolinguistic community can be understood as having an unbounded degree of internal linguistic diversity, since diversity can only be defined relative to specific criteria, and the choice and application of criteria are essentially a matter for the observer.

3. Historical background

The notion of vernacular or mother tongue identity is frequently compared favourably with the modern concept of race. Identities based on language are seen in general as politically softer, more progressive and less intolerant than those based on race. The concept of *Volk* as elaborated by German thinkers was a secularized version of the Biblical concept of people *(am)*. The Biblical model of human identity was founded on the notion of a patrilineal lineage traced forwards from an original ancestor. Lineages were distinguished by language, and became separate nations with their own territories. Human history was the story of unities that were divided, beginning with Adam and Eve, and later, with the sons of Noah. Within this discourse of nation as patrilineal lineage group, language and homeland, one key concept was that of original or primitive (or "prime") languages, i.e. languages not created by a mixing between languages.

In early modern Europe, proto-nationalist scholars began to use this Biblical framework to make the case for the antiquity and ancient purity of particular European peoples and languages. The sons of Noah, i.e. Shem, Ham, and Japhet as the progenitors of three branches of mankind, the Semites, the Africans and the Europeans: "every one after his tongue, after their families, in their nations" (Genesis 10). These models involved working backwards, i.e. starting with the observed language communities of contemporary Europe and attempting to construct a link back through history to the Biblical lineages. The metaphor of the family tree was applied to peoples, and the older the roots, the greater their legitimacy and authenticity.

The notion that an individual's identity is derived primarily from their spoken or "vernacular" language is one of the most radical in the history of identity theorizing. In the long term the Protestant position that demanded linguistic transparency and direct individual access to religious truth fused with a Romantic, affective understanding of identity. This stressed the incorporation of the individual into the collective through the affective or emotional bonds that are forged in early

childhood, in which the child absorbs and internalizes the culture or
"world view" of a speech community. That community was seen as an
organic and cohesive whole, transmitting its collective identity primarily through the institution of language. Linguistic transparency is
absolute, in the sense that the natural and social worlds are realized
perfectly through the language, but it is also discrete and autonomous,
since other speech communities by definition do not share this world
view. Processes of assimilation, interaction and convergence are thus
seen as threatening to the integrity of the speech community and noxious to the transmission of its fundamental world view to the next
generation. On this model, the authority and prestige of a standard
written language is derived from its roots in the *affect* or emotional
linguistic bonds of child and mother. A corollary of this model is a
distrust of bilingualism and of social mobility through education.

As a political model elaborated by German theorists of *Volk*, language was not seen primarily as a mirror of reality. It was an authentic
language of individual and collective self expression through which
the self and world were fused. On the collective level, the theory suggested that different linguistic collectives (nations or *Völker*) lived in
different realities, in incommensurable worlds. The philosophical
problem of how self, language, and world are connected was solved
by denying that they occupied discrete domains. As a political theory,
this saw the new-born baby rapidly inducted through the surrounding
language of family intimacy (the "mother tongue") into a set of associations, a sensibility, and an object world that was suffused with the
affect of a language of intimacy and childhood idyll, and which emo-
tionally bound the individual, the landscape and the community.
Through this language the world was made knowable, but it was the
world that a particular language had created, into which the individual
was born and through which he or she achieved self-realization. These
bonds were not merely profoundly formative, they came to be seen as
sacred and inviolable. Writing was thus seen increasingly as depend-
ent on speech, and ideally subservient to it. The dominance of speech
over writing was seen as the natural order of things.

The rise of this theory coincided with the expansion and formal-
ization of European empires in the nineteenth century. The logic of the
Romantic theory of language was that the native language of the governed should be the same as that of the ruling class, a concept evi-

dently quite foreign to feudal, dynastic and colonial states. In the longer term, ideas of the desirability of a natural affinity between ruler and ruled would define these political models as inauthentic and oppressive.

4. Protestant missionaries and the linguistic order of China

One radical application of this Romantic theory was in missionary views of the sociopolitics of China. Premodern Western scholars had frequently found much to praise in Chinese culture and institutions. The Chinese writing system had been seen as a philosophically ideal system. It was free from the contingencies of sound and thus able to offer a pure and direct representation of things or ideas (Leung 2002). However nineteenth century Protestant missionaries found in this perceived alienation of writing from speech the key to the malaise of Chinese culture and society. The writing system and the *literati* style were increasingly viewed as artificial, obscurantist, "dead". The application of this essentially European model of liberation linguistics led to an aggressive assault on Chinese institutions and political culture. Protestant missionaries envisaged the transformation of China into a post-imperial, modern, Christian nation analogous to the European, post-Reformation states grounded in a national, vernacular language.

The ideal writing system was one held to establish a natural relationship between speech and writing. The Roman alphabet was seen as natural in its faithfulness to speech, and its orality was seen as endowing it with vitality, flexibility and dynamism. Orality was favoured in a Protestant theology that looked to the direct communication of the "living word" and rejected elaborate hierarchies of interpretation and authority. The Chinese character was anomalous in that it was divorced from speech and its perceived rigidity made it an inappropriate vehicle for modernity. For Samuel Dyer (Dyer 1835), the Chinese writing system symbolized Chinese resistance to reform; as an institution it created mental inactivity and diverted energies which were badly needed elsewhere. Replacing Chinese characters with the Roman alphabet would allow a purge of the extant Chinese literature – most of what was presently available could be dispensed with without serious loss. Radical language reform would effect an intellectual revolution, in which much of the textual past was to be suppressed.

From the Protestant point of view, the Chinese Mandarin officials were a priestly caste, holding power through an arcane and unnatural written language, with the court of the emperor, like the Vatican, a site of corrupt rituals and bureaucratic secrecy. The people, held in ignorance, could be liberated by direct access to the truth through their own language of everyday experience, a process that would bypass the perceived evasions, ambiguities, and false ornamentation of *literati* style. Linking the Chinese situation explicitly to the language politics of the Reformation, Protestant missionaries talked of a struggle against Latin, and Latin as a cause of ignorance among ordinary people. The same struggle needed to take place in China, where the classical literature and classical written language was seen as the semiotic equivalent of Latin. Like Latin "it is read with different pronunciations in all parts of the Empire, and may be regarded as not a spoken language, except the most Ancient referred to above" (Preston 1876: 154). The aesthetics of the Papal vision and the Chinese *literati* examination were directly parallel.

The following was written by a Protestant missionary in China but much the same rhetoric came from later Marxist nationalists (Brewster 1901: 295-296):

Herein lies another serious indictment against the classical [Chinese] character, namely that it develops a *privileged class*. Where the ability to read and write in any nation is confined to a literary caste, it follows as the night the day, that the members of this caste obtain and permanently hold the reins of government. Such a class of men would be something more than human if they did not fashion the government, so that they would obtain all the political plums and enjoy every possible privilege at the expense of the ignorant and almost helpless masses. [...] The all but universal corruption in the administration of public affairs is a legitimate fruit of this system of government by a privileged class. [...] The illiterate classes have opinions. They know they are oppressed. They resent it. But they cannot be heard, because they cannot speak through the press. They cannot organize a reform without educated leaders. As long as the masses endure in sullen silence, or break out only in an occasional abortive uprising that is easily crushed, these privileged men will go on near as possible in the ways of their fathers, oppressing the people whom they despise because they can neither read nor write.

The logic of this Protestant position was accepted by radical Chinese intellectuals, and the promotion of language reform was a fundamental feature of Chinese intellectual and political discourse in the twentieth century (DeFrancis 1950).

The point of this discussion is not to mount a defence of the language politics of premodern China, but to show how an originally European model of language and identity was channeled into China via an aggressive, modernizing imperial discourse. Proponents of an ecologically informed politics of mother tongue language rights are in a similar position to these nineteenth century Protestant missionaries, in that they are advocating a single, originally European, model as a solution for the complex linguistic dilemmas facing societies across the globe. It is unclear why, if linguistic imperialism is understood as language ideologies emanating from the West, it is defined so as to exclude vernacular identity politics.

5. Conclusion

The ethno-political model discussed in the paper is an expression of one of the most fundamental transformative ideologies in modern European history, the notion of language as identity. The Protestant-Romantic model looks to the perfect, monolingual integration of the private and public spheres. Traditional cultural orders such as pre-modern China, pre-Reformation Christianity, traditional Judaism and Islam were based on a profound divorce between the private and the public linguistic spheres. These models have been rejected as foundations for the modern state; but the replacement by the concept of mother tongue has meant that language has become an index of descent, affinity and shared identity. The apparent collapse of racial notions of identity has obscured the extent to which these ideas have been preserved within linguistic theories of identity. Since intense anxiety is focussed on the transmission of linguistic identity from one generation to the next, there must be some underlying essence to which that linguistic identity is connected.

The promotion of orality, vernacular or mother tongue language politics is a socio-political ideology. It has different forms and different effects; it can be a progressive force for liberation, or subsumed within the stable everyday order of one particular society, or it can be part of a radical assault on the fabric of another; it can create a new state, or it can tear an existing state apart; it draws on a legitimate concerns for linguistic transparency and for respect for diversity but at its logical extreme has immensely destructive potential.

Intellectuals have a tendency to project their anxieties onto the social world and find that ordinary people are frequently a disappoint-
ment. This is the sub-text of linguistic imperialism, an example of
how intellectuals often seek to lead and direct social change in the
direction dictated by a particular ideology, in this case a blend of
Marxism with ethnic nationalism. But the complex of forces operating
in a globalizing world and the language choices and language dilemmas facing ordinary people cannot now be understood within the late
nineteenth and early twentieth century model of linguistic identity:
social change is running ahead of academic theory. The focus on the
alleged loss of the world's linguistic diversity represents a profound
political evasion. Paradoxically, it imposes from the outside a uniform
pre-packaged ideology on a wide range of genuinely diverse socio-
political contexts. It offers a "one size fits all" answer to the complex
linguistic dilemmas that face many societies around the globe; it has
nothing to say about the views and thinking of the speakers themselves who are caught up in these complex processes, beyond project-
ing onto them a "world view" which is no more than a linguist's construct. Driven by its ecological metaphor, it has nothing to say about
social change, compromise and democracy.

While the force of arguments for linguistic transparency is evident, the unbounded application of the theory as ideology is permanently destabilizing, implying that a yet to be achieved perfect realization of linguistic authenticity is the only natural state of affairs. The
Romantic model looks to the perfect, monolingual integration of the
private and public spheres. But this integration can be understood not
only as increasing transparency for the governed in relation to the
language of power, but as increasing possibilities for integrating diversity coercively and for the exercising of social control from the top
down. In its politically most extreme form it represents an organicist
fantasy of the total integration of the individual into the collective. It
is one thing to reject the authoritarian model of "Catholic" hierarchy
and ritual; it is quite another to naturalize political power as deriving
its legitimation from ethnic solidarity. Governance based on forms of
ethnic solidarity has had a strong tendency to slip into the rhetoric of
family hierarchy ("father of the nation"); ties of blood can become
bonds of ownership, in which the rulers and the intellectual elite take

ownership of an ethnic group as their people and appropriate the right to speak and act on behalf of that group.

The rise of virtual languages mediated by information technology, and the appearance of new forms and contexts driving centripetal forces for linguistic change, can perhaps suggest new ways of thinking about the relationship between the private and the public linguistic spheres. Traditional cultural orders such as premodern China, pre-Reformation Christianity, Judaism and Islam are based on a profound divorce between the private and the public linguistic spheres. The fact that these models have generally been rejected as foundations for the modern state should not imply that only vernacular orality is capable of providing the basis of a progressive sociolinguistic order.

Bibliography

Brewster, William N. (1901): "China's intellectual thraldom and the way of escape". In: *The Chinese Recorder*, 32, pp. 295-296.

DeFrancis, John (1950): *Nationalism and Language Reform in China*. Princeton: Princeton University Press.

Dyer, Samuel (1835): "An Alphabetic Language for the Chinese". In: *The Chinese Repository*, 4, pp. 167-176.

Harris, Roy (1980): *The Language Makers*. London: Duckworth.

Haugen, Einar (1972): *The Ecology of Language: Essays by Einar Haugen*. Selected and introduced by Anwar S. Dil. Stanford: Stanford University Press.

— (1987): *Blessings of Babel: Bilingualism and Language Planning*. Berlin: Mouton de Gruyter.

Leung, Cécile (2002): *Etienne Fourmont (1683-1745). Oriental and Chinese Languages in Eighteenth Century France*. Leuven: Leuven University Press.

Mufwene, Salikoko S. (2001): *The Ecology of Language Evolution*. Cambridge: Cambridge University Press.

Mühlhäusler, Peter (1996): *Linguistic Ecology: Linguistic Change and Linguistic Imperialism in the Pacific Region*. London: Routledge.

Ostler, Nicholas (2005): "Foundation for endangered languages". In: <http://www.ogmios.org/home.htm> (October 16, 2005).

Philipson, Robert (1992): *Linguistic Imperialism*. Oxford: Oxford University Press.

Preston, C. F. (1876): "The Chinese Vernaculars: a Plea for the Cultivation and Use of the Vulgar Tongue in China". In: *The China Review*, 4, 3, pp. 152-160.

Whorf, Benjamin (1956): *Language, Thought and Reality: Selected Writings of Benjamin Lee Whorf*. Edited by Carroll, John B. Cambridge: MIT Press.

Harald Weydt

Complex Ethnic Identities and Language

> They would also never say that I am German,
> really German, because I am from Russia. Some
> also believe that I am Russian, although I am not
> Russian. I was born German. Or at least that's
> the way I see it. OK, I was born in Russia. I just
> can't help that. (27 year old Russian-German
> from Kazakhstan, has been living in North Hesse
> for over five years. Anis 1994: 89; my transla-
> tion).

1. A first example

The subject of this article are "mixed" ethnic identities. First, the case
of Russian Germans will be analyzed. The results can be applied to
similar problems affecting Hispania and other countries.

The Russian-Germans are the descendents of German-speaking
emigrants, who have migrated to Russia since 1763. At the same time,
a large proportion of the German population emigrated to other large
immigrant countries, such as Canada, USA, Latin America, and Aus-
tralia. The Russian-Germans settled in newly acquired regions, which
the Tsars had taken from their south eastern neighbors. They assimi-
lated themselves much less to the host community than those who
came to countries with a melting pot system. The Tsars, and later the
Soviet Union, had a different conception of their state. They saw it as
a multi-ethnic state, where each group held on tighter to its own identity. Under the Tsars and even under Stalin, one was able to remain
Uzbek, Georgian, Estonian, Russian, Jewish, German etc. During the
Second World War, and immediately after, the Germans were heavily
persecuted. Almost all of them had to leave their original regions.
Even after the war, they did not have the chance to return. Later, as a
result of the Treaty of Helsinki, they received the opportunity to "return" to Germany. Millions came to Germany, especially from Ka-
zakhstan. Those who had lived in rural areas had had partial success in
preserving their language. As it was extremely problematic to talk
German in the towns, because one was exposed to great hostility,

many gave up talking German. The German-Russians came to Germany with the strong conviction, that they were Germans, yet had the greatest of problems living up to this conviction.

After analyzing the ethnic identity of this German group, comments will be given on similar problems in the Americas.

1.1 An attempt do define "ethnic identity"

This article is not about individual, but about collective identity, which is endowed through belonging to a group.

Each individual is shaped considerably through his or her affiliation to certain groups, whose culture, values, behavioral norms, gestures and history he or she shares. Each person is perceived, assessed and respected as the member of a group by others in a number of ways, especially when interacting with one another. Individual behavior is also shaped through membership of this group: staff at a retirement home have an identity differing from that of school pupils at the local primary school as far as their perception by others and their self-definition is concerned; the uniform-wearing military is quite different to those wearing pin-striped suits. However, not all group identities are equally weighted. This article is concerned about an identity, transmitted via larger groups; about ethnic identity. How can one determine the complex relationship of ethnic identity and language amongst the Russian-Germans?

In order to discuss this complex issue adequately, five separate comments will be made. They can be applied generally, and are not restricted to the Russian-Germans, who serve merely as an example. Having presented these comments, the question of the relationship of ethnic identity and language will be discussed.

Comment 1: Identity is gradual, not absolute.

One's identity is more or less apparent. This graduation manifests itself through adverbs, such as: "x is *strictly* catholic; *typically* French; *deeply* rooted in the Spanish culture". In the interesting cases, the problem is not about possessing or not possessing a certain identity, but about ascertaining to what degree the individual has this identity. The individual acquires an ethnic identity gradually and owns it more or less. A young person from Mexico, brought up in the USA, can ascertain during his life that to a certain extent he has become an US-

American. When he returns to Mexico, he may experience the feeling of not belonging there anymore (or at least partially not belonging there), and that he has lost his Mexican identity to a certain degree. Consequently, the question "Are you Mexican?" that sometimes arises can be deemed inadequate or unfair, as it precludes a *yes/no* answer, thus forcing the person to make an unjustified choice.

Comment 2: Identity is not a permanent, static quality of a person, but an active, dynamic process

Identity, seen as a socially oriented form of behavior, is predominantly a dynamic phenomenon. To a great degree, it is an active process of self-assurance; it is the struggle for a self-image, analysis of oneself and the social surroundings. This leads to the further comment, that anybody, who lives in a – to him – foreign country and seriously attempts to accept the culture of this country (including the language, the most important and fundamental form of culture), also becomes a member of such a community to a certain degree. The claim is that an identity is adopted within a community, if efforts are made to accept and acquire the culture at the same time. Such efforts are experienced on the one hand individually, in order to become a member of an ethnic group. On the other hand, whole groups exert themselves, in order to secure their survival as a group and their self respect.[1]

Comment 3: Identity is not an exclusive, but an additive value

Differing identities are not in any way mutually exclusive.

a) This is evident for hierarchically organized identities linked by their hyponymy. It is thus for this reason, that one can be a Rhinelander, West German and European simultaneously. Although this is evident, it is not considered closely enough in empirical research, as questions such as "Do you see yourself as a Bavarian, German or European" show. Moreover, these questions are not precise enough, because they do not define the context the informer is supposed to be considering.

---

1   An explanation of the terms which individuals advocate in order to retain their ethnic identity is attempted by Tajfel (1974). See also Giles/Bourrhis/Taylor (1977: 318ss.).

b) It is also clear for those identities which can serve as the basis for the formation of *we-groups*, which are logically independent of one another. One could imagine here for example identities such as women, linguists, doctors, catholics, war veterans, Romans, Bretons and rowers, which are perfectly compatible with one another. It is not contradictory to be woman and linguist at the same time.

c) The third comment aims at a further type of identity, that of paradigmatic relationships. Therefore, it is wrong to ask an individual with double socialization to answer the question, "Are you German or Russian?" ("...French or Spanish?"). This question often causes great unease. The reason, often unclear to the person being asked, is that the question is often asked wrongly. This leads the informer – rather than spurn the question or answer "both", – to allow himself to be forced into the wrong group and give an answer, that even he himself finds unsatisfactory. In reality, the bi-cultural individual has no alternative (even if he wanted to, it would not be possible for him to forgo his identity). On the contrary, his situation (and possibly his problem) consists of trying to unite both identities with one another, i.e. unite them consistently in one conscience. This difficult situation also shows that the bi-cultural person has a richer identity than the monocultural one.

As part of a study on the Sorb people, informants were asked to declare to what percentage they felt German and to what percentage they felt Sorb, by drawing a mark on a line which represented 100 percent. This task is misguiding, as it assumes that:

– identity is a zero-sum situation, and that
– the "normal" German has an identity of 100 percent, and thus Sorbs could not possibly have a complete German identity.

This is reminiscent of the mistrust that reigned against bilingual people, who were suspected of having no home country and were thus considered as unreliable.

However, there is one real danger. Bilingual people can in fact be diminished towards having restricted identities. Tove Skuttnab-Kangas (1984) talks of the *semi speaker*. This type is however not situated between two full-blown cultures and languages; the semi-speaker instead participates in both, yet only partially.

Comment 4: Ethnic identity is completed through two processes: description and ascription.

Ethnic identity is the result and synthesis of two images and perceptions which complement and influence one another. It is made up of the image forged by the individual of his own affiliation (Barth 1969: 199 calls it *description*) and from the allocation others make for him (Barth calls it *ascription*). Both can diverge and lead to differing results.

Comment 5: The awareness of individual ethnic identity is not a fixed value and depends on the situation at hand.

In general, one only becomes aware of one's own identity, when one is confronted with individuals having other identities.

2. Pre-distinctions

A complex identity structure can be deduced for the Russian-Germans from these comments. In order to be precise, three distinctions – a to c – have to be made. They relate directly to Russian-Germans and have to be reformulated for other groups according to their characteristics.

2.1 German and Russian components

Comment 3 claims that one should not only consider the German components of identity, but also the Russian ones. The Russian-Germans have been living in Russia for over two hundred years; the majority are socialized as Russians, most of them having had a Russian school education, and they are native speakers of Russian.

Their identity can thus be analyzed along the scheme presented in table 1.

Table 1: Scheme for the analysis of the Russian-German identity

		Description	**Ascription**
neutral		"to see oneself as"	"to be perceived as"
active attitude		"to make sure of oneself"	"to assert oneself as"
negative attitude		("to accept one-self as")	("to reveal one-self")
prior to leaving Russia	German identity	A	B
	Russian identity	C	D
after arriving in Germany	German identity	E	F
	Russian identity	G	H

The German identity components are portrayed in fields A, B, E and F; the Russian identity components in fields C, D, G and H.

Let's assume that all biographical phases are contained in these two components. Further components will not be discussed here, although they surely play a role in other cases. Table 1 concentrates on the Russian identity component, because it is by far the most important for prototypical cases. This article retraces the co-existence of German and Russian identity, and abstracts from the co-existence of both (German and Russian) with Kazakh, Uzbek, Kyrgyz or another identities.

2.2 Ascription and description

As to the difference between *description* and *ascription*, and in order to highlight the dynamic and process-like character of both components, the active role of the individual, verbs which characterize the corresponding roles are chosen. In the field of description, "to see oneself as…" serves as a neutral term. In the field of ascription, one can use "to be perceived as…". More specific verbs characterize active efforts, which individuals have to achieve, in order to convince themselves ("to make sure of oneself") or others ("to assert") of their identity.

Ascription of identity can hurt and be very painful; this rings true, when the group to whom the person belongs has a negative image. In this case, we speak of "accepting oneself as" *(description)* and "revealing oneself as" *(ascription)*.

Table 2: Analysis of Russian-German identity

		Description	Ascription
neutral		"to see oneself as"	"to be perceived as"
active attitude		"to make sure of oneself"	"to assert oneself as"
negative attitude		("to accept oneself as")	("to reveal oneself")
prior to leaving Russia	German identity	**A easy**	**B easy**
	Russian identity	**C unaware**	**D unaware**
after arriving in Germany	German identity	**E difficult**	**F very difficult**
	Russian identity	**G easy**	**H easy**

2.3 Biographic phases

A final distinction draws a line between the situation in the former Soviet Union and that in Germany. It separates the fields A, B, C and D from the fields E, F, G, and H. On immigrating to Germany, a new situation has come about, which almost completely reverses many previous classifications and evaluations and thus may entail a great emotional burden.

These comments were sent out in advance, in order to describe the relationship between language and ethnic identity with greater precision, or at least in order to pose questions more succinctly. It is thus possible to break down the question of Russian-German identity and the role language plays into further sub-questions.

3. Complex identities

The results can be ordered within an analysis grid, which in turn provides more sophisticated and precise descriptions of the ethnic identity of emigrants. Each of the ensuing eight fields allows a separate description, and these descriptions can, in a second step, be applied to the question of language.

Detailed empirical-based comments could be given for each of the eight boxes. Though each of these boxes deserves a much longer report, just a few key words can be offered at this point.

Box A: In the USSR, it was easy for Russian-Germans to see themselves as Germans, even if it demanded a great deal of courage to commit themselves to this, as it could be hurtfully remarked upon as being fascists. It was enough to have no or a very elementary knowledge of the language.

Box B: The soviet community accepted this also without difficulty.

Box C: Awareness in the Soviet Union of the Russian component of identity was slight, despite perfect language skills. Why was this so? Because we think and perceive in an oppositional nature – the fundamental idea of functional structuralism. It seems that the Russian-Germans are surprisingly unaware of how Russian they have become. This becomes especially apparent to those who come to the country as foreigners, and of course recognize the common Russian parts of an identity from their external perspective. But this is by no means surprising. If all inhabitants of a state were blue, and all objects in their world were blue, they would not be able to perceive their blueness. They would only be able to see they are blue, if they were to enter a green world.

Box D: The Russian parts of their identity are invisible for the surrounding Russians, too.

Boxes E-H: On emigrating to Germany, these features of identity reverse suddenly and shockingly. It is difficult for the arriving Russian-Germans to reclaim their German identity, or to enable others to do so. On the other hand, the Russian parts of identity become evident to everyone.

For linguists, the role of language and its constitutional role in each of the boxes is especially interesting. For this reason, it is necessary to construct and define a second corresponding grid, describing the role of language. As this would exceed the permitted space, just a few words can be said now.

The level of language proficiency and its components should not be the only indicator here, but also the choice of names – both forenames and surnames. Names that are seen to be typically German in

Russia are not necessarily regarded in the same way in Germany. This should also be especially interesting for speakers of Spanish. The level of command of both, languages and names, are important factors for both *ascription* and *description*.

It would be interesting to transfer this scheme to migrants in Hispanophone regions and accordingly investigate the role of language and proper names for each individual box. On the basis of general and specific observations, it is possible to establish hypotheses, which do of course require empirical verification.

Clearly, the return of *Latinos*, who sometimes speak *Spanglish,* offers a complex and highly interesting field for research. In this context, one should attempt, taking into account the theory of *culture shock* (first mentioned in Oberg 1960), to establish the regularities of the *return shock* (or *re-entry shock*) and its effects on the modification of identity.

Such research is required for all migrants, especially for Cubans in exile and so-called *Chicanos*.

I have attempted to paint a fair picture of ethnic identity. Identity is a complex issue. It can only be discussed adequately, if its complexity is taken into account. I have attempted to capture its components, thereby showing, that one can gain a better insight into the matter

- if one breaks down the general question of a person's ethnic identity into meaningful sub-questions,
- if one considers the dynamic active process of self assurance,
- if one takes into account the double perspective of each identity through description and ascription.

Bibliography

Anis, Christine (1994): *Die sprachliche Integration rußlanddeutscher Aussiedler in Deutschland*. Berlin: Staatsexamensarbeit Freie Universität Berlin, FB Germanistik, unpublished manuscript.

Barth, Frederik (1969): *Ethnic Groups and Boundaries. The Social Organization of Culture Difference*. Boston/London/Bergen et al.: Little Brown/Allen & Unwin/ Universitets Forlaget.

Giles, Howard/Bourhis, Richard Y./Taylor, Donald M. (1977): "Towards a Theory of Language in Ethnic Group Relations". In: Giles, Howard (ed.): *Language, Ethnicity and Intergroup Relations*. London/New York/San Francisco: Academic Press, pp. 307-348.

Oberg, Kalervo (1960): "Cultural Shock: Adjustment to New Cultural Environments". In: *Practical Anthropology*, 7, 4, pp. 177-182.

Rom-Sourkova, Olga (2004): *Die sprachliche Situation in der Russischen Föderation. Gesetzgebung und Wirklichkeit*. Berlin: Berliner Wissenschafts-Verlag.

Skuttnabb-Kangas, Tove (1984): *Bilingualism or Not: The Education of Minorities*. Clevedon: Multilingual Matters.

Tajfel, Henri (1974): "Social Identity and Intergroup Behaviour". In: *Social Science Information*, 13, pp. 65-93.

Warkentin, Johann (1992): *Rußlanddeutsche. Woher? Wohin?* Berlin: Aufbau Taschenbuch.

Harald Weydt

The Semantics of Ethnic Denominations: What is the Meaning of "Mexican", "American", etc.?

1. Names

One can only identify oneself with a group which has a name. At least, identification with an ethnic group is easier, clearer, and deeper, if the group has a name. The group's denomination becomes the symbol of identity, and therefore of self-esteem, pride, and positive or negative attitudes. For this purpose, it must be clear who is meant by an ethnic denomination and who not. This article deals with cases in which ethnic groups and their names cannot be related unambiguously to each other, thus profoundly disturbing the communication at a very sensitive point. The reason for this often lies in the specific structure of the semantics of natural languages.

1.1 The struggle for names

While names of ethnicities are mostly undisputed and agreed on by everybody, they sometimes become the object of a struggle and are claimed or refused by different groups. The attempt of taking the name from someone or of denying someone a name, is then felt as a blatant offence and can lead to severe consequences. Two examples from Eastern Europe can serve as first illustrations. Greece and Macedonia currently find themselves locked in an open and bitter dispute about the denomination *Macedonia* and *Macedonian*. As the Greeks consider the Macedonian Alexander the Great a Greek, they sustain the idea (neglecting a Slavic speaking *Macedonian* minority on the Greek territory) that *Macedonian* can only refer to a variation of Greek. They argue and defend the idea that – unlike Greek speaking inhabitants of the Greek region called *Macedonia* – the Slavic or Albanian-speaking Macedonians in former Yugoslavia have no right to carry this name. On the other side, these former Yugoslavian Macedonians, feeling themselves rooted in a long historic line of forefathers which were all undisputedly called *Macedonians*, identify themselves with this name, and categorically reject the idea of giving it up. They consider any questioning of their name as an unfair interference of neighbors into their national affairs.

The second example concerns the names *Russia* and *Russian*. Ukrainians, before – and even more so after – their independence, having in mind the glorious history of the Golden Triangle, and the epoch when Kiev was the center of the *Rus*, which they consider part of their history, have complained about the Russians saying: "They took everything from us, even the name."

2. The semantics of ethnic denominations

2.1 Inclusive opposition in phonology and word semantics

In linguistics, as in other sciences, it sometimes occurs that useful insights into the structure of the respective object get lost. The history of linguistics is full of paradigm changes. Murray describes in several studies, especially in Murray (1998), the come and go of theoretical concepts and research groups in the field of sociolinguistics. New scholars are trained in new methods and learn new ways of analyzing. Inevitably, they often do not acquire even central tools of preceding approaches to language description. One such concept, that is nowadays less known, is that of *inclusive opposition*. It is however in the light of this concept, that problems of ethnic semantics and of group denominations can be formulated and brought to a better understanding. The concept is quickly adumbrated.

In his famous *Grundzüge der Phonologie* (1938), N. C. Trubetzkoy explains the principle of neutralization *(Aufhebung eines Gegensatzes)* in phonology ([1938] 1958: 69ss.). He distinguishes *constant (ständige)* from *neutralizable (aufhebbare)* oppositions. Two sounds are said to be in phonological contrast if they bring about a change on the semantic level if replaced by one another. In German /d/ and /t/ are different phonemes because they are the only contrast in a minimal pair like *du/tu (you/do)*, *Rade/rate (wheel*, dative/*guess)*. The same contrast between voiced and unvoiced holds for *backen (bake)* and *packen (grab)*. However, in certain contexts (called *neutralizable positions – Aufhebungsstellungen –* as opposed to *relevance positions)*, this opposition does not work. The items of neutralizable structures are said to stand in *inclusive opposition*.

Regularly, for example, *d* is replaced by *t* at the end of the morpheme where /d/ is pronounced as [t]: Hunde [d], but Hund [t] and /b/ as [p] *(Korb, Körbe)*. What happens here? Both items of the pair have a common basis. /b/ and /p/ share the features *consonant, labial, plosive*. /b/ has an additional one: *voiced*. One part of the opposition, the *unmarked one*, carries only the common features, so that the marked term shows all the features of the unmarked term plus an additional one, and the marked term is a special case of the unmarked. In the case of neutralization the unmarked term, representing the common base, stands for both items of the whole opposition.

Figure 1: Scheme of incluisive opposition

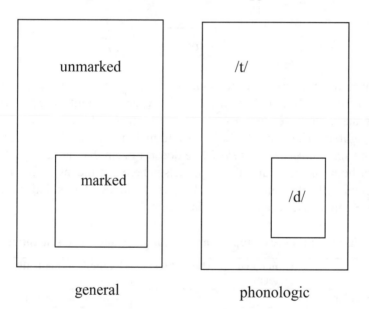

general   phonologic

As Coseriu showed in many publications, this scheme applies to word semantics as well. The lexicon shows clear cases of neutralization as the distinctive opposition between *día* and *noche* or *day* and *night* may illustrate.

Figure 2

semantic

Day is the unmarked term, *night* is marked. In many contexts, the opposition is obvious and clear. *Day* is when it is light; *night* is when it is dark. However in some cases, the term *day* doesn't just refer to the lighter periods, but to 24 hours and includes *night*. So, if someone says *I spent three days in Paris*, he doesn't mean that he just spent the light hours in Paris and the nights elsewhere but means "three times 24 hours". In the sentence *The day has 24 hours*, *day* includes *night*, too. Similar cases are portrayed in Figure 3.

Figure 3: Inclusive opposition in phonology and word semantics

Area	Unmarked term	Marked term	Example of neutralisation
Phonology	*/t/*	*/d/*	German final de-voicing
Lexical semantics	*day*	*night*	*I spent three days in Paris*
	span. *hombre* (engl. *man*)	*mujer (woman)*	*El hombre está entre Díos y el animal. Los derechos de los hombres.*
	span. *hijo*	*hija*	*Tiene hijos? Sí, tres hijas y un hijo.*
	span. *niño*	*niña*	*reducción para niños*

Figure 3 gives examples from Spanish. *Hombre* is the unmarked term, and stands in opposition to *mujer* in *Los hombres quieren a las mujeres*. In other cases, as in *El hombre está entre Dios y el animal, Los derechos de los hombres*, this opposition is neutralized. Similarly, *hijo* and *hija* can oppose one another in some contexts, but can also be neutralized in others. Both cases appear in the dialogue: *¿Tiene hijos? (neutralization)*. Answer: *Sí, tres hijas y un hijo (relevance position)*. There is a neutralization of the otherwise clear male/ female distinction in *reducción para niños*, which means that a discount is available not just for boys, but also for girls. Neutralizable oppositions are found frequently, and probably universally, in the languages of the world.

It is most important to indicate the logical structure here correctly. We are not dealing with a hyponymic relationship, as the one which holds, e.g. between *dog* and *poodle*. Clearly, not all dogs are poodles, but all poodles are dogs. One would never say *This isn't a dog, it's a poodle* as it is the case in inclusive oppositions, where, the statement, for example, *It's night now, not day* is logically correct. The specificity of the inclusive opposition is the changing value of the unmarked term.

2.2 Inclusive semantic opposition in ethnic designations

Many issues of identity conflicts can be traced back to the *ambiguity* of neutralization. Sorbs (a Slavic minority in Germany) may differentiate between Sorbs and Germans. In the quotation *These are Sorbs and those are Germans,* both groups are opposed. It is however clear, that all Sorbs are Germans, and there are cases where the word *German* is not used to mean "German with the exception of the Sorbs", but to mean "all Germans, including the Sorbs". The Sorbs, as all other German citizens, have a German passport, and they do not protest against it with good reason. *German* is the unmarked term, and used to represent Sorbs and Germans.

Figure 4: Table with examples of neutralizable ethnic denominations

Ethnic designations for	Un-marked term	Marked term	Relevance Position	Neutralization
German	*Deutscher*	*Sorbe*	*Die Deutschen und die Sorben leben sehr friedlich zusammen*	*Der Inhaber dieses Passes ist Deutscher*
Spanish	*Español*	*Catalan*	*Muchos catalanes estudian en la UAM pero también algunos españoles*	*Los españoles también tienen el Euro.*
Mexican	*Mexicano*	*Purépecha*	*Nuestro sacerdote no es purépecha sino mexicano.*	*Muchos mexicanos trabajan en California*

In the area of ethnic names, one finds many cases of inclusive opposition. Especially contrasts between names of nations and smaller ethnic groups are often neutralizable. This may lead to insecurity in communication, to frictions, to vulnerable relations, and to identity conflicts. In the opposition *Catalan vs. Spanish*, *Spanish* can – according to the context – include or exclude *Catalan*.

In Latin America one finds comparable examples. Here is a citation of a Zapotecan woman, living in Mexico City, who interprets the names *Zapoteca* and *Mexicana* as exclusive, and feels the need to make a choice. "Sí, me siento por mis papás, por mis abuelos, por todo eso, me siento Zapoteca. O sea no, porque vivo tanto tiempo aquí me voy a sentir este: Mexicana" (Adam 2005: 148). In this utterance, *Zapoteca* is understood as a sign of the difference between the Indios and the rest of the Mexicans and can be understood as expressing the feeling of being excluded from the rest of the society.

The pair *Spanish/Catalan* is another example. One might ask *How many Catalans and how many Spaniards are in this group?* at the *Universidad Autónoma* in Barcelona. On the other hand, there are of course contexts, when one can use the expression *los españoles* also to talk about Catalans, for example in the sentence *Los españoles también tienen el Euro*. As far as the designations in America and Latin America are concerned, let me take a fictional example from the Purépechas, whom I once visited. The Purépechas could probably say "Nuestro sacerdote no es purépecha, sino mexicano". If this were the case, *Purépecha* and *Mexican* would stand in inclusive opposition to each other, as it is highly likely, that Purépechas do see themselves in other contexts as Mexicans.

Again, we are not talking about a purely hyponymic relationship, as the one of *dog* to *poodle*, which can never been neutralized.

It is for two reasons that the semantic structure deserves special attention and should be taken seriously. Names of ethnic groups are closely linked to identity. The respective group might notice infringement of denomination as a violation of their freedom and interpret it as a sign of dominance, imperialism or colonialism. The second reason lies in the hidden form of the semantics. People hear the ethnic name and – quite innocently – do not even consider the possibility that it could be used differently. Hidden misunderstandings are often more serious than evident ones.

3. The meaning of English *American* and Spanish *Americano*

In this context, it is worth discussing the semantic structure of the Spanish word *americano* (or the English word *American*) and how it is reflected in linguistic usage.

There seem to be more than one usages of the word *America*. *America* can refer to the continent as a whole, consisting of North, Central and South America. Accordingly, all inhabitants of this continent are correctly called *Americans*. Speaking more specifically, one could talk of *South Americans, Central Americans, North Americans*. There are crystal clear contexts where *America* and *Americans* have an all-inclusive meaning, e.g. *the discovery of America,* or *the first Americans* (here meaning Red Indians), or the *Native Americans* or *Americanism* (as a denotation for Native American influences on the Spanish language). No one would doubt that South Americans are indeed Americans. On the other hand, however, there is an increasing tendency, especially in the USA, which amounts to the use of the noun *America* and the corresponding adjectives *American/Americano* exclusively to refer to the United States of America. So, if one is asked in the USA *How do you like America?* the question is intended to be about the USA. And when the President of the USA says *God Bless America,* he is referring strictly to the USA and does not have Guatemala in mind. To my surprise, during my last visit to Mexico, I observed that Mexicans had also started to refer to US-Americans as *americanos*, as opposed to Mexicans. Asked why they did this, they answered that they were slowly growing weary of insisting on this differentiation. On the other hand, translating *American* into *americano* is the easiest solution and extremely convenient.

Moreover, there are, for speakers of Spanish, no fully satisfactory alternative names for citizens of the USA. One finds Gringo, Norte Americano, Estadounidense.

If the inhabitants of the USA were to be called Gringos, a somewhat pejorative expression, this would clearly be understood as insulting and as anti-American (another ambiguous term). Gringo originates from a lower layer of language, and as such would not be used in official diplomatic language.

Another, frequently used candidate for an adequate name, well-known for many years, would be norteamericano. As somebody who lived in Montreal in the French community for two years and can therefore adopt the Canadian perspective, and especially the French-Canadian one, I know that Canadians, and in particular French-Canadians, are not satisfied with Norteamericano, as a denotation for the US-citizens alone, as they are Northern Americans as well and even more northern than the US-Americans.

Elsewhere, there is the word *Estadounidense*, normally found in Latin American media. However, as it is somewhat inelegant and lengthy, one doubts whether it will ever really prevail. Furthermore, it is, to be precise, the Mexicans who are *Estadounidenses* as well, because they also live in a confederation, and their state's official name is *Estados Unidos de México*.

It should not be overseen, that the term *Latin* (in *Latin America/ Latin American*) is also a linguistic hot potato. For US-Americans and all Spanish-speaking and Brazilian-speaking people, the term *Latin American* generally designates the whole of the Spanish-speaking and Portuguese-speaking New World. However, French-Canadians have reclaimed this term for themselves and insist on belonging to Latin America, since they, as French-speakers, speak one of the Romance languages deriving from Latin, as well as, and not less than Hispanophone or Lusophone Americans.

What is the semantic structure here? The relationship of the two denotations *americano* and *American* can therefore be represented in different ways – and these ways can vary from speaker to speaker and from context to context.

Nowadays, three different readings of the word *Americano* are possible. They seem to represent subsequent phases of change so that a three step semantic shift can be observed.

In the first phase (fig. 5 a), the word *America* serves as an overall denomination. It covers a number of singular sub-expressions, such as *Mexican, Guatemalan, Chilean, Brazilian,* and *US-American,* the latter being a denomination for which a short adjective is missing.

In the second step (fig. 5 b), the semantic structure of *American* is transformed into an inclusive opposition. The name may, depending on the context, be used, sometimes as a marked, sometimes as an unmarked term. In the final step (fig. 5 c), there is a new exclusive usage, the term *America* being used exclusively for the USA, with the other countries being excluded (fig 5 c).

Used in such a way, the term *American* would be taken away from the others, the Americans from outside the USA, comparable to the Ukrainian case.

To conclude: a number of extensions of the term *America* exist simultaneously. The usage in which it covers the whole continent is fading, so that the speakers worldwide often feel the necessity to underline its all-inclusive meaning in using differentiating word compositions, such as *South America.* The global society has adopted the term *American* in the restricted sense and the other American people seem to follow their example. Only the future can reveal whether this trend will continue, whether this new standardization will be fully adopted, whether the other countries of the continent will perceive that as an attack on their identity and collective self-esteem and whether they will be willing to tolerate it.

Harald Weydt

Figure 5a-c

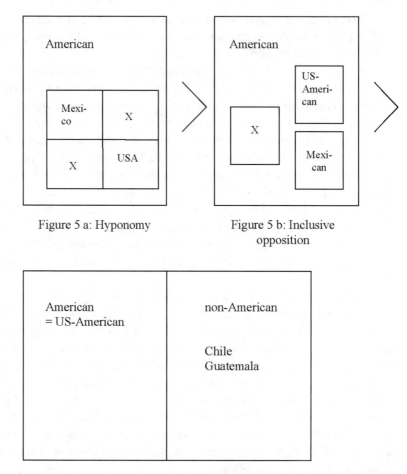

Figure 5 a: Hyponomy

Figure 5 b: Inclusive opposition

Figure 5 c: Exclusive opposition between *America* (designating only the USA) and other nations' names

Bibliography

Adam, Christina (2005): *Indígenas in Mexiko Stadt. – Identitätsentwicklung von Migranten der ersten und zweiten Generation*. Frankfurt an der Oder: Diploma thesis, unpublished manuscript.

Coseriu, Eugenio (1988): *Einführung in die Allgemeine Sprachwissenschaft*. Tübingen: Francke.

Murray, Stephen O. (1998): *American Sociolinguistics. Theorists and Theory Groups*. Amsterdam: Benjamins.

Trubetzkoy, Nikolaj S. (1958 [1938]): *Grundzüge der Phonologie*. Göttingen: Vandenhoeck & Ruprecht.

Franz Lebsanft

¿Europeización de los conflictos lingüísticos españoles? Las Españas central y periférica ante la Carta europea de las lenguas regionales o minoritarias*

1. El Estado de las autonomías y la Carta europea de las lenguas regionales o minoritarias

1.1 La Constitución de 1978 y el Estado de las autonomías

En 2003 y con el Gobierno popular de Aznar en el poder, España celebró el 25 aniversario de la Constitución de 1978. Al explicar en aquel momento el éxito de la Carta Magna, uno de sus padres, Gregorio Peces-Barba, subrayó el hecho de que, por primera vez en la historia del constitucionalismo español, la elaboración de una Constitución había nacido "del consenso y del diálogo". Con esta valoración, Peces-Barba se refiere entre otras cosas a la cuestión autonómica que fue abordada durante la Transición de una manera que permitió –según él– "acabar con el discurso de las dos Españas". En clave optimista afirma que "ni siquiera ahora los planteamientos más autonomistas deberían suscitar nerviosismo, puesto que la Constitución es garantía suficiente de la unidad de España".[1] En tono menos tranquilizador, otro experto de la Constitución, Miguel Herrero de Miñón, señala como deficiencia del texto fundacional de la España democrática la falta de criterios "para reconocer la heterogeneidad y asimetría de las diferentes identidades nacionales y regionales". Constata el hecho de

---

* Versión actualizada (en diciembre de 2005) de mi ponencia en el Coloquio de Berlín y de "¿La europeización de los conflictos lingüísticos españoles? Las Españas central y periférica ante la Carta europea de las lenguas regionales o minoritarias", en: Arnscheidt, Gero/Tous, Pere Joan (eds.): *"Una de las dos Españas ....". Representaciones de un conflicto identitario en la historia y en las literaturas hispánicas*. Estudios reunidos en homenaje a Manfred Tietz. Frankfurt am Main: Vervuert/Madrid: Iberoamericana 2007, pp. 817-829.
1 Gregorio Peces-Barba, "Veinticinco años de Constitución", en: Revuelta, José Manuel (ed.) (2004): *El País. Anuario 2004*. Madrid: Ediciones El País, p. 11.

que el problema vasco sigue sin resolver, mientras que crece la "insatisfacción catalana".[2] Comparte esta apreciación otro testigo y actor del proceso de la democratización española, Jordi Solé Tura, al afirmar que no está resuelta aún la relación entre el Estado y sus nacionalidades y regiones. Con miras al futuro aboga por una nueva idea de España como "auténtica nación de nacionalidades" que evite la oposición entre "una afirmación nacionalista frente a los nacionalismos y regionalismos internos".[3]

El socialista catalán es el único que articula su discurso en el marco de la europeización definitiva de España. Una nueva configuración del "Estado de las autonomías" debería responder, según él, a la sensación de inseguridad que los ciudadanos experimentan ante la integración de su país en las nuevas estructuras europeas y mundiales. Mucha gente –dice– busca "refugio en la identidad más cercana que puede ser ciudad y región, y [quiere] afirmar con más fuerza su pertenencia a la misma".

Dos años más tarde, y con el Gobierno socialista de Zapatero en el poder, cabe aportar a estas afirmaciones ciertas matizaciones que ponen en tela de juicio la tesis del fin del discurso de las dos Españas. Si bien es cierto que los cambios en cuestión producen inseguridad, también es evidente que los ciudadanos de determinadas regiones perciben el marco europeo cada vez más como una oportunidad para corregir lo que consideran "injusticias históricas", permitiéndoles realizar aspiraciones "identitarias" que no caben en el modelo tradicional del Estado-nación. Esta nueva perspectiva se ve claramente en el caso de la Carta europea de las lenguas regionales o minoritarias que el Consejo de Europa (CE) abrió a la firma de los Estados miembros el 5 de noviembre de 1992 en su sede de Estrasburgo.[4] El quid de la cuestión radica en saber si el marco creado por el CE es el instrumento idóneo para trasformar a España en la "nación de nacionalidades" o "nación de naciones" que tanto anhela gran parte de la España periférica.

---

2 Miguel Herrero de Miñón, "La Constitución: balance de 25 años", ibíd., p. 132.
3 Jordi Solé Tura (1985): "25º aniversario de la Constitución", ibíd., p. 134. Cf. Jordi Solé Tura, *Nacionalidades y nacionalismos en España. Autonomías, federalismo, autodeterminación*. Madrid: Alianza.
4 Se accede a todos los documentos utilizados en esta contribución a través de Internet; para el texto de la Carta, cf. conventions.coe.int > Treaties > Full list > 148 (Todas las páginas web se visitaron por última vez el 01.12.2005).

1.2 El Consejo de Europa y la protección de las "lenguas regionales o minoritarias"

Creado en la primera fase de la posguerra, el 5 de mayo de 1949, el CE tiene por misión promover y reforzar los ideales democráticos y humanitarios en las sociedades de sus Estados miembros. A este fin propone convenios y acuerdos que –una vez firmados y ratificados– sus miembros deben llevar a la práctica. La protección y promoción de las lenguas regionales o minoritarias forma parte de este gran proyecto de democratización de los Estados y las sociedades europeas. En el "informe explicativo" *(explanatory report)* que acompaña a la Carta, el CE puntualiza que el propósito de la misma no es la protección y promoción de las *minorías* lingüísticas sino de las *lenguas* regionales o minoritarias (§11) que tienen en común una situación de "precariedad" (§ 2).[5] Sin embargo, el CE no ve con malos ojos la posibilidad de que tal protección y promoción pueda contribuir a la solución de problemas políticos en torno a esas minorías. Se trata de mejorar, aunque sea de manera indirecta, la situación de sociedades que vienen siendo mencionadas como "naciones sin Estado":

> While the draft charter is not concerned with the problem of nationalities who aspire after independence or alterations to frontiers, it may be expected to help, in a measured and realistic fashion, to assuage the problem of minorities whose language is their distinguishing feature, by enabling them to feel at ease in the state in which history has placed them. Far from reinforcing disintegrating tendencies, the enhancement of the possibility to use regional or minority languages in the various spheres of life can only encourage the groups who speak them put behind them the resentments of the past which prevented them from accepting their place in the country in which they live and in Europe as a whole (§ 14).

Es evidente el interés que pudo llevar a la España plurilingüe a suscribir la Carta. Efectivamente, España, junto con Alemania, Austria, Dinamarca, Finlandia, Hungría, Liechtenstein, Luxemburgo, Malta, Noruega y los Países Bajos, estuvo entre los primeros Estados que lo hicieron el 5 de noviembre de 1992. La Carta entró en vigor el 1 de marzo de 1998, después de ser ratificada por seis miembros (Croacia, Finlandia, Hungría, Liechtenstein, Noruega, Países Bajos).[6] Sin em-

---

5   Cf. el texto en Internet: conventions.coe.int > Treaties > Full list > N° 148 > Explanatory Report.
6   Rectifico así ligeramente los datos proporcionados en mi artículo "Frankreichs Mehrsprachigkeit. *Jakobiner gegen Girondisten: Die Debatte um die Europäische*

bargo, España retrasó la ratificación hasta el 9 de abril de 2001. Después de la publicación del "instrumento de ratificación" en el BOE, la Carta entró finalmente en vigor en España el 1 de octubre de 2001.[7]

La Carta consta de un preámbulo y de cinco partes. El preámbulo define como objetivos de la misma la protección y promoción de lenguas amenazadas y la no-discriminación de los ciudadanos por razones lingüísticas. A continuación, la Parte I (Art. 1-6) define los conceptos de "lenguas regionales o minoritarias". Se trata de idiomas históricamente enraizados en un Estado contratante, hablados por grupos "inferior[es] al resto de la población del Estado" y provistos de un territorio. Sin embargo, la Carta prevé también el caso de "lenguas sin terrritorio", siempre que se trate de lenguas "tradicionales" (Art. 1). Por otra parte, la Carta introduce también el concepto de "lengua oficial menos difundida" (Art. 3.1). Una vez especificadas las lenguas objeto de protección y promoción (Art. 2.2, 3.1), los Estados contratantes se comprometen a aplicar todas las disposiciones contenidas en la Parte II, así como un mínimo establecido de las medidas concretas enumeradas en la Parte III (Art. 2.2).

La Parte II (Art. 7) define los objetivos y principios de protección y promoción. Se basan en la exigencia de poner en práctica una política y una legislación lingüísticas de reconocimiento y respeto efectivos de las lenguas regionales o minoritarias. La Parte III enumera las medidas concretas para fomentar el uso de las lenguas protegidas en la vida pública. Se refieren estas medidas a la enseñanza (Art. 8), la justicia (Art. 9), la administración (Art. 10), los medios de comunicación (Art. 11), la cultura (Art. 12), la economía y la sociedad (Art. 13) y, finalmente, los "intercambios transfronterizos" (Art. 14). Los Estados contratantes están obligados a enumerar, en su instrumento de ratificación, al menos 35 medidas elegidas entre el "menú" de disposiciones de la Parte III. Las Partes IV (Art. 15-17) y V (Art. 18-23) regulan los aspectos de implementación y seguimiento de la Carta. Los Estados contratantes deben presentar periódicamente un informe sobre la aplicación de las obligaciones contraídas (Art. 15). Basándose en el in-

---

Charta der Regional- und Minderheitensprachen (1996-1999)". En: Schmitz-Emans, Monika (ed.) (2004): *Literatur und Vielsprachigkeit*. Heidelberg: Synchron, pp. 175-188.

7   *Boletín Oficial del Estado* 222 (sábado, de 15.09.2001), pp. 34733-34749, con el texto de la Carta en español.

forme estatal y, eventualmente, en declaraciones por parte de organismos o asociaciones lingüísticas, un Comité de Expertos prepara a su vez otro informe para el Comité de Ministros (Art. 16). Finalmente, el Comité de Ministros puede hacer recomendaciones al Estado contratante.

De acuerdo con las exigencias (Art. 15.1), la España de Aznar presentó al Secretario general del CE el primer informe sobre la aplicación de la Carta el 23 de septiembre de 2002.[8] En su calidad de asociación "legalmente establecida en una Parte" (Art. 16.2), el *Observatori de la Llengua Catalana* presentó al CE en octubre de 2003 otro informe que se puede leer como un comentario del informe estatal en relación con la situación del catalán.[9] Un año más tarde y con el Gobierno de Zapatero en el poder, el informe catalán fue objeto de un debate en la Comisión de cultura del Senado en noviembre de 2004.[10] Con anterioridad, a finales de mayo de 2004, una delegación del Comité de Expertos del CE había visitado España y se había reunido con representantes gubernamentales y no-gubernamentales en Pamplona/Iruña, Vitoria/Gasteiz, Bilbao/Bilbo, Oviedo y Madrid. A partir de entonces la atención se concentró en el esperado informe de los expertos europeos y de las recomendaciones eventuales del Comité de Ministros. Basándose en este informe –que fue adoptado el 8 de abril de 2005, pero no publicado en aquel momento–, el Comité de Ministros hizo saber finalmente su postura el 21 de septiembre de 2005 y enumeró un total de seis recomendaciones.[11]

---

8   *Informe sobre la aplicación en España de la Carta europea de lenguas regionales y* [sic] *minoritarias* (2002), 167 p.; cf. en Internet www.coe.int > Legal Affairs > Local and regional Democracy > Regional or Minority languages > Documentation > 1 Periodical reports […].

9   Santiago Castellà i Surribas (ed.) (2003): *Informe sobre la aplicación por el Estado Español de la "Carta Europea de las Lenguas Regionales o Minoritarias" en relación con la lengua catalana"*, 97 p., <www. observatoridelallengua. org/docs/informe_castella.doc>.

10 *Diario de sesiones del Senado, Comisión de cultura*, Año 2004, VIII Legislatura, 71 (18 de noviembre de 2004), 32 p.

11 Consejo de Europa, *Aplicación de la Carta en España. Ciclo inicial de control (A. Informe del Comité de Expertos sobre la Carta; B. Recomendación del Comité de Ministros del Consejo de Europa sobre la aplicación de la Carta en España)*, Estrasburgo 2005, 177 p. (ECRML, 2005/4); <www.coe.int > Legal Affairs > Local and regional Democracy > Regional or Minority languages.

La lectura paralela de los informes estatal y catalán permite analizar el antagonismo profundo de dos tipos de política lingüística para la España de las autonomías. Con este conflicto se corresponden dos lecturas muy diferentes no solamente de la Constitución de 1978, sino también de la Carta europea de las lenguas regionales o minoritarias. De esta manera, lo que fue un debate sólo entre españoles, entre las dos Españas del Centro y de la Periferia, se convierte en una discusión europea. En la medida en que implica a instituciones europeas en sus problemas internos, España concede a Europa un papel protagonista.

2. Dos tipos de política lingüística para España

2.1 El informe estatal: la protección del castellano

Según la Carta (Art. 15.1) el Comité de Ministros determina la forma en que un Estado parte tiene que presentar su informe. Ya en 1998 el Comité adoptó un esquema uniforme para los informes estatales.[12] Según este esquema, el informe debe constar de tres partes. Mientras que en la primera parte se obliga a contestar a un catálogo de siete preguntas, en las otras dos partes se debe comentar la aplicación de los artículos de la Carta que el Estado contratante ha suscrito, es decir el Artículo 7 (Parte II) y el menú de párrafos o apartados elegidos entre los Artículos 8–13 (Parte III). Algunos de los informes estatales citan textualmente las preguntas del Comité de Ministros. Es el caso del primer informe del Reino Unido.[13]

Part One
1. Please state the main legal act(s) whereby the ECRML has been implemented in your State. If you so desire, please mention the general considerations which have guided your country in the ratification process.
2. Please indicate all regional or minority languages as defined in paragraph (a) of Article 1 of the Charter which exist on your State's territory. Indicate also the parts of the territory of your country where the speakers of such language(s) reside.

---

12 Cf. *1st Biennial Report by the Secretary General of the Council of Europe to the Parliamentary Assembly on the application of the European Charter for Regional or Minority Languages (18 October 2000)* (= Doc. 8879), www.coe.int > Legal Affairs > Local and regional Democracy > Regional or Minority languages > Documentation > Secretary General's Report.
13 Cf. www.coe.int > Legal Affairs > Local and regional Democracy > Regional or Minority languages > Documentation > 1 Periodical Reports.

3. Please indicate the number of speakers for each regional or minority language. Specify the criteria for the definition of "speaker of regional or minority language" that your country has retained for this purpose.

4. Please indicate the non-territorial languages, as defined in paragraph (c), Article 1 of the Charter, used on your State's territory and provide statistical data concerning speakers.

5. Please indicate if any body or organisation, legally established, exists in your State, which furthers the protection and development of regional or minority languages. If so, please list the names and addresses of such organisations.

6. Please indicate if any body or organisation has been consulted on the preparation of this periodical report. In the case of an affirmative answer, specify which one(s).

7. Please indicate the measures taken (in accordance with Article 6 of the Charter) to make better known the rights and duties deriving from the application of the Charter.

Part Two

Please indicate what measures your State has taken to apply Article 7 of the Charter to the regional or minority languages referred to in paragraphs 2 and 4 of part I above, specifying the different levels of government responsible.
Article 7, 1-5.

Part Three

Articles 8-13 (according to the instrument of ratification).

El informe español sigue este esquema, aunque contesta a las preguntas de la primera parte en dos capítulos ("sección preliminar" y "primera parte"). Es de notar que el Gobierno central no ha consultado a las instituciones que fomentan las lenguas regionales o minoritarias (pp. 48-50), si bien ha tenido en cuenta informaciones que emanan de las Comunidades Autónomas. Tampoco ha adoptado medidas especiales para extender el conocimiento de la Carta (p. 50).

La idea central del informe estatal consiste en la afirmación de que

el régimen actualmente vigente en España sobre el reconocimiento y protección de los idiomas regionales y de las lenguas minoritarias habladas se corresponde adecuadamente con el nivel de protección que establece la Carta [...] (p. 27).

Según el Gobierno, la jerarquización de las normas jurídicas en materia de lenguas (constitución, estatutos de autonomía, leyes estatales y leyes autonómicas) hace que la protección y promoción de las lenguas regionales o minoritarias no incumba al Estado, sino a las Comunidades Autónomas con lenguas propias. En este sentido, el informe estatal afirma que las medidas de promoción "dependen de la voluntad de los órganos institucionales, democráticamente elegidos, de cada Comunidad Autónoma" (p. 52). A continuación declara que

> el poder central del Estado permite y no pone obstáculos a que cada Comunidad Autónoma impulse la política específica de defensa y promoción de su lengua que considere adecuada, así como que aplique la misma con la intensidad que estime conveniente en uno u otro campo de actuación, siempre y cuando no menoscabe los principios de igualdad ante la Ley y de no discriminación por razón de lengua (pp. 52s.).

Sin embargo, el informe no oculta el hecho de que la política lingüística autonómica ha generado una "considerable conflictividad" (p. 36). Efectivamente, el Estado vela por el respeto de las normas constitucionales, planteando recursos de inconstitucionalidad contra determinadas leyes y decretos autonómicos. De esta manera es el Tribunal Constitucional (TC) el que, a través de sus sentencias, decide los límites efectivos de la protección y promoción de las lenguas regionales o minoritarias. Para el período 1982 a 2000, el informe enumera no menos de 14 sentencias del TC, entre ellas las que se refieren a las leyes de normalización lingüística del País Vasco, de Cataluña, de Galicia y de las Islas Baleares (pp. 36-37). En el centro del debate jurídico está la correcta interpretación del Artículo 3 de la Constitución de 1978. Se trata de determinar, por un lado, los conceptos de lengua "oficial" y de lengua "cooficial", y de definir, por otro lado, el alcance del "deber" de conocer la lengua oficial.[14]

Según la sentencia 82/1986 del TC, que declara la inconstitucionalidad de determinados artículos de la *Ley básica de normalización del uso del euskera*,[15]

> es oficial una lengua, independientemente de su realidad y peso como fenómeno social, cuando es reconocida por los poderes públicos como medio normal de comunicación en y entre ellos y en su relación con los sujetos privados, con plena validez y efectos jurídicos [...]. Ello implica que el castellano es medio de comunicación normal de los poderes públicos y ante ellos en el conjunto del Estado español.

---

14 Cf. la excelente monografía del jurista Giovanni Poggeschi (2002): *Le nazioni linguistiche della Spagna "autonomica". Universalità della lingua castigliana e vitalità delle lingue regionali*. Padova: CEDAM, esp. pp. 63-96.
15 Ley 10/1982, de 24 de noviembre, del Parlamento Vasco; cf. <noticias.jurídicas. com> Base de datos de legislación [...].

De esta definición se sigue que la cooficialidad lo es "con respecto a todos los poderes públicos radicados en el territorio autonómico, sin exclusión de los órganos dependientes de la Administración central y de otras instituciones estatales en sentido estricto".[16] Por consiguiente, la diferencia entre "oficialidad" y "cooficialidad" reside en el criterio territorial. En cuanto a la obligación de conocer la lengua oficial común, el TC aclara que "sólo del castellano se establece constitucionalmente un deber individualizado de conocimiento, y con él, la presunción de que todos los españoles lo conocen".[17] Al mismo tiempo que concede privilegios y protege a la lengua común, el TC defiende claramente el derecho de las Comunidades Autónomas a regular el alcance de la cooficialidad de las lenguas distintas del castellano. El TC recuerda que las instituciones central y autonómicas no deben "contraponer" las lenguas de España. A diferencia de las alegaciones del informe del Gobierno de Aznar, el respeto y protección de las lenguas regionales incumbe no solamente a los poderes autonómicos sino también al Estado.[18] Esto implica

> el deber de todos *[Nota bene]* los poderes públicos (estatales, autonómicos y locales) radicados en la Comunidad de adaptarse a la situación de bilingüismo constitucionalmente prevista y estatutariamente establecida.[19]

Para entender bien el concepto del "bilingüismo constitucional", es muy aclaradora la declaración de inconstitucionalidad del Artículo 8.3 de la *Ley básica de normalización del uso del euskera*:

> No obstante lo preceptuado anteriormente, los poderes públicos podrán hacer uso exclusivo del euskera para el ámbito de la Administración Local, cuando en razón de la determinación socio-lingüística del municipio, no se perjudiquen los derechos de los ciudadanos.

Según la alegación formulada por el representante del Gobierno vasco, con este artículo se intentaba crear zonas monolingües en euskera. El representante admitió que el apartado de la Ley consagraba efectivamente "una discriminación, pero que no está desprovista de justifica-

---

16   Sentencia del Tribunal Constitucional (STC) 82/1986 del 26/6/1986, Fundamento Jurídico (FJ) 2; cf. tribunalconstitucional.es > Jurisprudencia > Sentencias y Autos desde 1980 […].
17   Ibíd., FJ 3.
18   Ibíd., FJ 4.
19   Ibíd., FJ 5.

ción objetiva y razonable, en razón a la situación diglósica del euskera, que requiere espacios de utilización preferente".[20] El TC admite el
hecho sociolingüístico de que el euskera se encuentre en "situación
diglósica", pero no puede aceptar, "desde la perspectiva jurídico-
constitucional", la exclusión del castellano que la "genérica salvedad
de no perjudicar los derechos de los ciudadanos" no logra reducir.
Efectivamente, como no hay ningún "deber" jurídico de conocer la
lengua cooficial, los ciudadanos pueden válidamente alegar el desco-
nocimiento del euskera.[21] Por otra parte, el TC ha reforzado las políticas de normalización de las lenguas cooficiales al confirmar el derecho de las Comunidades Autónomas a utilizar las lenguas propias
como lenguas docentes, siempre que se garantice una enseñanza del
castellano que corresponda al deber constitucional de conocerlo. En
este sentido, en una sentencia muy discutida por la opinión pública, el
TC confirmó la constitucionalidad del Artículo 14 de la entonces *Ley
de normalización lingüística en Cataluña*. Según el TC, el modelo de
"conjunción lingüística", es decir del empleo conjunto del catalán y
del castellano en la enseñanza, contribuye a la convivencia y coexis-
tencia de las dos lenguas oficiales de Cataluña:

> Este modelo de conjunción lingüística que inspira la Ley 7/1983, del Par-
> lamento de Cataluña, es constitucionalmente legítimo en cuanto responde
> a un propósito de integración y cohesión social en la Comunidad Autó-
> noma, cualquiera que sea la lengua habitual de cada ciudadano. Al igual
> que es legítimo que el catalán, en atención al objetivo de la normaliza-
> ción lingüística en Cataluña, sea el centro de gravedad de este modelo de
> bilingüismo, siempre que ello no determine la exclusión del castellano
> como lengua docente de forma que quede garantizado su conocimiento y
> uso en el territorio de la Comunidad Autónoma. Si al término de los es-
> tudios básicos los estudiantes han de conocer suficientemente y poder
> usar correctamente las dos lenguas cooficiales en Cataluña (art. 14.4 de
> la Ley), es evidente que ello garantiza el cumplimiento de la previsión
> del art. 3.1 C.E. sobre el deber de conocimiento del castellano, al exigirse
> en dichos estudios no sólo su aprendizaje como materia curricular sino su
> empleo como lengua docente.[22]

---

20 Ibíd., Antecedentes 3, alegación d.
21 Ibíd., FJ 10.
22 STC 337/1994, de 23 de diciembre, FJ 10. Cf. F. L., *"Nation* und *Sprache*: das
    Spanische". En: Gardt, Andreas (ed.) (2000): *Nation und Sprache. Die Diskus-
    sion ihres Verhältnisses in Geschichte und Gegenwart*. Berlin/New York: De
    Gruyter, pp. 643-671, esp. pp. 659-660; Poggeschi (n. 14), pp. 202-231.

La defensa del castellano tiene por objetivo mantenerlo como lengua común de todos los ciudadanos. De acuerdo con la Constitución, esto significa que el TC defiende un bilingüismo que asegure al castellano una situación de superioridad no siempre social, pero sí política. En contraste con la serenidad del TC, el informe estatal parece estar seriamente preocupado por la situación de la lengua común en las Comunidades Autónomas con lengua propia. De la lectura de la exposición estatal que pretende informar sobre los avances en la protección de lenguas regionales o minoritarias paradójicamente se desprende la curiosa conclusión de que después de veinticinco años de reconocimiento de la realidad plurilingüe de España hay que proteger al castellano y no a las demás lenguas españolas.

2.2 El informe catalán: la protección de las lenguas regionales o minoritarias

En octubre de 2003 el *Observatori de la Llengua Catalana* publicó un informe sobre el informe estatal. Según este *Observatori*, el informe estatal es la expresión de la "ausencia de una política [de] pluralismo lingüístico conforme a los preceptos constitucionales" cuyo indicio más llamativo sería la evitación del término "lengua oficial menos difundida" que utiliza la Carta en el Artículo 3.1. De esta forma, el Gobierno central contribuiría a "la perpetuación de una sutil arquitectura normativa, construida durante siglos de imposición del modelo del monolingüismo castellano articulado sobre la represión de la diversidad lingüística" (p. 20).

En sendos capítulos, el informe catalán comenta detalladamente los objetivos y principios (Art. 7, Parte II) y las medidas contratadas (Art. 8-13, Parte III) de la Carta, dando a sus comentarios la forma de "declaraciones" y de "llamadas de atención", respectivamente. Desde su perspectiva, el *Observatori* valora la conflictividad lingüística, a la que alude también el informe estatal, como una "intensa tarea de vigilancia y control de la actividad normativa y política llevada a cabo por las Comunidades Autónomas" por parte del Estado (p. 28). A continuación, el informe acusa al Gobierno central de no respetar el área geográfica del catalán al aceptar el "secesionismo lingüístico" de la Comunidad Valenciana (p. 34). Efectivamente, el informe estatal emplea la denominación de "valenciano" al referirse a la variedad de catalán de esta comunidad (pp. 17, 19, 22-23, 30, 34, 43, etc.), como si se tratase de otra lengua. Sin embargo, lo hace de acuerdo con las leyes autonómicas.

Las "llamadas de atención" denuncian deficiencias en la protección y promoción del catalán en el ámbito de la enseñanza, justicia, administración, medios de comunicación, actividades y servicios culturales, vida económica y social, y finalmente de los intercambios transfronterizos. En cada uno de estos aspectos, el informe catalán critica el hecho de que la oficialidad del castellano pone freno al uso de la lengua regional o minoritaria. Al mismo tiempo lamenta la falta de actividades del Gobierno central para crear en España una mentalidad favorable a la pluralidad lingüística y a la diversidad cultural (p. 43). Denuncia por ejemplo el hecho de que el Estado ofrece solamente muy pocas posibilidades de aprender el catalán fuera de las regiones catalanohablantes (pp. 56-57). Critica también la falta de capacitación plurilingüística de los funcionarios estatales (pp. 54, 62, 73).

El informe catalán insiste mucho en el incumplimiento de la Carta por parte del Estado. Por consiguiente le hace al Gobierno central el grave reproche de violar un acuerdo que tiene la naturaleza jurídica de un tratado internacional. Cuando denuncia la ausencia de una política de pluralismo lingüístico "conforme a los preceptos constitucionales que establecen la doble oficialidad de las lenguas" (p. 20), acusa, al menos implícitamente, al Gobierno central de una falta de respeto a la Constitución. Curiosamente, mientras que el informe estatal busca constantemente respaldo en la jurisdicción del TC, el informe catalán lo hace solamente en el caso de los estatutos de las universidades de la Comunidad Valenciana (p. 35). Para referirse a la lengua propia, estos estatutos emplean la denominación "catalán" como sinónimo de "valenciano". El TC confirmó la constitucionalidad de dicha expresión.[23]

Al hablar de la "doble oficialidad" de las lenguas en España, el informe catalán elude el término de "cooficialidad" y pasa completamente por alto la doctrina del TC. La decepción ante la anulación de determinadas normas autonómicas por el TC forma parte de un profundo victimismo difícilmente comprensible para muchos españoles,

---

23 STC 75/1997, de 21 de marzo; cf. tribunalconstitucional.es > Jurisprudencia > Sentencias y Autos desde el año 1980 [...].

pero también para observadores europeos.[24] En tono acusador, el informe catalán habla de la "judicialización de que ha sido objeto la cuestión lingüística" (p. 29), como si el respeto de las normas constitucionales fuera una exigencia reprobable. Se llega así a la conclusión de que el informe catalán utiliza la Carta para luchar por un profundo cambio de política lingüística que no cabe en la Constitución vigente. En vez de acusar al Estado de incumplimiento de la Carta, sería más coherente exigir abiertamente una revisión de la Carta Magna.

2.3 El debate político en la Comisión de Cultura del Senado (2004): ¿una España suiza?

Representantes de organizaciones catalanistas de Cataluña, de la Comunidad Valenciana y de las Islas Baleares fueron invitados, a petición de grupos parlamentarios catalanes, a comparecer el 18 de noviembre de 2004 ante la Comisión de Cultura del Senado para discutir sobre el informe estatal.[25] En este foro sí hubo el posicionamiento político que se echa en falta en el informe catalán. Los representantes de las organizaciones catalanistas exigieron "la definición y aplicación de una política de pluralismo lingüístico igualitario" (p. 3). Se propuso como medio de identificación de los ciudadanos con el Estado el concepto de "patriotismo constitucional", es decir, de un "patriotismo abierto a una pluralidad de identificaciones lingüísticas, culturales y aun nacionales" (p. 4). Este nuevo concepto comportaría el desarrollo de "un nuevo estatuto jurídico del plurilingüismo constitucionalmente abierto a una igualación creciente entre todas las lenguas constitutivas de España" (p. 4). Como consecuencia se pidió "la presencia de todas las lenguas en los organismos e instituciones estatales comunes para todos los territorios lingüísticos" (p. 12). Para dar más peso a estas exigencias, se expresó la amenaza de romper el consenso constitucional: si el Estado no las satisficiera, se podría tomar la ruta del secesionismo (p. 23).

---

24 Cf., por ejemplo, la monografía polémica de Juan Ramón Lodares (2000): *El paraíso políglota. Historias de lenguas en la España moderna contadas sin prejuicios*. Madrid: Taurus; cf. también Poggeschi (n. 14), pp. 222-223: "È vero che tutte le lingue minoritarie sono più o meno minacciate, ma di esse il catalano è senza dubbio, in tutta l'Europa, la lingua che gode di maggior salute."

25 *Diario de sesiones* (n. 10).

Es evidente que el catalanismo social y parlamentario exige una profunda revisión de la Constitución, y especialmente de su Artículo 3, para convertir las lenguas regionales o minoritarias "cooficiales" en lenguas plenamente oficiales. Como modelo a seguir, se propone la Confederación suiza:

> La ciudadanía suiza, al igual que la europea, no implica el deber jurídico, ni siquiera la exigencia social, de adoptar una determinada identificación lingüística cultural o nacional. Nadie echará en cara a un individuo suizo un escaso patriotismo por identificarse con la lengua francesa o italiana y no con la alemana, por ejemplo. De manera similar, a ningún ciudadano de Europa se le considera escasamente europeo –y menos aún antieuropeo– por no identificarse con la lengua, la cultura o la opción nacional mayoritaria. Al contrario, son los poderes públicos los que asumen sin reservas todas las lenguas, culturas y opciones nacionales, con lo cual la ciudadanía suiza o europea se construyen sobre la base del pluralismo igualitario, la mejor garantía para la solidez de las identificaciones de todos los ciudadanos con las instituciones comunes y la mejor garantía también para la cohesión y la unidad de estos espacios políticos lingüística, cultural y nacionalmente plurales (pp. 4-5).

Lo que no dice el interviniente es el hecho de que la base multisecular de Suiza la constituye el cuerpo común que es la "Confederación", concepto y realidad históricas que difícilmente se pueden trasladar sin más a España, país con otra historia muy diferente.[26] En cuanto a las lenguas, la nueva Constitución suiza define efectivamente –como ya lo hizo la antigua Constitución en su Artículo 116– las cuatro lenguas territoriales como "lenguas nacionales" (Art. 4), pero también como –aunque en menor grado para el romanche– "lenguas oficiales de la Confederación" (Art. 70.1). Para todas estas lenguas oficiales rige el principio de territorialidad (Art. 70.2).[27] Por consiguiente, Suiza firmó y ratificó la Carta Europea en virtud del concepto de lenguas oficiales "menos usadas", concepto que aplica al italiano y al romanche.

El primer informe suizo sobre la aplicación de la Carta[28] se extiende sobre el "principio de territorialidad" (pp. 10-11), explicando

---

26 Cf. Lebsanft (n. 22).
27 Cf. Antonio Reposo (2000): *La revisione della costituzione svizzera*. Torino: Giapichelli.
28 Office fédéral de la culture, *Charte européenne des langues régionales ou minoritaires. Rapport périodique présenté par la Suisse. Premier rapport de la Suisse quant à la mise en œuvre de la Charte européenne des langues régionales ou minoritaires (Charte)*, 115 p.; www.coe.int > Legal Affairs > Local and regional

que fuera de su zona de difusión tradicional una lengua oficial no goza "en principio" de ningún apoyo jurídico y político (p. 10). En el mismo informe se anuncia una *Ley federal de las lenguas* (pp. 15-16) para sentar las bases de una política cuatrilingüe. El anteproyecto de esta ley, cuyo título exacto es *Ley federal de las lenguas y de la comprensión entre las comunidades lingüísticas*,[29] pretende regular por una parte el uso de las lenguas oficiales por las autoridades federales y en las relaciones con ellas; por otra, el fomento de los intercambios lingüísticos entre las comunidades. El objetivo de la ley es doble, a saber: establecer los mismos derechos para todas las lenguas oficiales y para todos los ciudadanos, pero también contribuir a que el multilingüismo de la Confederación suiza sea un multilingüismo de los suizos. Ante el coste elevado que supondría la realización de esta política lingüística, varias instituciones y organizaciones han emitido serias reservas.[30] Volviendo a España y aplicando el modelo suizo a España, esto significaría eliminar primero al castellano como lengua común de todos los españoles para después estimular a los españoles a aprender las lenguas de España, entre ellas también el castellano.

2.4 El informe del Comité de Expertos y las recomendaciones del Comité de Ministros del Consejo de Europa

En sus conclusiones generales, el Comité de Expertos elogia a España "por el sólido reconocimiento y el alto grado de protección asegurados en principio a las lenguas regionales o minoritarias". Por eso, España se sitúa, según el Comité, "entre los países más firmemente comprometidos con la protección y promoción de las lenguas regionales o minoritarias". Si el Comité detecta una "serie de inconvenientes" en la aplicación de la Carta, esto se debe también al hecho de que España ha elegido un instrumento de ratificación especialmente ambicioso. Efectivamente, los compromisos contraídos por España "superan con cre-

---

Democracy > Regional or Minority languages > Documentation > 1 Periodical reports [...].
29 *Avant-projet pour la consultation: Loi fédérale sur les langues et la compréhension entre les communautés linguistiques*, 7 p.; cf. kultur-schweiz.admin.ch > fr > Loi sur les langues [...].
30 Département fédéral de l'intérieur, *Rapport sur les résultats de la procédure de consultation*, 40 p.; kultur-schweiz.admin.ch > fr > Loi sur les langues [...].

ces el límite establecido en la Carta".[31] Por otra parte, los expertos lamentan una falta de conciencia cultural y social de los castellanohablantes acerca del hecho de que España es un país plurilingüe.[32]

En cuanto a la situación del catalán, el Comité llega a la conclusión general de que "se han realizado enormes progresos con respecto al empleo del catalán en Cataluña. En la actualidad, es la lengua más utilizada en algunos ámbitos previstos en la Carta". Por consiguiente, aunque se pide mayor comprensión para las lenguas regionales o minoritarias, el victimismo y alarmismo de ciertos sectores del nacionalismo periférico no tienen ninguna justificación razonable desde una perspectiva europea. Por otra parte, el Comité no deja de mencionar el incumplimiento de compromisos contraídos en el ámbito de la justicia y de la administración del Estado. Según los expertos, España debería garantizar el uso de las lenguas regionales o minoritarios en los procedimientos judiciales, "si una parte así lo solicita" (Artículo 9, 1 a [i]), pero también en las administraciones del Estado con sede en las Comunidades Autonómas (Artículo 10). En los dos casos el Comité exige promover en la formación y en la carrera profesional la capacitación lingüística de los jueces y de los funcionarios. Los expertos parecen ser conscientes del hecho de que el compromiso contraído por España en el ámbito judicial está claramente reñido con el "bilingüismo constitucional" según el cual en un litigio una parte no puede exigir el uso de la lengua regional o minoritaria si la otra parte se opone. Por eso propone "modificar el marco jurídico para que quede claro que las autoridades judiciales [...] de Cataluña llevarán a cabo los procedimientos en catalán, a petición de una Parte".[33] Sin tomar en consideración los comentarios más bien negativos pero nada claros del Gobierno central sobre estos aspectos, el Comité de Ministros hace suya la postura de los expertos y recomienda que las autoridades españolas

1. tomen las medidas jurídicas y prácticas necesarias para asegurar la aplicación de los compromisos contenidos en el artículo 9 de la Car-

---

31 Consejo de Europa, *Aplicación de la Carta* (n. 11), p. 169.
32 Ibíd., p. 171.
33 Consejo de Europa, *Aplicación de la Carta* (n. 11), p. 38. Recomendación idéntica para el vasco en Navarra, p. 63; en el País Vasco, p. 87; para el catalán en las Islas Baleares, p. 110; en la Comunidad Valenciana, p. 133; para el gallego en Galicia, p. 154.

ta, asegurando en particular que un porcentaje adecuado del personal que trabaja en este ámbito en las Comunidades Autónomas a las que afecta la aplicación del artículo 9 de la Carta tenga un conocimiento práctico de las lenguas pertinentes;

2. examinen los programas de contratación, de carrera y de formación destinados al personal de las dependencias de la Administración del Estado, con miras a asegurar que un porcentaje adecuado del personal que trabaja en este ámbito en las Comunidades Autónomas a las que afecta la aplicación del artículo 10 de la Carta tenga un conocimiento práctico de las lenguas pertinentes.

En cuanto a la situación del catalán en las demás Comunidades Autónomas, el Comité de Expertos recomienda mejorar su enseñanza según el modelo de la inmersión lingüística en la Comunidad Valenciana y en las Islas Baleares.[34] Según los expertos, la protección del catalán en la Franja de Poniente es insuficiente. Por eso, el Comité de Ministros pide que se refuerce esta protección, "incluido el establecimiento de un marco jurídico apropiado".[35]

3. Conclusión

Según sus intenciones, la Carta Europea protege las lenguas regionales o minoritarias y no las minorías lingüísticas. En este sentido, la España central considera que la Constitución, los estatutos de autonomía y las leyes de normalización lingüística garantizan el grado de protección y promoción de lenguas que exige el CE. El TC da respaldo a una política lingüística estatal de "bilingüismo constitucional": la normativa jurídica y la jurisprudencia constitucional construyen un marco en el que el castellano sigue siendo la lengua común de todos los ciudadanos, mientras que las demás lenguas españolas son solamente propias de grupos minoritarios. De esta manera, la Constitución mantiene el monolingüismo de los ciudadanos del centro así como el bilingüismo individual de todos los ciudadanos de la periferia. Sin embargo, este marco constitucional no impide en absoluto que el Estado pudiera dar mayor proyección a las lenguas autonómicas, dentro y fuera de España. El Estado podría incentivar el aprendizaje de las lenguas periféricas en las Comunidades Autónomas monolingües y podría dar también mayor protagonismo a estas lenguas en los medios de comu-

---

34 Ibíd., p. 170.
35 Ibíd., p. 177.

nicación "nacionales". Es lo que pretende llevar a cabo el nuevo Gobierno socialista mediante lo que Zapatero llamó, en su discurso de investidura, "la renovación de la vida pública". La reforma del Reglamento del Congreso debería permitir el uso testimonial de todas las lenguas de España y la reforma del Senado el uso efectivo de estas lenguas.[36]

Por otro lado, una importante parte de la España periférica rechaza el concepto de "bilingüismo constitucional".[37] Sin embargo, cambiar la situación del bilingüismo de los ciudadanos periféricos por un plurilingüismo estatal, a lo mejor sin bilingüismo de las personas, supondría una reforma radical de la Constitución. Concebir la unidad de España sin una lengua común saldría definitivamente del marco constitucional actual.[38] Ahora bien, si el cambio político propagado por nacionalistas periféricos correspondiese a la voluntad del soberano español, debería ser cosa de debate, de negociación y, eventualmente, de consenso democráticos entre españoles. Sea cual fuere el desarrollo del constitucionalismo español, el ampararse en la Carta Europea para crear una "nación de nacionalidades" o "de naciones" es una estrategia que pretende utilizar un instrumento cultural para lograr fines políticos.

Desde que el socialista Zapatero, en su discurso de investidura como presidente del Gobierno, se pronunció en favor de las reformas

---

36 *Diario de sesiones del Congreso de los Diputados*, VIII Legislatura, Año 2004, 2, 15 de abril de 2004, p. 18.

37 En Cataluña sí hay también defensores del bilingüismo castellano-catalán: Antonio Santamaría, *Foro Babel. El nacionalismo y las lenguas de Cataluña*, Barcelona 1999. Cf. F. L., "Katalanisch". En: Janich, Nina/Greule, Albrecht (eds.) (2002): *Sprachkulturen in Europa. Ein internationales Handbuch*. Tübingen: Narr, pp. 121-126; cf. también Poggeschi (n. 14), pp. 148-149.

38 Leopoldo Tolivar Alas, *Las libertades lingüísticas*, Alcalá de Henares, Madrid 1987, p. 59-60, cree posible la transición a un sistema de lenguas nacionales según el modelo suizo sin necesidad de reformas constitucionales. Poggeschi (n. 14), p. 86, no comparte esta idea: "A costo di peccare di formalismo, mi sembra improbabile un'ipotesi del genere in uno Stato che non si dichiari federale. L'esperienza comparata ci mostra che negli stati regionali possono essere ufficiali più di una lingua in certe parti del territorio, ma che l'ufficialità di una lingua 'comune' è garantita. Diverso è il caso del modello federale, in cui è possibile una disciplina linguistica di tipo territoriale 'puro' ben distinta a seconda degli Stati membri [...]."

de los estatutos de autonomía,[39] la "insatisfacción catalana" de la que habla Miguel Herrero de Miñón[40] toma otras rutas diferentes para llegar a sus fines. En la *Propuesta de reforma del Estatuto de autonomía de Cataluña* la Comunidad Autónoma se establece como "nación" (Artículo 1, 1) y pretende regular sus relaciones con el Estado según el principio de la "plurinacionalidad" de España (Artículo 3, 1). De acuerdo con este principio, se estipula en el Artículo 6, 2 el "deber" de conocer las "dos lenguas oficiales" de Cataluña.[41] Sin entrar en los detalles de la política lingüística, el debate general en el Congreso de los Diputados dejó bien claro que no existe consenso entre las grandes formaciones políticas españolas en cuanto a la constitucionalidad de la propuesta de reforma estatutaria catalana. Mientras que Zapatero considera la afirmación de que Cataluña tenga "identidad nacional" como "perfectamente compatible con el artículo 2 de la Constitución que considera a España como nación de todos", el líder de la oposición, el popular Rajoy, denuncia tal afirmación como anticonstitucional, puesto que implicaría, según él, la soberanía de la Comunidad Autónoma.[42] En los años venideros será interesante seguir este debate para ver si sobre la base de un antagonismo tan radical va a ser posible reanudar el diálogo y volver al espíritu de consenso que había acallado, durante los últimos veinticinco años, el discurso de las dos Españas.

4. *Addendum*

Addendum en septiembre de 2007 (fecha de la corrección de galeradas): en el preámbulo del nuevo Estatuto *(Ley orgánica 6/2006, de 19 de julio, de reforma del Estatuto de Cataluña)* sigue sin resolver el antagonismo entre las Españas periférica y central: "El Parlamento de Cataluña, recogiendo el sentimiento y la voluntad de la ciudadanía de Cataluña, ha definido de forma ampliamente mayoritaria a Cataluña como nación. La Constitución española, en su artículo segundo, reconoce la realidad nacional de Cataluña como nacionalidad." En el

---

39 *Diario de sesiones del Congreso de los Diputados*, VIII Legislatura, Año 2004, 2, 15 de abril de 2004, p. 19.
40 Cf. arriba, 1.1.
41 *Boletín Oficial de las Cortes Generales, Congreso de los Diputados*, serie B, número 210-1, de 21 de octubre de 2005.
42 *Diario de sesiones del Congreso de los Diputados*, VIII Legislatura, Año 2005, 125, 2 de noviembre de 2005, pp. 6172, 6176, 6179.

artículo 3, 1 ha desaparecido el concepto de "plurinacionalidad" de la *Propuesta*: "Las relaciones de la Generalitat con el Estado se fundamentan en el principio de la lealtad institucional mutua y se rigen por el principio general según el cual la Generalitat es Estado, por el principio de autonomía, por el de bilateralidad y también por el de multilateralidad". (*Boletín Oficial del Estado* 172, Jueves, de 20 de julio de 2006, pp. 27269, 27270).

Carsten Sinner/Katharina Wieland

El catalán hablado y problemas de la normalización de la lengua catalana: avances y obstáculos en la normalización

1. Introducción: el estado de normalización del catalán

Empezamos este trabajo por un balance de lo que se ha logrado en la normalización de la lengua catalana. Mencionamos brevemente las áreas más o menos normalizadas para después dedicarnos a las áreas que a nuestro ver aún no se han podido normalizar del todo.

Son normalizadas, ya según la ley de normalización Llei 7/1983 (Generalitat 1983), todas las áreas de usos de la lengua en contextos oficiales o institucionales, o sea, administración, educación primaria, secundaria y universitaria así como los medios de comunicación dentro de lo previsto por la ley. En la Llei 1/1998, estas previsiones se vuelven a formular como sigue:

1. La Generalitat, les administracions locals i les altres corporacions públiques de Catalunya, les institucions i les empreses que en depenen i els concessionaris de llurs serveis han d'emprar el català en llurs actuacions internenes i en la relació entre ells. També l'han d'emprar normalment en les comunicacions i les notificacions adreçades a persones físiques o jurídiques residents en l'àmbit lingüístic català, sens perjudici del dret dels ciutadans i ciutadanes a rebre-les en castellà, si ho demanen. (Generalitat de Catalunya 1998: Llei 1/1998, Capítol I, Article 9: La llengua de les administracions de Catalunya.)

1. El català, com a llengua pròpia de Catalunya, ho és també de l'ensenyament, en tots ells nivells i les modalitats educatius.

2. Els centres d'ensenyament de qualsevol grau han de fer del català el vehicle d'expressió normal en llurs activitats docents i administratives, tant les internes com les externes. (Generalitat de Catalunya 1998: Llei 1/1998, Capítol III, Article 20: La llengua de l'ensenyament.)

1. En els mitjans de radiodifusió i de televisió gestionats per la Generalitat i per les corporacions locals de Catalunya la llengua normalment emprada ha d'ésser la catalana. (Generalitat de Catalunya 1998: Llei 1/1998, Capítol IV, Article 25: Els mitjans de radiodifusió i televisió públics.)

De hecho, son éstas las áreas más normalizadas, pues se trata de los dominios más fácilmente controlables en las que las provisiones legales pudieron implementarse más consecuente e intensamente, entre otras razones por tratarse de instituciones públicas.

En los dominios de las actividades socioeconómicas, la situación es algo distinta por tratarse de áreas no necesariamente públicas, y debido al hecho de que las provisiones legales se hayan formulado de manera menos rígida. Esto posibilita diferentes formas de interpretación y promueve un uso nada normalizado de las lenguas oficiales de Catalunya por parte de los interlocutores involucrados en dichas áreas, tanto en la lengua escrita como en la lengua oral. Así, la Llei 1/1998 se ocupa de las empresas públicas y privadas de servicio público en el artículo 31 ("Les empreses de servei públic") y estipula lo siguiente:

> 1. Les empreses i les entitats públiques o privades que ofereixen serveis públics com ara les de transport, de subministraments, de comunicacions i d'altres, han d'emprar, almenys, el català en la retolació i en les comunicacions megafòniques. (Generalitat de Catalunya 1998: Llei 1/1998, Capítol V, Article 31: Les empreses de servei públic.)

En el artículo 32, se precisa que:

> 1. Les empreses i els establiments dedicats a la venda de productes o a la prestació de serveis que desenvolupen llur activitat a Catalunya, han d'estar en condicions de poder atendre els consumidors i consumidores quan s'expressin en qualsevol de les llengües oficials a Catalunya.
>
> 2. El Govern de la Generalitat ha de promoure, amb mesures adequades, l'increment de l'ús del català en l'àmbit a què es refereix l'apartat 1.
>
> 3. La senyalització i els cartells d'informació general de caràcter fix i els documents d'oferta de serveis per a les persones usuàries i consumidores dels establiments oberts al públic han d'ésser redactats, almenys, en català. (Generalitat de Catalunya 1998: Llei 1/1998, Capítol V, Article 32: Atenció al públic.)

En algunas áreas, se registran grados bastante notables de incumplimiento de la Llei 1/1998. La situación puede resumirse tal y como figura en la tabla 1 extraída de *El Periódico* del 13 de enero de 2003.

Tabla 1: El cumplimiento de la ley
(*El Periódico* 13 de enero de 2003: 2, versión catalana)

Àmbit d'aplicació *El que diu la llei*	**Sancions** No preveu sancions per a ciutadans particulars, pero [sic] sí per als funcionaris i algunes empreses	**Terminis** Les empreses privades tenien un termini [sic] d'entre dos i cinc anys per adaptar-se a la llei
Nivell de compliment	**No s'ha aplicat i no es preveu fer-ho**	**Només s'ha complert parcialment**
Ensenyament La llei assumeix la política d'immersió lingüística aprovada amb anteriori-tat. Els professors i els alumnes universitaris es podran expressar en la llengua que prefereixin	**Justícia** Els tribunals han d'atendre i dictar les sentències en la llengua que els ciutadans escullin	**Administració** Els organismes de l'Administració pública catalana han d'atendre els ciutadans en la llengua oficial que ells escullin
Hi ha diferents graus de compliment	**La llei del Poder Judicial en dificulta l'aplicació**	**Ja figurava en la llei del 1983**
Comerç Els clients han de ser atesos en català com en castellà, però sense obli-gació de fer-ho en la seva llengua	**Etiquetes** Només les etiquetes dels productes catalans amb denominació d'origen o artesanals hauran de figurar en català	**Rètols** Han de ser en català, igual que les indica-cions de les activitats de cada centre
Compliment gairebé total al gran comerç, i parcial al petit	**Es complix en un per-centatge alt**	**Compliment irregu-lar**
Televisió Les televisions locals hauran d'emetre almenys la meitat de la programa-ció en català	**Ràdio** Les emissores privades de FM amb llicència conce-dida per la Generalitat han d'emetre la meitat de la programació en català	**Música** S'estableix una quota del 25% d'emissió de cançons en català
Compliment total a les municipals, i irregular a les privades	**Compliment molt irregu-lar**	**Tant a la ràdio com a la televisió, no es complix**

Sin embargo, el *Govern* no fuerza la aplicación de la norma y tolera incumplimientos, pues "forzar la aplicación íntegra de la norma sería fuente de conflictividad social" e "imprudente" (*El Periódico* 13 de enero de 2003: 2).

Cabe destacar que son particularmente las áreas menos normaliza-das o las que menos cumplen las leyes aquellas donde el Estado (el *Govern*) tiene menos influencia o menos poder: telecomunicación pri-vada, comercio y servicios no dependientes de (o trabajando para) instituciones públicas ("les institucions i les empreses que en depenen i els concessionaris de llurs serveis"; Generalitat de Catalunya 1998: Llei 1/1998, Capítol I, Article 9: La llengua de les administracions de Catalunya).

A estos sectores –en parte ubicados en lo que podríamos llamar el área de uso oficial de la lengua– cabe añadir los sectores más bien pertenecientes al sector privado. Éste se compone de aquellos domi-nios de la lengua que no se rigen por las leyes y en las que la comuni-cación social y la selección de la lengua depende de factores más bien individuales, o simplemente financieros. Cabe mencionar aquí las empresas particulares, los medios de comunicación privados (incluida la distribución cinematográfica), así como la comunicación entre par-ticulares, en ámbitos no oficiales y –de momento– no reglamentados por la ley.

En resumen, las áreas no suficientemente normalizadas son las empresas del sector privado, los negocios particulares así como todos los dominios privados, los dominios de la lengua de la proximidad (Koch/Oesterreicher 1985), etc.

Tal y como también se ha constatado para el gallego (García Gon-zález 2002: 66), es el sector privado donde más difícil resulta analizar la normalización o medir el grado de normalización. Personas o insti-tuciones particulares sólo tienen que utilizar el catalán dentro del mar-co de las prescripciones legales, muchas veces muy flexibles; editoria-les sólo tienen que emplear el catalán si quieren que los libros se tengan en cuenta en los currículos de las instituciones de enseñanza catalanas o si aspiran a subvenciones de la Generalitat.

Llama particularmente la atención el hecho de que a pesar de la existencia de un marco legal y una promoción lingüística incompara-bles, que favorecen la presencia del catalán y abogan por su uso en los dominios más diversos, es precisamente en la comunicación interpersonal y (sobre todo) oral donde el catalán, en vez de ganar, pierde terreno. El gráfico 1 demuestra que el uso exclusivo del catalán está menguando y que las generaciones más jóvenes parecen usarlo cada vez menos, a pesar de disponer de una competencia activa y pasiva en la lengua catalana mayor y más generalizada que nunca antes en la historia de esta lengua. Vila i Moreno (2003: 126) dice sobre este gráfico que hasta prescindiendo de los grupos de los nacidos antes de 1918 y el grupo más joven, a causa de un número de informantes inferior a 100 y 300 personas, respectivamente

> [...] la comparació dels usos permet identificar dues tendències evolutives principals des de les generacions més grans – a la dreta del gràfic – fins a les més joves – a l'esquerra. D'una banda, com més joves els enquestats, més s'afebleix l'ús del català exclusiu, predomninant i fins i tot equivalent amb el castellà. D'una altra, com més joves els enquestats, més recula l'absència absoluta d'ús del català.

Gráfico 1: Uso del catalán en general según franjas etarias. Porcentajes
(Vila i Moreno 2003: 126, según datos de 1997)

Ús del català segons edats. 1997. Percentatges

	1979-1983	1969-1978	1959-1968	1949-1958	1939-1948	1929-1938	1919-1928	<1918
■ 100% català	2,9	1,6	2,1	3,7	4,4	9,5	9,5	12,0
▩ 81-99% català	13,3	11,9	19,9	19,7	19,9	26,6	31,6	20,5
■ 61-80% català	15,1	19,6	18,1	18,0	17,7	16,4	13,9	9,4
▢ 41-60% català	17,3	18,9	18,3	21,0	15,3	11,8	12,6	12,0
▢ 21-40% català	20,9	21,9	12,2	8,9	8,0	4,7	4,1	6,8
■ 1-20% català	25,5	18,3	16,1	10,4	8,5	5,5	3,4	6,0
▩ 0% català	5,0	7,7	13,2	18,4	26,4	25,5	24,8	33,3

¿Cómo se puede explicar este desarrollo, y cuáles son los obstáculos más importantes para la normalización del catalán en estos momentos? Vamos a dedicarnos a estas dos preguntas centrales en lo que sigue.

2. Obstáculos para la normalización del catalán

2.1 Las actitudes lingüísticas

Uno de los factores responsables seguramente más importantes en este contexto son las actitudes de los hablantes catalanes. En el caso de Cataluña, dichos hábitos lingüísticos se han estudiado extensamente (cf., por ejemplo, Boix-Fuster 1993a; Pujadas/Turell 1993). En situaciones de diglosia como aquella en la que convivían el castellano y el catalán, se desarrollan nuevos hábitos y normas de uso que favorecen que en las relaciones interétnicas se tienda a escoger la lengua dominante (Boix-Fuster 1993a: 95-96). Las normas de uso del castellano y del catalán en Cataluña son la continuación de las tendencias ya existentes desde hace muchos años, a saber, la tendencia a usar el castellano en contextos formales, en público, con personas castellanohablantes o con personas desconocidas.

Cada vez más se hace notar una evolución en dirección de una supuesta norma bilingüe que rige el comportamiento lingüístico. Boix-Fuster (1993a: 203-212) señala que existe una situación de 'portes obertes' entre los jóvenes catalanes y de origen no catalán estudiados por él:

> [...] els parlants de primera llengua catalana o castellana cada vegada més es bilingualitzen més, és a dir, poden usar activament l'altra llengua i *entren* sovint a la casa [etnolingüística] de l'altre grup etnolingüístic, mitjançant l'ús d'interferències, manlleus i alternances, però *pocs* s'hi queden a viure, pocs passen a adoptar la llengua de l'altre grup com a llengua principal que transmeten o transmetrien als fills (Boix-Fuster 1993b: 292).

Sin embargo, sigue vigente el hábito de convergencia hacia el castellano heredado de decenios de años de opresión y prohibición del catalán durante la dictadura así como de la inmigración en masa de personas no catalanohablantes, particularmente procedentes del sur de España. El uso del castellano se había convertido en el comportamiento no marcado, mientras que el catalán sólo se empleaba con las personas de las cuales se sabía o creía que eran catalanas y en situaciones familiares, no públicas. Lo normal era y sigue siendo, para muchos catalanes, adaptarse lingüísticamente a los interlocutores (Woolard 1989: 69; Boix-Fuster 1993a: 97). Se ha puesto de relieve que el catalán es actualmente la lengua 'alta' para objetivos formales y académicos, empleada por la mayoría de los interlocutores en el transcurso de las actividades académicas como también en cualquier actividad escrita.[1] No obstante, en las relaciones interpersonales se sigue empleando más a menudo el castellano (Boix-Fuster 1993a: 122).

Por ejemplo, entre los bilingües de Cataluña, es altísimo el porcentaje de los que optan por el castellano al dirigirse a personas desconocidas (cf. gráfico 2).

La realidad demográfica favorece el predominio del castellano en las relaciones interpersonales (Boix-Fuster 1993a: 211): casi dos tercios de la población del área metropolitana de Barcelona respondieron, aún en 1986, que el castellano era su primera lengua. Los datos de los últimos censos de población señalan una notable tendencia al bilingüismo; según el Institut d'Estudis Metropolitans (1997), sólo el 26% de los jóvenes nacidos en Barcelona tiene el catalán como primera lengua, un 59% señala que la primera lengua es el castellano y un 15% considera ambas lenguas como lengua materna sin que una de las dos tenga una posición predominante.[2] Estas condiciones refuerzan la costumbre de hablar en castellano en presencia de personas que no

---

1   La estratificación de las dos lenguas es única porque a pesar de que el castellano en principio es la lengua "más fuerte", desde cierto punto de mira también es la lengua menos prestigiosa (Siguan 1988: 454): El catalán es la lengua de buena parte de las familias bien acomodadas e intelectuales, del poder político local, etc., mientras que el castellano es la lengua de los inmigrantes y de los estratos menos pudientes. La existencia de las dos lenguas maternas no ha separado la sociedad catalana a lo largo de fronteras lingüísticas (Siguan 1988: 454). Si bien Woolard (1989: 38s., 42) cree que la lengua es el criterio más empleado en la estructuración popular de la sociedad catalana y sostiene que las clasificaciones étnicas en Barcelona se determinan por medio de la lengua, según Vann (1996: 35), hablar castellano no necesariamente representa una declaración etnolingüística de una identidad española (o castellana). Véase también Sinner (2002 y 2004b: 51-55).

2   Cf. Consorci d'Informació i Documentació de Catalunya (1986; 1988), Institut d'Estadística de Catalunya (1993; 1999), Subirats (1992), Boix-Fuster (1993b), Siguán (1994) e Institut d'Estudis Metropolitans (1997) acerca del número de hablantes del castellano y del catalán y de la bilingualización de la población de Cataluña.

Gráfico 2: Lengua inicial de los que se declaran bilingües. 1998.
(Vila i Moreno 2003: 121, según datos de 1998 del Centro de Investigaciones
Sociológicas dados por Siguán 1999)

Llengua inicial dels qui es declaren bilingües. 1998. Font: CIS 1998

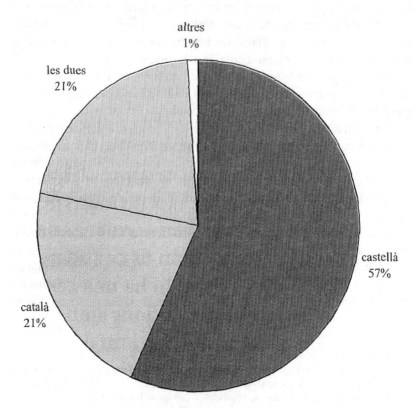

tienen el catalán como primera lengua, incluso cuando se trata de personas que sí son capaces de hablar esta lengua. Buen ejemplo de ello
(y de que los catalanes hasta son conscientes del fenómeno) es el
siguiente caso comentado por una profesora universitaria catalana
durante una entrevista sobre aspectos lingüísticos y metalingüísticos
(Sinner 2004b: 427):

Que cuando se encuentran por ejemplo, eeeeh mmmh cinco chicas de diecisiete años y hay cuatro que son catalanas pero una castellana, ellas pasan al castellano.[3]

Es precisamente este comportamiento el que las instituciones encargadas de la normalización han reconocido como problema de la normalización, y son las actitudes las que se quieren cambiar ahora mediante las nuevas campañas en favor del uso del catalán promocionadas por la Generalitat de Catalunya. Así, con la campaña *Dóna corda al català* ('Da cuerda al catalán'), la primera campaña dirigida a toda la sociedad, el Govern destina tres millones de euros al fomento del catalán más importantes desde las iniciativas de 1982. *Parla sense vergonya* ('Habla sin vergüenza'), *Parla amb llibertat* ('Habla con libertad') y *Per començar, parla en català* ('Para empezar, habla en catalán') son los mensajes de esta nueva campaña desarrollada por la secretaría de Política Lingüística de la Generalitat. La campaña se dirige, expresamente, a los catalanohablantes que renuncian a usar su lengua, a las personas que a pesar de tener conocimientos suficientes del catalán no lo utilizan habitualmente y finalmente a aquellos que aún no lo hablan con facilidad y necesitan ayuda y apoyo para poder hablarlo (*El Punt*, 25 de enero del 2005). Se aumenta, de esta forma, el público meta de las últimas campañas de la Generalitat como, por ejemplo, *El català, cosa de tots* ('El catalán, cosa de todos') (1982), *Som sis milions* (1987), etc. hasta la campaña *Tu ets mestre* ('Tú eres profesor') (2003), dirigidas básicamente a los catalanohablantes y desarrolladas o para incentivar el uso entre los catalanohablantes o para motivar el uso del catalán con personas no catalanohablantes como precondición para el aprendizaje de esta lengua por los inmigrantes.

2.2 Inmigrantes y hábitos lingüísticos

No sorprende que los hábitos lingüísticos descritos dificulten, además, la integración lingüística de los inmigrantes e incluso de sus descendientes. La campaña *Tu ets mestre*, iniciada en 2003, es buena señal de que se ha reconocido la responsabilidad primordial de los catalanohablantes en el proceso de integración lingüística de los inmigrantes:

---

3   El uso de *castellano* en vez de *español* evidencia que la entrevistada está hablando de hábitos lingüísticos y no se refiere a grupos étnicos (cf. Sinner 2004b: 472).

para que los inmigrantes empleen el catalán, cabe incentivar el uso del catalán en las relaciones cotidianas entre autóctonos e inmigrantes (cf. al respecto las *Cartes al director* en el diario *El Punt* del 28 de agosto de 2005). Es un aspecto alarmante que en las relaciones de los inmigrantes de segunda generación con el conjunto receptor, los estímulos para el uso del catalán que podrían resultar de estas interacciones suelen desaparecer como resultado de la existencia de la norma generalizada entre los autóctonos de dirigirse en castellano a las personas no catalanas (Bastardas 1985: 55). Es uno de los factores que ralentiza la bilingualización de la segunda (o ya hasta tercera) generación de inmigrantes. Si bien muchos de los inmigrantes y sobre todo de sus descendientes adquieren competencia en catalán, la segunda condición indispensable para su uso es la oportunidad de practicar la lengua en la vida cotidiana.

El hecho de que a finales de los años setenta, más del 40% de la población catalana de más de seis años procediese de otras regiones (Gifreu 1983: 298) hace comprensible el impacto de los inmigrados sobre la actitud y competencia lingüísticas de las generaciones más jóvenes. Hoy en día, sólo la mitad de los habitantes de Cataluña desciende de catalanes, mientras que el 75% desciende de inmigrantes (Hoffmann 1996: 67; Cabré 1999), ya como señala Hernández (1997: 114), la mayoría de los inmigrantes de segunda generación nacidos en Cataluña tienen el castellano como primera lengua.

A la vista de estos datos, se entiende que son indispensables los contactos directos con la población receptora, de manera que la concentración de la población inmigrante en determinados barrios contribuye a que los contactos con la lengua catalana sean, para la mayoría de los inmigrantes, también los de segunda generación, una excepción en su vida cotidiana.[4] Un interesante dato es, en este contexto, que no sólo los inmigrantes españoles de épocas anteriores viven concentrados en determinados barrios, sino que también los inmigrantes de las

---

4   Véase Badia (1965; 1979), Jutglar et al. (1968), Esteva Fabregat (1977), Arnau (1980), Solé (1982, contiene una bibliografía de la inmigración en Cataluña hasta 1982), Strubell i Trueta (1982), Bastardas i Boada (1985) y Giles/Viladot (1994) acerca de la progresiva integración cultural y lingüística de los inmigrantes castellanohablantes procedentes de otras regiones españolas en la sociedad catalana. Sobre el castellano de los inmigrantes de los movimientos migratorios de los años 60 y 70, cf. Moyer (1991) y Báez (1995; 1997). Sobre las migraciones más recientes, cf., Colectivo Ioé (1992) y García Castaño/Muriel López (2002).

últimas oleadas acaban viviendo concentrados en determinadas áreas de la ciudad:

[m]és de dos terços dels barcelonins empadronats al nucli central de Barcelona són estrangers. [...] La població estrangera es concentra per barris. Ciutat Vella agrupa el 49% dels paquistanesos i el 30% dels marroquins i filipins. A l'Eixample hi predominen la colònia sud-americana i la xinesa (31% dels dos col·lectius). En canvi, a Nou Barris hi ha més equatorians (un terç), així com a Horta-Guinardó, Sant Andreu, Sants-Montjuïc i Sant Martí. A les Corts i Sarrià-Sant Gervasi hi predominen els europeus, i a Gràcia, italians, equatorians i argentins (*Avui* 12 de marzo del 2005).

Si tenemos en cuenta que las generaciones jóvenes de ahora son las responsables de la transmisión intergeneracional de la(s) lengua(s) y de los hábitos lingüísticos del futuro, cabe tener en cuenta particularmente los datos sobre el uso del catalán y del castellano entre los miembros de la comunidad autóctona o integrada en ella y los inmigrantes y sus descendientes castellanohablantes. La creciente inmigración de sudamericanos castellanohablantes y la poca disponibilidad de los inmigrantes no castellanohablantes a aprender no sólo el castellano como lengua de promoción social más rentable, sino también el catalán, agrava la situación lingüística para desventaja del catalán. De hecho, la poca disponibilidad de los recién llegados a hablar catalán que sólo aumenta muy paulatinamente es precisamente uno de los aspectos más debatidos en cuanto a los problemas de la normalización lingüística en los últimos años. En el presente, el número de inmigrantes ha experimentado un aumento constante, llegando a cifras desorbitadas comparado con los índices bajísimos de las décadas anteriores:

La comunitat estrangera a la ciutat ha crescut un 14,1 per cent. 28.500 persones, en dades absolutes de l'any 2004. Durant el 2003 la població immigrant empadronada havia augmentat un 24% (39.434 persones) i els anys 2003 i 2002 un 43% i un 53%, respectivament. (*Avui* 12 de marzo del 2005).

Cabe notar, sin embargo, que estas grandes olas migratorias de los últimos años son acompañadas por un debate sobre un supuesto rechazo de la lengua catalana, que muchos de los inmigrantes ven como una imposición no justificable. El rechazo a aprender el catalán, sobre todo por parte de los inmigrantes hispanohablantes, por no considerarlo necesario, y el rechazo de los catalanohablantes –o sea, la población "normalizada" de Cataluña– de aquellas partes de la inmigración que así se comportan ha llevado, probablemente, a un aumento de las tensiones en cuestiones lingüísticas, lo que frena la disponibilidad de los inmigrantes al aprendizaje del catalán, en vez de incentivarlo. Hay voces críticas que temen que esto ocurra. Según la opinión de Báez de Aguilar González (1997: 171),

> los nuevos planes de inmersión y normalización lingüística puestos en marcha en 1993 han inaugurado una fase en la que [...] se están avivando los temores de los inmigrantes y confirmando los de la población española castellanohablante – lo cual, por el factor humano imprevisible, podría poner en peligro los logros obtenidos por la política inicial de normalización paulatina y constante que era aceptada por la mayoría de los implicados [...].

Según nuestras propias vivencias, parece hacerse cada vez más fuerte, incluso entre las personas cultas y muy en favor de un uso generalizado del catalán, una posición más bien crítica hacia la situación legal y los intentos de normalización reforzada, llegando a extremos tales como proclamarse a sí mismo como enemigo de una normalización a ultranza, por estar "harto de la normalización", etc. Sin embargo, la presión ejercida sobre los recién llegados también parece tener buen efecto, ya que se está notando un auge del número de inmigrantes que aprenden catalán:

> En tan sólo tres años se ha triplicado en Cataluña el número de inmigrantes procedentes de Suramérica [sic] y del Magreb que se han decidido a aprender catalán en centros oficiales. Es un incremento muy superior al ritmo en que ha aumentado la inmigración proveniente de estos países. En 2001, el número de extranjeros de Iberoamérica y el Magreb creció el 36% (*El País* 23 de enero del 2003).

Cabe esperar el resultado de las nuevas campañas de normalización, en parte dirigidas a los recién llegados no catalanohablantes.

2.3 Problemas con la normativización y la descripción del uso oral de la lengua

Un problema grave lo constituye el hecho de que hasta el presente haya que lamentar una notable falta de descripciones de las particularidades del catalán hablado y, por ende, la falta de una norma oral.[5]

---

5   Hacemos nuestra la definición de norma ofrecida por Faßke (1980: 152). El autor alemán entiende como norma de uso la suma de las realizaciones así como de las reglas de su combinación posibilitadas por el sistema, realizadas o realizables en la comunicación escrita u oral y aceptadas por la comunidad de comunicación.

Ello se hace patente particularmente en el uso en los registros más alejados del uso de la lengua de distancia.

Las estructuras que no están integradas en la normativa del catalán, basada en la lengua escrita, no por ello dejan de formar parte de la norma de uso, que representa, también, la realidad lingüística catalana. No obstante, la percepción de muchos hablantes es que lo que se encuentra en los diccionarios es 'la norma', sacralizando, de esta forma, los diccionarios, y lo que no se halla en ellos no debe utilizarse.[6] Sin embargo, la orientación en la norma prescriptiva que no coincide en absoluto con la norma de uso local puede causar una relación anormal con la propia lengua. Así, por ejemplo, la comparación de la propia variedad (que normalmente coincide con la variedad local) con la 'norma central' y el tratamiento de las características de la propia variedad como incorrectos –por ejemplo en la escuela– puede provocar complejos de inferioridad en los hablantes (cf. los juicios de los alumnos de una escuela bilingüe en California descritos por Kjolseth 1973: 12).

Veamos unos cuantos ejemplos de problemas normativos extraídos de Sinner (2005) que sin estudios más detallados no pueden ser solucionados. Es decir, que no puede determinarse, ni por parte de los lingüistas, por un lado, ni por parte de los mismos hablantes, por otro lado, la pertenencia o no de determinados fenómenos lingüísticos a la norma del catalán. De todas formas, sí puede decirse que todos estos ejemplos reúnen un criterio: se trata de fenómenos cuyo estatus está debatido o que se rechazan, generalmente, como menos justificadas

---

Dicho concepto de norma implica todos aquellos elementos lingüísticos que son posibles en una situación comunicativa en la cual se espera el empleo de un determinado fenómeno y en la que dicho empleo además es considerado como adecuado por los hablantes. Además, implica sus funciones estilísticas, sus connotaciones, etc., independientemente de si esta variación coincide con la norma prescriptiva o no (Faßke 1980: 152). Las estructuras realizables se incluyen en la definición de la norma por el hecho de que la lengua no es estática, y por lo tanto tampoco puede serlo la norma. Cf. el debate del concepto de la norma en Sinner (2004b: 65-72) y en Sinner (2005).

6   Los debates que acompañaron las polémicas a raíz de las duras críticas que recibieron los autores del diccionario normativo (cf. Esteve et al. 1998) y la respuesta, poco lograda, por parte de la lingüista responsable de la elaboración del diccionario en cuestión, debilitaron un poco la "fuerza" del diccionario. Sin embargo, los catalanes siguen siendo extremadamente "fieles" a los diccionarios normativos (cf. Sinner 2004b: 605-617).

que otras estructuras que suelen ser consideradas como "más genuinas".

a) Elementos incorrectos según la norma prescriptiva pero que forman parte de determinadas normas de uso.

Son elementos que, poco frecuentes en la lengua de distancia pero bastante normales en la lengua de proximidad, se ven casi siempre caracterizados como barbarismos[7] o castellanismos, por ejemplo:

- *tenir que* + infinitivo (del castellano *tener que* + infinitivo)
- *al* + infinitivo en vez de *en* + infinitiu.

Hay otros elementos menos estigmatizados como barbarismos, pero considerados, por algunos autores, como calcos del castellano o simplemente ajenos al catalán, por ejemplo:

- la perífrasis *anar a* + infinitivo con valor de futuro[8]
- la perífrasis *venir a* + infinitivo, con valor terminativo[9]
- derivados verbales con el sufijo verbalizador *–ejar*.[10]

b) Estructuras que forman parte de la norma prescriptiva pero que no se utilizan por ser anticuadas o por representar formas idealizadas muy poco generalizadas, como son por ejemplo:

- los adverbios *àdhuc* o *nogensmenys*.[11]

---

7   El término de *barbarismo* se utiliza, en Cataluña, como cajón de sastre para calificar todas aquellas formas o construcciones que no forman parte de la norma catalana o que, a pesar de ser genuinamente catalanas, se consideran castellanismos por existir, de forma idéntica o parecida, en la lengua hermana. Acerca del uso de barbarismo y de su poco valor científico, cf. Sinner (2004a). Por mor de una mayor coherencia y por cuestiones de espacio, empleamos el término, en esta contribución, sin hacer nuestros los prejuicios que suelen acompañar el uso de este término cuestionable.

8   Cf. la discusión de esta construcción en Radatz (2003: 74-75).

9   Montserrat (2003) demuestra, sin embargo, que se trata de una construcción bastante antigua en catalán.

10 No obstante, Bernal (2005) defiende la genuinidad del sufijo *-ejar* haciendo hincapié en sus características formales y semánticas. La autora critica que la prescripción (y proscripción) sin descripción y análisis no es el camino adecuado para valorar la posición de determinados elementos en la norma.

11 En el *Corpus Textual Informatitzat de la Llengua Catalana* del Institut d'Estudis Catalans, *nogensmenys* tiene una frecuencia relativa de 0,00084%, y en el sub-corpus no literario, de 0,00064%.

c) Estructuras correctas según las normas prescriptivas e integradas en las normas de uso cuya frecuencia está disminuyendo continuamente. Esto ocurre en el caso del

– gerundi passat *(Havent dinat, he anat a casa de la Maria* que se substituye por *Després de dinar, he anat a casa de la Maria.)*

d) En todos los dialectos del catalán existen formas usuales no consideradas en la norma prescriptiva a pesar de no limitarse a una sola variedad geográfica (la mallorquina, la valenciana, etc.). Pensamos, por ejemplo, en

– construcciones con *lo* (*lo que* y otros) (Casanova 2001)
– el uso de *per* i *per a* delante del infinitivo
– los sistemas para indicar la hora: el uso del sistema de cuartos *(les cinc i quart, dos quarts de sis, tres quarts de sis)* vs. el sistema equivalente al sistema castellano *(les cinc i quart, les cinc i mitja, les sis menys quart).*[12]

Buena parte de las dificultades que se dan en materia lingüística son relacionados con elementos atribuibles a usos coloquiales, de léxico considerado como vulgar o hasta tabú, en registros no, o poco, formales, contextos familiares, etc., o sea, en el lenguaje marcado por un uso de la lengua de la proximidad. Es en estos dominios que hasta hablantes que manejan bien el catalán y disponen de un repertorio amplio en esta lengua, e incluso lingüistas especializados en dicha lengua tienen dudas, inseguridades o lagunas, sobre todo léxicas. Sirva como ejemplo el caso del cast. *pijo, pija* (y los derivados como *pijería*), en el sentido de "quien ostenta de forma afectada una buena posición social y económica" (CLAVE). En una lista de distribución de correo electrónico con fines lingüísticos, "migjorn", el 25 de mayo de 2005, bajo el título "compte amb imitar certs modismes castellans incorrectes", entre otras cosas se habla de la substitución de modismos catalanes por construcciones del castellano. Así, se dice que "El castellà està patint una moda que jo denominaria, en aqueixa mateixa llengua, 'pseudoyupi-pijoteras', consistent a utilitzar la frase 'para nada' en situacions on no s'escau", y sólo al final, después de debatir

---

12 Veny (1992: 23) subraya que "[p]laurà a valencians i balears constatar que la formulació horària sobre la base de mitja (les tres i mitja) és tan antiga com la que té per base els quarts (dos quarts de quatre)".

posibles alternativas de "para nada" en catalán, el autor del mensaje pregunta por posibles traducciones de castellano *pijo*, ya que, a pesar de condenar "para nada" tiene que recurrir a "pseudoyupi-pijoteras" para tildar a los que calcan la construcción castellana:

[migjorn_1] Resumen nº 947
Mensaje: 14
Fecha: Wed, 25 May 2005 11:05:36 +0200 (CEST)
De [...]
Asunto: compte amb imitar certs modismes castellans incorrectes

Amics de MIgjorn
El castellà està patint una moda que jo denominaria, en aqueixa mateixa llengua, "pseudoyupi-pijoteras", consistent a utilitzar la frase "para nada" en situacions on no s'escau, com ara: –¿Te duele la cabeza?.– Para nada.; –¿Te gusta esto?.– Para nada.; –¿Crees que ganará el Valencia?.– Para nada.; –No hay para nada relación de lo que dices con lo que hemos comentado.;– No estoy de acuerdo para nada con lo que dices. Etc. ... En tots aquests casos la frase que caldria utilitzar és "en absoluto". Si a mi em demanen si quelcom m'ha servit d'alguna utilitat, puc dir que sí, o que no m'ha servit per a res, o també puc dir-ho quan em demanen si vull quelcom amb alguna finalitat. Doncs, estem assistint a la mort de la locució "en absoluto". Espere que els catalanoparlants no imitem pas aquest rebordoniment "pijo" i continuem usant "en absolut" quan s'hi escau. Per cert, feu-me el favor de dir-me mots que tinguen el significat del "pijo" castellà.
Gràcies de bestreta.

Se ve bien que el problema radica en el hecho de que se suele medir la lengua oral con normas que, la mayoría de las veces, se orientan hacia las realizaciones de la lengua escrita o en modelos idealizados de la lengua que chocan con los usos generalizados en la población. Sin embargo, de momento parece no haber otra manera de comprobar la normatividad de la lengua (Fräbel 1987: 166). Buena parte de los conflictos normativos resultan del hecho de que en la norma prescriptiva no se hayan considerado todos los aspectos lingüísticos que, en un análisis, pueden aparecer como dudosos en cuanto a su estatus. Es decir, que la norma prescriptiva no refleja todos aquellos usos que son reales, habituales en la lengua hablada. Como subraya Hernández (1998: 507s.) (refiriéndose al castellano): "una cosa es lo que dice la normativa [...] y otra muy diferente el uso lingüístico". Lo mismo podría decirse sobre el catalán: Ésta conclusión indica lo difícil que es operar con la norma prescriptiva como punto de referencia para determinar cuáles de los fenómenos en cuestión pueden considerarse infracciones de la norma, ya que demuestra a las claras cuán arriesgado es interpretar la falta de documentación bibliográfica.[13] La falta de descripciones completas de la lengua oral contemporánea catalana dificulta el estudio de dicha lengua. Especialmente se ha lamentado la falta de descripciones de la lengua coloquial, explicándose esta falta con la preocupación (fácilmente comprensible) por la formulación de una norma de la lengua catalana (Vila Pujol 1996: 275) (basada en la lengua escrita, claro está).

La falta de descripciones de esta índole también para el castellano además conlleva el problema de que no resulta fácil distinguir elementos propios del catalán de las "temidas" interferencias del castellano en dicha lengua (Bernal 2005; Sinner 2005). Ante la duda, se prohíbe lo que podría ser un castellanismo, lo que en última instancia lleva a una sensación, por parte de los hablantes, de incapacidad lingüística por no corresponderse la lengua que realmente usan y el modelo presentado y fomentado por las instituciones encargadas de la normativización del catalán.

Estos dos aspectos –actitudes y conflictos con la norma debido a la falta de descripciones de la lengua oral y coloquial– repercuten directamente en el uso de la lengua catalana, o sea, en la disponibilidad al uso del catalán en determinados dominios. Repercuten, como ya vimos en 2.1, en la comunicación interpersonal entre particulares en dominios marcados por un uso de la lengua de proximidad, es decir, fuera de los dominios en los que es obligatorio el uso del catalán. Además, concierne al uso de la lengua en los medios de comunicación audiovisuales tradicionales y, particularmente, en los nuevos medios de comunicación (internet, correo electrónico, mensajes cortos, etc.). A estos últimos dos aspectos nos dedicamos en el siguiente apartado.

---

13 Cf. también Vila Pujol (1996: 276) acerca de la falta de descripciones de elementos o estructuras con un gran rendimiento funcional en la lengua receptora.

3.   Uso de la lengua catalana y problemas del uso en los medios de comunicación audiovisuales tradicionales y en los nuevos medios de comunicación

El problema, el punto neurálgico, del uso de la lengua catalana en los medios de comunicación es, a nuestro ver, que la decisión por un catalán "más auténtico" conlleva, automáticamente, digresiones de la norma.

3.1 Uso de la lengua en los medios de comunicación audiovisuales tradicionales

Cabe constatar una decisión consciente por el uso de un catalán no normativo como única opción justificable, para el hablante, para no llegar a la situación de, a pesar de querer hablar en catalán, no poder hacerlo sin luchar con el sentido del ridículo o sin torcerse y hablar "como nadie habla". "Hablan como nadie nunca lo haría" fue uno de los juicios más sintomáticos sobre la teleserie *Poble Nou*, la primera "telenovela catalana", que, si bien contó con un éxito enorme, despertó muchas polémicas por un uso lingüístico y una representación de una Barcelona "libre" de castellanohablantes y de cualquier rasgo de su presencia en Cataluña.

Al producir una serie de televisión, por ejemplo, cabe decidirse por una representación real y, por ende, auténtica (que conlleva la presencia del castellano, la existencia de castellanismos en catalán, el uso de elementos no normativos, etc.), o por una representación idealizada (por motivos de índole normalizadora) que favorece un uso de un catalán normativo, modélico, sentido, sin embargo, por muchos hablantes nativos como artificial y hasta ridículo. Gran parte de la población rechaza, por ejemplo, la no representación de la realidad bilingüe en la producción propia, es decir, en producciones cinematográficas y, particularmente, televisivas, como son las series de televisión (teleseries catalanas como *Poble Nou*, etc., donde hasta los quioscos ubicados, supuestamente, en un barrio de Barcelona, sólo y exclusivamente vendían prensa en catalán, eclipsando así la realidad cotidiana de los catalanes cada vez más bilingües).

La situación se agrava para el hablante cuando las decisiones personales en cuanto a qué lengua o qué catalán hablar se ven influidas por (o chocan con) una exposición a un público mayor. Los interlocutores en programas de radio o televisión raramente llegan a hablar un catalán 100 por 100 normativo; el uso del catalán tal y como se suele hablar en la calle provoca, en estos ámbitos públicos, polémicas.

En este contexto cabe recordar la situación en la televisión francófona del Quebec. Reinke/Ostiguy (2005: 203), en su descripción de la situación canadiense, resaltan que

> Pour ce qui est des animateurs de la télévision, ils affichent au contraire une attitude beaucoup plus tolérante à l'égard de la langue utilisée en ondes. D'après un sondage de la société Sorecom Inc. (1984) réalisé auprès de 216 animateurs et animatrices de la radio et de la télévision, ceux-ci désirent utiliser une langue "correcte", mais pratiquent également, par souci de ne pas entraver la communication avec le public (ce qui pourrait affecter, selon eux, l'audimat), la variation linguistique, adaptant leur parler à la situation de communication. Pour eux, la qualité langagière première d'un bon animateur est l'aptitude à communiquer, à se faire comprendre et à tenir des propos concis. Une enquête plus récente auprès des décideurs de stations de radio québécoises (Leblanc/Ostiguy 2001) confirme cette tolérance aux manifestations du français familier, notamment dans le cas de certains types d'émissions où s'installe une interaction entre le public et les animateurs. Les résultats de l'enquête révèlent que le "bon animateur" est perçu par ces décideurs comme étant avant tout un individu ayant de la personnalité et étant capable de communiquer aisément, utilisant en fonction des circonstances les ressources linguistiques disponibles sur le continuum français *soutenu-familier*. Bien que tolérants, les décideurs prétendent imposer tout de même des limites et exigent l'emploi d'une langue correcte.

La cuestión de la autenticidad de la lengua usada por los interlocutores es un problema que en el ámbito de los medios de comunicación se da tanto desde la perspectiva de los que producen o son responsables de la programación como desde la perspectiva de los que consumen los programas o "productos" emitidos.

La consecuencia de la falta de autenticidad por usar únicamente un lenguaje que respeta íntegramente la normativa catalana –bastante generalizada en las cadenas de televisión en lengua catalana por razones obvias (financiadas por entidades gubernamentales y con objetivo normalizador, etc.)– provoca el rechazo de la producción en catalán. Así, el poco éxito y la poca difusión de películas, vídeos, etc. en catalán, como, por ejemplo, el rechazo de películas de dibujos animados doblados al catalán, tiene que ver con que los mismos catalanes consideran el catalán usado en ellas como ridículo, fuera de lugar o artificial. Es decir, el rechazo se debe al hecho de que un lenguaje que concuerda con la normativa parece no ser apto –todavía– para la función primordial de dichas películas: para entretener y hacer llorar, reír, sentir, es decir, captar sensaciones transportadas o vehiculadas por medio de la lengua, cabe servirse de un lenguaje en el que los hablantes aún puedan reconocerse.

Realizaciones televisivas más recientes, como es el caso de la telenovela catalana *Plats bruts*, parecen ya haber cedido a la presión del público (aunque éste se manifieste únicamente en el éxito comercial de las producciones). En dichas producciones ya aparecen algunos personajes que hablan un catalán "menos normativo", es decir, menos orientado en la norma (escrita) y, por ende, algo marcado por algunos elementos hasta ahora considerados barbarismos o castellanismos.

Lo que agrava la problemática de la falta de autenticidad del lenguaje es la dificultad de que no se tenga en qué apoyarse al intentar utilizar una lengua más auténtica y convincente; esto se debe a la falta de descripciones de los registros orales coloquiales. El hecho de que no se hayan realizado estudios sobre la autenticidad y credibilidad de los presentadores en los medios de comunicación audiovisuales en lengua catalana en general complica aún más la situación.

3.2 Uso de la lengua en los nuevos medios de comunicación (internet, chat, messenger, correo electrónico, mensajes cortos, etc.)

En el área de los nuevos medios de comunicación, además de las dificultades ya referidas en cuanto a los usos en los tratos interpersonales no formales y en la televisión, se da un problema adicional: la falta de modelos textuales, es decir, la ausencia total de modelos textuales tradicionales o perpetuados por los usuarios.

El lenguaje empleado en los chats, en el *messenger* (programa de chat particular) y en los mensajes cortos demuestra unas características lingüísticas particulares que lo acercan, a pesar de tratarse de comunicación realizada por escrito, al registro familiar oral:[14]

> Muchos usuarios, deliberadamente o no, intentan acercarse al máximo a lo que para ellos es una conversación cotidiana. Una conversación que tiene lugar dentro del registro oral. No obstante, la conversación acontece, de hecho, por escrito. Lo cual es un fenómeno sin precedente en la

---

14 En el modelo de Koch/Oesterreicher (1985; 1990: 9-10) el *chat*, los mensajes cortos, etc. se tendrían que ubicar en el polo medio escrito/lenguaje de proximidad.

historia de la comunicación popular. [...] Esto da lugar a una situación paradójica: por una parte, nos enfrentamos al más inorgánico y espontáneo de los registros escritos. Resulta próximo, desprovisto de convenciones y reglas gramaticales o, al menos, de la obligación de su cumplimiento. La tradicional caracterización distante del texto escrito se diluye a los receptor/es. Asimismo, la característica propiedad reflexiva del registro escrito pierde enteros, ante la imposibilidad práctica de revisar cada frase (Mayans 2000: 44).

En los mensajes cortos, en los chats y en el *messenger* se imita el estilo de argumentación de la comunicación oral, con frases cortas y fragmentarias, debido al espacio limitado de caracteres en los mensajes cortos o bien al hecho de querer mantener viva la comunicación en un chat. La así producida reducción de las frases a lo absolutamente esencial conlleva muchas transgresiones de las reglas del estándar, entre las cuales resaltan particularmente aquellas cometidas en la ortografía.

Encontramos, en primer lugar, el empleo a veces excesivo de mayúsculas, de signos de interrogación o de exclamación, empleados para llamar la atención del receptor del mensaje y, sobre todo, para sustituir elementos suprasegmentales o paraverbales como la entonación y el lenguaje corporal.

Otro fenómeno lingüístico, y seguramente el más frecuente en las formas de comunicación aquí tratadas, es la imitación de la fonética al escribir un mensaje corto o una intervención en un chat. La llamada "escriptura ideofonemàtica" (Torres i Vilatarsana 2003: 78) no sólo sirve para reducir el número de caracteres del mensaje sino remite también al factor lúdico, es decir, a la posibilidad de crear así efectos lingüísticos poco usuales y graciosos que además, entre usuarios jóvenes, suelen emplearse como cierta forma de código intragrupal (Wieland 2006a; 2006b). Muy típico es, en este sentido, cambiar *qu* o *c* por *k (quedat – kedat, quan – kuan)*, *gu* por *w (guapa – wapa)* o reducir morfemas, lexías o sintagmas enteros, por medio de elisión vocálica y eliminando los espacios entre los diferentes elementos, a una mera combinación de consonantes (por ejemplo, *sq – és que*).

Una particularidad entre los elementos ideofonemáticos representa el uso de cifras por la homofonía con determinadas sílabas y el empleo de símbolos matemáticos. El empleo de signos matemáticos, por ejemplo, permite sustituir el morfema *per* por *x (x – per, xo – però, xq – perquè)*. El sonido del número 10, a su vez, lleva a la sustitución de sílabas homófonas en un gran número de palabra, lo que explica creaciones como *a10, ad1* para *adéu* o *d1* o simplemente *10* para la forma coloquial *déu* 'adiós'. Es, por cierto, un fenómeno que esencialmente concierne a las generaciones más jóvenes.

La gran diferencia entre la comunicación por correo electrónico y los mensajes cortos es la no limitación de espacio en el caso de la primera y el hecho de que el uso de correo electrónico sea parte integrante de prácticamente todos los ámbitos laborales modernos, particularmente en aquellas áreas marcadas por un alto grado de ocurrencias de textos. Mensajes de correo electrónico son el soporte tanto de textos dedicados a la comunicación entre particulares en la comunicación no formal como de textos de toda índole de dedicaciones profesionales, desde cartas de abogados, informes médicos, invitaciones a eventos sociales, y la correspondencia comercial y laboral en general. En la presente contribución, nos limitamos a presentar ejemplos atribuibles a la primera categoría, es decir, los mensajes de un alto grado de oralidad (que forma el centro de nuestro enfoque en el presente trabajo).

Veamos unos cuantos ejemplos de usos que caracterizan el empleo del catalán en los llamados mensajes cortos, es decir, la comunicación atravées de los teléfonos móviles, así como en algunos mensajes de correo electrónico más cerca de la oralidad:

Vine a ksa mv un rato cnt wapo (27)[15]
(Vine a casa meva un rato. Contesta, guapo.)

j ver, tik rayadisima! wenu nanit. bsus. (22)
(I a ver [veure]. Estic ralladísima! Bueno, bona nit. Besos.)

uueee noiss!! estik mol felis!! primer ola a tots! el meu cumple va se el 7 de gene (18)
(Ueeeee nois! Estic molt feliç! Primer, hola a tots! El meu cumple [=aniversari] va ser el 7 de gener.)

Hla cel! xdona x no cnt abans, pero es k no tnia saldo (25)
(Hola cel! Perdona per no contestar abans, però és que no tenia saldo.)

buenu, ls studis son lu primer (2)
(Bueno, els estudis són lo primer.)

---

15 Los números entre paréntesis remiten a los corpus parciales del corpus de lenguaje juvenil en Cataluña elaborado por Katharina Wieland en el marco de su tesis doctoral (Wieland, en prensa).

Y algunos ejemplos de mensajes de correo electrónico:

PETITA!!! felicitats retrasades ... jejeje osentu ml en seriu, sem va oblidar! té, aki tens una part del meu regal ▇! x cert, si pujes aket finde a la
cerdanya avisam, ok? Dma si puk ta truku, ok? tstimu mool: mool!
muak* (1)
*(Petita! Felicitats retrassades... jejeje ho sento molt! En serio, s'em va
oblidar! Té, aqui tens una part del meu regal! Per cert, si pujes aquest
finde [=cap de setmana] a la Cerdanya, avisa'm, ok? Demà, si puc, et
truco, ok? T'estimo molt molt!, muak.)*

Una cosa aquest finde podràs quedar? bueno esque to paso per aki perque
j asemblo un gilipolles dien-to cada setmana, i dada setamana em dius lo
mateix, pero weno sk ja ni em parles no m'obres la convens, no em tru-
kes no em fas perdudes ... no se k colons t e fet, no se si as canviat tu
o jo pero el que se esque sembla clar que l'amistad s'està perdent,
m'enrrecordo de ja fa temps k estabes caxo de simpatica amb mi, estabes
molt atenta ... pero weno ja suo de rallarme tant per aixo o e estat fent durant molt de temps i dk ma servit? de res si no mes be al contrari q hanat
a pitjor. (8)
*(Una cosa, aquest finde [=cap de setmana] podràs quedar? Bueno, és
que t'ho passo per aqui perquè jo assemblo un gilipolles dient-ho cada
setmana, i cada setmana em dius lo mateix, però bueno, és que ja ni em
parles. No m'obres la convens [=chat privat], no em truques, no em fas
perdudes [= trucada perduda] .... no sé què collons t'he fet, no sé si has
canviat tu o jo, però el que sé és que sembla clar que l'amistad
[=amistat] s'està perdent. M'en recordo de [=que] ja fa temps que estaves caxo [?] de simpàtica amb mi, estaves molt atenta ... Però bueno, ja
sudo de rallarme tant, per això ho he estat fent durant molt de temps i de
què m'ha servit? De res, si no més bé al contrari, que ha anat a pitjor.)*

Hola wapa! Jo al final n se si m conectare!! ooo!! Ta ningu? A mi m t k
vui xo n se kin dia! spro k m vingui dsprs dandorra! weno wapa mob bsitos, nanit. (27)
*(Hola guapa. Jo al final no sé si em conectaré!! ooo!! Està ningú? A mi
m t [?] que vull però no sé quin dia! Espero que em vingui desprès
d'Andorra! Bueno, guapa, molts besitos, bona nit.)*

Si bien desde luego es más fuerte la presencia, en textos básicamente
catalanes, de elementos motivados por el castellano que la presencia,
en textos básicamente castellanos, de elementos atribuibles o explica-
bles con el catalán, estos últimos no son una excepción:

X FIN MIERCOLES! +D LA MITAD D LA 7MANA WE! (36)
(Por fin Miércoles! Más de la mitad de la semana, bué!)

WEE!! BN DIA! NGA K AYER N M DISTE TEMPS. VAGI B LA WEEK! M CONECTAR LO MINIM SPERO PODER SINO MALAMENT YA T DIGO ALGO DL SABADU SI VOLS. SEEEEYA!=* (14) *(Bué! Bon dia! Amiga, ayer no me diste temps. Que vagi bé la week! Me conectaré lo mínim. Espero poder, si no, malament. Ya te digo algo del sábado si vols. See you! Beso.)*

Se ve que dichos textos no corresponden a la norma escrita. Obviamente, se orientan más hacia los usos orales del catalán, es decir, los usos orales y no formales. De hecho, la comunicación por mensajes cortos puede ubicarse en un espacio visto como un continuum entre los dos polos de la comunicación escrita, por un lado, y la comunicación oral, por el otro (Koch/Oesterreicher 1985; 1990).

Aparte de las particularidades gráficas e ideofonemáticas anteriormente mencionadas, llama la atención la frecuencia elevada de léxico considerado, según los diccionarios normativos catalanes, como castellanismos o, aunque menos frecuentes, anglicismos. Se trata sobre todo de elementos con valor emocional como las formas de saludo y despedida o de tratamiento personal *(wapo, bsus, bsitos)*, injurias *(gilipolles)*, muletillas, interjecciones y marcadores pragmáticos *(ok, weno)*. También encontramos apócopes *(finde, cumple)* y elementos que forman parte de un léxico especializado y hasta ahora si bien adaptado al catalán (cf. *Cercaterm*, el servicio de consulta en línea de *Termcat*, el centro de normalización de terminología) al parecer poco difundido entre los usuarios, como es el caso del léxico de la telefonía móvil *(saldo* vs. *crèdit)*. Los usuarios catalanes no siempre conocen esta terminología, posiblemente por servirse de una operadora que les brinda todos los servicios (información, facturación, etc.) en castellano, ya sea por sólo ofrecerlo en esta lengua, ya sea porque el propio usuario así lo contrató. De todas formas, la terminología castellana es la más arraigada por ser anterior a la catalana. Buen ejemplo de la situación desequilibrada es el llamado del defensor del pueblo *(Síndic de Greuges)* a que las empresas de telefonía móvil ofrezcan el servicio del buzón de voz en catalán (cf. *Racó Català* del 25 de agosto de 2005).

No obstante, clasificar como castellanismos tales elementos tan frecuentes en el registro familiar oral (al que podemos atribuir buena parte de los enunciados realizados en los nuevos medios de comunicación) significaría no tomar cuenta de los usos generalizados en la lengua oral catalana ni de la realidad de contacto lingüístico que experimentan los hablantes de Cataluña diariamente. Además, la presencia de elementos motivados por el catalán en textos básicamente castellanos comprueba que lo anteriormente constatado es igualmente válido para la comunicación en castellano que se realiza en Cataluña a través de internet o teléfonos móviles.

4. La *hipernormalización* del catalán

La rápida extensión y el éxito abrumador de la telefonía móvil con su servicio de mensajes cortos integrado así como de la comunicación por internet ha cogido de sorpresa o al menos relativamente desprevenidos a las instituciones encargadas de la normativización y normalización del catalán.

La regularización lingüística no ha podido ir a la par con la rápida implantación de dichos medios y de nuevos modelos textuales relacionados con ellos en la población.

El hecho de que las grandes operadoras telefónicas realicen gran parte de su trabajo, incluida la promoción, venta, explicación (manuales de uso, etc.) en castellano, la –comparado con el castellano– muy tardía entrada del catalán en el cibermundo, la escasa o tardía oferta de programas de tratamiento de texto, de corrección asistida, etc. y particularmente la muy tardía oferta del reconocimiento automático de palabra ("diccionario T9")[16] en catalán hizo que el castellano y las preferencias de textualización basadas en dicha lengua hayan prevalecido e influido la producción textual en catalán en dichos soportes.

Como se trata, además, de un uso de hecho limitado a la comunicación no formal entre particulares, en registros familiares y no dirigidos a un verdadero público, se trata de un dominio difícilmente "controlable" por la normalización lingüística. El hecho de que, a pesar de ello, en los últimos tiempos hayan salido al mercado obras que se pro-

---

16 En la página web *Racó Català* pueden consultarse varios artículos sobre la oferta (o la falta) de dichos programas; cf., p.ej., *Racó Català* del 4 de febrero de 2005 y del 25 de agosto de 2005. *La Plataforma per la Llengua* denunció en febrero del año 2005 que "empreses com NOKIA, MOTOROLA i ERICSSON encara discriminen els consumidors catalans malgrat que sí que respecten consumidors de llengües amb igual o menys parlants que el català. L'organització demana a aquestes tres empreses que s'adaptin a les tendències actuals del mercat, que respectin els mínims de qualitat d'atenció al client i que per tant, introdueixin la llengua catalana en els seus models de telèfon mòbil" (*Racó Català*, 25 de agosto de 2005).

ponen regularizar y normalizar la redacción de los mensajes cortos (Canyelles/Cunill 2004; Baulenas 2005) desconcierta a muchos de los usuarios de los servicios de mensajes cortos. Se sienten invadidos por estas iniciativas, ven su espacio individual violado y rechazan que alguien se meta en sus asuntos. Son buena prueba de ello comentarios como "Éstos no tienen otra cosa que hacer" o "Como si eso tuviera importancia" o simplemente "Que no se metan donde no se les ha llamado" en conversaciones con nuestros informantes catalanes. La imagen de las campañas podría ser lo que provoca dichas reacciones, puesto que en otros países sí se publicaron libros y hasta manuales de "Cómo escribir mensajes cortos" sin que nadie se haya sentido molesto (Anis 2001; Becker 2001a; 2001b; Schoch 2001; Müller 2002; Zey/Zey 2002).

La explicación radica en la imagen: mientras que en otros sitios (no necesariamente monolingües) se publicaron estos manuales para facilitar y hacer más rápida, más legible, más divertida la comunicación por mensaje corto, en el caso de Cataluña, lo que se vendió era menos una guía amena, sino un libro con aire prescriptivo para escribir "más correctamente" un mensaje corto en catalán. Simplemente, y aunque ralentice la normalización, lo que mejor vende es, definitivamente, lo ameno y no lo políticamente correcto.

Lo mismo cabe decir de la promoción del catalán en otras áreas que forman parte de los dominios del lenguaje de la proximidad o de la libre elección de la lengua por parte de los hablantes, como es el caso de la oferta cinematográfica en catalán o en castellano, o como lo son otros eventos culturales en los que el uso de la lengua juega un papel esencial.

La abrumadora dominancia de películas en castellano (debido por un lado por la ya de por si baja oferta de películas en catalán, por otro lado por la preferencia del público por las versiones en castellano en el caso de que compitan versiones en ambas lenguas) ha llevado a hablar de una falta de normalización en el sector cinematográfico. Previsiones legales como, por ejemplo, la subvención de películas en catalán o a la traducción al catalán según la *Llei 1/1998*, y el hecho de que se subvencionen, primordialmente, los proyectos relacionados con la lengua catalana, hicieron con que la política de fomento cultural de la Generalitat y las prácticas normalizadoras en general se hayan criticado como antidemocráticas (Foro Babel 1998, Sinner 2004b: 1; así como los debates sobre la introducción de cuotas mínimas para películas dobladas al catalán, como prevista en la *Llei 1/1998*;[17] cf., entre otros, Gergen 2000).

Para Cataluña, vale lo experimentado en Mallorca, donde el objetivo de promocionar el uso del catalán en la producción cinematográfica y en los doblajes sólo pudo realizarse de forma muy poco satisfactoria (Sinner 1999). La crítica de Vives i Mascaró (1989) de la política de normalización y particularmente de las campañas realizadas para tal normalización puede adaptarse, sin lugar a dudas, a la situación que encontramos en Cataluña:

> Més que les grans campanyes publicitàries –que també són útils– crec que són més efectives les campanyes subtils, quotidianes, lentes però constants. Així, si un ajuntament organitza un cicle de cinema en català, val més anunciar-lo simplement com a cicle de cinema (Vives i Mascaró 1989: 15).

Desde la perspectiva del propósito normalizador, tampoco es satisfactoria la situación en el sector editorial. A pesar de las subvenciones, las editoriales no disponen de los medios necesarios para poner a la disposición del público también en lengua catalana todas las obras que salen al mercado en castellano. Al mismo tiempo, en muchos casos, también cuando dichas versiones catalanas sí se han podido realizar, el público se decide, en su gran mayoría, por las versiones en castellano.

---

17 En el artículo 28 de dicha ley se precisa: "1. El Govern de la Generalitat ha d'afavorir, estimular i fomentar: [...] c) La producció cinematogràfica i el doblatge i la subtitulació en català de pel·lícules d'expressió original no catalana, i la distribució, en qualsevol format, i l'exhibició d'aquests productes. [...]
3. Per tal de garantir una presència significativa de la llengua catalana en l'oferta cinematogràfica, el Govern de la Generalitat pot establir per reglament quotes lingüístiques de pantalla i de distribució per als productes cinematogràfics que es distribueixin i s'exhibeixin doblats o subtitulats en una llengua diferent de l'original. Les quotes establertes per a les produccions cinematogràfiques doblades o subtitulades en català no poden excedir el cinquanta per cent de l'oferta de distribuïdors i exhibidors en còmput anual i s'han de fonamentar en criteris objectius. La regulació corresponent s'ha de fer en el marc de la Llei de l'Estat 17/1994, del 8 de juny, de protecció i foment de la cinematografia, i segons el règim que aquesta estableix.
La senyalització i els cartells d'informació general de caràcter fix i els documents d'oferta de serveis per a les persones usuàries i consumidores dels establiments oberts al públic han d'ésser redactats, almenys, en català" (Generalitat de Catalunya 1998: Llei 1/1998, Capítol IV, Article 28: Les indústries culturals i les arts de l'espectacle).

Es decir, la falta de demanda contribuye para una paulatina reducción de la oferta editorial. Leer en catalán, a pesar de que nunca antes ha habido tantas personas capaces de hacerlo, no es la primera opción de los lectores catalanes:

> L'elevat cost per exemplar, les dificultats de promoció, la competència de les traduccions a l'espanyol i la incertesa respecte a la reacció del públic han provocat que s'hagi tancat l'aixeta de les traduccions al català d'autors contemporanis o, si més no, que s'hagi passat del raig fet a un controlat gota a gota. En només dos anys, els grans segells editorials han disminuït en un 40 per cent el nombre de títols de ficció traduïts al català (*Avui* 23 de abril del 2005).

La normalización no ha podido invertir, en esta área como en las demás anteriormente mencionadas, la tendencia nacida de varios decenios de persecución del catalán.

5. Conclusión

Concluimos aquí por razones de espacio, pero podríamos citar muchos ejemplos más de los factores que, a nuestro ver, contribuyen a la ralentización o incluso a la obstaculización de la normalización lingüística en Cataluña. Esperamos haber demostrado que la poca normativización de lo oral dificulta la normalización de las áreas más alejadas de la influencia de las instituciones gubernamentales y/o encargadas de la normalización lingüística del catalán. Queda patente que para conseguir un mayor grado de normalización de las áreas privadas no sólo hace falta realizar descripciones del uso del catalán en contextos marcados por la oralidad, sino también de la interacción de los diferentes factores que parecen contribuir para una ralentización de la normalización. Entre las dificultades más difíciles de superar en las campañas de normalización hay que mencionar el alcance de la globalización de los medios de comunicación y, sin duda alguna, el área de la vida privada. Cabe normalizar esta área sin que las personas se sientan invadidas por la normalización y empiecen a rechazarla.

Bibliografía

Anis, Jacques (2001): *Parlez-vous texto? Guide des nouveaux langages du réseau*. Paris: Le cherche midi éditeur.

Arnau i Querol, Joaquim (1980): *Escola i contacte de llengües*. Barcelona: CEAC.

Badia i Margarit, Antoni M[aria] (1965): "La integració idiomàtica i cultural dels immigrants. Reflexions, fets, plans". En: *Qüestions de Vida Cristiana*, 31, pp. 91-103.

— (^{6}1979): "Tres problemes del català d'avui". En: Badia i Margarit, Antoni M[aria] (ed.): *Llengua i cultura als Països Catalans*. Barcelona: Edicions 62, pp. 103-115.

Báez de Aguilar González, Francisco (1995): "Phonetische Entwicklung des Andalusischen in Katalonien". En: Kattenbusch, Dieter (ed.): *Minderheiten in der Romania*. Wilhelmsfeld: Egert, pp. 161-186.

— (1997): *El conflicto lingüístico de los inmigrantes castellanohablantes en Barcelona*. Málaga: Universidad de Málaga.

Bastardas i Boada, Albert (1985): *Llengua i immigració. La segona generació immigrant a la Catalunya no-metropolitana*. Pròleg de William F. Mackey. Vilafranca del Penedès: La Malgrana/Museu de Villafranca.

Baulenas, Lluís-Anton (2005): "NO TS36! (No t'estressis!)". *Avui* 24.02.2005. Suplement Cultura. En: <http://www.avui.com/avui/diari/05/feb/24/k110224.htm> (27 de mayo de 2005).

Becker, Sandra (2001a): *Das SMS-Buch für Boys*. Frankfurt am Main: Eichborn.

— (2001b): *Das SMS-Buch für Girls*. Frankfurt am Main: Eichborn.

Bernal, Elisenda (2005): "El sufijo catalán *-ejar* y la norma: un sospechoso habitual". En: Sinner, Carsten (ed.): *Normen und Normkonflikte in der Romania*. München: Peniope, pp. 131-144.

Boix-Fuster, Emili (^{2}1993a): *Triar no és trair: Identitat i llengua en els joves de Barcelona*. Barcelona: Edicions 62.

— (1993b): "El contacte de llengües a la Barcelona dels noranta". En: Alemany, Rafael/Ferrando, Antoni/Meseguer, Lluís B. (eds.): *Actes del Novè Col·loqui Internacional de Llengua i Literatura Catalanes, Alacant / Elx 9-14 setembre de 1991*, Vol 3. Montserrat/Alacant/València: Abadia de Montserrat et al., pp. 283-300.

Cabré, Anna (1999): *El sistema català de reproducció*. Barcelona: Proa.

Canyelles, Caterina/Cunill, Margalida (2004): *SMS en català*. Barcelona: Edicions 62.

Casanova, Emili (2001): "L'evolució de la construcció *ço que > lo que*, i d'altres *amb lo*: Factors i conseqüències". En: Pusch, Claus D. (ed.): *Katalanisch in Geschichte und Gegenwart. Sprachwissenschaftliche Beiträge – Estudis de lingüística*. Tübingen: Stauffenburg, pp. 39-64.

Cercaterm. Servei de consultes en línia. <http://www.termcat.net/> (30 de agosto de 2005).

CLAVE = Almarza Acedo, Nieves et al. (1997): *Clave. Diccionario de uso del español actual*. Prólogo de Gabriel García Márquez. Madrid: SM.

Colectivo Ioé (1992): *La Immigració estrangera a Catalunya. Balanç i perspectives*. Barcelona: Institut Català d'Estudis Mediterranis.

Consorci d'Informació i Documentació de Catalunya (1986): *Padrons municipals d'habitants de Catalunya. 1981. Cens lingüístic*. Barcelona: Consorci d'Informació i Documentació de Catalunya.

— (1988): *Padrons municipals d'habitants de Catalunya. 1986. Cens lingüístic*. Barcelona: Consorci d'Informació i Documentació de Catalunya.

Corpus Textual Informatitzat de la Llengua Catalana. <http://pdl.iecat.net> (24 de julio de 2005).

Coseriu, Eugenio (^{3}1973): "Sistema, norma y habla". En: Coseriu, Eugenio: *Teoría del lenguaje y lingüística general. Cinco estudios*. Madrid: Gredos, pp. 11-113.

El Punt, 25 de enero del 2005.

— 28 de agosto de 2005.

Esteva Fabregat, Claudi (1977): "Aculturació lingüística d'immigrats a Barcelona". En: *Treballs de sociolingüística catalana*, 1, pp. 81-116.

Esteve, Francesc/Ferrer, Josep/Marquet, Lluís/Moll, Juli (1998): "El diccionari de l'Institut. Una aproximació sistemàtica". En: *Els Marges*, 60, pp. 5-96.

Faßke, Helmut (1980): "Zum Verhältnis der Sprachträger zur Varianz sprachlicher Mittel in der Norm und Kodifizierung der Schriftsprache". En: *Linguistische Studien*, 72, pp. 150-161.

Foro Babel (1998): "Por un nuevo modelo de Cataluña". En: *El País* del 20 de junio de 1998. Trad. catalana: Fòrum Babel (1999): *El nacionalisme i les llengües de Catalunya*. Estudi preliminar i selecció de textes: Antonio Santamaría. Trad. del castellà de Josep Alemany. Barcelona: Áltera, pp. 288-295.

Fòrum Babel (1999): *El nacionalisme i les llengües de Catalunya*. Estudi preliminar i selecció de textes: Antonio Santamaría. Trad. del castellà de Josep Alemany. Barcelona: Áltera.

Fräbel, Roland (1987): "Sprachwandel, Normierungsprozeß und Normkriterien". En: Techtmeier, Bärbel (ed.): *Theoretische und praktische Fragen der Sprachkultur*. Berlin: Akademie der Wissenschaften, pp. 161-170.

García Castaño, F. Javier/Muriel López, Carolina (eds.) (2002): *La Inmigración en España: contextos y alternativas. Resúmenes de ponencias y comunicación del III Congreso sobre la inmigración en España*. Granada: Laboratorio de Estudios Interculturales, Universidad de Granada.

García González, Marta (2002): "El paper de la traducció en la normalització de la llengua gallega". En: Díaz Fouces, Óscar/García González, Marta/Costa Carreras, Joan (eds.): *Traducció i dinàmica sociolingüística*. Barcelona: Llibres de l'índex, pp. 55-84.

Generalitat de Catalunya (1983): *Llei 7/1983, de 18 d'abril, de normalització lingüística a Catalunya*. Barcelona: Generalitat de Catalunya, Departament de Cultura.

— (1998): *Llei 1/1998, de 7 de gener, de política lingüística*. Barcelona: Generalitat de Catalunya, Departament de Cultura.

Gergen, Thomas (2000): Sprachengesetzgebung in Katalonien. Die Debatte um die "Llei de Política Lingüística" vom 7. Januar 1998. Tübingen: Niemeyer.

Gifreu, Josep (1983): *Sistema i polítiques de la comunicació a Catalunya. Premsa, ràdio, televisió i cinema (1970-1980)*. Barcelona: L'Avenç/Col·lecció Clio.

Giles, Howard/Viladot, Àngels (1994): "Ethnolinguistic differentiation in Catalonia". En: *Multilingua*, 13, 3, pp. 301-312.

Hernández García, Carme [sic] (1997): "Apunts metodològics sobre l'obtenció dels informants per a un corpus de l'espanyol de Barcelona i l'àrea metropolitana". En: *Treballs de sociolingüística catalana*, 13, pp. 113-123.

Hernández García, Carmen (1998): *Algunas cuestiones más sobre el contacto de lenguas: Estudio de la interferencia lingüística del catalán en el español de Cataluña*. Barcelona: Universitat de Barcelona; tesis doctoral inédita.

Hoffmann, Charlotte (1996): "Monolingualism, Bilingualism, Cultural Pluralism and National Identity: Twenty Years of Language Planning in Contemporary Spain". En: Wright, Sue (ed.): *Monolingualism and Bilingualism. Lessons from Canada and Spain*. Clevedon/Philadelphia/Adelaide: Multilingual Matters, pp. 59-90.

Institut d'Estadística de Catalunya (1993): *Cens de població 1991*. Vol. 8: *Cens lingüístic. Dades comarcals i municipals*. Barcelona: Institut d'Estadística de Catalunya.

— (1999): *Estadística de població 1996*. Vol. 5: Cens *lingüístic. Dades comarcals i municipals*. Barcelona: Institut d'Estadística de Catalunya.

Institut d'Estudis Metropolitans (1997): *Les condicions de vida dels joves metropolitans*. Barcelona: Institut d'Estudis Metropolitans de Barcelona.

Jutglar, Antoni et al. (1968): *La immigració a Catalunya*. Barcelona: Edició de Materials.

Kjolseth, Rolf (1973): "Bilingual Education Programs in the United States: For Assimilation or Pluralism?". En: Turner, Paul R. (ed.): *Bilingualism in the Southwest*. Tucson, AZ: University of Arizona, pp. 3-27.

Koch, Peter/Oesterreicher, Wulf (1985): "Sprache der Nähe – Sprache der Distanz. Mündlichkeit und Schriftlichkeit im Spannungsfeld von Sprachtheorie und Sprachgeschichte", En: *Romanistisches Jahrbuch*, 36, pp. 15-43.

— (1990): *Gesprochene Sprache in der Romania. Französisch, Italienisch, Spanisch*. Tübingen: Niemeyer.

Leblanc, Benoît/Ostiguy, Luc (2001): "Les variations de la langue parlée dans les médias québécois francophones: le point de vue de décideurs". En: Laroussi, Foued/Barbault, Sophie (eds.): *Variations et dynamismes du français. Une approche polynomique de l'espace francophone*. Paris: L'Harmattan, pp. 143-163.

Mayans, Joan (2000): "Chats, un nuevo lenguaje". En: *iWorld – Revista de Internet*, 29, pp. 42-48.

Montserrat, Sandra (2003): "<Venir a + substantiu> / <venir a + infinitiu> en català: el límit del concepte de perífrasi". En: Pusch, Claus D./Andreas Wesch (eds.): *Verbalperiphrasen in den (ibero-)romanischen Sprachen / Perífrasis verbals en les llengües (ibero-)romàniques*. Hamburg: Buske, pp. 147-160.

Moyer, Melissa G. (1991): "La parla dels immigrants andalusos al barri de Sant Andreu". En: *Treballs de Sociolingüística*, 9, pp. 83-104.

Müller, Jörg (2002): *SMS for fun*. München: Südwest-Verlag.

Pujadas, Joan J./Turell, M. Teresa (1993): "Els indicadors sociolingüístics del contacte interètnic". En: Alemany, Rafael/Ferrando, Antoni/Meseguer, Lluís B. (eds.): *Actes del Novè Col·loqui Internacional de Llengua i Literatura Catalanes, Alacant / Elx 9-14 setembre de 1991*. Vol. 3. Montserrat/Alacant/València: Abadia de Montserrat et al., pp. 301-318.

Racó Català (2005a): "La Plataforma per la Llengua denuncia Nokia, Ericsson i Motorola continuen menyspreant el consumidor català". <http://www.racocatala. com/articles/6662> (4 de febrero de 2005).

— (2005b): "El Síndic de Greuges reclama que les operadores de mòbil ofereixin la bústia de veu en català". <http://www.racocatala.com/articles/8581> (30 de agosto de 2005).

Radatz, Hans-Ingo (2003): "La perífrasis <vado + infinitivo> en castellano, francés y catalán: por la misma senda – pero a paso distinto". En: Pusch, Claus D./Wesch, Andreas (eds.): *Verbalperiphrasen in den (ibero-)romanischen Sprachen / Perífrasis verbals en les llengües (ibero-)romàniques*. Hamburg: Buske, pp. 61-75.

Reinke, Kristin/Ostiguy, Luc (2005): "La concurrence des normes au Québec, dans les médias, à l'école et dans les dictionnaires". En: Sinner, Carsten (ed.): *Normen und Normkonflikte in der Romania*. München: Peniope, pp. 197-211.

Schoch, Jessica-Maria (2001): *Das SMS-Buch für Frauen*. Frankfurt am Main: Eichborn.

Siguan, Miguel [sic] (1988): "Bilingual education in Spain". En: Bratt Paulston, Christina (ed.): *International Handbook of Bilingualism and Bilingual Education*. New York/Westport, CT/London: Greenwood, pp. 449-473.

Siguán, Miguel (1994): *Conocimiento y uso de las lenguas en España (Investigación sobre el conocimiento y uso de las lenguas cooficiales en las Comunidades Autónomas bilingües)*. Madrid: Centro de Investigaciones Sociológicas.

Siguán Soler, Miquel [sic] (1999): *Conocimiento y uso de las lenguas. Investigación sobre el conocimiento y uso de las lenguas cooficiales en las Comunidades Autónomas bilingües*. Madrid: Centro de Investigaciones Sociológicas.

Sinner, Carsten (1999): "Die Normalisierung des Katalanischen auf Mallorca: kritische Bilanz". En: Kailuweit, Rolf/Radatz, Hans-Ingo (eds.): *Katalanisch: Sprachwissenschaft und Sprachkultur. Akten des 14. Deutschen Katalanistentags im Rahmen von 'Romania I', Jena 28.9.-2.10.1997*. Frankfurt am Main: Vervuert, pp. 149-168.

— (2002): "The Construction of Identity and Group Boundaries in Catalan Spanish". En: Duszak, Anna (ed.): *Us and Others: Social Identities Across Languages, Discourses and Cultures*. Amsterdam/Philadelphia: John Benjamins, pp. 159-185.

— (2004a): "From βαρβαρισμός to *barbarismo*: the Concept of *barbarismo* in Spanish Linguistics". En: Haßler, Gerda/Volkmann, Gesina (eds.): *History of Linguistics in Texts and Concepts – Geschichte der Sprachwissenschaft in Texten und Konzepten*. Vol. 1. Münster: Nodus, pp. 237-250.

— (2004b): *El castellano de Cataluña. Estudio empírico de aspectos léxicos, morfosintácticos y metalingüísticos*. Tübingen: Niemeyer.

— (2005): "Evolució de les normes d'ús als països de parla catalana i el problema del concepte de norma". En: Roviró, Bàrbara/Torrent-Lenzen, Aina/Wesch, Andreas (eds.): *Normes i identitats. Normen und Identitäten. Sprachwissenschaftliche Beiträge des 19. Deutschen Katalanistentags Köln 2003*. Titz: Axel Lenzen, pp. 35-57.

Solé, Carlota (1982): *Los inmigrantes en la sociedad y cultura catalanas*. Prólogo de Manuel Vázquez Montalbán. Barcelona: Península.

Strubell i Trueta, Miguel (1982): *Llengua i població a Catalunya*. Barcelona: La Malgrana.

Subirats Martori, Marina (ed.) (1992): *Enquesta de la Regió Metropolitana de Barcelona 1990. Condicions de vida i hàbits de la població*. Vol. 4: *Educació, llengua i hàbits culturals*. Barcelona: Institut d'Estudis Metropolitans.

Torres i Vilatarsana, Marta (2003): "La llengua catalana en la comunicació a Internet: qüestió de codis". En: *Llengua i ús. Revista técnica de política lingüística*, 26, pp. 77-82.

Vann, Robert E. (1996): *Pragmatic and Cultural Aspects of an Emergent Language Variety: The Construction of Spanish Deictic Expressions*. Ann Arbor, MI: Dissertation Abstracts International, University Microfilms No. 9633318.

Veny, Joan (1992): "Les varietats dialectals i els estudis dialectològics". En: Marí, Isidor (ed.): *Segon Congrés Internacional de la Llengua Catalana, IV, Àrea 3: Lingüística social*. Palma de Mallorca: Universitat de les Illes Balears, pp. 21-48.

Vila i Moreno, Francesc Xavier (2003): "Els usos lingüístics interpersonals no familiars a Catalunya". En: *Treballs de Sociolingüística Catalana*, 17, pp. 77-158.

Vila Pujol, M. Rosa (1996): "Consideraciones acerca de la interferencia del catalán en el español de Barcelona". En: Briz Gómez, Antonio et al. (eds.): *Pragmática y gramática del español hablado. Actas del II Simposio sobre análisis del discurso oral (Valencia, 14-22 de noviembre de 1995)*. València/Zaragoza: Universitat de València, Departamento de Filología Española/Pórtico, pp. 269-282.

Vives i Mascaró, Miguel (1989): *Els Ajuntaments i la normalització lingüística*. Manacor: Patronat de l'escola municipal de mallorquí.

Wieland, Katharina (2006a): "Jugendbilder in der katalanischen Mediensprache – Medienbilder in der katalanischen Jugendsprache. Eine Analyse wechselseitiger Abhängigkeit". En: Dürscheid, Christina/Spitzmüller, Jürgen (eds.): *Perspektiven der Jugendsprachforschung / Trends and Developments in Youth Language Research*. Frankfurt am Main et al.: Lang.

— (2006b): "Bidirektionale Grenzüberschreitungen – Jugendsprache in modernen Kommunikationsmedien zwischen Katalanisch und Spanisch". En: König, Thorsten et al. (eds.): *Randbetrachtungen. Beiträge zum 21. Forum Junge Romanistik, Dresden 2005*. Bonn: Romanistischer Verlag, pp. 133-147.

— (en prensa): *Jugendsprache in Barcelona und ihre Darstellung in den Kommunikationsmedien. Eine Untersuchung zum Katalanischen im Spannungsfeld zwischen normalisiertem und autonomem Sprachgebrauch*. Tübingen: Niemeyer.

Woolard, Kathryn A[nn] (1989): *Double Talk. Bilingualism and the Politics of Ethnicity in Catalonia*. Stanford: Stanford University.

Zamora Salamanca, Francisco José (1985): "Sobre el concepto de norma lingüística". En: *Anuario de Lingüística Hispánica*, 1, pp. 227-249.

Zey, Rene/Zey, Lennart (2002): *SMS Love Messages*. München: Goldmann.

Kirsten Süselbeck

"Lengua", "nación" e "identidad" en el discurso de la política lingüística de Cataluña[1]

1. Introducción

En el curso de la historia, las lenguas siempre han servido para demarcar fronteras nacionales y comprobar su legitimidad. La tradición de definir a las naciones como entidades homogéneas, afirmando que no son solamente mono*lingües*, sino también monoétnicas, monorreligiosas y monoideológicas, ha sido definida por Jan Blommaert y Jeff Verschueren como "dogma of homogeneism":

> [...] a view of a society in which differences are seen as dangerous and centrifugal and in which the "best" society is suggested to be one without intergroup differences. In other words, the ideal model of society is monolingual, monoethnic, monoreligious, monoideological. Nationalism, interpreted as the struggle to keep groups as 'pure' and homogeneous as possible, is considered to be a positive attitude within the dogma of homogeneism. Pluriethnic or plurilingual societies are problem-prone, because they require forms of state that run counter to the "natural" characteristics of groupings of people (Blommaert/Verschueren 1998: 195).[2]

Ya que esta tradición discursiva va ligada al nacionalismo, no es de extrañar que, juntamente con el refuerzo de los movimientos minoritarios en Europa, las batallas simbólicas alrededor de las lenguas hayan recobrado una enorme importancia: No solamente en Cataluña, también en el País Vasco, Galicia, Escocia, Flandes, Gales e Italia del Norte –para nombrar solamente algunos ejemplos– las minorías reclaman juntamente con el reconocimiento de su "identidad nacional"

---

1   Esta es una versión traducida, modificada y reducida del ensayo "'Sprache', 'Nation' und 'Identität' im sprachpolitischen Diskurs Kataloniens". En: *Zeitschrift für Romanische Philologie*, 122, 4 (2006), pp. 646-678.
2   Blommaert y Verschueren comprueban que en la prensa europea la tradición de interpretar comunidades lingüísticas como etnias, culturas o naciones sigue vigente (Blommaert/Verschueren 1998).

la revitalización de aquella lengua que simboliza su diferenciación de otras comunidades.

Los lingüistas no han ignorado el papel que juega su objeto de análisis en estas batallas políticas e ideológicas. Al mismo tiempo que éstas se acentuaron (sobre todo en los años 90), en la lingüística ha habido cada vez mayor interés por el campo de investigación del multilingüismo. Y éste no ha consistido siempre en el análisis objetivo del papel de las lenguas en tales procesos. Más bien la lingüística se ha inclinado a *tomar parte* en tales batallas, produciendo ella misma discursos que definen la relación entre lengua, nación e identidad de determinada manera. Esto es sobre todo el caso de los lingüistas catalanes, los cuales se han incorporado a la lucha por la lengua catalana difundiendo una cierta visión sobre su papel para Cataluña.

En el presente ensayo analizaré la visión que difundieron los actores de la política de lingüística en Cataluña sobre la relación entre lengua, nación e identidad en los años 80 y 90. En este discurso participaron (y todavía participan, aparte de la sociedad civil, la cual se tendrá que dejar aparte en este ensayo) no solamente políticos sino también lingüistas y filólogos, muchos de los cuales trabajaron (y aún trabajan) en las instituciones encargadas de llevar a cabo la "normalització lingüística" del catalán.[3] La comparación de afirmaciones lanzadas por políticos y aquéllas lanzadas por los filólogos alrededor de la lengua catalana y su relación con la nación y la identidad catalanas fue la idea central del trabajo cuyos resultados se presentarán en este ensayo. Los textos políticos analizados en este trabajo comprenden discursos de Jordi Pujol, presidente de la *Generalitat* entre 1980 y 2003, en cuya política del "nacionalismo moderado" la normalización del catalán jugaba un papel fundamental, y afirmaciones de lingüistas catalanes involucrados en el proceso de la normalización. En cuanto a estos últimos he partido de la lectura de dos obras del filólogo catalán Albert Branchadell Gallo (Universitat Autónoma de Barcelona), en las

---

3 En las instituciones catalanas que llevan a cabo la política lingüística trabajan mayoritariamente filólogos y lingüistas. Muchos de los representantes de la escuela de la sociolingüística catalana como L. V. Aracil, F. Vallverdú y A. M. Badia i Margarit trabajaron en el *Departament de Cultura* de la *Generalitat* o en la *Direcció General de Política Lingüística* (Boyer 1992: 62). Calvet escribe sobre los lingüistas catalanes: "[…] leur situation même les poussait à mélanger les genres et à passer lentement du theorétique vers le militant" (Calvet 1996: 23).

cuales éste retrata los argumentos en favor de la política lingüística (*La normalitat improbable: obstacles a la normalització lingüística*, 1996 y *Liberalisme i normalització lingüística*, 1997). Branchadell nombra y cita a otros actores del discurso.[4] El discurso sobre la lengua catalana llegó a tener mayor importancia en la sociedad catalana en los años 90, por lo cual la mayoría de las citas proceden de esta época.[5]

El presente análisis del discurso parte de metodologías elaboradas a partir de la obra de Michel Foucault.[6] Las principales líneas que se siguieron fueron: el análisis de las palabras clave, los significados que se les adscriben en los textos, las relaciones que se establecen entre ellos y las estrategias de argumentación ligados a ellos. En el presente ensayo se presentarán como muestra algunas citas, las cuales se analizarán detalladamente.

2. Lengua y nación

La relación entre lengua y nación es expresada en un concepto central que ha adoptado la política lingüística en Cataluña. Se trata del concepto de *llengua pròpia*, el cual es usado tanto en la política como en la lingüística, así como también en el ámbito jurídico.[7] A continuación se presentará la definición que da Jordi Pujol de este concepto para presentar después cuál es la explicación ofrecida por los lingüistas catalanes.

2.1 Llengua pròpia: La definición de Pujol

En una ponencia pronunciada en el año 1995 en el *Palau de Congressos de Montjuic* titulada "Què representa la llengua per a Catalunya?",

---

4   Si fue posible se acudió a la fuente original para comprobar las citas. Si fue imposible adquirirla, se citó según Branchadell, indicando la fuente original de la manera indicada por Branchadell en una nota al pie.

5   Para más información sobre los debates lingüísticos en la Cataluña de los 90, véase Voltas (1996) y, en alemán, Gergen (2000).

6   Böke/Jung/Niehr et al. (2000); Bublitz/Bührmann/Hanke et al. (1999); Busse (1987); Link (1997); Keller/Hirseland/Schneider et al. (2000; 2003). Para la metodología del análisis del discurso elaborada por Foucault véase sobre todo Foucault (1969).

7   Su primera aparición en un texto jurídico data de 1979: el *Estatuto de Autonomía de Cataluña* afirma que el catalán es la "llengua pròpia" de Cataluña (Art. 3.1).

Pujol explica el significado del término *llengua pròpia* acudiendo a la definición de un diccionario:

> Què vol dir llengua pròpia? Segons el diccionari, propi és "allò que és d'úna persona o d'una cosa en exclusió de tota altra, per tant és quelcom que contribueix a definir una persona o una cosa. Propi és el que és genuí en oposició al que és derivat". Propi és, continua dient el diccionari, "quelcom que no és manllevat" (Pujol 1996: 178).

La idea esencial que Pujol expresa acudiendo a esta cita es que la relación entre lengua y nación es unidimensional, es decir: a cada nación le corresponde una lengua, y a cada lengua le corresponde una nación. Se puede hasta advertir que a Pujol no le ha molestado el hecho de que, aplicando la definición que él escoge a esta relación, una lengua solamente podría ser propia de *una* nación, ya que, si en la primera parte de la frase sustituimos *propi* por *llengua pròpia* y *persona* o *cosa* por *nació*, la frase vendría a ser: "la *llengua pròpia* es la que es de una nación en exclusión de todas las demás naciones". Entonces, por ejemplo, todas las naciones donde se hable español constituirían una única nación y también todas las regiones de habla catalana deberían constituir una única nación. Además, aplicada esta definición de *propi* al concepto de *llengua pròpia*, ésta *define* a la nación ("per tant és quelcom que contribueix a *definir* una persona o una cosa"). Además, como sinónimo de *propi* la definición nombra la palabra *genuí* y como antónimos se identifican *derivat* i *manllevat*. Aplicando esto al catalán como *llengua pròpia* de Cataluña, se lo define como única lengua "genuina", es decir, arraigada en Cataluña legítimamente, mientras que todas las demás lenguas son relegadas a ser lenguas "derivadas" y "prestadas". Esta idea se profundiza además en el siguiente apartado:

> Totes aquestes accepcions es poden aplicar al "català, llengua pròpia de Catalunya" i això no és d'extranyar perquè el català és la llengua històrica de Catalunya, és la llengua de Catalunya des dels orígins. I fou, en contra de que de vegades es dit sobretot fora de Catalunya, la llengua usual única fins fa cent anys. Es la llengua medul·lar, és la que li dóna personalitat pròpia i definida. Tot això només ho és el català (Pujol 1996: 178).

El hecho de que solamente el catalán tiene derecho de ser llamado *llengua pròpia* lo justifica Pujol por su instalación temprana en el territorio catalán.[8] Es más, afirma que la lengua catalana es la *llengua pròpia* de Cataluña "desde los orígenes". No especifica si se refiere a los orígenes de la lengua o a los de la nación. Por tanto, quedamos en suspense de saber si la lengua catalana es propia de Cataluña porque ya estuvo arraigada en este territorio cuando la nación se constituyó, o si lo es porque tiene sus orígenes en la Cataluña ya establecida. Lo que queda, sin embargo expresado es que de este hecho se deriva su derecho de adquirir el estatus de *llengua pròpia* y de seguirlo teniendo también en el futuro. Se expresa por tanto la idea de la inmutabilidad de la relación entre lengua y nación: si una lengua estuvo ligada a un territorio nacional desde sus orígenes (los de la nación o los de la lengua), entonces el vínculo entre ambos queda establecido legítimamente para el resto de los tiempos.

2.2 Llengua pròpia: definiciones ofrecidas por los lingüistas

En *Lliberalisme i normalització lingüística* (1997), Albert Branchadell relata que entre los lingüistas catalanes que apoyan la política lingüística en Cataluña ha habido varias propuestas para una definición apropiada del concepto *llengua pròpia* (Branchadell 1997: 139-185): Al principio se le atribuía el sinónimo de *llengua originària*. Con ello se quería expresar la idea de que el catalán ha de ser concebido como la *llengua pròpia* de Cataluña porque es la lengua que *nació* en Cataluña. Aina Moll, lingüista y *Directora General de Política Lingüística* entre 1980 y 1988, lo expresó de la siguiente manera: "El catalán es la lengua propia de Cataluña, porque es la lengua que se forjó en Cataluña a lo largo de los siglos, por evolución natural del latín [...]" (Moll 1981: 14).

También el sucesor de Moll, Miquel Reniu (*Director General de Política Lingüística* entre 1988 y 1996), lo expresó así en una entrevista con el diario *Avui*: "[...] l'adjectiu *pròpia* no es pot predicar en

---

8 La afirmación de que el catalán haya sido la única lengua usual desde hace cien años es históricamente falsa. El castellano se arraigó en Cataluña ya en el siglo XV. Por eso Woolard puede proclamar que el *Decreto de Nueva Planta* (S. XVIII.) ha sido simplemente "[...] the official sanction to the ongoing process [...]. With the emigration to the Castilian court, the catalan aristocracy had begun to become castilianized in the late fifteenth century. By the seventeenth century, there is evidence that this language shift on the part of the dominant class had consequences for the general population, making familiarity with Castilian a possibility if not an everyday occurrence" (Woolard 1989: 21).

el cas de la llengua castellana, perquè no és la llengua que ha nascut a Catalunya" (cita según Branchadell 1997: 145).[9]

El problema que resulta de esta definición es que el catalán se habla también en regiones donde no se formó (como el País Valenciano y las Islas Baleares), y donde a pesar de ello se le quiere conceder también el estatus de *llengua pròpia*. Para evadir este problema, otros lingüistas propusieron hablar de *llengua pròpia* en el sentido de *llengua històrica*. Así se podría conseguir que también a aquellas lenguas que "nacieron" en otro lugar, pero luego se instalaron en otro territorio, como el catalán en aquellos territorios donde no se formó pero donde a pesar de ello es hablado hoy en día, se les pudiera atribuir el estatus de *llengua pròpia*. Isidor Marí,[10] en 1992, cuando fue *Subdirector General de Política Lingüística*, para aclarar el asunto, inventó una escala de graduación que expresa el menor o mayor grado de legitimidad de arraigo de una lengua en un territorio. En la cumbre se encuentra la *llengua originària*, o sea, la que nació en este territorio. En una segunda categoría le sigue la *llengua histórica*, a la cual le podría ser concedido el mismo estatus que a la *llengua originària* (es decir, *pròpia*). Marí explica:

> Aquestes llengües [històriques], tot i ser en realitat extraterritorials, a causa d'altres factors demogràfics o polítics poden passar a ser dominants i arribar a ser considerades també històriques al mateix territori [...], amb un estatus igual o encara més alt que la llengua originària (cita según Branchadell 1997: 146s.).[11]

Esta idea, a la vez que legitima el denominar al catalán *llengua pròpia* del País Valenciano y de las Islas Baleares, causa, sin embargo, otro nuevo problema: aplicada la definición a la relación del castellano con Cataluña, vendría a ser posible que también éste podría llegar a ser

---

9   Fuente original: *Avui*, 20 de marzo de 1995. Miquel Reniu es licenciado en Filosofía y Letras. Fue no solamente *Director de Política Lingüística* sino también presidente del *Consorci per a la Normalització Lingüística* y vicepresidente del *Consell Social de la Llengua Catalana*.

10 Isidor Marí es un filólogo catalán que impartió cursos en la *Facultat de Filosofia i Lletres de les Illes Balears* (1972-1980) y participó en el *Segon Congrés Internacional de la Llengua Catalana* (1986).

11 Fuente original: Marí, Isidor (1995): "Algunes distincions objectives essencials per l'aplicació igualitària dels drets lingüístics". En: *Drets lingüístics i drets culturals a les regions d'Europa. Actes del Simposi Internacional* (Girona, 23-25 d'abril de 1992). Barcelona: Generalitat de Catalunya, Departament de Cultura, p. 46.

considerado *llengua pròpia*: es, como dice la definición, "extraterritorial", y a causa de "factores demográficos y políticos" llegó a ser "dominante".

Marí, sin embargo, para dejar claro que el castellano no cabe en la categoría de *llengua històrica,* introdujo en su escala la categoría inferior de *llengües sobrevingudes,* que son "fruit de desplaçaments de població amb escassa tradicionalitat, les quals es trobarien en una posició ben diferent, de clara extraterritorialitat" (cita según Branchadell 1997: 147).[12]

Esta categoría, creada obviamente solo para poder excluir la posibilidad de considerar al castellano como *llengua pròpia* de Cataluña, con su único criterio de "escasa tradicionalidad", es bastante subjetiva y, como afirma también Branchadell, difícilmente sostenible en el caso del castellano, si se tiene en cuenta el hecho histórico de que en Cataluña ha existido población castellanoparlante a partir del siglo XV (Branchadell 1997: 147). Branchadell concluye:

> Definir la noció de llengua pròpia a base de la d'historicitat tè l'avantatge que ens permet atribuir la condició de llengua pròpia al català del País Valencià i de les Illes (on el català *clarament* no és llengua originaria) i, fora de l'àmbit català, ens permet fer la mateixa cosa amb el francès del Quebec (on el francès, obviament, tampoc no és llengua originària). Semblaria, doncs, que la noció d'historicitat ens proporciona una definició raonable de llengua pròpia. Però malgrat els avantatges evidents de l'operació, definir la noció de llengua pròpia recorrent a la historicitat relativa té un inconvenient insalvable: qualsevol definició de llengua pròpia que converteixi el castellà en llengua pròpia de Catalunya és políticament inacceptable per als defensors de la normalització lingüística (Branchadell 1997: 148s., cursiva de Branchadell).

El esfuerzo desmesurado por parte de los lingüistas de proporcionar una definición de *llengua pròpia* que haga posible atribuirle este estatus *solamente* al catalán, excluyendo al castellano, demuestra que tales definiciones no se fundan en hechos científicos y neutrales, sino que se basan en el deseo de probar la mayor legitimidad del arraigo del catalán en Cataluña (y en el País Valenciano e Islas Baleares) con respecto al castellano y otras lenguas.

---

12 Fuente original: Marí, Isidor (1995): "Algunes distincions objectives essencials per l'aplicació igualitària dels drets lingüístics". En: *Drets lingüístics i drets culturals a les regions d'Europa. Actes del Simposi Internacional* (Girona, 23-25 d'abril de 1992). Barcelona: Generalitat de Catalunya, Departament de Cultura, p. 46.

Los lingüistas apoyan por tanto, igual que Pujol, la idea de la relación unidimensional entre lengua y nación: su definición de *llengua pròpia* sirve para probar que al territorio nacional le corresponde solamente una única lengua legítima.

2.3 El concepto de "normalització lingüística"

El concepto de *normalització lingüística* contiene, igual que el concepto de *llengua pròpia*, una cierta visión sobre la relación entre lengua y nación.[13] Sin embargo, la cuestión de si a través de él se postula una relación unidimensional entre lengua y nación depende de la meta final que se le adscriba al proceso de la *normalització lingüística*: ¿bilingüismo, preponderancia del catalán sobre el castellano o monolingüismo en catalán?

Sobre este asunto no hay acuerdo ni en la lingüística ni entre los mismos actores de la política lingüística en Cataluña. Sin embargo, según afirma Branchadell, la mayoría de los autores que han escrito sobre el proceso de la normalización en Cataluña defienden lo que Branchadell llama el "objectiu fort":

> La majoria d'autors [...] consideren que l'objectiu del procés de normalització lingüística ha de ser l'assimilació dels grups no catalanoparlants per mitjà d'un procés que la sociolingüística anomena "substitució lingüística" *(language shift)* (Branchadell 1996: 22, cursiva de Branchadell).

Vallverdú ya sostenía en 1976, que el catalán tenía que ser la *primera llengua* de Cataluña (Vallverdú 1979: 133). También los responsables de llevar a cabo el proceso de la normalización en la *Direcció de Política Lingüística* exigen al menos una fuerte preponderancia, si no una

---

13 El término fue creado por lingüistas catalanes. Mientras que Ferguson y Fishman definían el concepto de *diglosia* como una situación lingüística estática y armónica, aceptada como un pacto por la comunidad en cuestión, varios lingüistas catalanes (Aracil, Ninyoles, Vallverdú) criticaron esta visión e introdujeron el término de *llengües en conflicte* entendido como situación lingüística, en la cual el conflicto entre dos lenguas es espejo de un conflicto entre dos grupos sociales y en la cual una de las dos lenguas domina políticamente a la otra. Postularon que tal conflicto lleva automáticamente a la sustitución de una de las dos lenguas si no es remediado por un proceso de *normalització lingüística*. Este proceso implica un cierto grado de extensión de las funciones de la lengua dominada. Para más información véase Vallverdú (1979: 126), Boix/Vila i Moreno (1998: 204s.), Calvet (1996: 21).

situación monoglósica en catalán. En 1985 Aina Moll definió el proceso de la normalización de la siguiente manera:

> Normalitzar vol dir fer normal, oi? Quina seria la situació lingüística normal? En un territori on hi ha una llengua oficial que a més a més és la pròpia del país, el normal és que tots els ciutadans sàpiguen aquesta llengua i l'emprin en qualsevol situació [...]. Hem de tendir a que el català sigui veritablement la llengua pròpia d'aquí, que tota relació normal es faci en català (según Branchadell 1996: 25).[14]

Las ideas de Pujol acerca de esta pregunta parecen menos exigentes. En su discurso arriba ya citado, sostiene que el proceso de la normalización pretende "que ens anem acostant al bilingüisme igualitari, [...] el procés faci que tothom conegui les dues llengües i que, si més no, en català pugui ser atés tothom" (Pujol 1996: 196s.).

El hecho de que los lingüistas sean más radicales con respecto a la meta final de la normalización se debe a que, según la teoría sostenida por los lingüistas catalanes, el conflicto lingüístico siempre conduce automáticamente a la substitución de una de las dos lenguas (véase nota al pie n° 15). Según esta lógica, toda situación de bilingüismo es solamente un estado transitorio que conduce a la "victoria" de una de las lenguas sobre la otra. La meta de la normalización, en consecuencia, *debe* ser el monolingüismo en la lengua anteriormente dominada. Así afirma Branchadell que "l'única normalitat que pot garantir la supervivència del català és la normalitat forta [se refiere al 'objectiu fort', ver arriba]" (Branchadell 1996: 20).

Visto así, el concepto *normalitació lingüística* toma como marco de referencia el ideal de la máxima homogeneidad lingüística de una sociedad. Por ello, la pregunta de por qué en el conflicto lingüístico el lingüista ha de intentar invertir el proceso que se está llevando a cabo sin su intervención (la substitución de la lengua minoritaria) no es tratada solamente como cuestión lingüística ("hay que salvar a todas las lenguas") o ética ("ponerse del lado del grupo dominado"), sino también en términos nacionalistas: la pregunta de por qué esta lengua se ha de salvar se contesta señalando el estatus de ésta como *llengua pròpia*, lo cual, como vimos, remarca su vinculación a la nación.

---

14 Fuente original: Entrevista en *El Món*, reimpresa en Tudela, Joan (1986): *El futur del català. Una radiografia lingüística*. Barcelona: Publicacions El Món, pp. 19-27, aquí: 25.

Así, no es de extrañar que se encuentren afirmaciones como la siguiente del lingüista Antoni Maria Badia i Margarit[15] (tomada de un discurso pronunciado ante la *Academia de la Llingua Asturiana* en 1986):

> No menys lenta i laboriosa és la normalització. Com es desprén de la mateixa paraula, normalitzar una llengua significa "fer-la normal", és a dir, fer que els seus parlants vencin la diglòsia, la inèrcia, la por, la mandra. [...] Que el català es normalitzi, ¿voldrà dir que això requereix la independència política? Teòricament sí [...]. Si el català no aconsegueix unes estructures suficients de poder, ¿voldrà dir això que va de dret a la substitució, és a dir, a la desaparició? Teòricament, sí [...] (Badia i Margarit 1988: 19).[16]

Pero el concepto de *normalització lingüística* no contiene solamente el ideal de la relación unidimensional entre lengua y nación, sino también el de la inmutabilidad de ésta: implica la idea de que una vez en un tiempo anterior existía una situación lingüística "normal" y que por diversas causas esta situación se volvió "anormal". El ideal implícito en el concepto es, por tanto, que una situación lingüística considerada como "normal" y "originaria" ha de seguir siendo la misma para siempre, debe permanecer inmutable: cualquier cambio en la situación lingüística por hechos históricos o demográficos es visto como desarrollo ilegítimo que debe volver a ser rectificado.

Si combinamos esta idea de la inmutabilidad de la situación lingüística con el pensamiento que expresa el concepto de *llengua pròpia*, es decir, el de que la única *llengua pròpia* de Cataluña sea el catalán, y solamente el catalán, el concepto de normalización en el caso de Cataluña expresa la idea de que la nación catalana debe ser territorio

---

15 Badia i Margarit fue el primer presidente del *Grup Català de Sociolingüística* y trabajó en el *Institut d'Estudis Catalans*.

16 Hay que advertir que Badia i Margarit llega a esta conclusión ateniéndose, como afirma, a la lógica contenida en el manifiesto *Una nació sense estat, un poble sense llengua*, el cual se tratará más abajo. Pero Badia i Margait mismo no puede verse muy distanciado de esta opinión ya que las tesis fundamentales que plantea en el dicurso son "a) 'La llengua vertebra la nació'. A l'origen, la llengua separa, després aglutina i singularitza [...]. b) Al seu torn, i com a segona formulació, 'la nació s'explica, es fa, es realitza i es defensa mitjançant la llengua'. Podrem citar-ne nombrosos exemples: La nació és coneguda per un conjunt de característiques que abans hem anomenat 'elements de cohesió' [...]: una cultura, una literatura escrita, una tradició, un dret consetudinari, una història comuna, i, sobretot, per la llengua en què tots aquests elements s'expressen" (Badia i Margarit 1988: 15).

de la lengua catalana (es decir: donde el catalán sea *llengua pròpia*) para siempre.

Todo esto implica también que el vínculo entre lengua y nación, es *tan* insoluble que la cuestión de cuál es la lengua mayoritariamente hablada por los habitantes de la nación, queda totalmente fuera de consideración. Así afirmó una vez Miquel Reniu, director de la *Direcció de Política Lingüística* de 1988 hasta 1996 (en una entrevista con *Avui* en 1995), que el catalán seguiría siendo la *llengua pròpia* de Cataluña aunque la mayoría de la población hable castellano (Branchadell 1997: 146).

Ambos conceptos, *llengua pròpia* y *normalització lingüística*, regidos por esta lógica, expresan que la relación entre lengua y territorio nacional debe ser considerada superior a la relación entre los habitantes de la nación y la lengua que éstos hablen, ya que ellos no pueden romper el lazo insoluble existente entre lengua y nación a través de un cambio de uso lingüístico.

Se puede concluir que el discurso en cuestión presenta la relación entre lengua y nación como relación unidimensional e insoluble. Postula que a cada nación le corresponde solamente una única lengua legítima y que el vínculo entre esta lengua legítima y la nación no puede ser disuelto.

3. Lengua e identidad nacional

Si se leen con atención algunos textos que hablan de la lengua catalana como elemento constitutivo de la "identidad catalana", nos damos cuenta de cómo se paraleliza la función de la lengua al definir la identidad de cada individuo con la función de definir a la vez la identidad cultural de la nación. Así, en el *Segon Congrés Internacional de la Llengua Catalana,* Jordi Pujol afirmaba: "[...] la llengua és [...] el nervi d'una col·lectivitat, és a dir, allò que fa que sigui el que és i allò que fa que se sigui el que un és [...]" (Pujol 1989a). La lengua es, pues, el "nervio" de la colectividad ("allò que fa que [la col·lectivitat] sigui el que és") y a la vez de la identidad de cada uno ("que fa que se sigui el que un és"). La lengua que define a la nación define a la vez al individuo que la habita.

Lo mismo ocurre por ejemplo en la siguiente cita de Joaquín Arenas i Sampera, lingüista, pedagogo y director del *Servei d'Ensenyament del Català* (SEDEC) de 1983 a 2003:

> La llengua, aixì de clar, és una, la pròpia del país; les altres s'han de conéixer i dominar però no poden suplantar el factor idiomàtic que és el nervi de la nació i que infon una determinada manera de ser i actuar [...] (Arenas i Sampera 1991: 78).

También Arenas concibe la lengua como elemento que constituye a la nación ("el factor idiomàtic es el nervi de la nació") y a la vez como determinadora de una "manera de ser i actuar". La manera de ser que se le asigna al individuo, resulta por tanto también aquí de la misma lengua que a la vez define a la nación. Mediante tales afirmaciones se establece un vínculo entre individuo y nación *a través de la lengua*.

Esto concuerda con el argumento muy frecuente usado por la política lingüística de que no es posible ser catalán sin hablar la lengua catalana.[17] Esta visión parece ser compartida por Aina Moll. En un artículo en *El País* con el título *La normalización del catalán*, explicó la relación entre la identidad catalana y la lengua catalana de la siguiente manera:

> No es posible ser catalán y rechazar la lengua de Cataluña. Todo catalán, independientemente de su origen étnico y lingüístico, debe aceptar el catalán como lengua propia del país y común a todos sus habitantes (Moll 1981: 6).

Aunque por un lado la autora quiere hacer explícito que se aceptan como catalanes a todos los habitantes de Cataluña, sea cual sea "su origen étnico y lingüístico", al mismo tiempo quiere dejar claro que se aceptan como "verdaderos" catalanes solamente bajo una condición: no deben rechazar la lengua catalana. Moll no deja claro qué quiere decir con "no rechazar". Sin embargo, al afirmar, que "todo catalán [...] debe aceptar el catalán como lengua propia del país y común a todos sus habitantes", expresa su deseo de que "todo catalán" debe *hablar* catalán, ya que si el catalán ha de llegar a ser la lengua "común a todos los habitantes", todos deben asimilarse al uso del catalán. Así

---

17 Este argumento ha sido rechazado por los adversarios de la normalización, por ejemplo en el "Manifiesto de los 2300" en el cual los firmantes reclaman "[...] que se pueda ser catalán, vivir enraizado y amar a Cataluña hablando tanto en catalán como en castellano".

expresa el deseo de que la identidad de los habitantes sea forjada por la lengua de la nación (o como dice ella: "país"), no por otra lengua.

El deseo de vincular los individuos a la nación a través de la lengua, expresado en la cita de Moll, a la manera *light*, llega a su extremo en el pensamiento del más radical Arenas i Sampera. En uno de sus ensayos llega a afirmar que la lengua materna no es la lengua aprendida por la madre sino siempre automáticamente la lengua que corresponde al territorio donde uno nace:

> Hi ha, doncs, una dicotomia entre *llengua materna* i llengua adquirida i una contradicció entre els conceptes llengua materna i llengua de la mare. De tal manera que es pot afirmar que tant a la Conferència de Bilingüisme del 1929 com a la UNESCO des del 1951 fins a l'actualitat, quan s'esmenta el concepte llengua materna es fa en el sentit de 'llengua materna de la terra', és a dir, de llengua territorial. Per això el Programa d'Immersió no contradiu en cap aplicació els postulats de l'organització internacional, ans al contrari, l'aplica plenament per la coincidència definitòria entre llengua pròpia i *llengua materna*. Ser educat i instruït en la llengua mare de la terra és un dret dels infants (Arenas 1986: 17, la cursiva es de Arenas).[18]

Para Arenas la relación entre territorio nacional y lengua es tan fundamental que afecta a *todos* los habitantes que viven en este territorio. El destino natural de los habitantes de una nación es tener la lengua de la nación como lengua materna aunque esto no encaje con los usos lingüísticos de su infancia. Así, su manera de ser resultará del hecho de hablar la *llengua materna de la terra* y su vínculo a ésta resultará insoluble.

Algo parecido ocurre en textos que pretenden ser menos radicales, ya que no hablan de la protección de la lengua como "nervio de la

---

18 Arenas, como Director del SEDEC, ha sido uno de los principales responsables de implantar el modelo escolar de la "inmersión lingüística" en Cataluña (desde 1992 el catalán es la única lengua de enseñanza en los colegios públicos de Cataluña según el Art. 3.1 del decreto 75/92 del 9.3.92). Fue difícil para los defensores de la normalización argumentar a favor de este sistema, ya que restringe dramáticamente el derecho de los niños castellanohablantes a recibir la enseñanza en su lengua materna, un derecho fundamental proclamado por la UNESCO en 1951. Todavía en los años 80 éste fue reclamado por los mismos defensores de la normalización lingüística para los niños de lengua catalana. Con su afirmación de que el catalán es en realidad también la lengua materna de los niños castellanohablantes nacidos en Cataluña, Arenas encuentra una manera peculiar de justificar su defensa del nuevo sistema escolar, ya que le permite presentarlo como sistema que no vulnera los derechos proclamados por la UNESCO.

nación", pero sí mezclan la protección de la lengua con la lucha por la preservación de la *cultura*. Branchadell escribe:

> Aquí no entrarem a discutir qüestions de l'estil de si realment és possible ser català (o gallec) en castellà; tot el que hauríem d'establir és si els individus catalanoparlants se sentirien culturalment segurs si no hi hagués mesures especials de protecció per la seva llengua. El nostre parer és que la resposta seria negativa (Branchadell 1997: 213).

Si un catalanoparlante no puede sentirse "culturalmente seguro" si su lengua está en peligro, se afirma que su identidad cultural está atada a la identidad lingüística. Es más, no se diferencia entre la identidad lingüística y la identidad cultural: Branchadell afirma que mezcla ambas nociones "conscientemente" (Branchadell 1997: 212).

A través de la afirmación de que la lengua amolda la "identidad cultural" del individuo (Branchadell), que define su "manera de ser" (Arenas) o su "ser catalán" (Moll) se quiere remarcar que su uso lingüístico, su hablar catalán, lo vincula insolublemente a la *comunidad* lingüística, que a la vez es vista como comunidad cultural o, en el caso de Arenas, nacional.[19] Al atribuirle entonces una identidad lingüística se le atribuye al mismo tiempo una determinada identidad cultural o nacional, de manera que los tres conceptos no quedan suficientemente separados el uno del otro.

4. El discurso nacionalista y la normalización lingüística

La defensa de la "identidad lingüística" ha sido durante largo tiempo uno de los argumentos centrales a favor de la normalización del catalán. Sin embargo, hubo una contradicción en la argumentación: Al mismo tiempo que se hablaba de luchar por el derecho de los catalanes a preservar su identidad lingüística, se los criticaba por no mostrar suficiente voluntad para defender su lengua. En su *Informe sobre la llengua* de 1990 Joan Colomines, que entonces era presidente de la *Comissió de Política Cultural del Parlament de Catalunya* deplora: "La veritat és que no hem aconseguit interessar la gent en el nostre

---

19 Aparte de ello hay que advertir que también la identidad *cultural* es en fin la identidad cultural *catalana*, y por tanto, si uno define a Cataluña como nación a causa de ser una comunidad cultural (lo cual no creo que lo niegue ninguno de los tres citados), en sus últimas consecuencias es sinónimo de la identidad *nacional*.

procés de normalització de la llengua catalana, i ho dic així perquè aquest és l'objectiu real" (cita según Branchadell 1996: 204).[20]

Tales lamentaciones fueron muy frecuentes en los años 90 entre los impulsores de la política lingüística. Joaquín Arenas i Sampera explica el desinterés de la población de la siguiente manera:

> Val la pena de remarcar que els prejudicis que puguin existir en pro de la normalització de la llengua catalana com a idioma del país són fruit d'una desinformació absoluta que existeix entre la població pel que fa a la importància del fet lingüístic, del què vol dir llengua i poble i de la interrelació entre llengua i pensament (Arenas 1991: 61).

Se cree por tanto que lo que obstruye todavía el avance de la normalización es la falta de información sobre y la falta de interés de los mismos catalanes en el valor de la lengua para su identidad y para su nación. Se afirma que informarles sobre ese valor es el *fin* de la política lingüística. La contradicción consiste por tanto en el hecho de que se afirma querer *preservar* un valor simbólico de la lengua (su valor para la nación y para el individuo) que a la vez se ha de *difundir todavía* a través del mismo proceso de la normalización.

Ésta es en sí una contradicción que les es fundamental a todas las políticas lingüísticas que pretenden extender el uso de una lengua minoritaria. Operan con el concepto de la "salvación de la identidad lingüística", cuando al mismo tiempo solamente es necesario emprender políticas en favor de una lengua en *aquel* momento en el que precisamente esa identidad lingüística deja de tener importancia entre la población. De otra manera, la lengua no sería concebida como lengua en "peligro de extinción". Así que el campo de actuación de estas políticas no se encuentra ahí donde es necesario *salvar* la identidad lingüística de aquellas personas que ya consideran tenerla sino que en realidad se desarrolla allí donde es preciso *reactivar* la identidad lingüística de aquellas personas que han dejado de tener a esta lengua por un símbolo importante para su identidad.

Ahora, en el caso del discurso de política lingüística de Cataluña, esa reactivación de la identidad lingüística es paralelizada con la reactivación de la identidad nacional. El tema de la salvación de la lengua y de la identidad lingüística se entrelaza aquí con el de crear y difundir

---

20 Fuente original: Colomines, Joan (1990): "Informe sobre la llengua". En: *Revista de Catalunya*, 44, pp. 48- 56, aquí: 52.

una conciencia nacional. Jordi Pujol descubrió hace mucho tiempo que el tema de la normalización lingüística había de ser uno de los ejes centrales de lo que él llamaba "política de nacionalització de Catalunya". En una conferencia pronunciada en 1988 afirmó:

> Vaig parlar del que vaig anomenar "política de nacionalització de Catalunya", que afecta els nostres signes d'identitat, els nostres símbols, la nostra consciència col·lectiva. Iniciatives com [...] el reforçament de la política de normalització de Catalunya, amb especial accent en l'ús social del català [...] i com aquestes, moltes més iniciatives. [...] L'important és que volem reforçar el sentiment i la consciència nacionals de Catalunya i tots els seus signes d'identitat. [...] Per tant, que ningú no s'inquieti [...] si aconseguim, com ens proposem fer, que Catalunya sigui en tot més forta, també en la seva consciència nacional (Pujol 1989b: 84).

El fin del discurso nacionalista de Cataluña es crear una conciencia nacional, es decir, la conciencia, de los catalanes de ser diferentes y de ser parte de una nación diferente. Si se consigue difundir esta conciencia la nación se hace realidad, porque en sí cada nación no es más que una idea compartida por todos sus habitantes, como afirma Benedict Anderson (1983).

La normalización lingüística es uno de los instrumentos centrales de la formación de tal conciencia nacional, como afirma también Pujol en la cita: difunde una conciencia lingüística que aprecia el valor de la lengua para la nación y para la identidad nacional.

Tal discurso de política lingüística se hizo popular en los años 90 como parte de un discurso más amplio que reivindica los derechos de las minorías nacionales. Tiene su origen en las teorías antiimperialistas de los años 60, las cuales se concentraban en la crítica de la negación de la existencia de diferentes "identidades étnicas" por parte de las sociedades postcoloniales. Fueron Robert Lafont (historiador y representante del movimiento minoritario occitano) y Michael Hetcher (sociólogo estadounidense) quienes aplicaron esta teoría a los movimientos regionales en Europa, introduciendo el concepto de "colonialismo interno" (Schulze-Mermeling 1994: 43s.). La idea central consiste en que el nacionalismo minoritario contiene una crítica emancipatoria hacia el nacionalismo estatal, el cual "coloniza" sus minorías internas. Se critica así, por una parte, una determinada forma de nacionalismo (el "estatal"), pero a la vez se reivindica otro (el "minoritario"). De esta manera, la crítica hacia el nacionalismo se reduce a culpar a los Estados de la invención de naciones "ilegítimas", cuando al mismo tiempo se afirma que las minorías constituyen naciones "auténticas".

Lo que se deja de lado en este pensamiento es el hecho de que las naciones "auténticas" son igualmente "constructos" y que su lucha se fundamenta en las mismas bases que antaño la construcción de los Estados nacionales: su ideal de "nación" contiene el "dogma of homogeneism" que identifican Blommaert y Verschueren: la nación se considera como entidad culturalmente y lingüísticamente homogénea (y además esta homogeneidad no pocas veces se quiere ver protegida por un nuevo Estado políticamente independiente).

También en la lucha por la normalización del catalán, los actores distinguieron desde el principio entre dos formas de nacionalismo: uno "bueno", también llamado "nacionalismo civil" o "cultural", y otro "malo", "imperialista" y "estatal". Esto se comprueba en el muy conocido manifiesto por la conservación del catalán titulado *Una nació sense estat, un poble sense llengua* lanzado por varios profesores universitarios en el año 1979 y visto como comienzo del movimiento a favor de la lengua catalana:

> Hi ha nacionalismes, com ara l'espanyol o el francès, sorgits de la necessitat de justificar i de donar cohesió interna a superestructures estatals *artificioses*, conformades tot al llarg del procés annexionista emprès per un estat imperialista; nacionalismes, doncs, de base espiritualista que han hagut de recórrer a la metafísica més demagògica [...] per tal de presentar com un tot el que no eren més que nacions diverses sotmeses a l'arbitri i interès de la classe dominant d'una sola d'elles. El catalanisme, en canvi, va ser des del primer moment un nacionalisme *de base naturalista*, és a dir, *fonamentat en realitats objectives*, i això no perquè no tenia cap estat a justificar (el tenia, en tot cas, a conquerir), sinó perquè les exigències amb què formulava els seus objectius i els seus drets es basaven en la incontrovertible constatació dels trets diferencials de la societat catalana, una societat conformada unitàriament *de manera natural* per una mateixa història secular compartida, una mateixa llengua i una mateixa cultura. Era, doncs, un nacionalisme ètnic (que cal no confondre amb el racial), la millor fonamentació teòrica i pràctica del qual, a l'hora de lluitar per Catalunya i les seves llibertats nacionals, era precisament la de mostrar les més que evidents diferències històriques, lingüístiques, socials, culturals, econòmiques, etc., que aquesta ètnia presentava en relació amb la dels espanyols (Argente et al. 1979, la cursiva es mía).[21]

---

21 Este manifiesto no es el único testimonio de que la distinción entre dos formas de nacionalismo es sostenida por científicos. Compárese por ejemplo un trabajo de la politóloga Montserrat Guibernau (financiado por la *Generalitat de Catalunya*)

El texto muestra una paradoja fundamental cuando después deplora
que la homogeneidad étnica de la nación antes postulada ha sido mi-
nimizada por la "inmigración" (refiriéndose a la "inmigración" de
otras regiones de España):

> Ara bé, a conseqüència de les grans immigracions dels darrers decennis,
> la composició ètnica del Principat s'ha vist radicalment alterada, fins al
> punt que avui la seva societat no resulta ni de molt homogènia, sinó tot
> al contrari, car es troba escindida en dos grans grups més que diferents
> entre si. Aquesta nova situació no tan sols ha originat i origina una llarga
> sèrie de problemes pràctics relatius a la mútua convivència d'uns i altres,
> sinó que també *fa trontollar les bases ara adduïdes d'homogeneïtat ètni-
> ca* en què de sempre s'havia fonamentat el catalanisme històric. La incer-
> tesa resultant, teòrica i ideològica, es tradueix essencialment en una crisi
> del concepte d'identitat catalana i en nous motius de recel i incomoditat
> davant la llengua autòctona (Argente et al. 1979, la cursiva es mía).

El texto mismo comprueba, pues, que cada nación, por más "natural"
que se postule que sea, siempre contiene "minorías", y que el estado
ideal de su "homogeneidad" es la fantasía de un pasado idealizado que
nunca existió, y muestra de esta manera lo absurda que es la diferenciación entre diferentes grados o formas de nacionalismo, ya que todo
nacionalismo debe automáticamente fundamentarse en el principio de
la homogeneidad interna y la diferenciación hacia el exterior. Y como
no hay naciones más "auténticamente" homogéneas que otras, tampoco puede existir un nacionalismo más justificado que otro.

Como se puede comprobar en la última frase de la cita, se postula
aquí, además, que los problemas de la lengua catalana son resultado
de la falta de homogeneidad "étnica" interna. La lucha por el catalán
se paraleliza así con la lucha por la homogeneidad interna de la nación.

---

sobre el nacionalismo en el siglo XX, donde la autora afirma: "By 'legitimate'
state, I refer to a situation in which the state corresponds with the nation; by 'ille-
gitimate' state, I mean a state that includes in its territory different nations or
parts of other nations. This distinction is fundamental to my argument since the
development of different kinds of nationalism depends upon it" (Guibernau 1996:
59). Guibernau diferencia entre "nationalisms which attempt to enforce the cultural, economic and political interest of a nation to the direct damage of that of
others" y "nationalism that entails cultural resistance and challenges modern societies by [...] the claim for cultural difference based upon ethnicity". Este nacionalismo legítimo es visto como parte de un movimiento "progressive [...] close to feminist or green movements" (Guibernau 1996: 143).

El manifiesto *Una nació sense estat, un poble sense llengua*, el cual fue recibido también en la lingüística (p.ej., Badia i Margarit 1988), es una muestra ejemplar de cómo en el discurso de la política lingüística se vincula la lucha por la salvación de la lengua con la lucha por la reivindicación de la nación catalana.

5. Conclusión

El análisis del discurso de la normalización lingüística en Cataluña mostró que en él la relación entre nación y lengua es definida como relación unidimensional e inmutable. Esta visión se expresa en el concepto de *llengua pròpia* que implica la idea de que a cada nación le corresponde solamente *una* lengua como lengua *legítima* (relación unidimensional) y la idea de que la lengua y la nación estuvieron ligados "desde el principio" o desde "hace mucho tiempo" lo cual justifica que deben seguir estando ligados también en el futuro (relación insoluble). El concepto de *normalització lingüística*, si se interpreta como un proceso que debe llevar a la sustitución de la lengua dominante, expresa las mismas ideas.

Ambos conceptos implican asimismo la superioridad de la relación entre *llengua pròpia* y nación sobre la relación entre los habitantes de la nación y las lenguas que hablen.

El discurso relaciona además la lengua a la identidad cultural o nacional, afirmando que la lengua influye en la formación de éstas. El ideal es que la identidad sea infundida por la lengua de la nación. Se pretende así establecer un vínculo entre individuo y nación *a través de la lengua*.

Estas premisas hacen del discurso de política lingüística un instrumento propicio para la difusión no solamente de una determinada conciencia *lingüística* sino también de una conciencia *nacional*, ya que propaga el valor de la lengua para la nación y para la identidad (nacional) del individuo. Como tal, no difiere del discurso que acompaña(ba) a la política lingüística de las grandes naciones europeas. Ambos pretenden vincular los habitantes a la nación (convirtiéndolos en o concienciándolos de que son hablantes de la lengua nacional) y usan la lengua como elemento homogeneizador de y diferenciador entre naciones.

Bibliografía

Anderson, Benedict (1983): *Imagined Communities: Reflections on the Origin and Spread of Nationalism*. London: Verso.

Arenas i Sampera, Joaquin (1986): *La immersió lingüística: escrits de divulgació*. Barcelona: La Llar del Llibre.

— (1991): *Assaigs contemporanis*. Barcelona: La Llar del Llibre.

Argente, Joan A./Castellanos, Jordi/Jorba, Manuel et al. (1979): "Una nació sense estat, un poble sense llengua?". En: *Els Marges*, 15, pp. 3-13. <http://barcelona. indymedia.org/newswire/display/62487/index.php> (22.07.2007).

Badia i Margarit, Antoni María (1988): "Llengua i nacionalisme: dos comentaris". En: *Treballs de Sociolingüística Catalana*, 7, pp. 11-29.

Böke, Karin/Jung, Matthias/Niehr, Thomas et al. (2000): "Vergleichende Diskurslinguistik. Überlegungen zur Analyse national heterogener Textkorpora". En: Böke, Karin/Niehr, Thomas (eds.): *Einwanderungsdiskurse. Vergleichende diskurslinguistische Studien*. Wiesbaden: Westdeutscher Verlag, pp. 11-36.

Blommaert, Jan/Verschueren, Jef (1998): "The Role of Language in European Nationalist Ideologies". En: Schieffelin, Bambi/Woolard, Kathryn A./Kroskrity, Paul V. (eds.): *Language Ideologies. Practice and Theory*. New York/Oxford: Oxford University Press, pp. 189-210.

Boix i Fuster, Emili/Vila i Moreno, Xavier F. (1998): *Sociolingüística de la Llengua Catalana*. Barcelona: Ariel.

Boyer, Henri (1992): "Resistència i reconquesta sociolingüístiques: aspectes de la 'normalització' del català a la Catalunya Autònoma". En: *Treballs de Sociolingüística Catalana*, 10, pp. 51-76.

Branchadell Gallo, Albert (1996): *La normalitat improbable: obstacles a la normalització lingüística*. Barcelona: Empúries.

— (1997): *Liberalisme i normalització lingüística*. Barcelona: Empúries.

Bublitz, Hannelore/Bührmann, Andrea D./Hanke, Christine et al. (eds.) (1999): *Das Wuchern der Diskurse. Perspektiven der Diskursanalyse Foucaults*. Frankfurt am Main: Campus Verlag.

Busse, Dietrich (1987): *Historische Semantik. Analyse eines Programms*. Stuttgart: Klett-Cotta.

Calvet, Louis- Jean (1996): *Les politiques linguistiques*. Paris: Presses Université de France.

Foucault, Michel (1969): *L'archéologie du savoir*. Paris: Gallimard.

Gergen, Thomas (2000): *Sprachengesetzgebung in Katalonien. Die Debatte um die 'Llei de Política Lingüística' vom 7. Januar 1998*. Tübingen: Niemeyer.

Guibernau, Montserrat (1996): *Nationalisms. The Nation-state and Nationalism in the Twentieth Century*. Cambridge: Polity Press.

Keller, Reiner/Hirseland, Andreas/Schneider, Werner et al. (eds.) (2000): *Handbuch Sozialwissenschaftliche Diskursanalyse*. Vol. 1: *Theorien und Methoden*. Opladen: Leske + Budrich.

— (2003): *Handbuch Sozialwissenschaftliche Diskursanalyse*. Vol. 2: *Forschungspraxis*. Opladen: Leske + Budrich.

Link, Jürgen (1997): *Versuch über den Normalismus: wie Normalität produziert wird*. Opladen: Westdeutscher Verlag.

"Manifiesto de los 2300. Por la igualdad de derechos lingüísticos en Cataluña". En: *Diario 16*, 12.03.1981. <http://www.nodulo.org/bib/drio/19810125.htm> (22.07. 2007).

Moll, Aina (1981): "Por la normalización lingüística de Cataluña". Serie de artículos de Aina Moll, Directora General de Política Lingüística. Barcelona: Dep. de Cultura i Mitjans de Comunicació de la Generalitat de Catalunya.

Pujol, Jordi (1989a): "Discurs del Molt Hble. Sr. Jordi Pujol i Soley, President de la Generalitat de Catalunya, 30.06.1986". En: Congrés Internacional de la Llengua Catalana (ed.): *Segon Congrés Internacional de la Llengua Catalana*. Vol. 1. Barcelona: sin editorial, pp. 31-34.

— (1989b): "Discurs de Jordi Pujol al Parlament de Catalunya en el debat sobre l'orientació política del Govern de la Generalitat, 05.10.1988". En: Pujol, Jordi: *El programa polític del Govern de la Generalitat per als anys 1988-1992. Discursos del President de la Generalitat al Parlament de Catalunya. 21 de juny i 5 d'octubre de 1988*. Barcelona: Generalitat de Catalunya, pp. 41-85.

— (1996): "'Qué representa la llengua per a Catalunya?', Palau de Congressos de Montjuïc, Barcelona, 22.03.1995". En: Pujol, Jordi: *Paraules del President de la Generalitat. Gener-desembre 1995*. Barcelona: Generalitat de Catalunya, pp. 174-201.

Schulze-Mermeling, Dietrich (1994): "Nationalitätenkonflikte in Westeuropa". En: Elsässer, Jürgen/Komlosy, Andrea (eds.): *Krisenherd Europa. Nationalismus, Regionalismus, Krieg*. Göttingen: Verlag Die Werkstatt, pp. 43-51.

Süselbeck, Kirsten (2006): "'Sprache', 'Nation' und 'Identität' im sprachpolitischen Diskurs Kataloniens". En: *Zeitschrift für Romanische Philologie*, 122, 4, pp. 646-678.

Vallverdú, Francesc (1979): *La normalització lingüística a Catalunya*. Barcelona: Laia.

Voltas, Eduard (1996): *La guerra de la llengua*. Barcelona: Empúries.

Woolard, Kathryn (1989): *Double Talk: Bilingualism and the Politics of Ethnicity in Catalonia*. Stanford: Stanford University Press.

Haralambos Symeonidis

La actitud de los hablantes bilingües guaraní-castellano en la zona guaranítica del territorio argentino hacia la política lingüística de la Argentina

1. Los usos del idioma en la Argentina, el Uruguay, el Paraguay y el Brasil

En la sociolingüística es bastante general afirmar que casi todos los países de América del Sur y, en particular, la Argentina son monolingües. Sin embargo, y para comenzar por la Argentina, efectivamente existe un monolingüismo expandido desde alrededor de 1920, a pesar de la inmigración masiva y a raíz de una política castellanizadora que se canalizó a través de la escolaridad primaria obligatoria, el servicio militar y ciertas manifestaciones culturales como los sainetes, que ridiculizaban al inmigrante que hablaba cocoliche. Además, precisamente la inmigración de muy diversos países hacía necesario conocer el idioma común para entenderse y conseguir trabajo (Bein 2002).

También contribuyó a la rápida castellanización la composición social de varios grupos de inmigrantes, que hacían que el castellano fuera la primera lengua escrita en la familia. Sin embargo, resulta fácil comprobar que el panorama no es tan sencillo, por más que la Argentina esté entre los países con menor diversidad lingüística (se señalan unas once lenguas usadas como lenguas del hogar):

1. Hay grupos de inmigrantes antiguos que siguen cultivando sus idiomas de origen (alemanes, franceses, ingleses, italianos, armenios, judíos de Europa oriental, japoneses, rusos, polacos, entre otros). No hay cifras fiables pero se puede suponer que más de un millón de personas conserva la lengua de origen como lengua del hogar, con diversos grados de mezcla con el castellano (como los jocosamente llamados "Belgrano-Deutsch", la mezcla de alemán y castellano que hablan los numerosos inmigrantes alemanes en ese barrio porteño).

2. Algunas lenguas aborígenes conservan su presencia en determinadas provincias, aunque es cierto que son pocos los monolingües (probablemente unas decenas de miles). Sin embargo, a estos hablantes hay que sumarles tanto los migrantes internos como los inmigrantes paraguayos, bolivianos y peruanos, en parte agrupados en barrios periféricos de grandes ciudades, con grados diversos de empleo de las lenguas indígenas.

3. Tienen presencia lenguas de inmigrantes recientes, a saber, inmigrantes brasileños, del sudeste asiático y, últimamente, del este europeo (los inmigrantes coreanos se estiman en unos 30 mil; los de la ex Unión Soviética, en varios miles) (Bein 2002).

4. En las zonas de frontera, sobre todo en Misiones, se dan formas híbridas de portugués y español (el llamado "portuñol") y hay hablantes de portugués como primera lengua; en las provincias de Formosa, Corrientes, Chaco, Misiones y también parte de Santa Fe es notoria la incidencia del guaraní.[1] Estos hablantes siguen aprendiendo el guaraní como idioma familiar pero por falta de una enseñanza de dicho idioma se van perdiendo elementos léxicos, así que se va mezclando con el castellano, lengua dominante en todos los ámbitos sociales, y se produce así el llamado "jopará", que también forma parte de la realidad lingüística del Paraguay.

Un panorama similar existe en Uruguay. Las lenguas indígenas han desaparecido completamente. El portugués tiene mayor difusión, y es fuerte el fenómeno de los llamados "DPU" (dialectos portugueses del Uruguay), sobre todo en la zona de Rivera.[2]

La situación de Brasil es muy distinta: por una parte, no basta con cambiar "castellano" por "portugués" en la caracterización lingüística, porque la norma brasileña es sentida como absolutamente válida: nadie tiene la idea de que el portugués brasileño sea una deformación del "verdadero" portugués europeo, a diferencia de lo que suele ocu-

---

1   La situación lingüística de dichas provincias se está describiendo en el ALGR (Átlas Lingüístico Guaraní-Románico), cuyo objetivo "[...] es proporcionar una base de datos lingüísticos para la descripción de la realidad lingüística en la región del Paraguay colonial, región que abarca el actual Paraguay y zonas limítrofes de la Argentina y del Brasil". <http://www.uni-muenster.de/Romanistik/ ALGR/ Welcome.htm> (2004).

2   Para más información sobre la situación lingüística así como sobre las políticas lingüísticas del Uruguay, véase Barrios et al. (1993).

rrir en los países hispanohablantes con relación a la Real Academia Española. Ello se debe a varios factores, entre ellos el hecho de que Brasil tenga 160 millones de habitantes, y Portugal sólo 10 millones. Por otra parte, algunas fuentes afirman que se hablan en Brasil más de 200 lenguas, con una gran diversidad de lenguas aborígenes (Bein 2002).

Paraguay es uno de los raros casos en que los vencedores adoptaron la lengua de los vencidos por razones cuya explicación excede esta nota: el guaraní se convirtió en la lengua cotidiana de los descendientes de españoles, sigue siendo lengua vehicular entre indígenas de otras lenguas maternas e, incluso, lo conocen los menonitas, un grupo ultrarreligioso que tiene como lengua primera un dialecto alemán del siglo XIX. Durante mucho tiempo, existió una fuerte diglosia, es decir, una diferencia de uso y jerárquica según la cual el español era la lengua de la educación, la literatura, la administración, la justicia y demás funciones "elevadas", mientras que el guaraní era la lengua del hogar, la cotidianeidad, la amistad, la música popular, es decir, la lengua oral por excelencia. Sin embargo, era símbolo de identidad nacional. Esta situación ha cambiado en los últimos años: el guaraní ha sido declarado lengua co-oficial junto con el castellano, se ha dotado de una ortografía unificada y se enseña en las escuelas.[3] Aun así, Paraguay ha aceptado por ahora que los únicos idiomas oficiales del Mercosur sean el español y el portugués.

Con todo, la diversificación lingüística de la región, que de esta manera sumaría más de 250 lenguas, no se debe exagerar. El discurso políticamente correcto, que prescribe la defensa de las minorías, no debe ocultar el hecho de que el español es un vínculo efectivo entre la mayoría de las naciones desde Tierra del Fuego hasta México e incluso más allá, puesto que hay unos 25 millones de hispanohablantes en Estados Unidos. Tampoco se debe pasar por alto que el portugués es la séptima lengua entre las 3.500 o 4.000 que hoy en día se hablan en el mundo. Más aún: una defensa efectiva de las minorías étnicas y lingüísticas debe partir de datos certeros, y lo cierto es que Argentina, Brasil y Uruguay, se hallan entre los que tienen una sola lengua domi-

---

3   Para más información sobre la situación lingüística en el Paraguay, véase DEGEEC (2004): Resultados Finales del Censo Nacional y Viviendas. Paraguay. Año 2002.

nante, y Paraguay, sólo dos, a diferencia de países como la India, en el que se hablan centenares de lenguas y varias de ellas cuentan con millones de hablantes (Bein 2002).

2. La política y planificación lingüísticas: cuestiones complejas

Ante esta situación se pueden adoptar dos actitudes: dejar que las cosas sigan su curso (lo cual en sociología del lenguaje se denomina *política lingüística liberal*), o tomar medidas como prescribir lenguas oficiales, defender lenguas de minorías, determinar qué lenguas se deben estudiar en el sistema escolar, fijar estándares de conocimientos exigibles a inmigrantes, imponer regulaciones sobre las lenguas, ayudar a la difusión de la lengua propia en otros países, etc. (lo cual se denomina *política lingüística dirigista*). En este segundo sentido, hubo en años recientes varias iniciativas: proyectos de leyes de Jorge Asís, Jorge Vanossi y Leopoldo Moreau en defensa del castellano, una ordenanza municipal de Norberto Laporta sobre la necesidad de que los comercios indiquen su rubro en castellano, leyes para la defensa de las lenguas indígenas. Pero, sobre todo, surgió una política emanada de la reforma escolar en curso, que incluye las lenguas extranjeras en la escolaridad obligatoria en todo el país –antes sólo eran obligatorias en la Ciudad de Buenos Aires– y presenta iniciativas sobre la enseñanza del español con metodología de lengua segunda para grupos cuya lengua materna sea otra. Y, últimamente, han surgido iniciativas para la enseñanza del español en el Brasil (Bein 2002).

Ahora bien, teóricamente uno puede adoptar cualquier política lingüística; por ejemplo, que la lengua extranjera a enseñar en la Argentina sea el húngaro. Sin embargo, como cualquier otra, una política lingüística puede triunfar o fracasar. Un ejemplo de éxito es la imposición del hebreo en Israel para inmigrantes que venían de decenas de países con centenares de lenguas distintas; un ejemplo de fracaso, la conversión del hindi en lengua general de la India.

¿Cuáles son las condiciones para que una política lingüística muestre buenos resultados?

Por un lado, un buen conocimiento de la realidad de partida. Esto incluye, en primer lugar, un conocimiento de las lenguas usadas en el territorio. Para ello hace falta un censo lingüístico, con todas las dificultades que comporten las preguntas acerca del uso y el conocimiento de lenguas, porque las representaciones acerca de lo que es dominar una lengua varían mucho, y porque inciden factores como el prestigio y la cohesión grupal (para dar un ejemplo: es posible que un bilingüe castellano-lengua indígena no declare esta última, por más que la domine; mientras que un bilingüe castellano-alemán, aun cuando su alemán sea rudimentario, lo exhiba orgullosamente). Aquí interviene, precisamente, un segundo factor: el discurso circulante acerca del prestigio y la utilidad de las distintas lenguas. Tratándose de un discurso, es posible modificarlo a través de un contradiscurso. Hay que tener en claro que la lengua es un elemento vigoroso de la identidad social, pero las identidades se construyen discursivamente (Bein 2002).

Por eso, se debe considerar que existe una relación mutua entre discurso identitario y lengua: si se quiere que, por ejemplo, triunfe la enseñanza del portugués en la Argentina, no sólo habrá que crear las condiciones técnicas –formación de docentes, materiales de estudio, legislación, etc.–, sino que también habrá que "propagandizar" esa enseñanza. Pero ni siquiera eso será suficiente: habrá que combinar la enseñanza de la lengua con una enseñanza de la historia común de los pueblos latinoamericanos, de la geografía, de la cultura; en suma, habrá que enmarcarla en la construcción de una identidad que rivaliza con la identidad hispánica y la panamericana. Además, la política y la planificación lingüísticas requieren de especialistas, ya que se trata de cuestiones complejas (Bein 2002).

Con todo, una cuestión central para que una política lingüística triunfe es la voluntad política de llevarla a cabo. Toda política lingüística se enmarca en proyectos políticos más amplios, y cuando hay sectores que preferirían que la Argentina se integrara al Tratado de Libre Comercio de las Américas (ALCA) en lugar de fortalecer el Mercosur, se comprende que hay aquí varios proyectos competidores. Si bien sus consecuencias político-lingüísticas no son directas ni mecánicas, resulta evidente que el apoyo al segundo de ellos debilita en el imaginario social la necesidad de la enseñanza del portugués y que, en cambio, la enseñanza más extendida de este idioma contribuiría a forjar la identidad latinoamericana y fortalecería la voluntad de integración en el Mercosur (Bein 2002).

3. La investigación en el nordeste de la Argentina

Presentaré ahora los resultados de mi investigación sociolingüística entre los informantes bilingües de las provincias de Corrientes y Formosa. Se han tomado en cuenta las respuestas de casi 64 informantes: 48 de Corrientes y el resto de Formosa. Siendo la provincia más importante en cuanto al uso y la presencia del guaraní, Corrientes fue la provincia donde se investigaron más lugares, o sea diez en comparación con Formosa donde se investigaron sólo cuatro. Además, Corrientes se muestra muy coherente y homogénea en cuanto a la variedad del guaraní que se usa en esta provincia y también con una larga tradición guaranítica, mientras que otras provincias guaraníticas, como por ejemplo Formosa, Chaco y sobre todo Misiones, han experimentado cambios demográficos mucho más graves y hubo a veces una interrupción en la tradición guaranítica. En esta investigación se han considerado dos tipos de grupos de informantes: los mayores (que tienen más de 50 años de edad) y los jóvenes, con una edad entre 17 y 35. Las edades intermedias no se consideran para así poder comparar mejor los datos de dos generaciones muy diferentes. Además se consideran dos clases: las clase baja, con una formación escolar muy básica y además no existente, y la clase alta, con una formación alta, a veces con formación universitaria.[4]

3.1 La existencia o no de la enseñanza del guaraní en los lugares investigados

Una de las preguntas que hacemos a nuestros informantes en la primera parte de la entrevista es si hay enseñanza del guaraní en su pueblo o ciudad. Veamos ahora el resultado de las dos provincias juntas en cuanto a esta pregunta:

4　　Esta contribución sigue con los parámetros sociolingüísticos del ALGR.

La enseñanza del guaraní en las dos provincias

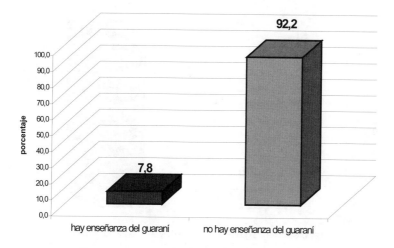

Se ve en este diagrama que la gran mayoría de los informantes nos respondió que no hay o que no sabían si había enseñanza. La mayoría de los que nos dieron la respuesta negativa afirmaron que no sólo no la hay sino que además nuestra pregunta les parecía irrelevante. Ahora se van a presentar las respuestas según las provincias:

La enseñanza del guaraní en Corrientes

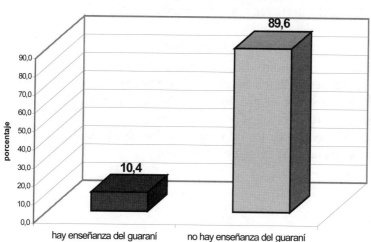

La enseñanza del guaraní en Formosa

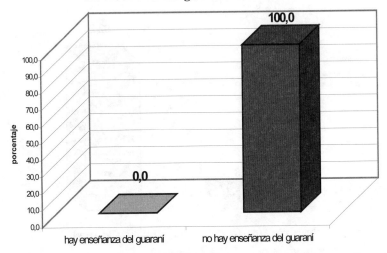

Se ve que sólo en la provincia de Corrientes hay algunos esfuerzos para introducir la enseñanza del guaraní. Como ya he mencionado, se trata aquí de una provincia con una larga y profunda tradición guaranítica. Si, de todas maneras, nos fijamos en las respuestas y en los comentarios de nuestros informantes, nos damos cuenta de que se trata de iniciativas locales, privadas o de la municipalidad, o sea de las mismas personas que han vivido en la tradición de la lengua y la cultura guaraní y prefieren que no se pierda.

3.2 El deseo para una enseñanza bilingüe

Ahora pasemos a otro diagrama que es muy interesante porque comprueba el deseo de los entrevistados de una educación en la que también se considere el guaraní como lengua enseñada (y ello sin que nosostros preguntaramos por ello). El deseo se expresó en los comentarios adicionales de los informantes hablando sobre el guaraní, el cual la mayoría de ellos aprendieron en casa:

Enseñanza del guaraní deseada

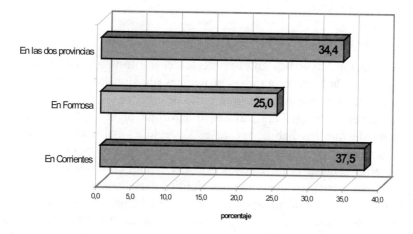

porcentaje

Se ve en este diagrama que una parte considerable de los entrevistados tiene el deseo de aprender o que sus hijos aprendan en la escuela el guaraní. Es un porcentaje muy alto dado que no se les hace este tipo de pregunta durante la entrevista sino que ellos por sí mismos expresan este deseo. Las razones que se dan en general son: porque forma parte de su cultura, para poder comunicarse con los paraguayos, porque es un idioma oficial en el Paraguay y porque se tiene que dar más importancia a la integración en el Mercosur, etc. Comparando los resultados en las dos provincias, se observa otra vez que Corrientes es la provincia con el porcentaje mucho más alto en cuanto al deseo de la enseñanza del guaraní, debido a las razones ya expuestas. Interesantes son aquí los comentarios de los informantes explicando por qué no hay enseñanza del guaraní:

a) un informante dice que no le parece necesaria la enseñanza del guaraní
b) no existe persona que podría dar clases de guaraní
c) hay personas que no quieren que se hable el guaraní
d) son pocos los que tienen interés en aprenderlo
e) "como no saben no quieren dar a conocer"
f) prohibición del guaraní en la escuela porque podría entorpecer al castellano

g) desprecio hacia el guaraní porque se considera como una marca social.

4. Conclusión

La situación lingüística en el nordeste del territorio argentino es muy especial dada la historia de las provincias ahí situadas. Después de la guerra de la Triple Alianza gran parte de este territorio, que originalmente pertenecía al Paraguay, pasó a formar parte de Argentina. El hecho de que los habitantes de estas regiones hablaran el guaraní, la lengua del enemigo de la guerra, era un problema político para el gobierno centralista de Buenos Aires. La política lingüística que se aplicó en estas provincias fue una política castellanizadora. Todos los habitantes del territorio argentino tenían que hablar un solo idioma, el castellano, para darles así a todos los habitantes el sentido de unidad territorial y nacional. El uso de otro idioma no fue tolerado sino rechazado y esto se observa en el hecho de que los maestros y profesores venían muchas veces de otras provincias y por eso no tenían conocimientos del guaraní. No estaban además preparados para enseñar a alumnos cuya primera lengua era el guaraní y no el castellano. Una situación así debe ser muy difícil tanto para un profesor que tiene que dar clase a alumnos que sólo entienden muy poco –a veces nada– del idioma de enseñanza y por otro lado para los alumnos mismos que, por no entender, fracasan frecuentemente por no poseer las mismas oportunidades que sus compañeros monolingües castellano-hablantes en otras partes de la Argentina. Así surgió con el tiempo un rechazo de los hablantes mismos en dichas provincias hacia la política de la capital en general. Hasta hoy se diferencian a sí mismos en cuestiones culturales pero también lingüísticas de los habitantes de la capital, a los que llaman irónicamente *porteños* o, en el propio idioma guaraní, *kurepí*. Esto no se debe sólo a su actitud negativa hacia todo lo que viene de la capital sino también al hecho de que cada una de las provincias argentinas tiene una tradición cultural diferente al resto del territorio.

La política lingüística aplicada en la enseñanza suponía una prohibición del guaraní dentro y fuera de las aulas. Casi todos los informantes de esta investigación afirman que existió dicha prohibición, aunque también constan muchas veces que hoy en día esta práctica ya no se

da. Al guaraní le ocurrió lo mismo que en el Paraguay: estaba completamente prohibido en las escuelas pero se seguía usando en el
hogar. Muchos de los padres de estas regiones no sabían hablar el
castellano. Entonces el único medio de comunicación entre los hijos,
que poco a poco aprendían el castellano, y los padres, que sólo habla-
ban el guaraní, era el guaraní. Los políticos en ambos países veían en
el guaraní un atraso cultural y un elemento de nivel social bajo. Se
asociaba con el guaraní todo lo negativo y con el castellano el progreso y la prosperidad.

Esta actitud propagandista hacia el guaraní y el castellano se ve
claramente también hoy en día en los comentarios de algunos de los
informantes que dicen que el guaraní no se debe enseñar porque puede
entorpecer el aprendizaje del castellano correcto. Pero ¿qué es en realidad el "castellano correcto"? ¿Se refieren a un castellano de la Península Ibérica porque el castellano de la región ha sido influenciado
por el guaraní y los maestros, que dan clases, hablan este castellano
sin darse cuenta de la variedad que están usando? De todas maneras,
éste es un asunto aparte. Hoy en día, según la legislación, se defienden
las lenguas indígenas y hay programas educativos en los que se esco-
larizan indígenas en su lengua materna. Esto se observa en la provincia de Formosa y también en el Chaco. Estos programas no se refieren
en su práctica a los bilingües guaraní-castellano en el nordeste del
territorio argentino dado que el guaraní –y en este caso se trata del
guaraní paraguayo y no tribal– no se considera como lengua indígena
porque no es hablado por indígenas. Así que hasta hoy los bilingües
de esta región no han tenido la oportunidad de aprender su propio
idioma en la escuela. En una situación económica muy difícil como la
que está pasando el país en los últimos años, la educación es –igual
que en otras partes del mundo– el sector en el que se observan los
primeros recortes.

La actitud de estos hablantes hacia la política lingüística de la capital es muy interesante: por un lado, son argentinos –y además están
muy orgullosos de serlo– y, por el otro lado, les gustaría mucho tener
la oportunidad de aprender el idioma de sus antepasados. Muchos de
ellos prefieren que sus hijos estudien en universidades de Asunción no
sólo porque la capital paraguaya les queda muy cerca sino también
porque así sus hijos pueden mejorar sus conocimientos del guaraní. Se
observan iniciativas locales de parte de las municipalidades en las que

se intenta conservar el idioma guaraní. Esto se manifiesta en la organización de clases en las que los maestros son habitantes de las regiones con una estadía larga en el Paraguay donde atendieron clases de guaraní. Surgen cada vez más iniciativas de este tipo a causa de la situación muy favorable hacia el guaraní en el Paraguay. A través de los medios de comunicación los hablantes se informan sobre lo que ocurre en su país vecino con la lengua guaraní e intentan dar asimismo un impulso al aprendizaje del idioma guaraní. Lo que aquí llama la atención es que todos dan la impresión de que se sienten olvidados por los gobiernos centralistas de la capital. Su gran deseo es que ellos también con su idioma guaraní formen parte de la gran variedad cultural argentina. Su esperanza es que dentro del Mercosur una de las lenguas oficiales sea también el guaraní por ser un idioma oficial de uno de los países miembros.

Bibliografía

Alarcos Llorach, Emilio (1994): *Gramática de la lengua española*. Madrid: Espasa Calpe.

ALGR (Átlas Lingüístico Guaraní-Románico): <http://www.uni-muenster.de/Romanistik/ALGR/Welcome.htm> (2004).

Ayala, Valentín (1989): *Gramática guaraní*. Corrientes.

Barrios, Graciela/Gabbiani, Beatriz/Behares, Luis E. et al. (1993): "Planificación y políticas lingüísticas en Uruguay". En: *Revista Iztapalapa*, 29, pp. 177-190.

Bein, Roberto (2002): "Los idiomas del Mercosur". En: <http://www.revistatodavia.com.ar/notas/bein/frame_bein1.htm> (20.09.2005).

Bosque, Ignacio/Demonte, Violeta (eds.) (1999): *Gramática descriptiva de la lengua española*. Madrid: Espasa Calpe.

DEGEEC (Dirección General de Estadísticas, Encuestas y Censos) (1992): Censo Nacional de Población y Viviendas del Paraguay. Año 1992. En: <http://www.degeec.com.py> (2004).

— (2004): Resultados Finales del Censo Nacional de Población y Viviendas. Paraguay. Año 2002. Total País. En: <www.degeec.com.py> (2004).

Dietrich, Wolf (1994): "Mbyá, guaraní criollo y castellano: El contacto de las tres lenguas estudiado en un grupo mbyá de Misiones". En: *Signo & Seña. Revista del Instituto de Lingüística*, 3, pp. 55-71.

— (1995): "El español del Paraguay en contacto con el guaraní. Ejemplos seleccionados de nuevas grabaciones lingüísticas". En: Zimmermann, Klaus (ed.): *Lenguas en contacto en Hispanoamérica. Nuevos enfoques*. Frankfurt am Main: Vervuert/Madrid: Iberoamericana, pp. 203-216.

— (1996): "Guaraní und Spanisch in Paraguay. Interferenzphänomene beim Kontakt zwischen indianischen und europäischen Sprachen". En: Schlüter, Heinz (ed.): *Die anderen Indianer in Lateinamerika.* Frankfurt am Main: Vervuert/Madrid: Iberoamericana, pp. 393-413.

— (1998): "Amerikanische Sprachen und Romanisch". En: Holtus, Günther/Metzeltin, Michael/Schmitt, Christian (eds.): *Lexikon der Romanistischen Linguistik.* Tübingen: Niemeyer, pp. 428-499.

— (2001): "Zum historischen Sprachkontakt in Paraguay: Spanische Einflüsse im Guaraní, Guaraní-Einflüsse im regionalen Spanisch". En: Haßler, Gerda (ed.): *Sprachkontakt und Sprachvergleich.* Münster: Nodus, pp. 53-73.

Granda, Germán de (1982a): "Origen y formación del leísmo en el español del Paraguay. Ensayo de un método". En: *Revista de Filología Española*, 52, pp. 259-283.

— (1982b): "Calcos sintácticos del guaraní en el español del Paraguay". En: Granda, Germán de/Corvalán, Grazziella (eds.): *Sociedad y lengua: bilingüismo en el Paraguay.* Vol. 2. Asunción: Centro Paraguayo de Estudios Sociológicos, pp. 701-731.

— (1988a): "Notas sobre retenciones sintácticas en el español del Paraguay". En: *Lexis*, 12, pp. 43-67.

— (1988b): "Algunas precisiones sobre el bilingüismo del Paraguay". En: Granda, Germán de/Corvalán, Grazziella (eds.): *Sociedad y lengua: bilingüismo en el Paraguay.* Vol. 1. Asunción: Centro Paraguayo de Estudios Sociológicos, pp. 347-395.

— (1988c): "Préstamos morfológicos del guaraní en el español del Paraguay". Vol. 1. En: Granda, Germán de (ed.): *Sociedad, historia y lengua en el Paraguay.* Bogotá: Instituto Caro y Cuervo, pp. 179-181.

Granda, Germán de (1992): "Hacia la historia de la lengua española en el Paraguay. Un esquema interpretativo". En: *Historia y presente del español de América.* Valladolid: Junta de Castilla y León, pp. 201-234.

— (1994): "Dos procesos de transferencia gramatical de lenguas amerindias (quechua/aru y guaraní) al español andino y al español paraguayo. Los elementos validadores". En: *Revista de Filología Española*, 74, pp. 127-141.

Hamel, Rainer Enrique (1993): "Políticas y planificación del lenguaje: una introducción". En: *Revista Iztapalapa*, 29, pp. 5-39.

M.E.C. (Ministerio de Educación y Cultura) (1999): *Educación para todos. Evaluación en el año 2000. Informe de Paraguay. Versión preliminar.* Asunción: M.E.C.

Melià, Bartomeu (1992): *La lengua guaraní del Paraguay.* Madrid: MAPFRE.

— (2003): *La lengua guaraní en el Paraguay colonial.* Asunción: CEPAG.

Moliner, María (²1998): *Diccionario de uso del español.* Madrid: Gredos.

Symeonidis, Haralambos (2003): "Atlas Lingüístico Guaraní-Románico: El uso o no-uso del pronombre personal de la tercera persona como complemento directo en las provincias de Corrientes, Chaco y Formosa en la Argentina". En: *Actas del XIII Congreso Internacional de la ALFAL, 18-23 de Febrero 2002, San José/Costa Rica* [Publicación en CD-Rom].

200   Haralambos Symeonidis

— (2004): "Os brasiguaios no Brasil: O uso das preposições com o verbo ir". En: Dietrich, Wolf/Noll, Volker (eds.): *O português do Brasil. Perspectivas da pesquisa atual*. Frankfurt am Main: Vervuert/Madrid: Iberoamericana, pp. 155-167.

— (2005): "Aspectos sintácticos en el habla popular románico de la zona guaranítica". En: Noll, Volker/Zimmermann, Klaus/Neumann-Holzschuh, Ingrid (eds.): *El español en América: Aspectos teóricos, particularidades, contactos*. Frankfurt am Main: Vervuert/Madrid: Iberoamericana, pp. 235-248.

— (2007): "Procesos de transferencia en el léxico del castellano paraguayo". En: Trotter, David: *Actes du XXIVe Congrès Internacional de Linguistique et de Philologie Romanes, 2-8 Août 2004, Aberystwyth*. Tübingen: Niemeyer, pp. 565-576.

— (en prensa): "Aspetos sintáticos do português dos brasiguaios no Mato Grosso do Sul". En: Negri Isquerdo, Aparecida/Kreger, Maria da Graça (eds.): *As ciências do léxico. Lexicologia, lexicografia, terminologia*. Vol. 3. Campo Grande: Editora UFMS.

— (en prensa): Tres culturas en el área guaranítica: guaraní, español y portugués". En: *Revista Signo y Seña*.

Symeonidis, Haralambos/Mello-Wolter, Ruth Mariela (2006): "Aspectos sociolingüísticos de la población bilingüe guaraní-castellano en las regiones limítrofes de la Argentina y del Brasil". En: Dircksen, Katrin/Schlüter, Heinz/Witte, Annika (eds.): *El atlántico – Mar de encuentros. Der Atlantik – Meer der Begegnungen*. Münster: Lit Verlag, pp. 33-57.

Thun, Harald/Aquino, Almidio (1998): "El Atlas Lingüístico Guaraní-Románico, un trabajo necesario para actualizar informaciones lingüísticas sobre el español y el guaraní del Paraguay". En: *Ñemitỹ*, 36, pp. 8-14.

Thun, Harald/Bogado, Mario (con la colaboración de Aquino, Almidio/Dietrich, Wolf/Strack, Johanne/Mello, Ruth/Symeonidis, Haralambos) ([6]2002): *Atlas Lingüístico Guaraní-Románico. Poranduty avañe'ẽ ha karaiñe'ẽme, Mbohapyha jejapopyre momorãnby. Cuestionario Guaraní-Castellano tercera edición mejorada*. Kiel: Westensee.

Varela, Lia (1999): "Hacia una educación lingüística?". En: <http://www.ipol.org.br/ imprimir.php?cod=37> (20.09.2005).

— (2001): "Mi nombre es nadie. La política lingüística del Estado Argentino". En: <http://www.unidadenladiversidad.com/opinion/opinion_ant/2001/abril_01/ opinion_110401.htm> (20.09.2005).

María Jesús Vitón de Antonio

Balance crítico y perspectivas de la educación bilingüe en Guatemala

1. Introducción

Con la pretensión de hacer un ejercicio de síntesis del complejo análisis al que nos invita la educación bilingüe en Guatemala, y creyendo que lo más importante es dejar situada una visión panorámica que permita dejar abierta la puerta de la reflexión, voy a considerar el conjunto de logros alcanzados en los últimos 25 años y los desafíos a los que nos reta la actual situación.

No son pocos los sucesivos esfuerzos de diseños e implementaciones de modalidades e iniciativas, en distintos proyectos y programas, que tejen la pequeña o gran historia de la educación bilingüe en Guatemala. Todo ello nos exige realizar un balance crítico y reflexionar, con perspectiva, los desafíos que marcan las actuales problemáticas sentidas y padecidas por los actores protagónicos y fundamentales de esta realidad educativa.

De acuerdo con este planteamiento estructuraré este aporte en dos partes:

1. Balance crítico del proceso. Elementos de avance y de retroceso.
2. Reflexión desde las perspectivas, desafíos y marcos, que plantean las Conferencias Mundiales de Educación, en referencia a las demandas y problemáticas de los pueblos mayahablantes. Aportes desde el punto de vista pedagógico.

Teniendo en cuenta los diferentes documentos clave en referencia a esta pequeña historia construida de la educación bilingüe en Guatemala, así como los trabajos y análisis que he tenido la oportunidad de desarrollar en distintas etapas con las comunidades mayas, voy a tratar de perfilar el actual estado desde el punto de vista conceptual, normativo y operativo y trazar el sentido y la dirección de ciertos giros necesarios, desde la mirada en perspectiva, y después de los distintos esfuerzos que marcan la trayectoria y el camino recorrido.

2. Balance crítico. Elementos de avance y retroceso

Desde que de 1979 a 1981 arrancó el Programa Socioeducativo Rural como antecedente inmediato al Programa Nacional de Educación Bilingüe (PRONEBI) en 1984 se han sucedido, de una manera continua y constante, un flujo de proyectos, programas y experiencias piloto con diferentes modalidades que con distinto calado y dimensión han ido conformando la *pequeña gran historia* de la educación bilingüe intercultural en Guatemala.

Con todo ello, se han hecho diferentes lecturas; unas de carácter coyuntural, con las que se pierde perspectiva, y otras de carácter holístico, con las que se apunta al rescate o a la descalificación sin matices.

En uno y otro caso, se traiciona un análisis crítico con el que hacer una reflexión valorativa que pondere debilidades y fortalezas del proceso construido para considerar los pasos que se ameritan dar para el desarrollo y profundización de esta realidad educativa.

Hacer un balance, desde esta óptica, nos exige tomar un punto de vista sistémico. Esto es, considerar los momentos de divergencias y valorar los espacios de convergencias (Bunge 2005). Esto comporta realizar un análisis desde las distintas dimensiones, teniendo en cuenta las interacciones forjadoras del actual tejido y el escenario de la acción educativa bilingüe intercultural. Con dicho análisis se podrá pensar, de manera estratégica, en qué cambios emprender y cómo concretarlos para dar respuesta a la demanda educativa de una sociedad en proceso de constituirse como realidad interétnica, pluricultural y multilingüe.

Tomando en cuenta la riqueza de iniciativas e inquietudes traducidas en infinidad de aportes que se pueden recontar o enumerar, como primer paso de un balance, tenemos que delimitar la terminología de la constelación educativa bilingüe, prestada a cierta utilización indiscriminada. Porque, como muy bien nos recuerdan Cazden/Snow (1990), la educación bilingüe es una simple etiqueta para un fenómeno muy complejo.

La complejidad de esta constelación necesita de un tratamiento analítico que nos permita establecer las relaciones del todo, y de las partes, de manera dinámica y dialéctica. De tal manera que la construcción actual que podemos observar la valoremos a la luz del proceso.

En este proceso de construcción tenemos que ponderar dos cuestiones clave:

1. Los elementos que están llamados a ser piezas del conjunto de la construcción.
2. El estado de avance de la construcción, teniendo en cuenta el encaje de las piezas.

Desde esta doble mirada podemos valorar si:

1. Hay desarrollo de un aspecto sin conexión con el otro. Esto es, si tenemos algunos elementos y se adolece de articulaciones que faciliten el encaje de las piezas.
2. Hay falta de algunas piezas y aún con ello el avance del conjunto permite considerar logros a nivel de sistema.
3. Hay debilidades importantes en ambos casos.

De manera plástica, utilizando como metáfora la construcción de una casa, la casa para accionar una educación bilingüe, nos podemos preguntar: ¿tenemos sólo un montón de ladrillos o tenemos una construcción avanzada y con sentido con el conjunto de ladrillos elaborados? Pues aunque toda casa tiene un montón de ladrillos, no cualquier montón de ladrillos significa tener construida, o en proceso de construcción, una casa.

Con esta metáfora nos podemos interrogar ¿qué tenemos como resultados de dos décadas de trabajo? ¿Qué *ladrillos* han sido clave en la construcción? ¿Cuáles han podido faltar? ¿Hay ladrillos armonizados en una construcción? ¿Tiene diseño? ¿Hay ladrillos y no diseño? ¿Habría que establecer un rediseño?

Sin perder de vista la observación de Cazden/Snow (1990), es fundamental valorar como balance histórico de la educación bilingüe intercultural que estamos ante un espacio en construcción donde se desarrolla una acción educativa diferente, mediada por nuevos materiales, por capacitaciones renovadas, etc.

En definitiva, se trata de visualizar que tener la estructura para conformar una acción educativa bilingüe es mucho más que tener la referencia de los resultados de un programa, el dispositivo de unos materiales, etc. Pues aun teniendo partes necesarias, no se tiene lo suficiente para desarrollar el proceso de construcción, pues se carece de la estrategia articuladora.

Si bien este tipo de actuaciones y elaboraciones (materiales, formaciones específicas sobre gramáticas, manuales etc.) pueden constituir *excelentes ladrillos*, puede significar un simple montón que recontamos, o un complejo dispositivo de piezas que predisponen una estructura para una acción educativa articuladora.

Como punto de partida para analizar este proceso de construcción, voy a tomar un conjunto de resultados, para, a partir de ellos, entrelazar una serie de cuestiones con los que dar sentido al análisis del balance de esta primera parte.

Tomando en cuenta los indicadores que arrojan los informes del MINEDUC (Ministerio de Educación), la comisión de verificación de las Naciones Unidas y los últimos *Informes de Desarrollo Humano*, podemos observar los siguientes hechos educativos que nos delatan la sintomatología del funcionamiento del sistema socioeducativo configurado.

1. Según el Programa de las Naciones Unidas para el Desarrollo (PNUD) (2002) la cobertura del nivel pre-primario es de un 41,3% con tendencia a ser más alta en los municipios de población indígena mayoritaria, en el nivel primario es del 85%, pero se detectan graves brechas en género y etnia de sobreedad, repitencia en primer grado, abandono en tercer grado de primaria.

Este informe nos indica que, si bien ha aumentado la cobertura educativa a nivel primario y secundario, se mantiene una brecha creciente en cuanto a la atención recibida por la población indígena; y mayor si analizamos a la población indígena femenina. Pues si bien el 19,1% de indígenas nunca se inscribieron en la escuela primaria, en el nivel secundario sólo se llega al 3%, en los municipios donde la población indígena asciende al 80%.

2. Otro indicador significativo nos lo dan las plazas de maestros del área rural donde no se sobrepasa del 2,3% de maestro por escuela (frente al 8,4% en las urbanas). Estas escuelas rurales son de carácter unitario y gran parte de las plazas de los maestros bilingües (administradas por cada Jefatura de Educación Bilingüe Departamental, JEDEBI) están siendo ocupadas por maestros monolingües castellanohablantes. Así no se garantiza el aporte de un maestro bilingüe en el conjunto del ciclo.

3. Esta realidad de inequidad se refleja igualmente en la asignación presupuestaria. En Guatemala se invierte (mejor se gasta) 1,7%

del PIB en educación, siendo el compromiso desde 1999 de llegar al 3,74% (que se corresponde con el promedio de América Latina), para ir alcanzado la meta del 5%, que marca la Ley Nacional de 1991. De este bajo índice general, lo que le corresponde a la Dirección General de Educación Bilingüe es más o menos un ridículo 0,5%.

Junto a estas condiciones que dan respuesta a una historia de desigualdad, los presupuestos no tienden a corregir estas tendencias. Este corto presupuesto no hace sino aumentar la inequidad existente y agravar la persistencia de las violaciones a los derechos fundamentales (Foro Permanente para los pueblos indígenas en la sesión del 16 al 27 de este año 2005) en lo que se refiere al derecho de recibir educación y hacerlo en su lengua materna.

Junto a estos datos, podemos situarnos, desde un ángulo más cualitativo con el sentir de los actores, ante una educación intercultural. Un estudio (Vitón 2002) nos indica que estos agentes educativos viven: a) la falta de credibilidad (el discurso desconectado de las prácticas), b) la inconsistencia de las condiciones de sostenibilidad del cambio (lo efímero de lo nuevo) y c) la ausencia de liderazgo y organización (la falta de referencia y pertenencias como colectivo).

Esta realidad reta la consecución de los grandes objetivos de la educación bilingüe intercultural; al mismo tiempo que desafía a que, con su logro, se produzca la transformación de una situación que, sin ambigüedades, debemos calificar de racista. Es racismo porque:

– impide tener acceso a la educación a la población campesina maya (que según los censos, es decir, según las cifras más conservadoras, llega a 80% en las zonas rurales y supone el 44% en el conjunto del país)
– plantea una educación que debilita sus identidades, y
– el aporte presupuestario y el discurso paternalista minoriza y acrecienta las relaciones asimétricas. Estas relaciones agravan y dificultan la construcción de una sociedad pluricultural y plurilingüe.

Esta panorámica nos plantea preocupantes interrogantes estructurales, no menores que los que nos plantea el análisis de la relación pedagógica, cuyas estructuraciones discursivas (en términos de expresiones, de gestos etc.) perpetúan la transmisión de una experiencia de subordinación (Macedo 2002).

Si bien este planteamiento nos exige llevar a cabo un análisis más exhaustivo del currículo oculto (Giroux 2001), en este caso, nos permite atisbar la difícil relación entre el proceso del tratamiento de la educación bilingüe y la resolución de las problemáticas de inclusión-exclusión educativa en la realidad maya.

Relativo a este aspecto, en el proceso de cambio educativo guatemalteco que analizamos, tenemos que pensar si las prácticas incorrectas de inclusión son las que están generando como subproducto la profundización de la exclusión. Ante ello, como nos indica Popkewitz (2002), este fenómeno sólo puede ser corregido con mejores políticas representativas de los intereses y patrones del conjunto de la sociedad y no sólo de los intereses y patrones dominantes.

Todo ello nos lleva a otras inquietantes cuestiones:

- ¿Cómo comprender las contradicciones de un proceso lleno de esfuerzos y sobre el que hoy pesa el carácter débil de su proyección alcanzada?
- ¿Cómo se ha ido estableciendo el dispositivo de prioridades que nos dan razón para poder, por un lado, contar con elementos construidos y esfuerzos realizados y, por otro, no contar con una estructura construida donde la infancia guatemalteca maya y no maya sean sujetos de una acción educativa con la que fortalezcan su identidad y pertenencia a una sociedad plurilingüe, intercultural y multilingüe?
- ¿No quedamos obligados a establecer los matices y reflexiones entre los planos técnicos, políticos y pedagógicos con los que podamos atribuir las fortalezas y debilidades, de conjunto y de partes, y trazar las claves de una acción estratégica de verdadero cambio?

Es un imperativo moral, y de honestidad pedagógica, indagar en la búsqueda de elementos que ayuden a aproximar respuestas para mejorar esta realidad. Para ello es imprescindible profundizar en la comprensión de cómo se ha gestado el desarrollo del proceso educativo bilingüe de estas décadas que tejen la historia de Guatemala.

2.1 El despertar y los primeros impulsos de trabajo de los años ochenta

Los años 80 son momentos de impulso a las primeras iniciativas que tienen como referencia para su arranque el II Congreso Lingüístico Nacional (1984). Con este encuentro como pórtico, se despegan los primeros intentos para dar tratamiento a una escolarización bilingüe, sumándose a la trayectoria comenzada en otros países del área andina a lo largo de los años setenta (Calvo Pérez 1993) en la ya cuestionada educación castellanizante.

En Guatemala, en medio de una coyuntura de presión política para ir encontrando vías de diálogo para finalizar el conflicto armado y dar inicio a unas políticas de liberalización, que se irán acentuando a lo largo de la década, la atención educativa y la mejora de la calidad escolar comienzan a tener un foco de atención por diferentes sectores nacionales e internacionales dados los escalofriantes indicadores de analfabetismo, desescolarización y escasos resultados educativos.

En este marco, se propicia el centrar esfuerzos en el desarrollo de dispositivos que paliarán una situación educativa sumamente debilitada y extremadamente vulnerable en el área indígena, desprovista de proyectos y programas pertinentes. Se define el *Plan Nacional de Desarrollo* (1979-1982) en el que queda establecido impartir educación bilingüe. Esta iniciativa contaba con el apoyo de la Agencia Internacional de Desarrollo (AID) de EEUU. Este apoyo internacional llevó a cabo unas primeras investigaciones de base, sobre las que se trazaría el trabajo educativo bilingüe en las cuatro áreas etnolingüísticas mayoritarias (K'iche', k'aqchikel, Man y K'eqchi').

Es así como los esfuerzos se concentran en el proyecto piloto de educación bilingüe que hasta 1984 definiría y crearía un marco de acción. Con él se vive la ilusión y el estímulo para dar cabida a otra manera de atención a la población maya. Se tiene conciencia de estar dando un salto respecto de los programas de castellanización que forman parte de la historia educativa de Guatemala desde 1935. Por primera vez se llevan a cabo trabajos para definir un marco conceptual y metodológico acorde con la realidad monolingüe del país y con las necesidades de aprendizaje de castellano como segunda lengua.

Se elaboran los primeros documentos sobre los que fundamentar una propuesta que, con diferentes etapas, llegará hasta la generalización de la educación bilingüe.

Como estaba previsto en 1984, con esta etapa inicial de proyecto experimental finalizada se definen los marcos del Programa Nacional de Educación Bilingüe (PRONEBI). Se vive como un hecho de especial significatividad y se considera de máxima importancia en el Segundo Congreso Lingüístico Nacional (1984).

Se cumplen los trazos diseñados, y de esta manera, en la segunda mitad de la década, el trabajo para una educación bilingüe se proyecta y concreta en 400 escuelas que pertenecen al PRONEBI. En este espacio experimental se logra generar un sistema de atención desde la capacitación a los maestros, hasta un conjunto de materiales y monitoreos que permiten fortalecer una instrucción en primera lengua (L1) y segunda lengua (L2) en las cuatro áreas etnolingüísticas mayoritarias.

Los logros que podemos señalar son de diferente naturaleza. En la memoria de los maestros, que formaron parte del proyecto queda ante todo la valoración positiva de estar monitoreados de manera sistemática. Se recuerda con cierta nostalgia el plan de trabajo de capacitaciones de fortalecimiento lingüístico y de uso del material didáctico para las clases de lengua materna y castellano como segunda lengua.

El programa sigue contando con el respaldo financiero y técnico de la Agencia de Desarrollo Internacional (AID). Con él se pudo desplegar un conjunto de esfuerzos tanto formativos como de implementación de recursos, cuya gran parte se canalizaron a través del Instituto de Lingüística de la Universidad Rafael Landívar.

De estas primeras bases conceptuales, es importante señalar la apropiación de los aportes de Cummnis y Fishman, y de los efectos cognitivos que de sus teorías se desprenden. Se trataba de organizar la vida académica escolar sobre la idea de fortalecer el desarrollo de la lengua materna, en el esquema de lo que se hacía, para posteriormente, entre segundo y tercero de primaria, proceder a los procesos de transferencia al castellano como segunda lengua.

Si bien estos aportes representaron una base conceptual necesaria, tal vez adolecieron de una más profunda contextualización a la realidad educativa e histórica del ámbito rural guatemalteco. Bajo mi punto de vista, ésta fue la fortaleza y al mismo tiempo la debilidad de este arranque.

Se configura, por tanto, una etapa en la que las escuelas atendidas, experimentan la mejora de una atención sostenida y articulada entre capacitaciones y dotaciones. Estas implementaciones se hacen sin cuestionar el modelo pedagógico subyacente. Es decir, los cambios no significan una innovación al enfoque educativo, sino la aplicación de nuevas "tácticas didácticas" que favorecen crear un ambiente proactivo respecto la educación bilingüe.

Desde este halo favorecedor se amplia el tratamiento bilingüe en programas como los programas del Comité Nacional de Alfabetización (CONALFA) (1987) y el Programa Nacional de Autogestión para el Desarrollo Educativo (PRONADE). Se cuenta con los trabajos de la Academia de Lenguas Mayas, la elaboración de los alfabetos, las ediciones de las gramáticas, las distintas series y colecciones del Instituto de Lingüística de la Universidad Rafael Landívar, las publicaciones del MINEDUC, etc.

En cada uno de los esfuerzos que vamos a referir, encontramos, como común denominador, un trabajo centrado en generar y experimentar un instrumental de carácter técnico que facilitará la enseñanza de L1 y L2.

Esto significa hacer girar el trabajo en torno a:

– La enseñanza y el docente.
– Los materiales y el método que hay que implementar.

Sobre esta óptica, hay dispositivos que diseñan y producen; y hay facilitadores o maestros ejecutores.

La antigua escuela monolingüe (sin material, sin horas de lengua materna, etc.) se completa (con material, con modificación de horarios y una planificación de formaciones de índole lingüística para los docentes) y pasa a formar parte de una red de escuelas bilingües, que se configuran como pilotaje para su posterior generalización. Sobre el mismo patrón de escuela se incluyó un material más, un texto más, un tiempo más, pero no se modificó el patrón escolar. Los resultados son analizados desde una visión eficientista, de corto plazo, y limitados a los dispositivos en marcha y a los resultados "académicos" de los dominios lingüísticos, que también quedaban limitados (Vitón 1995).

En este sentido, aunque los esfuerzos son muy importantes en el plano de crear un dispositivo instrumental-técnico, no se aprovecha la oportunidad de regenerar el estilo de aprendizaje, marcado en la tradición guatemalteca por su carácter contrainsurgente. Los cambios no posibilitan ver la transformación del modelo escolar deseable en las comunidades indígenas para convertir la educación en un mecanismo de transformación de las condiciones de vida.

Son esfuerzos que se hacen sobre una estructura escolar que representa un mecanismo muy importante para el sostenimiento y la reproducción de las desigualdades socioeconómicas y étnico-culturales. La inquietud de los líderes indígenas y de los colectivos colaboradores para implementar un incipiente proyecto bilingüe en un momento de contradictoria apertura política – 1986 llega el primer presidente civil, pero siguen siendo momentos de gran poder militar (Comisión de la Verdad 1996) – conlleva la concreción de pasos muy cortos y limitados, aunque sin duda necesarios para ir estableciendo las incursiones en el aula y con ellas establecer el arranque de un proceso hacia el cambio.

2.2 El fortalecimiento institucional de los noventa

La década de los años ochenta deja como herencia el inicio de una serie de trabajos de carácter lingüístico, que, respecto a las dimensiones del cambio educativo exigido, no dejan de ser una operación limitada con una visión restringida, dada la envergadura del fenómeno socioeducativo en cuestión.

Considerando este aspecto, y teniendo en cuenta las nuevas condiciones políticas que van a acontecer en los años noventa, tanto en el ámbito nacional, como en el marco de los pueblos indígenas latinoamericanos, la educación bilingüe en Guatemala va a vivir unos momentos de eclosión sin precedentes.

Se va desarrollando un discurso oficial respecto del interés por la educación bilingüe intercultural. Con él se legitiman las "buenas intenciones" respecto de lo que debería suponer su crecimiento.

Es un discurso en el cual se consagra gran parte de los esfuerzos para constituir un andamiaje institucional para garantizar la estructura necesaria para hacer funcionar un modelo bilingüe. Desde este punto de vista es decisivo para el pueblo maya la transformación del Programa Nacional de Educación Bilingüe al rango de Dirección General de Educación Bilingüe (1995). Con el final de la década quedará considerado como Viceministerio (2000).

Este logro significa un mayor poder desde el cual se intensificó la negociación de espacios de incidencia en una etapa de grandes posibilidades de cambio en las políticas educativas y globales en el país. El objetivo para demostrar fuerza era considerar tener *más* de todo (alumnos, escuelas, áreas etnolingüísticas incorporadas al plan bilingüe); podemos hablar de la *guerra de cifras*. Como horizonte se trabajaba hacia la generalización de la educación bilingüe, y ésta centraba los esfuerzos en la ampliación de cobertura.

Este foco de trabajo se sobrevalorizó en vez de establecer una ruta crítica de trabajo cualitativo, es decir, en vez de ir dando contenido a un modelo educativo que renovara la escuela vigente en su conjunto para hacer desde ella una pieza de incidencia para una transformación socioeducativa que revertirá las asimetrías y situaciones de exclusión de la población maya.

Podemos decir que se opta por la cobertura en detrimento del acompañamiento a los procesos para redundar en la calidad de los aprendizajes. Estos acompañamientos quedan reducidos, sin perspectiva de articulación, a las incursiones e iniciativas de los numerosos proyectos de cooperación internacional.

En este sentido, durante estos años, se va desdibujando un mapa de acciones: unas incidiendo en la elaboración de materiales; otras, en formación docente, etc. En esta dinámica encontramos, como logros y resultados, el conjunto de materiales generado por el Centro de Documentación e Investigación Maya (CEDIM) (1993) y el Instituto Lingüístico de la Universidad Rafael Landívar, los esfuerzos por la formación docente de parte de la GTZ *(Gesellschaft für Technische Zusammenarbeit)* o la red de escuelas primarias de parte de Escuelas sin Fronteras.

Es, sin duda, en 1996, la firma de los Acuerdos de Paz (que asumen la ratificación del artículo 169 de la convención de la Organización Internacional del Trabajo) lo que intensifica en la segunda mitad de la década la imposición de acciones. La cooperación internacional apoyó al cambio democrático con el que se aspiraban a garantizar los derechos del pueblo indígena.

La magnitud de los proyectos se intensifica, y en muchos casos podemos ver una línea estratégica de trabajo para fortalecer las bases para una discusión en términos de aportes sustanciales para la reforma educativa en marcha. Es especialmente significativo el proyecto para el fortalecimiento al Consejo Nacional de Educación Maya (CENEM). Entre 1997 y 1998 arrancan además importantes programas como Educación Maya (EDUMAYA), Proyecto de Apoyo al Sector Educativo (PROASE), Programa de Educación Maya Bilingüe Intercultural (PEMBI-GTZ), así como el trabajo de Proyecto Movilizador de Apoyo a la Educación Maya (PRONEM-UNESCO). Cada uno de ellos contribuye con un trabajo de atención formativa, de desarrollo curricular y de producción de dispositivos didácticos importantes. Se llegan a conformar redes de trabajo de 60 a 80 escuelas, se atiende entre 6.500 y 14.640 niñas y niños.

Igualmente, desde 1997 se contó con el refuerzo económico para ciertos aspectos de la educación bilingüe de parte del Banco Mundial (BM) y el Banco Interamericano de Desarrollo (BID), dentro de la estrategia de Desarrollo con Identidad. Este tipo de aportes se plantea con el fin de atenuar las brechas abiertas en la situación de pobreza de la población indígena. Dentro de este tratamiento específico de pobreza y desarrollo, el BM ve la necesidad de vincular los proyectos de desarrollo a los aspectos socioculturales y favorecer, en la ejecución, el protagonismo del pueblo indígena. En muchos casos, los líderes indígenas acusaban las contradicciones de estos proyectos, pues si bien por un lado se les daba una oportunidad, ésta quedaba muy limitada al no insertarse dentro de unas políticas globales, y a la larga quedaban debilitadas sus estructuras identitarias.

Tuvieron lugar además durante esta década una serie de encuentros, congresos y foros en los que Guatemala participó de forma activa. En 1990 se convoca el I Foro Maya (1990). En 1994 tiene lugar el I Congreso de Educación Maya que en 1998 tiene su segunda convocatoria. En 1995, 1996 y 1998 Guatemala participa activamente en el congreso continental. Se abordan los retos para ampliar la cobertura y llegar a cubrir la secundaria, la formación docente, y el ámbito fuera de la escuela. La Organización de Estados Iberoamericanos (OEI), secundando los compromisos de las cumbres iberoamericanas da tratamiento a las políticas gubernamentales, tanto en el compromiso con la educación primaria como con actividades de sensibilización y capacitación.

Este recuento cronológico rápido nos hace tomar conciencia del flujo constante tanto de recurso financiero como humano con el que contó en una franja de tiempo corta la propuesta de educación bilingüe (que ahora ya lleva también el nombre de "intercultural").

Frente a esta posibilidad se acusa la debilidad de un desarrollo curricular. El espacio escolar bilingüe no garantiza los aprendizajes en aula trazados en el diseño. No se cuenta con los mínimos acompañamientos pedagógicos para dar seguimiento y apoyo a la adquisición de dominios básicos.

Desde este doble punto de vista, podemos pensar en diferentes razones y relaciones, que están en la base de las principales carencias de este periodo:

1. La falta de consistencia y coherencia en el proceso que se quiera empujar desde los distintos proyectos e iniciativas.
2. La inexistencia de un modelo de referencia desde el cual operar la multiplicación de agentes que han ido superponiendo un mosaico de acciones.
3. La falta de un liderazgo técnico en la DIGEBI (Dirección General de Educación Bilingüe) para llevar a cabo la discusión respecto de la orientación de las acciones. Este hecho conllevó una cierta descoordinación. A falta de ésta se restó impacto a los esfuerzos que desde diferentes proyectos internacionales se iban sumando.

No se trata sólo de ver sumas o sumatorias sino ver si en ellos hubo antes, durante y después una lectura de vertebraciones, articulaciones que fueran tejiendo la posibilidad a medio plazo de contar con una estructura de contenidos con la que el Viceministerio pudiera desarrollar un plan de trabajo con criterios, estrategia y plan de acción definido.

Junto a esta débil articulación y sin un plan de investigación para profundizar en diferentes ángulos curriculares, la apretada agenda de actividades va restando fuerza a la reflexión crítica de la actuación, y se frena el verdadero desarrollo, aunque es cada vez más evidente su presencia en el discurso oficial.

En este sentido, si tenemos en cuenta la inconstancia de la puesta en marcha de los Acuerdos de Paz, y la fuerza de la propuesta neoliberal a lo largo de la década, todo el aporte de la propuesta bilingüe intercultural tampoco logra concretar, más allá de ciertas versiones retóricas en el discurso, la voluntad real para ser eje centrar del verdadero proceso para la Reforma Educativa en la última parte de estos años 90.

Pese a ser también un momento de importante dinamismo para las organizaciones mayas (Consejo Nacional de Educación Maya, Asociación de Centros Educativos Mayas de Nivel Medio) y darse el intento de coordinación y respaldo de la Interagencia de Educación, los resultados fueron insuficientes.

Aunque formalmente sí se respetaron los cauces de participación que legitimaron los trabajos de las comisiones paritarias y de la Comisión Consultiva, desde 1998 a 2000, no se puede decir que al mismo nivel se dieran los trabajos para generar las condiciones que se necesitaban para ir operando el cambio educativo. Hoy se cuenta, de acuerdo con estos procesos, con documentos marco de gran valor para poder respaldar las transformaciones pendientes (Conclusiones de Diálogo y consenso nacional para la *Reforma Educativa*, Ministerio de Educación 2001)

2.3 El desconcierto de los actores en la entrada al nuevo milenio

La entrada en el nuevo siglo viene marcada por el repliegue. En el país el *No* a las reformas constitucionales (Referéndum 1999) hace sentir cierto fracaso del trabajo y de las estrategias políticas desarrolladas.

A nivel global la Conferencia de Dakar supone ciertos encogimientos a lo proyectado en la I Conferencia Mundial de Educación en Jotiem en 1990 (Torres 2000).

Por otro lado, la fuerza de las políticas neoliberales va dejando una brecha mayor para las poblaciones indígenas, tanto en el acceso al control del proceso como en los resultados educativos en relación a sus necesidades e intereses. Esta situación de exclusión y discriminación se ha estado denunciando tanto en el Observatorio de Conflictos Étnicos de las Naciones Unidas como en la Secretaría de Pueblos Indígenas (2003).

Siguiendo la tendencia apuntada en los años noventa, la Dirección General de Educación Bilingüe consigue configurarse como Viceministerio al comienzo del nuevo milenio (2002). Se confirma la línea de ir ganando espacio político institucional.

Mientras esto nos delata una fortaleza en el andamiaje ministerial, en los equipos técnicos, que si bien el aumento de cobertura es una parte de los retos, se da un punto de inflexión. Si bien siguen pesando las cantidades (niños, programas, ediciones, etc.) se interroga también el vacío del quehacer educativo en el aula bilingüe.

En medio de una serie de marcos normativos que legitiman las propuestas bilingües interculturales en términos formales, y al amparo de los engranajes institucionales existentes (JEDEBIs, capacitaciones, la ley de oficialización, etc.), también se considera que esto es necesario pero no suficiente para garantizar el funcionamiento en el aula. En medio de un espacio formal conquistado, hay que buscar la forma de desarrollar un trabajo curricular real.

Se hace imprescindible el acompañamiento a los procesos educativos a cada una de las partes (docentes, aulas …), y al conjunto (equipos de las JEDEBIs, redes de escuelas, equipos de formación de las escuelas normales etc.), pues se tiene conciencia de que en las escuelas tipificadas como bilingües, se está muy lejos de desarrollar realmente una propuesta educativa bilingüe e intercultural.

Nos encontramos ante el círculo vicioso del *subdesarrollo* educativo. El Ministerio de Educación, la DIGEBI, incapaz de generar capacidad instalada suficientemente articulada para salir por sus propios medios de la *parálisis pedagógica bilingüe*, propicia una terapia incontestable: se complementa con la transferencia procedente del exterior. Pero esto no sirve como motor de desarrollo. Es la trampa de quien cree que con un impulso coyuntural se puede resolver el cúmulo de problemáticas conceptuales, organizativas y operativas anudadas, cuya dificultad principal es asentar las instituciones representativas, propiciadoras de una adecuada *gobernanza* interna.

Para esta consolidación, la base ha de ponerse desde abajo y desde dentro, lugar donde acontece la acción educativa. Este lugar, el aula, representa la concreción de la relación pedagógica de aula, la formación pedagógica del docente y la formulación pedagógica del desarrollo curricular. Consolidar y legitimar el trabajo de aula es fundamental para la institucionalización de la acción colectiva.

La reforma educativa de Guatemala no resuelve este problema y aguarda la trampa de la gobernanza formal.

En medio de la trampa de la pobreza, sostenedora de insumos foráneos, y de la trampa de la gobernanza formal, no sustentadora de transformaciones, se produce la trampa del progreso.

Los verdaderos cambios, sin trampas, conllevan un desarrollo endógeno de la educación intercultural bilingüe que tiene que proponerse los objetivos siguientes:

– Corregir las desigualdades sociales y el fortalecimiento institucional donde se produce el desarrollo cultural.
– Reducir el riesgo de debilitar el conjunto del sistema (desarrollo curricular, profesionalidad del docente bilingüe, fortalecimiento del proyecto cunicular del centro, etc.) por dar tratamiento a aspectos o elementos específicos (p.ej. a la creación de textos), pues en este caso, sin el trabajo estructural, pierden el impacto del cambio buscado.
– Favorecer el desarrollo de trabajos comunitarios, cuyo capital cultural es más profundo y eficiente como tratamiento didáctico en la escuela.

Situándonos entre la educación que tenemos y la que se necesita, no hay otra manera de tomar perspectiva y apostar por el futuro que apropiándonos de este presente y de la construcción histórica que lo ha hecho posible (Gimeno Sacristán 2001). Es en la apropiación del presente y de la historia como podemos seguir un proceso, que implique los movimientos necesarios para lograr los cambios. Para ello debemos rescatar los ejes válidos desde los cuales trazar la trayectoria de las construcciones y reconstrucciones posibles.

Estos ejes son:

1. Aspectos conceptuales técnicos a partir de una toma de conciencia de que Guatemala es una realidad multilingüe. En este sentido los sucesivos documentos que se han ido arrojando desde diferentes propuestas y programas se aproximan mejor a la comprensión teórica del fenómeno bilingüe y su tratamiento educativo.
2. Aspectos normativos regulativos para desarrollar el artículo 143 ratificado en la consulta de mayo de 1999 de la *Ley Constitucional*, la *Ley de Idiomas Oficiales* de 2003. En ambos casos tenemos la reconfirmación del español como único idioma oficial y los otros idiomas reconocidos como oficiales en su propio territorio. En la práctica, sin embargo, no se han dotado del respaldo oficial necesario. En este aspecto es muy importante el esfuerzo estatal de la creación de la DIGEBI en 1995 (*Acuerdo Gubernativo* 726-

795), y su consideración como Ministerio Bilingüe Intercultural (acuerdo Gubernativo 526/2003, 12 Septiembre). Son importantes, también en este plano, los resultados de los procesos de las Comisiones Consultivas para la Reforma Educativa durante 1998-2003 en relación a los trabajos llevados en educación bilingüe.

3. Aspectos técnicos operativos para canalizar esfuerzos que conlleven implementar modalidades y proyectos bilingües en los espacios educativos, desde muchas cooperaciones, iniciativas comunitarias, centros de documentación e investigación. Se siente un revival cultural importante que se traduce en "muchas cosas". Hay un gran despliegue de actores y recursos (en muchos casos no obligan al compromiso, por partes iguales, al MINEDUC).

Si bien todo esto es verdad, nos podemos preguntar: ¿qué aspectos o niveles frenan u obstaculizan actualmente el desarrollo de los procesos educativos bilingües interculturales?

Esta cuestión nos remite a diferenciar e interrelacionar tanto las dimensiones globales de carácter socioeconómicos, como aspectos concretos educativos que evidencian la contradicción entre los marcos normativos y los enfoques teóricos y modelos de actuación.

Respecto de los primeros, podemos afirmar una profundización de las brechas que provoca el creciente deterioro de las condiciones de vida de las comunidades mayahablantes, junto con un debilitamiento de las estructuras de participación para el desarrollo de una ciudadanía activa.

Respecto de los segundos, podemos constatar un importante nivel de desgaste entre los actores educativos, dados los desfases entre un nivel *discursivo normativo* y el nivel *estratégico operativo*. Dicho desfase ha producido una desmotivación creciente tanto en los equipos docentes como en los equipos de apoyo de las Direcciones Departamentales de Educación, que tan solo se sienten mantenedoras de una simple *inercia* de una línea de trabajo de los comienzos.

Estos desafíos, apuntados desde el final de los años 90, se vuelven imperativos retos para el trabajo educativo en el comienzo del siglo XXI. Son estos retos educativos sobre los que adquiere todo su sentido el planteamiento y la reflexión del fortalecimiento pedagógico que propongo en la segunda parte.

Este planteamiento, aunque tiene en cuenta los logros técnicos-instrumentales y políticos, recogidos en este balance, considera un cambio de perspectiva, con una nueva orientación de enfoques y modelos generadores de cambios de sentido y dirección de la práctica educativa. Sobre esta práctica se irá construyendo una nueva escuela bilingüe intercultural desde la que generar una praxis de transformación social.

3. Perspectivas. El fortalecimiento pedagógico

Podemos decir que han sido muchos los quehaceres que han ido encontrando respuestas, unas de carácter instrumental, otras de carácter administrativo y político, pero es todavía la demanda de "queremos hacer educación bilingüe, queremos una escuela intercultural, queremos niños bilingües" la que nos hace pensar en un gran desafío pendiente, el desafío de estructurar una intervención de carácter pedagógico que articule el trabajo del aula de las actuales escuelas bilingües e interculturales, desarrollando una praxis curricular enraizada en la cultura maya y proyectada hacia la transformación de la sociedad guatemalteca.

De esta manera, si los desafíos de las décadas pasadas se cifraron en los retos de la implementación de instrumentales para la enseñanza bilingüe y el desarrollo de diseños de una política que institucionalizará la educación bilingüe, esta nueva etapa exige centrarnos en los desafíos del aprendizaje.

Esto significa asumir los retos de

- aprender a hacer de los docentes actuales maestros investigadores,
- aprender a ser sujetos activos en el desarrollo curricular,
- aprender a construir y sistematizar procesos educativos innovadores, y
- aprender a estar transformando proyectos curriculares en proyectos educativos comunitarios y proyectos educativos comunitarios en proyectos curriculares.

Mirando en perspectiva el balance desarrollado en la primera parte son bastantes las conclusiones que se orientan en esta dirección, pues es la dirección la que nos permite recuperar el sentido profundo del quehacer de la escuela bilingüe intercultural para reconstruir el proyecto de la educación bilingüe intercultural en función de contribuir a la construcción de una sociedad pluricultural y multilingüe.

Esta reconstrucción y construcción exige una nueva forma de analizar y desarrollar la práctica educativa. Exige tomar en cuenta:

1. Las problemáticas sentidas y padecidas por los sujetos de la comunidad educativa.
2. Una estrategia de acción pedagógica para el cambio educativo dentro del sistema y el marco normativo vigente.
3. Un conjunto de mediaciones democratizadoras para la participación del conjunto de actores educativos.

Para concretar los cambios en esta perspectiva, precisamos de claves y elementos con los que logremos operativizar en hechos educativos y nuevas relaciones pedagógicas las interacciones en el aula, en la comunidad y en los dispositivos administrativos del sistema educativo.

Son estas claves y elementos los que trataré de orientar y establecer su dirección, en los tres apartados de esta segunda parte.

1. El cambio de orientación. El paradigma sociocrítico.
2. La recuperación del sentido constructivista de la acción educativa. El enfoque de acción para la transformación.
3. La revitalización de la dirección democratizadora. El modelo participativo.

La profundización en cada uno de ellos y su mirada sistémica, nos permitirán atisbar los pilares sobre los que podemos trazar la praxis desencadenante de:

a) Reflexión crítica de las actuaciones existentes en las dinámicas educativas y en los espacios escolares.
b) Acciones para concretar la praxis del desarrollo curricular.
c) Construcciones colectivas desde y para la participación (extralimitar los formatos participativos formales para dinamizar los cambios reales).

Es sobre estos pilares, sobre los que podemos hacer el fortalecimiento pedagógico planteado. Se trata, en definitiva, de diseñar y operar sobre un *andamiaje* desde el cual se puedan reconstruir los *espacios habitados* y la construcción de *nuevos ladrillos*.

Es con estas dos acciones, con las que lograremos la remodelación que precisa la actual situación educativa bilingüe intercultural.

Por tanto, es una propuesta articuladora, pensada para cerrar la brecha abierta entre los esfuerzos logrados a nivel micro, con todo el dispositivo técnico-instrumental de carácter lingüístico desarrollado y los esfuerzos de nivel macro, desde los que se cuenta con una dimensión institucional-administrativa en vigor muy importante.

Se trata, por tanto, de situarnos en la definición de un nivel *meso* que, en el diálogo de lo conseguido, se relance en un revival pedagógico-cultural que revitalice la razón de ser y hacer educación bilingüe intercultural.

Este planteamiento, hecho con la reflexión de las experiencias vividas, considero que puede atisbar respuestas que se demandan desde la vieja escuela bilingüe y concretar una ruta crítica para desarrollar una renovación cimentada en el acompañamiento pedagógico de los aprendizajes socioculturales, instrumentales y de sentido de la comunidad maya en el diálogo intercultural.

Este diálogo llena de sentido la acción educativa como una acción de cambio y transformación, acción para concretar mediaciones que posibiliten romper las crecientes tendencias asimétricas y las estructuras excluyentes en alza.

3.1 El cambio de orientación. El paradigma sociocrítico

El quehacer de una educación bilingüe intercultural hoy nos exige interrogarnos, antes de proponernos rutas de actuación, sobre tres cuestiones clave que nos recuerda Baker (1993): ¿quiénes aprenden, cuánto aprenden y bajo qué condiciones aprenden?

Este sistema de interrogantes nos permite dimensionar la interrelación del conflicto lingüístico-cultural, escolar-pedagógico y educativo-social que se desveló en el balance de la primera parte de esta reflexión.

Si nos atrevemos a plantearnos estas preguntas contextualizadas en la realidad de Guatemala, tienen que formularse de la siguiente manera:

- ¿Quién queda excluido del proceso de aprendizaje?
- ¿Cuánto queda silenciado para hacer un aprendizaje significativo?
- ¿Bajo qué condiciones de discriminación se aprende?

Esta realidad de sujetos de aprendizajes excluidos, de aprendizajes socioculturales silenciados y de condiciones de aprendizaje discriminatorias, en las que viven las comunidades mayas, nos implica respuestas que sólo podemos encontrar en un cambio de paradigma. La apropiación de tal paradigma nos debe permitir generar la construcción de un conocimiento crítico de las desigualdades y un accionar propositivo con el tratamiento de las diferencias.

Se trata de ver los procesos de cambio sociales necesarios desde una perspectiva crítica. Es, en este sentido, en el que el paradigma sociocrítico nos puede orientar mejor hacia una reflexión para una práctica, que privilegiando lo relacional entre culturas,[1] nos permite pensar y accionar en los espacios educativos como agentes propiciadores de transformaciones sociales. De esta manera la praxis educativa, más allá del escenario escolar, posibilita afianzar las identidades en un diálogo de igualdad, propiciando la construcción de procesos incluyentes,[2] y mutuamente enriquecidos (McLaren/Giroux 2002).

En estas tres claves (procesos incluyentes, diálogos en igualdad y apropiación de riquezas culturales diversas), está condensada la nueva relación educativa que tenemos que orientar.

Dados los puntos de partida en la situación guatemalteca, en esta orientación, se puede quedar corta la voluntad de mirar inclusiones, de analizar en diálogo y de actuar propiciando intercambios. Ello es debido a que la transformación de las prácticas actuales nos exige que:

---

1   Siendo las culturas el conjunto de modos de vida, de producción y articulación social, y que llena de contenido los mundos de sentido de colectivos.

2   En este sentido es importante tomar en cuenta las inquietudes traídas, desde los márgenes, para que estas respuestas tuvieran su proyección en la vida de las grandes mayorías excluidas. En este marco más que respuestas se nos devuelven, sobre todo, preguntas en sentido educativo; preguntas de cómo generar, en medio de las fuerzas excluyentes, acciones significativas de inclusión, concretizando fórmulas para hacer real la construcción de esta ciudadanía desde una pertenencia de las diferencias vividas en el derecho a serlo, como ya lo han expresado Giroux (1998), Camilleri (1993), Bernstein (1990), entre otros.

- la atención a quienes están excluidos, los niños monolingües y bilingües incipientes del área rural, sea mirada de manera privilegiada, en la responsabilidad de generar inclusión.
- la autocrítica de un diálogo discriminatorio que no plantea en igualdad las diferencias de sentido de los patrones occidentales se analice desde un metadiálogo propiciador de una autocrítica desde la cual crecer en interculturalidad.
- la apropiación de los bienes culturales silenciados se realice de acuerdo a una metaposición que de la palabra y su sentido a las culturas no occidentales.

La interrelación de estos tres conceptos nos introduce de lleno en la complejidad de una acción educativa bilingüe intercultural. Acción que parte, en Guatemala, de un limitado diálogo, un superficial tratamiento de las diferencias identitarias y una realidad socioeducativa excluyente.

Esta realidad contradictoria y desafiante nos exige orientarnos. Al tratar de orientarnos, no sólo para movernos sino para ser con el movimiento provocadores de acción transformadora, acción de sujetos constructores mundo (Gimeno Sacristán 2001) y no objetos instrumentalizados, nos vemos abocados a afrontar la envergadura de la cuestión primera y primigenia que plantea Maturana (1997): ¿qué tipo de educación planteamos para el tipo de sociedad que queremos? Y ¿qué implica desde lo que tenemos?, ¿hacia dónde tenemos que canalizar las energías?

Una vez problematizado este contexto, lo escolar se nos devuelve como un espacio privilegiado, en el que, actuando con una u otra orientación, se puede repercutir en el fortalecimiento identitario al hacer eje de lo educativo, la construcción de espacio interculturales para la transformación de una sociedad axiológicamente plural.

Este ejercicio crítico y prospectivo, que vincula lo que acontece en el aula bilingüe con el modelo escolar productor de cambios sociales, es el que posibilita generar un aprendizaje constructor de sujetos que hacen su historia, desde su vida sociocultural, y la dialogan con otros en la afirmación y el diálogo positivo.

Este cambio de orientación es clave para que en un marco de complejidad creciente de las relaciones interculturales a diferentes escalas, y teniendo en cuenta las tipologías de la identidad étnica (Isajiw 1990), iluminadoras de la combinación de componentes que hoy se concretan en Guatemala, se llene de sentido la apuesta de la educación bilingüe intercultural en la cual la meta es el desarrollo de una competencia étnico-cultural que integra las capacidades socio-afectivas, cognitivas y comportamentales y el desarrollo de las distintas habilidades lingüísticas posibilitando una base de autoestima y de confianza que permite la integración innovadora, imaginativa y dialogante.

El aprendizaje significa, entonces:

– Desarrollar la capacidad de conflicto, diálogo y negociación con lo distinto.
– Desarrollar los conocimientos acumulados en las tradiciones y la sabiduría de vida, bien del acervo escolar.
– Dar sentido educativo a la búsqueda de lo distinto, como búsqueda de la verdad, mediante el ejercicio crítico y autocrítico.

En esta dimensión desde abajo se permiten visualizar desde otra óptica las reformas educativas,[3] agotadas por la colonización burocrática de la actividad cotidiana y ganar de alguna manera la credibilidad perdida de la transformación anunciada. Esta visión de nuestras prácticas nos regenera la confianza en creer en que la reestructuración que tejemos con nuestras acciones guarda el germen de lo nuevo; al tiempo que planta los cimientos de la construcción comunitaria que transciende el marco escolar,[4] y se hace la aspiración sentida de una educación para todos (Torres 2000), incluyente y democratizadora del espacio comunitario.

Es en este espacio educativo donde la dinámica de conocimiento y reconocimiento, de reflexión y revalorización de otros mundos de sentido, logra su objetivo más estratégico, el de afianzar la identidad, al tiempo que se debilitan las fronteras nosotros/ellos, lo suyo y lo nuestro, lo mejor y lo peor.

---

3   La solución mítica es la reforma. Esta alternativa aparece como la eterna promesa, nunca realizada, de un futuro sin los actuales problemas educativos-culturales. Antes de que termine de aplicarse ya queda en evidencia la impotencia para cumplir sus objetivos, pero para entonces ya comienza a gestarse una nueva reforma.

4   Cuando este atractivo del saber no se relaciona con la escuela y lo escolar cumple con la cuota de aburrimiento, pobreza con la que pareciera nos tenemos que iniciar para saber lo que no tenemos que repetir. Cuando la escuela no tiene la connotación de espacio de descubrimiento, me lo dan otros entornos.

Y es, en la medida que esto sucede, en la que se acorta la crisis de la educación institucionalizada, pues se encuentra la forma de reconstruir en bien escolar el bien educativo-cultural.

Desde esta orientación que nos define el *para dónde* queremos ir, precisa de concretar un *qué* y un *cómo* sobre los cuales hacer el giro de sentido necesario teniendo en cuenta el *desde dónde* partimos. Es por esto que, en el punto siguiente, se consideran estos interrogantes como segundo paso para profundizar la propuesta.

3.2 La recuperación del sentido constructivista de la acción educativa. El enfoque de acción para la transformación

En la orientación del punto anterior le atribuimos a la educación un lugar indiscutible en los procesos de organización y transformación de la realidad. Con esta perspectiva, la acción educativa bilingüe intercultural ha de ser para la comunidad maya el movimiento que construye y reconstruye la estructura y las relaciones de sentido identitario, de mundos de pertenencia.

Dicha orientación nos exige recuperar el sentido último de la educación bilingüe intercultural y el sentido primordial de la escuela bilingüe:

1. La transformación de estructuras y relaciones que mantienen los mecanismos de exclusión, marginación y discriminación.
2. La superación de la dimensión escolar tecnócrata e instrumental, en la que el maestro es ejecutor de un plan al que se enajena.

Desde este sentido, la comunidad educativa deja de ser un lugar de aplicación de cosas de otros para ser el espacio de creación en continua transformación.

En esta lógica los procesos curriculares son procesos de construcción desde los agentes educativos de la comunidad. Y en esta lógica los agentes educativos son agentes sociales de cambio. En esta medida pasan de ser objetos y objetivos de la educación (bilingüe) a ser sujetos y actores que protagonizan la educación bilingüe intercultural que responde a sus necesidades de manera integradora e integral.

En este sentido la educación bilingüe intercultural visualiza su actuación desde el análisis económico, social y cultural. Y para este sentido la escuela bilingüe deja de *empalabrarse* y comienza una práctica que recupera la relevancia de ser centro donde se apropia y se genera cultura y diálogo cultural.

Para esta coherencia de la práctica, es fundamental recuperar la lógica de revalorizar los aprendizajes vitales.

El cambio de sentido, que se exige a la actual escuela respecto de su misión educativa, conlleva apropiarnos y gustar de la visión y mundos de sentidos del que los pueblos mayas son portadores. En un momento en el que hace crisis una visión instrumentalista, mercantilista y materialista de los patrones predominantes occidentales, hay que revitalizar una escuela occidental fosilizada en los esquemas lineales, reduccionistas y fragmentarios, cuestionados desde tantos ángulos y sobre todo, en contradicción con la redefinición del pensamiento del paradigma de la complejidad.

No se trata tanto de sofisticar las modalidades desde el punto de vista técnico sino de girar el enfoque, de construir desde abajo y desde dentro, desde las condiciones rurales, de los actores y su vivencia y con el espíritu abierto y crítico de lo propio, en diálogo con lo diferente.

Se trata de visualizar, más allá del carácter ejecutivo, funcional o instrumental, el carácter epistemológico que tiene en cuenta el aprendizaje (no basado en códigos sino en el sentido) con la lengua como una forma de pensar y de usarla de manera crítica y creativa (desarrollando sus mundos de sentido).

En la lógica de otra orientación, y para las coordenadas de un cambio de sentido, creo importante concebir un currículo que esté retroalimentado por acepciones de esquema y conceptualización de mundo y de vida, como:

– La vida como ciclo.
– El espacio como área de vida (no como línea fronteriza que dificulta la vida) y su división en áreas interdependientes: tierra/cielo, tierra/agua, etc.
– El movimiento en espiral.
– La dimensión dual para la comprensión de significados de relaciones y articulaciones.
– El tiempo en varios conteos (cuenta larga y cuenta corta).
– La armonía como resultado de la noción de equilibrio.

- Los contrarios como sintonía de realce del todo con las partes, y las partes con el todo.
- Los cargadores del tiempo como agentes y mediaciones organizativas favorecedoras de la participación; y la vivencia de comunidad como espacio de servicio y no de poder.
- Lo circular y el movimiento en la trayectoria de la energía que procura la vida y su dinámica.

Existen muchas más categorías, análisis y relaciones a partir de las cuales la escuela bilingüe tiene no pocas interrelaciones que tejer, para construir los entrecruzamientos curriculares que vertebren nuevos aprendizajes conectados a sus múltiples lenguajes (con prioridad para poder desarrollar sus lenguas mayas), y a una cultura propia profundizada y preparada para ponerse en diálogo con otras.

Ello implica:

1. Revalorizar la lectura de sí mismos, como lectura del reconocimiento, del intercambio para que las identidades se autodescubran, se relacionen, pero enfatizando que sigan siendo distintas (Chambers 1990). No se afianza tanto lo distinto como la relación entre lo distinto. Esta relación no se establece para llegar a ser igual al otro sino para comunicarse con el otro.

2. Experimentar y experienciar la expresión de cada uno en comunicación. Esto es, ser atendida, escuchada, valorada, criticada, para lograr que el individuo se sienta alguien con un mensaje que dar, y con un mensaje que recibir. Se generan así las condiciones de un espacio para hacerse ser en comunicación, sin amenazas.

3. Concretar cómo revalorizar los currícula de vida y de ciudadanía comunitaria para relacionar los bienes educativos con los que se da sentido a la vida cotidiana; encontrándola en el diálogo con el conocimiento científico, la profundización, dinamización, estimulación para nuevos saberes.

4. Relacionar los mundos de sentido, los mundos organizacionales y los mundos instrumentales. Conocer comprensivamente los mundos que han hecho mi historia, la historia de resistencias, de despliegues, de potenciales.

Son estos puntos que hemos ido reflexionando los que permiten delinear un movimiento constructivo del conjunto de relaciones que hacen de la idea fuerza de la interculturalidad la traducción a la fuerza de una práctica que se llena del dinamismo y constituye los espacios educativos como espacios, donde:

- los modos de vida, de organización, de articulación sociocultural son los motivos de contenido educativo como apropiaciones de conocimiento relevante,
- los fenómenos globales y los hechos locales son el contexto desde donde generamos el tratamiento contrastivo, como ejercicio analítico y lugar de síntesis de la reflexión intercultural,
- la transformación de las relaciones asimétricas y excluyentes son la razón de penetrar a lo educativo por la savia de la interculturalidad.

Esta construcción desde dentro y desde abajo implica llenar de sentido en la trama curricular. Es respondernos a las cuestiones del cómo y con qué y centrándonos en:

- la creación de condiciones adecuadas al contexto,
- la producción de conocimiento, y
- la formación de un docente para ser sujeto activo en la transformación social, pues se hace cada vez más fuerte una lógica pragmática, en la que impera el ajuste del aparato educativo a las demandas de un mercado laboral (Directrices del BID y del BM).

Si en este punto el *qué* y *cómo* nos da pista de concreción, en el siguiente punto el *con quién* y el *desde dónde* nos permitirán responder a marcos operativos para la ejecución de otro modo de hacer con otro sentido y orientación.

3.3 La revitalización comunitaria en la dirección de hacer escuela.
   El modelo participativo

En coherencia con el paradigma sociocrítico, cuya perspectiva transformadora orienta la acción educativa, y en consonancia con la esencia constructivista del aprendizaje cuyo enfoque sociocultural le llena de sentido, en este tercer y último apartado, doy tratamiento al modelo participativo. En este modelo se concreta desde dónde y con qué operar la intervención pedagógica para lograr:

- **Centrar el sujeto de aprendizaje**: los alumnos, profesores, padres y comunitarios son los sujetos productores y pensadores de su realidad sociocultural. Se fortalece no sólo cada sujeto, sino la comunidad como sujeto colectivo.
- **Priorizar el proceso** compartido de experiencias de aprendizaje sociocultural desde la investigación de la acción que ha marcado y marca la historia.
- **Proporcionar condiciones** de aprendizaje diferenciado para todos, ya que todos desde la acción en la que participan son agentes activos en la construcción de conocimiento.

El desarrollo y fortalecimiento de este modelo precisa de una mediación estratégica, que posibilite hacer de los bienes culturales vividos y compartidos en las comunidades mayas bienes educativos que trenzan el desarrollo curricular.

Exige concretarlo con lucidez, para que sin caer en el encerramiento de narrativas localistas, ni perderse en las nuevas narrativas redentoras de la globalización y de la comunicación apoyada en las nuevas tecnologías de la información (Gimeno Sacristán 2001), se posibiliten los cambios desde la reflexión crítica de las mismas comunidades, de sus patrones culturales.

La concreción de una educación intercultural desde este modelo, como nos dicen McLaren/Giroux (2002), debe posibilitar la promoción de un movimiento de educadores con un lenguaje crítico que puede conformar una base de intelectuales e instituciones que dentro de las tendencias actuales, participan desde sus análisis empírico-sociales fortaleciendo sus identidades. Se trata de hacer una educación menos informativa y más preformativa, a partir de prácticas.

En este sentido dicha mediación estratégica se concibe en las diferentes comunidades etnolingüísticas educativas como un:

1. Centro de producción/centro de recursos: como espacio donde se genera una **acción** productiva, tras haber reflexionado los hechos culturales de la vida cotidiana, de la historia de vida comunitaria. Esta acción productiva sólo puede realizarse a partir de una toma de conciencia de lo cultural como riqueza educativa, esto es, como recurso para plantear la mediación pedagógica. Es así como la tradición oral, las costumbres, la cosmovisión de mundo, la historia etc., que forman parte del aprendizaje vital, se configura y se organiza para centrar el quehacer del pensar del maestro y generar de los diferentes textos didácticos. Se trata en definitiva de:

a) convertir al docente en investigador,
b) producir material educativo investigando el mundo de referencias y las pertenencias culturales,
c) favorecer que el acto educativo signifique la negociación de significados, su construcción y reconstrucción como una dinámica que garantice el desarrollo de los sujetos que aprenden.

2. Acompañamiento técnico pedagógico que rompe con la linealidad de la propuesta tecnócrata (donde el conocimiento viene dado para ser reproducido) y genera una indagación dialógica (Wells 2001). Se reemplaza el conocimiento dado por la búsqueda de un conocimiento que construye y reconstruye significados. En esta lógica el acompañamiento pedagógico establece el diálogo que da sentido a secuencializar la progresión del aprendizaje por ciclos, integrando áreas, y logrando competencias a partir de los conocimientos del alumno y del contexto de desarrollo. Se trata de lograr apropiar la figura de trabajador cultural (Giroux 1997; 1998; 2001) que educa a medida que da una nueva significación a la relación pedagógica. Acontece un cambio de prácticas que produce nuevas significaciones educativas de la práctica escolar, acercándolas a sus narrativas socio-culturales.

3. Un espacio para la construcción curricular como áreas etno-lingüísticas, propiciado desde la socialización de las producciones y elaboración de conjunta de la articulación del currículo. Las comunidades apropiadas de la dimensión productiva hacen de su acervo cultural, un potencial educativo que transforma su escuela. Se renueva y recrea una comunicación pedagógica que permite hacer del conjunto de producciones un **proceso de construcción curricular como área etnolingüística**. En este estadio *meso* curricular se posibilita un nivel de concreción de las directrices *macro*curriculares (que trazan las líneas educativas del país) con las experiencias *micro*curriculares de cada comunidad educativa. Se genera, de esta manera, un verdadero desarrollo curricular endógeno y participativo.

Este sencillo sistema de mediación permite recrear y generar:

- un tejido organizativo, para hacer con el proceso comunitario el proyecto educativo,
- el desarrollo de praxis curricular a partir de los bienes y las potencialidades culturales de las comunidades, y las limitaciones sobre las cuales desarrollan líneas de investigación socioantropológica, literaria... (como por ejemplo los trabajos de investigación de la escuela de Jun Toj-Rabinal) pudiendo con ellas concretar la innovación educativa en el proyecto curricular del centro,
- la transformación de los aprendizajes en el aula (atendiendo los diferentes grados de bilingüismo y las distintas realidades interculturales),
- desde estas innovaciones en aula, ir ajustando de manera permanente las programaciones de aula y construyendo proyectos curriculares de áreas etnolingüísticas que concreticen la propuesta base articuladora del conjunto del país.

Es un sistema, que considero estratégico porque:

- en la medida que observamos un consenso discursivo, un discurso oficial, y una práctica violatoria, el reto para la comunidad educativa es reconducir este consenso a una práctica innovadora. Para ello se requieren amplias alianzas y se deben generar fuerzas que partan de una acumulación de recuerdos, construyendo equilibrios entre política y etnología, entre argumentos y testimonios, entre cálculo racional de posibilidades y utopías, entre la viabilidad de un lenguaje contrahegemónico y una práctica liberadora frente a tendencias homogeneizadoras. Todo ello exige la búsqueda de formas dinámicas,
- se entiende perfectamente desde la concepción organizativa maya (antropológica educativa),
- satisface las líneas de trabajo de las agendas educativas del siglo XXI, sin fracturar las identidades (aprendizaje durante toda la vida, escuela desde y para la vida, el aprendizaje integral, las competencias comunicativas etc.).

Las experiencias de Jun Toj, Ajaw Tukur, Ratu'm K'iche' han concretado esta mediación desarrollando guías didácticas, proyectos curriculares de centro, aportando en las propuestas curriculares para las áreas etnolingüísticas Q'eqchi' y Achi' de acuerdo a los lineamientos de la Reforma Educativa (1998-2000), los planteamientos curriculares del Consejo Nacional de Educación Maya (CENEM) (1999) y la propuesta curricular de DIGEBI (2000).

- Bienes didácticos, con la sistematización de sus bienes culturales. En este sentido cabe mencionar como ejemplo los manuales de los lugares arqueológicos de Rabinal, la historia de Lalo en Campur, las historia de Niz'te y Balamin, etc. Estos manuales fueron elaborados por diferentes claustros de maestros, dispuestos en equipo de investigación y en interlocución con líderes, sacerdotes mayas y ancianos de los lugares.

- Programaciones de aula y guías curriculares con unidades didácticas hiladas desde los personajes y tramas de las historias, haciendo de esta manera girar los objetivos de aprendizajes escolar (contar, leer, etc.) desde los contextos de vida (identificación con las peripecias de un niño achi' que descubre los restos arqueológicos de lugares mayas de Rabinal, etc.).

- Proponer propuestas curriculares por áreas etnolingüísticas atendiendo a las experiencias de centros que han producido y pensado desde sus contextos y teniendo en cuenta las directrices marco del MINEDUC para la Reforma Educativa.

En esta dinámica de accionar y pensar para crear, se transforma y construye en las comunidades mayas una escuela que parte de su realidad, tiene en cuenta sus potencialidades culturales y recoge pautas pedagógicas de fuera haciendo un verdadero ejercicio de diálogo intercultural. Con él se avanza en una doble dirección:

- Las comunidades mayas hacen los ajustes necesarios para el formato de patrones occidentales.

- Las comunidades ladinas consideran una relectura de su linealidad. Se estimula el dinamismo de una acción que emerge desde su facilidad para captar el ciclo, la integralidad del tratamiento de los contenidos, etc.

En esta dirección logramos

- acortar el desfase de teoría y práctica e iniciar una acción articuladora entre la práctica de producir recursos didácticos que respon-

dan a una teoría sociocrítica y constructivista, desde el medio sociocultural,
- romper las fronteras de la participación formal e iniciar una participación real que llena de vitalidad la posición activa y el diálogo
  fructífero entre actores que gestan cambios (Imbernón et al. 2002).
  De esta manera la escuela se configura como un espacio vital del
  medio comunitario,
- cambiar las posibilidades de aprendizaje al haber transformado las
  condiciones de producción, poniendo en el centro lo que estaba en
  los márgenes.

Desde estos tres puntos la comunidad, a diferentes escalas y con distintos alcances, se constituye en espacio potencial educativo, donde en
ruptura con disposiciones verticalistas, se trabajan dispositivos colectivos para ser productores de bienes didácticos, curriculares, y organizativos logrando el fortalecimiento pedagógico que precisa la escuela
para concretar sus aprendizajes.

A medida que la comunidad se convierte en un espacio dinámico
de producción, se puede dimensionar la inclusión educativa como
horizonte de trabajo. Se trabaja la inclusión con una mirada integral,
se trata de llevar a cabo una síntesis social, económica y política; se
trabaja desde y para procesos de calidad democrática. En definitiva, se
plantea una definición de política educativa que signifique lograr la
calidad de vida de la gente. El desarrollo comunitario es punto de partida para ello, en la medida que posibilita un contexto de participación
en el ámbito local y con potencialidad de articularse desde el área
etnolingüística al ámbito nacional prescrito por el MINEDUC.

4. Conclusiones

Como balance de los numerosos esfuerzos que han marcado la trayectoria histórica de la educación bilingüe intecultural en Guatemala,
contamos con una referencia y una herencia que deja perspectivas
abiertas y desafiantes para afrontar los retos de la escuela bilingüe del
siglo XXI.

Este momento es de una importancia vital para convertir los retos
en tarea.

Para que estas tareas concreticen una línea estratégica de cambio
hay que considerar la propuesta de centros de producción/ centros de

recursos que bajo el modelo participativo dinamizarían los mundos de sentido socioculturales de las comunidades mayas orientando la tarea educativa bilingüe intercultural mas allá de la adquisición de dominios académicos.

En la dirección de hacer participativo este modelo en las comunidades y para orientar una práctica educativa que logre transformar las condiciones de exclusión y discriminación, he considerado como clave del fortalecimiento pedagógico el tratamiento de los bienes culturales siendo su proceso productivo el momento educativo más significativo. Es esta dinámica la que posibilita la emergencia de una escuela nueva en la cual se prestará atención a los siguientes puntos:

1. **Una política educativa de la diferencia**, en donde el hecho educativo de las aulas desdobla el derecho a la educación como el derecho a sentirse incluidos, en la medida que se incluyen no sólo las lenguas maternas, sino los motivos profundos que configuran los mundos.

Sólo sobre una orientación de educación intercultural establecida en la lógica de la igualdad de oportunidades teniendo en cuenta la diferencia de condiciones, puede desarrollarse:

– Una proposición concreta de hacer escuela, reflexionando la práctica educativa desde las producciones didácticas y la construcción curricular desarrollada.
– Esta producción alimenta el proyecto bilingüe, pues traza la palabra que la vida de las comunidades necesita. Se produce con la intención de reconducir la cosmovisión maya a la concreción de la existencia vital del aula. Se hace de sus pensamientos una instancia mediadora capaz de dar sentido a la síntesis de un patrón de escuela occidental y la investigación de un contexto maya.
– Esta síntesis consolida los programas que vertebran un sentido para abrir espacio a la comprensión de renovar la acción educativa, y a la interpretación de otro modo de vivir la apertura al mundo intercultural que tenemos que construir.
– Esta construcción es orientada por una política educativa bilingüe que se establece sobre hechos: la ruta de acción hacia la igualdad compleja.

Por tanto, esta política educativa, diseñada sobre el supuesto de un paradigma sociocrítico (que atiende a la igualdad de oportunidades y atenta a las discriminaciones de hecho), se retroalimenta en los procesos comunitarios que dan respuestas a las diferentes condiciones, produciendo situaciones generadoras de igualdad de oportunidades.

En esta dinámica productiva se desarrolla una praxis curricular, y en la experiencia de la acción se consolida la participación que hace crecer a la comunidad y concretar un modelo de transformación socioeducativa.

2. Se establecerá una organización articuladora de igualdad, de redes productivas en diálogo que permiten hacer de la reforma educativa una reformulación de contenidos.

3. Se partirá de un enfoque metodológico estratégico para la emergencia de una escuela nueva. Una escuela centrada en la comunidad y en la producción de bienes didácticos y bienes culturales para producción conocimiento.

4. Se proporcionará una formación en la acción de producción de recursos didácticos y para la transformación de las condiciones de aprendizaje.

5. Se practicará una didáctica intercultural fruto de dar tratamiento al conjunto de textos culturales y concebirlos como textos didácticos enriqueciendo desde los niveles *micro*educativos los niveles *meso* (por área etnolingüística) y *macro* (entre áreas etnolingüísticas).

Es esta práctica educativa de profundizar en lo conocido y abrirse a lo incierto, la práctica que mejor puede fortalecer la identidad y dar sentido al diálogo desde donde contribuir a construir una ciudadanía guatemalteca plural. Es una política educativa de la diferencia y de la igualdad la que puede hacer del tratamiento curricular bilingüe intercultural una realidad transformadora de las inequidades existentes. Es la reflexión crítica del proceso educativo, de parte de sus agentes comunitarios, la que puede hacer un aporte sustantivo al proceso de construcción y transformación que implica la dinámica cultural. La reflexión y la práctica educativa bilingüe intercultural cobra máxima relevancia en una coyuntura de presiones homogeneizantes (Subirats 2002) y de riesgos de enclaustramientos suicidas (Beck 2005). Las innovaciones permiten superar las viejas nociones y las anquilosadas experiencias escolares reproductoras de un sistema que silencia, niega y discrimina la riqueza que porta la población maya de Guatemala.

Bibliografía

Adams, Richard (2000): *Guatemala: la fuerza del desarrollo incluyente*. Guatemala: Sistema de Naciones Unidas de Guatemala.

Baker, Colin (1993): *Fundamentos de Educación Bilingüe y Bilingüismo*. Madrid: Cátedra.

Bernstein, Basil (1990): *Poder, educación y conciencia. Sociología de la transmisión cultural*. Barcelona: La Roure.

— (1998): *Pedagogía, control simbólico e identidad*. Madrid: Morata.

Beck, Ulrich (2005): *La mirada cosmopolita*. Madrid/Barcelona: Paidós.

Bunge, Mario (2005): *Emergencia y Convergencia*. Buenos Aires: Gedisa.

Calvo Pérez, Julio (ed.) (1993): *Estudios de Lengua y cultura Amerindias I: actas de las II Jornadas Internacionales de Lengua y Cultura Amerindias: Valencia, 24-26 de noviembre de 1993*. Valencia: Universidad de Valencia.

Camilleri, Carmel (1993): *Les contidions structurelles de l'interculturel*. En: *Revue Français de Pedagogie*, 103, pp. 17-25.

Cazden, Courtney B./Snow, Catherine E. (1990): *English plus: Issues in Bilingual Education*. London: Sage.

Comisión de la Verdad <http://shr.aaas.org/guatemala/ceh/mds/spanish/toc.html> (01.10.2007).

Chambers, Lilie (1990): *Departamento de Lenguas*. Madrid: Anaya.

Coraggio, José Luis/Torres, Rosa María (1997): *La educación según el Banco Mundial*. Buenos Aires: Niño y Dávila.

Daviña, Lilia R. (1999): *Adquisición de la lectoescritura. Revisión crítica de métodos y teorías*. Buenos Aires: Homo Sapiens.

Delors, Jacques et al. (1996): *La educación encierra un tesoro. Extractos*. Guatemala: UNESCO.

Elosua, María Rosa et al. (1994): *Interculturalidad y Cambio Educativo. Hacia comportamientos no discriminatorios*. Madrid: Narcea.

Essomba, Miquel Ángel et al. (eds.) (1999): *Construir la escuela intercultural*. Barcelona: Graó.

Foro Permanente para los pueblos indígenas 2005 <http://www.choike.org/nuevo/informes/1091.html> (01.10.2007).

Gimeno Sacristán, José (2001): *Educar y convivir en la cultura global*. Madrid: Morata.

Giroux, Henry A. (1993): *Igualdad educativa y diferencia cultural*. Barcelona: La Roure.

— (1997): *Cruzando Límites*. Madrid: Paidós.

— (1998): *Teachers as Intellectuals: Toward a Critical Pedagogy of Learning*. South Hadley, MA: Bergin & Garvey.

— (2001): *Política, cultura y educación*. Madrid: Morata.

Grignon, Claude (1994): "Cultura dominante, cultura escolar y multiculturalismo popular". En: *Educación y sociedad*, 12, pp. 23-28.

Guoron Ajquijay, Pedro/Roncal Martínez, Federico (1995): *Retomemos la palabra*. Guatemala: Editorial Saquil Tzij.

Imbermón, Francisco et al. (eds.) (2002): *La educación del siglo XXI. Retos del futuro Inmediato*. Barcelona: Graó.

Inter-American Development Bank (1997): *El papel del Banco Interamericano de Desarrollo*. Washington, D.C.

Isajiw, Wsewolod (1990): "Ethenic-identity retention". En: Breton, Raymond et al. (eds.): *Ethnic-identity and Equality*. Toronto: University of Toronto Press.

Lluch i Balaguer, Xavier et al. (1996): *La diversidad cultural y práctica educativa*. Madrid: Ministerio de Educación y Cultura.

Macedo, Donaldo (2002): *El racismo en la era de la Globalización en AAVV. La educación el siglo XXI*. Barcelona: Graó.

Maturana, Humberto (1997): *Emociones y lenguaje en educación y política*. Santiago de Chile: Dolmen.

Ministerio de Educación de Guatemala (2001): *Diálogo y consenso nacional para la reforma educativa*. Guatemala: Ministerio de Educación de Guatemala.

McLaren, Peter (1997): *Pedagogía Crítica y cultura depredadora*. Madrid: Paidós.

McLaren, Peter/Giroux, Henry A. (2002): *Cultura, política y práctica educativa*. Barcelona: Graó.

Patrinos, Harry Anthony/Pasacharopoulous, George (1994): *Indigenuos People and Poverty in Latin America: An empirical análisis*. Washington, D.C.: World Bank.

Pedró, Francesc/Puig, Irene de (1998): *Las reformas educativas. Una perspectiva política y comparada*. Barcelona: Paidós.

Pérez Gómez, Ángel Ignacio (1991): "Cultura Escolar y aprendizaje relevante". En: *Educación y sociedad*, 8, pp. 59-72.

Plant, Roger (1998): *Indigenous Peoples and Poverty: a Case Study of Guatemala*. Washington, D.C.: Inter-American Development Bank.

— (1999): *Indigenous poverty and development*. Washington, D.C.: Inter-American Development Bank.

Popkewitz, Thomas (2002): *Sociología Política de las Reformas Educativas*. Madrid: Morata.

Programa de las Naciones Unidas para el Desarrollo (2002): *Desarrollo Humano, mujeres y salud*. Guatemala: Sistema de Naciones Unidas de Guatemala.

Rodríguez Neira, Teófilo (1999): *La cultura contra la escuela*. Barcelona: Ariel.

Soto, Pepi (1995): "Interculturalidad: La variabilidad cultural como punto de partida para el desarrollo del currículo". En: Fernández Sierra, Juan Fernández (ed.): *El trabajo docente y psicopedagógico en Educación*. Málaga: Aljibe.

Subirats (2002): "La educación del siglo XXI". En: Imbernón, Francisco (ed.): *La Educación y los retos del futuro inmediato*. Barcelona: Graó.

Torres, Rosa María (2000): *Educación para todos, la tarea pendiente*. Madrid. Editorial Popular.

Torres González, José Antonio (1999): *Educación y diversidad. Bases didácticas y organizativas*. Málaga: Aljibe.

UNESCO (1996): *La Educación encierra un tesoro*. Madrid: Santillana.

Vitón, Mª Jesús (1996): "Un planteamiento diferencial de aprendizaje del castellano como segunda lengua (L2). Propuesta de optimización de algunos elementos de la escuela bilingüe guatemalteca". En: *Síntesis*, 26, pp. 79-90.

—   (1997): "Estudio interétnico del aprendizaje del castellano como segunda lengua en la escuela bilingüe guatemalteca. Planteamiento de una pedagogía diferencial". En: *Revista Iberoamericana de Educación*, 13, pp. 113-127.

—   (2002): "Miedos y Temores ante lo nuevo. Retos de una propuesta de Educación Intercultural". En: Ramírez, Miguel Ángel/Lizárraga, Mari Carmen (eds.): *Miedos y cultura escolar*. México, D.F.: Universidad de Sinaloa.

Wells, Gordon (2001): "Indagación dialógica. Hacia una teoría y una práctica socioculturales de la educación". En: Wertsch, James V./Río, Pablo del/Álvarez, Amelia (eds.) (1997): *La mente sociocultural. Infancia y Aprendizaje*. Madrid: Fundación Infancia y Aprendizaje.

Silke Jansen

La "defensa" del español en Hispanoamérica: normas y legislaciones acerca del uso de la lengua

> [...] la defensa de la identidad cultural comienza por el propio idioma.
>
> José Juan Arrom (Valdés Bernal 1994: 386).

1. Introducción

Cuando se habla de política lingüística en Hispanoamérica, se evocan sobre todo las legislaciones relacionadas con cuestiones del plurilingüismo y de la educación. No obstante, gran parte de los países de habla hispana han tomado también medidas legislativas relativas al idioma nacional, que, como demostraremos a lo largo del presente trabajo, se pueden resumir bajo el término de *defensa*. El punto de mira de esta defensa lo constituyen las influencias extranjeras, sobre todo inglesas, y los malapropismos, que supuestamente amenazan la pureza y la indivisibilidad del español y perjudican su función comunicativa.

Las medidas tomadas para encauzar los efectos nocivos caen bajo el ámbito de la *planificación lingüística*, que, según la definición convencional, es la acción preconcebida de un estado para influir conscientemente en el desarrollo o uso de una lengua (Fernández Pérez 1994: 67ss.; Gregori Torada 1999: 7s.; Brumme 2004: 945). Ésta se despliega a lo largo de dos ejes centrales: la *planificación del estatus* incluye la adopción de una lengua como nacional u oficial y la prescripción de su uso en ciertos dominios de discurso, como el de la educación, la actividad científica, etc., mientras que la *planificación del corpus* aspira a influir sobre el contenido de la lengua, controlando y/o canalizando los cambios lexicales.

En lo que sigue, nos proponemos enfocar los matices que la defensa institucionalizada del idioma español ha adoptado en diferentes países hispanoamericanos. Para ello, nos apoyaremos en las legislaciones lingüísticas hispanoamericanas que tuvimos a nuestro alcance, así como en la literatura especializada. Sin embargo, el presente trabajo no es exhaustivo ni aspira a serlo, sino que constituye un primer acercamiento a la temática.

2. La planificación lingüística en Hispanoamérica

La planificación lingüística relativa al español en Hispanoamérica abarca una gama de medidas e iniciativas muy diversas, que pueden agruparse en cinco categorías diferentes:

1. En cuanto a la planificación del estatus, gran parte de los países hispanohablantes le reconocen actualmente un estatus oficial al idioma español en sus Constituciones, a veces junto con una o varias lenguas indígenas. En algunos casos, la oficialidad lleva emparentado una protección especial por parte del Estado.
2. Algunos países cuentan además con medidas de planificación del corpus que se formulan explícitamente en términos de una defensa del idioma español como patrimonio cultural de la nación (véase, por ejemplo, la Ley 002 "por la cual se dictan medidas para la defensa del idioma patrio" de Colombia o la *Ley de defensa del idioma* de Guatemala). La intervención estatal se justifica por razones exclusivamente ideológicas. A nivel jurídico, la defensa se traduce en une serie de leyes que prohíben el empleo de palabras extranjeras en el lenguaje público y/o proscriben el uso del español en ciertos dominios de discurso.
3. Otras leyes también censuran las expresiones extranjeras, sin por lo tanto hacer mención explícita de la necesidad de una defensa de la lengua española. Más bien, la prohibición de usar palabras y lenguas extranjeras en los sectores público y comercial se justifica por la necesidad de proteger a las personas que pueden ser objetos de malentendidos y equivocaciones, fraude y engaño por no dominar lenguas extranjeras. Por regla general, estas iniciativas pretenden regular cuestiones relativas a la protección del consumidor (*Ley Federal de Protección al Consumidor* de México o la *Ley de protección al consumidor y al usuario* de Venezuela), aunque se podría suponer que la argumentación pragmática sirve para disimular un trasfondo ideológico latente.

4. Además de los textos legislativos, varios países disponen de órganos jurídicos destinados a desarrollar y organizar campañas y actividades para promover y defender la lengua española.

5. Merece la pena señalar, además, que los países que se caracterizan por la práctica inexistencia de una legislación lingüística –como Cuba o Argentina– no se mantienen por lo tanto al margen del debate. En estos países se han propuesto en varias ocasiones proyectos de ley en defensa del idioma, en los cuales se exigen medidas semejantes a las que acabamos de mencionar, que, sin embargo, han encontrado tan poco apoyo institucional que nunca han llegado a materializarse.

2.1 La defensa del español en las Constituciones de América

Actualmente, el español es el idioma oficial en la mayor parte de los Estados hispanoamericanos, pero, siendo el español casi la única lengua utilizada en la administración, la educación y los medios de comunicación masiva, la necesidad de establecer su oficialidad a nivel constitucional no se sintió en Hispanoamérica hasta en época relativamente tardía.

El primer país hispanohablante que se dotó oficialmente de una lengua nacional fue Ecuador, en su Constitución de 1929 (Brumme 2004: 961), seguido por Perú (1931), Cuba (1935), Nicaragua (1939), Paraguay (1940), Panamá (1941), Guatemala (1945), El Salvador (1950), Venezuela (1953) y Honduras (1957) (Alvar 1982: 378). La cuestión del idioma oficial se maneja de manera diferente en las Constituciones de América, de acuerdo con la presencia de lenguas indígenas en el territorio nacional y la importancia que se les concede. En Cuba, país sumamente homogéneo en el plano lingüístico, el español consecuentemente es la única lengua oficial. También Costa Rica, El Salvador, Guatemala, Honduras y Panamá le otorgan la oficialidad solamente al español, a pesar de la presencia importante de lenguas indígenas en ciertos territorios. Las Constituciones de El Salvador y Guatemala declaran a las lenguas autóctonas como "patrimonio cultural", digno de respeto y conservación de la parte del Estado, sin con-

cederles, sin embargo, los títulos legales a nivel administrativo, edu-
cacional o jurídico que implica la oficialidad.[1]

En Colombia, Ecuador, Nicaragua, Paraguay, Perú y Venezuela, el
español comparte su estatus oficial con una o varias lenguas indígenas, cuya oficialidad sin embargo se limita –con la excepción de Paraguay–, a determinados Estados federados o a las zonas donde predo-
minan. El Guaraní, segunda lengua oficial del Paraguay al lado del
español, es la única lengua indígena que goza de un estatuto oficial a
nivel de un Estado soberano.

Por diferentes razones,[2] en las Constituciones de Argentina, Bolivia, Chile, México, la República Dominicana y Uruguay no se especifica ninguna lengua oficial, pero en todos estos países el español *de
facto* es el idioma predominante en la administración, la educación y
los medios de comunicación, aunque no lo sea *de jure*. Al mismo
tiempo, el español es una de varias lenguas co-oficiales en los Estados
Unidos, donde predomina en la isla de Puerto Rico, Estado federal que
ha sancionado también una serie de otras leyes respecto al español.
Sin embargo, por razones de espacio, nos concentraremos aquí en los
países donde el español es lengua oficial o dominante a escala nacional.

De este breve esbozo de las Constituciones de América se deduce
la repartición siguiente:

---

1   Artículo 62 de la Constitución de El Salvador: "Las lenguas autóctonas que se
    hablan en el territorio nacional forman parte del patrimonio cultural y serán obje-
    to de preservación, difusión y respeto."
    Artículo 143 de la Constitución de Guatemala: "El idioma oficial de Guatemala
    es el español. Las lenguas vernáculas forman parte del patrimonio cultural de la
    Nación."
2   En la República Dominicana, por ejemplo, la extrema homogeneidad lingüística
    de la población, la ausencia completa de lenguas indígenas y el uso exclusivo del
    español en todos los contextos oficiales y no oficiales no hace necesario declarar-
    lo constitucionalmente como idioma oficial. Al contrario, en México –país su-
    mamente plurilingüe– fueron precisamente las organizaciones indigenistas gu-
    bernamentales (sobre todo, la *Dirección General de Educación Indígena* y el *Ins-
    tituto Nacional Indigenista*) las que han rechazado varios proyectos de ley de
    oficialización del español, temiendo que el estatus oficial del español perjudicaría
    a las lenguas indígenas (Pellicer 1994).

Idioma oficial

español/castellano[3]	español/castellano + lenguas indígenas (co)oficiales	no especificado
Cuba (español)	Colombia (castellano)	Argentina
Costa Rica (español)	Ecuador (castellano)	Bolivia
El Salvador (castellano)	Nicaragua (español)	Chile
Guatemala (español)	Paraguay (castellano)	México
Honduras (español)	Perú (castellano)	República Domi-
Panamá (español)[4]	Venezuela (castellano)	nicana[5]
		Uruguay

De los países que instauraron el español como lengua oficial, El Salvador, Honduras y Panamá han considerado necesario garantizarle además constitucionalmente una protección especial por parte del Estado. Los respectivos artículos constitucionales rezan:[6]

El Salvador (Constitución de 1983):

Artículo 62: El idioma oficial de El Salvador es el castellano. El gobierno está obligado a velar por su *conservación* y enseñanza.

Honduras (Constitución de 1982):

Artículo 6. El idioma oficial de Honduras es el español. El Estado *protegerá* su *pureza* e incrementará su enseñanza.

Panamá (Constitución de 1972):

Artículo 7. El español es el idioma oficial de la República.

Artículo 78. El Estado *velará* por la *defensa, difusión* y *pureza* del idioma español.

---

3   La vacilación en la denominación del idioma nacional entre *español* y *castellano* se discute, entre otros, en Alonso (1958), Alvar (1982), y Söhrmann (1997). En cuanto a la diferenciación entre *lengua* e *idioma nacional* véase Villa Mejía (2001: 19).

4   En 2002, se presentó el Proyecto de Ley 141, cuyo objetivo era declarar el inglés como segundo idioma oficial de Panamá, que, sin embargo, no prosperó.

5   La Constitución dominicana de 1994 no incluye ninguna disposición acerca del idioma oficial. Sin embargo, en el artículo 6 de la Ley 41-00 "que crea la Secretaría de Estado de Cultura" del 2000, se declara que "El Estado protege el idioma español como lengua oficial de la República Dominicana" (http://www.tlfq.ulaval.ca/axl/amsudant/rep-dominicaine.htm) [09.10.2007].

6   El énfasis es nuestro.

Aparte de la enseñanza del español, que ocupa un lugar primordial en las legislaciones lingüísticas hispanoamericanas, se le otorgan aquí al Estado otros deberes que, en un sentido más amplio, se pueden relacionar con la noción de *defensa* del idioma.

Es la Constitución panameña la que se expresa de manera más explícita sobre este punto, formulando las misiones del Estado en materia de lenguaje explícitamente en términos de *defensa*. Pero también los términos de *conservación* (El Salvador), *difusión* (Panamá) y sobre todo *pureza* (Honduras, Panamá) son determinantes en la medida en que dejan entrever cierta orientación hacia una norma lingüística conservadora, tal vez purista, que se puede apreciar también en muchas leyes de defensa del español.

No obstante, es notable que ninguno de estos tres países ha aprobado leyes concretas en defensa del idioma o instaurado órganos jurídicos destinados a tal fin. El gobierno se reserva constitucionalmente la posibilidad de intervenir por vía legal en defensa del español, pero hasta la fecha no ha llevado a la práctica estas disposiciones.

2.2 Leyes en defensa del idioma español

2.2.1 La defensa del idioma y las Academias de Lengua Española

La defensa institucionalizada del idioma español comienza en 1870, año en que la *Real Academia Española* lanza una llamada a los demás países hispanohablantes para que funden Academias correspondientes. A estas alturas, la primera preocupación es la unidad de la lengua, ya que muchos estudiosos en América y España pronosticaban que, en un futuro no muy lejano, el idioma se fragmentaría en varios grupos de lenguas regionales, al igual que el latín en Europa.

La primera Academia de la Lengua se crea en 1871 en Colombia, país que ha mantenido fuertes lazos culturales y lingüísticos con España y que, cien años más tarde, se convertiría en el más activo propugnador de la defensa y unidad del español. Hasta en 1944 se crean Academias en todos los países hispanohablantes, pero la consagración definitiva de la *Asociación de Academias de Lengua Española*, integrada hoy por las 21 Academias americanas (incluyendo la *Academia Norteamericana*), la española y la filipina, no llega hasta en 1951, cuando el entonces presidente de México, Miguel Alemán, convoca el *I Congreso de Academias de Lengua Española*. Cinco años más tarde, en el segundo congreso celebrado en Madrid, se recomienda la celebración de un convenio entre los Estados a que pertenecen dichas Academias "en virtud del cual todos los pueblos de habla española se unan para la defensa y el desarrollo de su lengua común".[7]

El tercer Congreso, celebrado en agosto de 1960 en Bogotá, marca el comienzo de la verdadera defensa del español con medios jurídicos. Por iniciativa de Colombia, se celebra un convenio multilateral por el cual los Gobiernos de los pueblos que poseen una Academia se comprometen a apoyarla y dotarla de los medios físicos y financieros para la realización de sus actividades. El convenio es firmado por Argentina, Bolivia, Colombia, Costa Rica, Chile, Ecuador, El Salvador, Guatemala, Honduras, Nicaragua, Panamá, Paraguay, Perú, Uruguay y Venezuela. Una de las preocupaciones primordiales sigue siendo la unidad del idioma, que se considera un factor decisivo en la constitución de una identidad panhispánica:

> Tratándose de pueblos hispanos, la unidad del lenguaje es uno de los factores que más contribuyen a hacerlos respetables y fuertes en el conjunto de las naciones.
>
> (Ley N° 16, 23.01.1962 por la cual se aprueba el *Convenio Multilateral sobre la Asociación de Academias de la Lengua Española*. Citado en *Gaceta oficial de Panamá*, 14, 570, 12.02.1962: 1).

De ahí se deduce la necesidad de una defensa del idioma común, símbolo esencial de la unidad cultural hispánica:

> [E]s obligación de los Estados fomentar la cultura de sus pueblos y atender la defensa de su patrimonio espiritual, particularmente de su lengua patria.
>
> (Ley N° 16, 23.01.1962 por la cual se aprueba el *Convenio Multilateral sobre la Asociación de Academias de la Lengua Española*. Citado en *Gaceta oficial de Panamá*, 14, 570, 12.02.1962: 1).

Este convenio marca el punto de arranque de la defensa del español con medidas jurídicas. Inmediatamente después de la celebración del convenio, Colombia aprueba la Ley 002, "por la cual se dictan medidas para la defensa del idioma patrio" (1960). Siendo "cuerpo consultivo del Gobierno de Colombia para todo lo concerniente a conserva-

---

7   Ley N° 16, 23.01.1962 por la cual se aprueba el *Convenio Multilateral sobre la Asociación de Academias de la Lengua Española*. Citado en *Gaceta oficial de Panamá*, 14, 570, 12.02.1962: 1.

ción, defensa y perfeccionamiento del idioma nacional que es el castellano" (Echeverri Mejía 1964: 103s.), la *Academia Colombiana* no
sólo se hace cargo de la redacción de la Ley 002, sino que la acompaña de una serie de actividades adicionales encaminadas a sensibilizar a
los hablantes, entre ellas una campaña de depuración idiomática a
través de la *Televisora Nacional* y la publicación de comunicados con
recomendaciones sobre el buen uso del lenguaje (Echeverri Mejía
1964:104s.). Poco tiempo después, Guatemala sigue el ejemplo colombiano, sancionando igualmente una *Ley de defensa del idioma*
(Ley 1483 de 1961).

Mientras que en Colombia, la *Academia de la Lengua* funge como
promotor y autoridad central en la defensa institucionalizada del español, en las medidas jurídicas que se implementan a lo largo de los años
70 en diferentes países hispanoamericanos sólo desempeña un papel
secundario, lo que se explica en gran parte por el hecho de que no se
trata de legislaciones lingüísticas propiamente dichas, sino de leyes
que se refieren, en primera instancia, a cuestiones comerciales y económicos (véase 1.3).

En el *Congreso de las Academias de Lengua Española* celebrado
en 1980 en Lima, se reafirma la necesidad en los países de habla hispana de emprender una defensa del español por vía jurídica, recomendación que se volvería uno de los motivos que llevarían, en el mismo
año, a la creación de la *Comisión para la defensa del idioma español*
en México (Lara 1987: 324). Sin embargo, salvo en Colombia donde
la autoridad de la Academia en materia de lenguaje es incontestada, no
son las Academias de la Lengua las que se hacen cargo de la defensa
del idioma nacional, sino que los países hispanoamericanos instauran
órganos jurídicos particulares destinados a tal fin (véase 1.4), que por
lo regular cooperan de una u otra forma con las Academias, pero sin
depender directamente de ellas.[8] Así, la Comisión mexicana cuenta
con una subcomisión de lengua susceptible de actuar como elemento

---

8   Según Lara, por lo menos en lo que se refiere a México, la poca relevancia de
    la *Academia de Lengua* se explica por razones de índole ideológico y formal.
    Hallándose en una relación de dependencia en cuanto a la *Real Academia Espa-
    ñola*, es difícil que la *Academia Mexicana* asuma la tarea de defender el idioma
    como símbolo nacional de México. Al mismo tiempo, la Academia goza de poco
    prestigio en el país. Además, siendo una asociación privada, no está subordinada
    al gobierno federal (Lara 1987: 349s.).

de enlace entre la Comisión y la Academia (Lara 1987: 323). En Costa Rica, la *Comisión Nacional para la Defensa del Idioma* está integrada por representantes de diferentes ministerios y universidades, así como un miembro de la *Academia de la Lengua* (Ley 7623 de 1996, art. 5).

De todo eso se deduce que, a pesar de que la *Asociación de las Academias* proporciona el trasfondo ideológico y el marco institucional de la defensa del español, el papel que desempeñan las Academias de la Lengua en la elaboración e instauración de medidas jurídicas concretas es –con la excepción de Colombia– relativamente marginal.

Últimamente, la *Asociación de Academias* ha desarrollado actividades más concretas en vistas a la defensa del idioma, concentrándose en la planificación del corpus. Uno de los proyectos más ambiciosos es el *Observatorio del neologismo*, aprobado por todas las Academias durante el II Congreso Internacional de la Lengua Española en Valladolid, y cuyas finalidades incluyen

detectar la incorporación de extranjerismos y estudiarlos cuidadosamente, pero con prontitud, a fin de poder tomar decisiones fundamentadas y rápidas sobre la conveniencia de aceptarlos o de proponer sustitutos hispánicos (López Morales 2004: 935).

Para tal fin,

[c]ada una de éstas [las Academias de la Asociación] informará de los neologismos –palabras o construcciones– que en su país vayan apareciendo. Una vez obtenido el consenso necesario, la Asociación ofrecerá lo antes posible su concreta recomendación de uso, y la difundirá ampliamente (García de la Concha 2001).

Los esfuerzos de la Asociación se vieron coronados en 2000 por la entrega del premio Príncipe de Asturias de la Concordia a las 22 Academias, por "su tenaz tarea en la defensa del idioma".[9]

2.2.2 Las primeras legislaciones

El *Convenio Multilateral de las Academias de Lengua Española* marca el punto de partida de una serie de leyes en defensa del español,

---

9   Véase el artículo "Las Academias de la Lengua española, premio Príncipe de Asturias de la Concordia". *El País*, 07.09.2000. No fue la primera vez que se concedió el galardón a personas o instituciones que se habían destacado en la defensa del idioma: en 1991, lo recibió el pueblo de Puerto Rico por sus esfuerzos por mantener la vigencia del español frente al inglés.

que se aprueban en diferentes países hispanoamericanos a partir de los años 60.

En las primeras leyes, aún no se habla de "defensa del idioma", sino que se evocan conceptos más universales y menos belicosos, como el de la *conservación* o el *perfeccionamiento* de la lengua española (véase por ejemplo la Ley 86 del 15.11.1928 de Colombia; Villa Mejía 2001: 104).[10] La Ley 9 de Panamá (18.01.1917), en la que se establece la "preservación" del castellano, es el primer ejemplo de una planificación lingüística a favor del español que hemos podido encontrar. Dadas las peculiares condiciones políticas en el país, no puede extrañar que la ley tuviera como punto de mira la influencia del inglés norteamericano, que se percibía como una fuerte amenaza a la identidad nacional.

Mientras que las legislaciones recientes aspiran sobre todo a reprimir influencias extranjeras, las leyes más antiguas se caracterizan por una amplia gama de temas. Es llamativa, en este contexto, la Ley 49 de Panamá (13.05.1941), que deroga la ya mencionada Ley 9 de 1917 y "por la cual se toman medidas para la conservación del idioma castellano": según esta ley, a los lugares habitados en Panamá que tienen nombres en idiomas otros que el español son asignados nombres españoles o indígenas, cuyo uso será obligatorio en la correspondencia. Además, los asuntos administrativos y judiciales tienen que presentarse en idioma castellano (art. 1-3). Los otros artículos se refieren a asuntos que aparecen también en las legislaciones modernas, como la prohibición de escribir rótulos en idiomas otros que el español (art. 5-6; no obstante, se permite la traducción a otros idiomas siempre que la designación española se ponga en primer término), y el establecimiento de órganos oficiales destinados a realizar actividades que contribuyan a conservar el idioma (la Junta Distritorial de Conservación del Idioma Castellano, compuesta por el Alcalde, el Director de la Escuela y un ciudadano nombrado por éstos; art. 11-12). Finalmente, aparece también un artículo que se refiere a la corrección del idioma:

Art. 9: Es prohibido escribir rótulos o anuncios con faltas de ortografía.

---

10   Según Villa Mejía, es en el Decreto 707 del 23 de abril de 1938, Art. 3 donde se habló por primera vez de "defensa del idioma patrio" en Colombia (2001: 104). Esta ley creó el *Día del Idioma*.

Otra ley lingüística relativamente antigua es el Decreto N° 34,312 del 04.11.1948 de Argentina, en el cual se hace obligatorio el uso del español en los menús y los programas de teatros y cines. Se permite, sin embargo, añadir una traducción a otros idiomas.

2.2.3 Legislaciones modernas

Es a partir de 1960, inmediatamente después del *Convenio Multilateral de las Academias*, que algunos países hispanoamericanos se dotan de leyes y decretos que llevan en el título el sintagma "defensa del idioma (español)". Ya que fue particularmente por la iniciativa colombiana que se celebró el Convenio, no es de extrañar que este país dispone de una de las legislaciones lingüísticas más precoces y más elaboradas en Hispanoamérica. Entre 1960 y 1980 se aprobaron varias leyes acerca del idioma español, que siguen en vigor:

> Ley 002, "por la cual se dictan medidas para la defensa del idioma patrio" (1960)
>
> Decreto N° 189: Reglamento de la ley sobre la defensa del idioma (1964)
>
> Decreto N° 1342 "por el cual se da cumplimiento a la Ley sobre defensa del idioma" (1974)
>
> Ley 014, "por medio de la cual se restablece la defensa del idioma español y se da una autorización a la Academia Colombiana de la Lengua" (1979)
>
> Decreto N° 2744, "por el cual se restablece la defensa del idioma y se da una autorización a la *Academia Colombiana de la Lengua*" (1980)

Poco tiempo después e inspirado en el ejemplo colombiano, Guatemala aprueba la *Ley 1483 de defensa del idioma* (24.08.1961).

Más recientemente, Costa Rica ha aprobado una ley que establece la "Defensa del idioma español y lenguas aborígenes costarricenses" (la *Ley 7623* 11.09.1996, modificada en 1999), derogando la *Ley 5899 de la Comisión Nacional para la Defensa del Idioma* (13.04.1976; véase 4.). Esta ley se aplica tanto al español como a las lenguas indígenas, aunque éstas no son oficiales en Costa Rica. Como veremos más adelante, todas estas leyes tienen como meta proscribir el uso del español (u otras lenguas nacionales) en ciertos dominios de discurso y defenderlo contra influencias extranjeras consideradas como nocivas, sobre todo a nivel léxico.

2.3 Leyes relativas a otros sectores

Como ya hemos señalado, caen bajo el ámbito de la defensa del español también una serie de leyes que pretenden tratar asuntos comerciales o culturales, pero que, en el fondo, aspiran a regular cuestiones relacionadas a los usos lingüísticos. Aunque el sintagma "defensa del español" no aparece en ninguna de ellas, prohíben el uso de lenguas o expresiones extranjeras en ciertos contextos, privilegiando así al idioma oficial. Son estas analogías las que permiten, a nuestro entender, considerarlas dentro del contexto de la defensa del español.

2.3.1 Leyes relativas al lenguaje comercial

No sólo en Hispanoamérica, el lenguaje comercial constituye uno de los campos privilegiados de la planificación lingüística. Por ejemplo, México es, junto a Colombia, uno de los países que disponen de una legislación lingüística sumamente elaborada acerca del idioma español, pero no existe ninguna ley mexicana destinada explícitamente a su defensa. En cambio, todas las leyes que afectan al idioma español son relativas a asuntos comerciales, y oficialmente aspiran a defender no a la lengua española, sino al consumidor, asegurando que tenga a su disposición las informaciones sobre los productos en idioma español, e inhibiendo así que personas incautas sean víctimas de anuncios y propagandas ininteligibles o equívocos.

En el Reglamento sobre los anuncios de 1944, se prescribe por primera vez el uso exclusivo del español en los anuncios. A partir de los años 70, el Reglamento se ve modificado y ampliado por toda una gama de leyes que regulan el lenguaje comercial, entre las cuales se destaca la *Ley Federal de Protección al Consumidor* que no sólo sigue en vigor hasta la fecha, sino que ha sido reformada y actualizada varias veces hasta en tiempos muy recientes. En total, desde 1944 México ha aprobado ocho leyes y reglamentos sobre el uso del idioma en contextos comerciales:

Reglamento sobre los anuncios (1944)

Reglamento sobre la publicidad de los productos alimenticios, bebidas y medicamentos (1974)

Ley Federal de Protección al Consumidor (1975, modificada en 1992 y 2004)

Reglamento sobre los anuncios del Distrito Federal (1976)

Reglamento de los Anuncios Comerciales (1976)
Reglamento de los Anuncios del Distrito Federal (1976)
Ley de Invenciones y Marcas (1979)
Reglamento del Distrito Federal sobre los anuncios (1988)

Más recientemente, la necesidad de proteger al consumidor por medio de legislaciones acerca del uso del lenguaje ha sido ampliamente discutida –a veces en términos bastante belicosos–[11] tanto en los países hispanoamericanos como a nivel panamericano e internacional. En cuanto a las Américas, el *Conseil de la langue française* de Québec se ha hecho cargo de estimular a las empresas exportadoras y los Jefes de Estado y de Gobierno de los países americanos para que respeten el multilingüismo en el plano comercial, legislando en materia de protección de consumidores (*Conseil de la langue française* 2001: 22ss.). En 2001, la organización *Consumers International*, compuesta por varias asociaciones que luchan por la defensa del consumidor, propuso una *Ley modelo para la protección del consumidor de América Latina y el Caribe*, que estipula entre otras cosas que los datos que figuren en los productos, así como la publicidad, los anuncios y los contratos de adhesión así como los manuales de productos nocivos o peligrosos, se expresen en el idioma nacional (*Ley modelo de Consumers International para la protección de los derechos del consumidor en América Latina y el Caribe*, artículos 9, 24 y 40). Hoy en día, prácticamente todos los países hispanoamericanos poseen leyes en defensa del consumidor, que de una u otra manera afectan a cuestiones lingüísticas:

---

11 Véase, por ejemplo, la obra conocida de Jacques Lecler *La guerre des langues dans l'affichage*, en la cual presenta un panorama de las legislaciones relativas al uso de las lenguas en los anuncios públicos y comerciales en el mundo. El caso probablemente más conocido y más discutido de la toma de influencia estatal en el lenguaje comercial es el ejemplo francés: en 1977, se sanciona la llamada *Loi Bas-Lauriol*, sustituida en 1994 por la llamada *Loi Toubon*. Estas leyes establecen como obligatorio el uso del francés en "la désignation, l'offre, la présentation, le mode d'emploi ou d'utilisation, la description de l'étendue et des conditions de garantie d'un bien, d'un produit ou d'un service, ainsi que dans les factures et quittances" (Loi n° 94-665 du 4 août 1994 relative à l'emploi de la langue française: Loi Toubon, art. 2; texto ligeramente modificado en comparación con el artículo 1 de la Loi n° 75-1349 du 31 décembre 1975 relative à l'emploi de la langue française: Loi Bas-Lauriol). Más tarde, esta ley serviría de ejemplo para algunos proyectos legislativos en Iberoamérica, por ejemplo la *Proposta Aldo Rebelo* que se presentó en 1999 en Brasil (cf. Schrader-Kniffki 2005).

Argentina

Ley N° 24.240: Defensa del consumidor (1993)[12]

Costa Rica

Ley 7472: Promoción de la competencia y defensa efectiva del consumidor (20.12.1994)

Ley 7978: Ley de marcas y otros signos distintivos (2000)

Ecuador

Ley orgánica de defensa del consumidor (2000)

El Salvador

Ley N° 666 de protección al consumidor (1996)

Guatemala

Ley de Protección al consumidor y al usuario (2003)

Nicaragua

Ley No. 182: Ley de defensa de los consumidores (1994)

Panamá

Ley N° 29 "Por la cual se dictan normas sobre la defensa de la competencia y se adoptan otras medidas" (1996)

Paraguay

Ley No.1334 de defensa del consumidor y del usuario (1998)

Perú

Decreto legislativo 716 Ley de protección al consumidor (2000)

Uruguay

Ley N° 17.250: Defensa del Consumidor (2000)

Venezuela

Ley N° 4.898 de protección al consumidor y al usuario (1995, derogada en 2004)

Ley de protección al consumidor y al usuario (2004)

Según Leclerc, también Chile y Bolivia han legislado sobre las razones sociales que deben escribirse en español (Leclerc 1989: 39s.). Todas estas leyes pretenden proteger al consumidor mediante la acción consciente en el uso del idioma, pero sus temáticas varían bastante entre sí (véase 2.4).

---

12 Existe, además, una ordenanza municipal en Buenos Aires acerca de la obligatoriedad del uso del español en la rotulación comercial, cuya validez, sin embargo, queda restringida a la capital (cf. Arnoux/Bein 1997: 58).

El vínculo estrecho entre la defensa abierta del idioma por parte del Estado y la toma de influencia más sutil a través de legislaciones comerciales se ve reflejado en el artículo 10 de la *Ley de Defensa del idioma español y lenguas aborígenes costarricenses* (1996), en el cual se hace referencia explícita al inciso b) del artículo 31 de la *Ley de Promoción de la competencia y defensa efectiva del consumidor* (1994).

2.3.2 Leyes relativas a la cultura y la educación

En los países hispanoamericanos, los ámbitos de la educación y la cultura constituyen otro campo privilegiado de la planificación lingüística. Aunque la mayoría de las disposiciones regula el uso de ciertos idiomas –sobre todo el español, el inglés, las lenguas indígenas y las lenguas de los inmigrantes– en la educación pública, algunas de ellas también son relacionables con la defensa del español. Éste es el caso de la *Ley Orgánica de Cultura* de Venezuela (octubre 2001), que declara el español como parte de los valores culturales de la nación. Como tal, es digno de una protección especial por parte del Estado:

> Art. 15: La defensa de los valores culturales de la Nación comporta la protección del castellano como idioma oficial, sin desmedro de la protección de los idiomas ancestrales de los pueblos indígenas [...].

Una disposición semejante se encuentra en la Ley 41-00 dominicana "que crea la Secretaría de Estado de Cultura" (2000), cuyo artículo 6 proclama el español lengua oficial de la República: "El Estado protege el idioma español como lengua oficial de la República Dominicana." Sin embargo, ni Venezuela ni la República Dominicana han considerado necesario llevar a efecto estas disposiciones generales por medio de medidas jurídicas más concretas.

Otro sector donde se observan actividades planificadoras es el lenguaje de los medios de comunicación, que constituye uno de los puntos centrales en la polémica acerca de la crisis del español. Por la Ley 22.285 *Ley de Radiodifusión* del 15 de septiembre de 1980, por ejemplo, se establece en Argentina el uso obligatorio del idioma nacional en las transmisiones de radiodifusión, y se prescribe un porcentaje determinado de producciones nacionales (Vázquez Villanueva/Vitale 2000). Los anuncios publicitarios deben ser emitidos en español, lo que incluye la traducción obligatoria de expresiones extranjeras que no sean marcas o denominaciones de uso universal (art. 15). En cuanto al doblaje de producciones extranjeras, la variedad argentina del español se ve defendida ante otras variedades, especialmente la peninsular (art. 102). Estas disposiciones estuvieron en vigor hasta en 1998, año en que se abolieron las limitaciones sobre el uso de lenguas extranjeras en los medios de comunicación.

2.4 Proyectos de leyes

Dado que Cuba y Argentina son dos países relativamente homogéneos en el plan lingüístico, no puede extrañar que el Estado prácticamente no haya considerado necesario intervenir en materia de lenguaje.[13] No obstante, a lo largo de los últimos años, se han propuesto varios proyectos de ley en torno a la defensa del español, que, aunque nunca se materializaron, testimonian de la actualidad y emergencia del asunto también en estos países.

Cuba

El proyecto "Proposición de una política lingüística nacional" de Cuba es uno de los pocos que no nace de un sentimiento indeterminado de amenaza lingüística, sino que fue inspirado por investigaciones empíricas. Como consecuencia de un fuerte debate en torno a una supuesta crisis de la lengua española, se realizó entre 1989 y 1990 el proyecto de investigación "El español en Cuba", que, por medio de una encuesta en cinco ciudades principales, dio por resultado que efectivamente la lengua había sufrido un proceso de deterioro y vulgarización, y que existía una actitud negativa frente a la variedad caribeña del español (Gregori Torada 1999: 28ss.).

De ahí se dedujo la necesidad de implementar una política lingüística, que tiene como objetivos principales la codificación de la norma culta de la variedad cubana, la elaboración de un plan de trabajo terminológico, la conservación de la unidad de la lengua española y la elevación de la cultura y conciencia lingüísticas de toda la población

---

13 Sin embargo, la *Ley de Aduanas* de Cuba cuenta con una de las pocas disposiciones concerniente al uso del idioma español. El Artículo 97 reza: "1) Los Manifiestos originales se presentarán en idioma español o en idioma inglés. 2) Los Manifiestos traducidos se presentarán en idioma español" (Leclerc 2005). "Cuba", en L'aménagement linguistique dans le monde. Québec, TLFQ, Université Laval (http://www.tlfq.ulaval.ca/axl/amsudant/cuba.htm) (19.10.2007).

(Gregori Torada 1999: 32s.). Sobre la base de estos objetivos, se desarrolló la "Proposición de una política lingüística nacional", que se presentó ante un *Consejo de Expertos* en 1992, "el cual lo aprobó y recomendó su aplicación" (Gregori Torada 1999: 4). A pesar de que, en el 7° Congreso de la UPEC (*Unión de Periodistas de Cuba*), un breve esbozo del proyecto se le presentó al "Comandante en Jefe", finalmente no pudo implementarse al iniciarse, a comienzos de los años 90, un período de grandes problemas económicos (el llamado "período especial"; Gregori Torada 1999: 4). Sin embargo, fue gracias a esta iniciativa que se incluyó en la Constitución una disposición que declara el español como lengua oficial (Gregori Torada 1999: 4).

Para lograr los fines propagados en la Proposición, se recomienda la puesta en marcha de una "Campaña Nacional en Defensa de la Lengua Materna" (Gregori Torada 1999: 37), que abarcaría actividades como la de fomentar la enseñanza de la lengua materna, evitar incorrecciones lingüísticas en la radio y la televisión, velar para que los letreros o vallas que se coloquen en la vía pública así como los documentos de actuación oficial y los anuncios y rótulos de las empresas se escriban correctamente y en idioma español, y exigir el dominio adecuado del español como uno de los requisitos para el acceso a ciertos puestos de trabajo (Gregori Torada 1999: 37).

Argentina

Los dos proyectos de ley sobre el español que se han presentado hasta la fecha en Argentina tienen una doble finalidad: de un lado, postulan declarar el castellano idioma oficial; del otro, proponen medidas para regular su uso en la enseñanza, los medios de comunicación y la actividad científica (Arnoux/Bein 1997: 58). Se trata de la *Ley del idioma*, presentada en diciembre de 1992 por el diputado Jorge Vanossi, y la *Ley de preservación de la lengua castellana*, propuesta en septiembre de 1994 por el ex-Secretario de Cultura de la Nación Jorge Asís. Esta última constituye, según Arnoux/Bein, una "cuasi-traducción" de la Ley Toubon francesa (1997: 58).

Ambas proposiciones se dirigen contra la introducción de términos y giros extranjeros (ingleses y, en menor grado, portugueses), y pretenden prescribir el uso del español en los anuncios y rótulos comerciales. Además, se exigen medidas para "el mejor empeño de locutores, animadores, periodistas, guionistas, redactores y libretistas en los medios de comunicación orales y audiovisuales" (Arnoux/Bein 1997: 60), y el desarrollo terminológico para crear nuevos términos españoles. No obstante, en ambos casos, el rechazo oficial y la falta de apoyo finalmente impidieron la realización de los proyectos (Arnoux/Bein 1997: 61).

2.5 Órganos jurídicos en defensa del idioma

La mayoría de los países que aspiran a controlar el desarrollo del idioma nacional han instaurado, además de las legislaciones lingüísticas, órganos jurídicos destinados a defender, proteger y promover la lengua española. Se trata de los países siguientes:

Panamá
Junta de Conservación del Idioma Castellano (1944)

Colombia
Comisión permanente (1961)

Chile
Comisión Técnica Permanente de Vigilancia del Idioma Nacional (1964)

Costa Rica
Comisión Nacional para la Defensa del Idioma (1976, 1996)

Ecuador
Comisión Asesora Permanente del Idioma Nacional (1980)

México
Comisión para la Defensa del Idioma Español (1981)

Según hemos podido investigar, sólo las comisiones de Colombia y Costa Rica siguen funcionando en la actualidad. La comisión mexicana dejó de existir sólo dos años después de su creación, después de un cambio del gobierno en 1983. Sin embargo, nunca ha sido abolida oficialmente.

La comisión costarricense, creada por el artículo 8 de la Ley 7623, está adscrita al Ministerio de Cultura, Juventud y Deportes. Se compone de un representante de cada una de las instituciones siguientes: el Ministerio de Educación Pública, el Ministerio de Cultura, Juventud y

Deportes, la *Academia Costarricense de la Lengua*, las Universidades estatales y la *Asociación de Filólogos*. A nivel regional, está representada por las llamadas "comisiones cantonales", destinadas a ejecutar las directrices de la Comisión Nacional. Las misiones de la *Comisión Nacional* y sus subcomisiones consisten en promover el uso correcto del español, fortalecer su enseñanza, responder a consultas sobre las leyes vigentes y el uso correcto del español así como organizar y coordinar las actividades para su defensa.

En Colombia, la *Comisión de Defensa del Lenguaje* no es un órgano jurídico independiente, sino una de tres comisiones permanentes que están subordinadas a la *Academia de la Lengua*. Las otras dos se dedican a la lexicografía y a la elaboración del vocabulario técnico (Villa Mejía 2001: 34). Sus actividades incluyen, entre otras, la realización de campañas de depuración idiomática a través de la televisión y la radio, la publicación de comunicados y recomendaciones sobre el buen uso del lenguaje y su corrección, y la información acerca de las decisiones de la *Real Academia Española*, sobre todo en lo que se refiere a los neologismos aceptados por ella (Echeverri Mejía 1964: 105).

La Comisión para la Defensa del Idioma mexicana se componía de ocho subcomisiones de trabajo (legislación, radiodifusión-televisión, edición, publicidad, educación, lengua, servicios turísticos y acción municipal; Lara 1987: 323s.). Al contrario de la *Academia Mexicana de la Lengua*, que es una asociación privada, la *Comisión para la Defensa del Idioma* dependía del Ministerio de Educación Pública. Sin embargo, la subcomisión de la lengua estaba a cargo de asegurar y coordinar la colaboración entre ambas instituciones. Entre sus misiones contaba el proyecto de incluir en la Constitución un artículo que declarase el español lengua oficial, la realización de campañas en defensa del español en la televisión y la radio, la publicación de trabajos acerca del idioma (por ejemplo, el *Repertorio de disparates*, el *Vocabulario especializado de la publicidad en México*, el *Diccionario fundamental del español de México*, etc.), la revisión de los programas de enseñanza del español, la revisión de los mexicanismos en el diccionario de la RAE y la intervención sobre el lenguaje en los anuncios (Lara 1987: 340s.).

3. La defensa del idioma: líneas generales

A la hora de analizar los textos legislativos anteriormente mencionados, lo primero que se puede destacar es que todas las medidas se
centran en dos aspectos principales. De un lado, las legislaciones aspiran a asegurar y ampliar la *vigencia* del español, prescribiendo su uso
obligatorio en ciertos dominios de discurso, que son generalmente
aquellos donde se observa una presencia cada vez más fuerte del inglés (por ejemplo, el comercio, la publicidad, los medios de comunicación, etc.). Del otro, pretenden defender su *pureza*, es decir, proteger el léxico contra vocablos o expresiones de otras lenguas, que se
perciben como agresiones contra la unidad y el genio de la lengua
española. Como ya vimos, las medidas tomadas en favor de la vigencia y la pureza del español se pueden formular en términos de *planificación del estatus* y *planificación del corpus*. Sin embargo, la separación entre estas dos formas de la planificación lingüística no es
siempre nítida, ya que a menudo se superponen y coinciden: si, por
ejemplo, se prohíbe el uso de voces extranjeras como denominaciones
de razones sociales o nombres de marcas, se influye sobre el contenido de la lengua a través de los elementos léxicos, pero, al mismo
tiempo, se proscribe el uso del español en ciertos tipos de textos.

3.1 Planificación del estatus: la vigencia

En cuanto a la vigencia del español en los ámbitos público y comercial, las legislaciones aquí consideradas comparten algunos principios
fundamentales, independientemente de si se trata de "leyes de defensa", o de leyes relativas a asuntos comerciales, educativos y culturales.
En lo que sigue, nos centraremos en las legislaciones de Colombia,
Costa Rica, México, Nicaragua y Venezuela, que son las más elaboradas en Hispanoamérica. En estos países, deberán escribirse en español

- la razón social, la denominación de organizaciones sin fines de
  lucro,
- los nombres comerciales,
- las patentes y marcas,
- los rótulos y anuncios, la publicidad, los lemas y emblemas de
  propaganda, las explicaciones impresas en instrucciones, envases,

empaques o embalajes de productos con el fin de informar a los consumidores,[14]

- los documentos públicos, las publicaciones y revistas de la Administración Pública.

Estas disposiciones no se aplican, sin embargo, a organizaciones, agencias o sucursales de empresas con sede en el extranjero así como a patentes y marcas destinados exclusivamente a la exportación. Por lo regular, se permite colocar la traducción en otra lengua, siempre que ésta no se destaque sobre lo escrito en español.

Bien que estas líneas generales están compartidas por los cinco países, existen algunas particularidades nacionales. Las legislaciones de Costa Rica y de México se distinguen de las otras en cuanto que se permite también el empleo de las lenguas indígenas nacionales, sin traducción obligatoria. No obstante, dada la mínima relevancia de las lenguas indígenas en el sector público y en las actividades mercantiles y comerciales, se trata más bien de una concesión retórica que, sin embargo, evidencia el valor simbólico de la planificación lingüística (véase 4.). Según Leclerc, los comerciantes incluso evitan usar lenguas indígenas para no quedar marginados (1989: 258).

Al contrario de los otros países, la planificación del estatus en Costa Rica se extiende también a los ámbitos de la ciencia y del turismo, ya que se establece como obligatorio el uso del español en los documentos y folletos relativos a programas, congresos, conferencias, seminarios, coloquios y actos afines (Ley 7623, art. 1f), así como en los folletos y afiches de información turística y los menús (Ley 7623, art. 1g). En ambos casos, se permite publicar una versión en lengua extranjera junto con su traducción al español. Dado el papel importante que desempeñan la economía turística y la actividad científica en el desarrollo de un país, estas medidas parecen bastante drásticas. Obviamente por razones económicas, México ha optado por un camino diametralmente opuesto: las leyes no se aplican precisamente en las zonas donde el turismo es particularmente importante (Ciudad de México, Cancún, Acapulco, Cozumel, La Paz), así como en la región fronteriza con los Estados Unidos, en una zona de 20 km (Leclerc 1989: 256).

---

14 La *Ley orgánica de defensa del consumidor* se limita a este punto.

Al mismo tiempo, la legislación costarriqueña es más permisiva en la medida en que el uso del español en los nombres y denominaciones comerciales no es obligatorio cuando se trata de siglas, de lexemas griegos o latinos, de nombres o apellidos de los propietarios o de nombres de fantasía (Ley 7623, art. 1b).

La ley panameña de 1941 representa un caso aparte en cuanto que se refiere casi exclusivamente a la toponimia. Bien que, según Leclerc, las legislaciones sobre la toponimia, la odonimia y los letreros son relativamente frecuentes a nivel mundial (Leclerc 1989: 37s.), el caso panameño es el único que hemos podido descubrir en Hispanoamérica y se explica, muy probablemente, por la presencia directa de obreros y soldados estadounidenses en el territorio panameño durante y después de la construcción del Canal. Según esta ley, a los lugares habitados en Panamá de nombres en idiomas otros que el español son asignados nombres españoles o indígenas, cuyo uso será obligatorio en la correspondencia. Además, los asuntos administrativos y judiciales tienen que presentarse en idioma castellano.

En los otros países, la defensa del consumidor se centra en los manuales de los productos y servicios que implican ciertos peligros, entre ellos los productos agroquímicos, farmacéuticos, tóxicos u otros nocivos para la salud (Argentina, El Salvador, Guatemala, Panamá, Paraguay), los certificados de garantía (Argentina, Panamá, Paraguay) y los contratos de adhesión (Ecuador, Panamá, Uruguay). Sin embargo, la cuestión del idioma no constituye una preocupación central en las legislaciones.

A pesar de ser muy semejantes en cuanto a su contenido, las legislaciones se distinguen en cuanto a la justificación de las medidas tomadas. En general, se destacan dos líneas de argumentación, que se pueden calificar de *pragmática* e *ideológica*, y que coinciden perfectamente con nuestra distinción entre las leyes que se formulan en términos de defensa y las que pretenden regular asuntos comerciales y educativos.

La necesidad de defender al consumidor se justifica de manera pragmática, señalando el carácter manipulador del lenguaje comercial, sobre todo publicitario. En una de las publicaciones de la *Comisión para la Defensa del Idioma* de México, González lo caracteriza como sigue:

La lengua de la publicidad es un producto impuesto desde arriba que elude continuamente el significado con el fin de impedir una respuesta crítica del usuario y de sugerir, en cambio, valores latentes de contenido hipnótico. La publicidad aísla al individuo, usa un lenguaje totalitario, oculta, aliena, manipula; pero también es parte de nuestro mundo y de nuestro tiempo (González 1982: 18).

De acuerdo con esta observación, las leyes relativas a asuntos comerciales contienen un apartado (generalmente el primer artículo) donde se especifican los objetivos de tales medidas en términos de protección al consumidor. Leemos, por ejemplo, en la *Ley Federal de Protección al Consumidor* (México, 2004):

Artículo I: El objeto de esta ley es promover y proteger los derechos y cultura del consumidor y procurar la equidad, certeza y seguridad jurídica en las relaciones entre proveedores y consumidores.

Para tal fin, es necesario procurarle al consumidor "[l]a información adecuada y clara sobre los diferentes productos y servicios" (artículo III), para protegerlo contra "la publicidad engañosa y abusiva, métodos comerciales coercitivos y desleales, así como contra prácticas y cláusulas abusivas o impuestas en el abastecimiento de productos y servicios" (artículo VII).

Según los legisladores, el logro de estos objetivos se asegura estableciendo como obligatorio el uso del español en los casos anteriormente descritos. Las legislaciones de Costa Rica (Ley 7978, art. 1), Venezuela (*Ley de protección al consumidor y al usuario*, art. 1) y Nicaragua (Ley 182, art. 1) se justifican de la misma manera. La Ley N° 25583 de Uruguay declara incluso como derecho básico del consumidor "La información suficiente, clara, veraz, *en idioma español* sin perjuicio que puedan emplearse además otros idiomas" (art. 1, el énfasis es nuestro). Así como justifica que "*Toda* información referente a una relación de consumo deberá expresarse en idioma español sin perjuicio que además puedan usarse otros idiomas." (art. 13, el énfasis es nuestro).

Al contrario, todas las leyes destinadas primordialmente a defender el idioma prescinden de formular explícitamente sus objetivos y fines, entrando directamente al sujeto:

Artículo 1: Deberán escribirse correctamente en español [...] (Ley 7623 de Costa Rica)

Artículo 1°.- Los documentos de actuación oficial y todo nombre en seña, aviso de negocio, profesión o industria, y de artes, moda, al alcance común, se dirán y escribirán en la lengua española [...] (Ley 14 de Colombia).

En ninguna parte de estas leyes, se da una justificación de las medidas emprendidas. Ni siquiera se hace alusión al valor simbólico del español como parte del patrimonio cultural, como sucede por ejemplo en la *Loi Toubon*.[15] No obstante, la falta de cualquier justificación pragmática parece indicar que los motivos que yacen bajo dichas legislaciones son de índole ideológico: dado el poder simbólico del idioma nacional, su protección representa una finalidad en sí, que no requiere justificaciones adicionales.

3.2 Planificación del corpus

Además de prescribir el uso del español en ciertas situaciones de comunicación, existe otra defensa del español que consiste en cuidar su pureza, eliminando elementos que supuestamente lo deterioran. En el afán de proteger la pureza, la noción de "corrección del idioma" asume un papel predominante en muchas de las legislaciones estudiadas, aunque se define de manera diferente según los países. En este contexto, las legislaciones se dirigen contra cuatro tipos de fenómenos lingüísticos considerados como incorrectos:

1. los préstamos de lenguas extranjeras, sobre todo del inglés,
2. las construcciones gramaticales ajenas al carácter del idioma español, a saber, los calcos léxicos y gramaticales y giros populares,
3. las faltas de ortografía,
4. los usos considerados como vulgares o "cantinflescos".

La definición más amplia de las incorrecciones lingüísticas la encontramos en la legislación colombiana, que se propone expurgar tanto los préstamos como las construcciones gramaticales que contradicen el "genio" de la lengua española:

---

15 Art. 1er: Langue de la République en vertu de la Constitution, la langue française est un élément fondamental de la personnalité et du patrimoine de la France. Elle est la langue de l'enseignement, du travail, des échanges et des services publics. Elle est le lien privilégié des Etats constituants la communauté de la francophonie.

Artículo 1º.- El uso correcto de la lengua española, que es la oficial y nacional y cuya defensa se propone la Ley 14 de 1979, proscribe no solamente el empleo de voces o palabras en idioma extranjero, en los documentos y casos a que dicha Ley se refiere, sino el de construcciones gramaticales ajenas a la índole de la lengua española.

(Decreto 2744 de 04.10.1980 por el cual se restablece la defensa del idioma y se da una autorización a la *Academia Colombiana de la Lengua*).

Sin embargo, la prohibición de palabras extranjeras no es categórica. Se permite el empleo de voces extranjeras cuando se incluyen entre paréntesis como citas o ejemplos, o cuando la falta de un término equivalente en español las hace indispensables (Decreto 2744, art. 1, parágrafo). Diferenciando así entre los extranjerismos innecesarios e los indispensables, la política lingüística colombiana se apoya en la antigua tradición lingüística de distinguir entre los préstamos de necesidad y los préstamos de lujo.

Las mismas nociones de la corrección idiomática se pueden apreciar en las legislaciones que se anclan en una argumentación pragmática. Véase, por ejemplo, el *Reglamento sobre los anuncios*, sancionado el 01.12.1944 en México:

Art. 12º. En aucune sorte de publicité on ne pourra utiliser de *mots étrangers* autres que des noms propres, des raisons sociales ou des marques de commerces dûment enregistrés. La *construction grammaticale* du texte publicitaire et *l'orthographe* des mots seront exclusivement celles de la langue nationale. On permettra la traduction en une langue étrangère dans la mesure où elle occupera une position secondaire (citado en Leclerc 1989: 389; el énfasis es nuestro).

Este reglamento fue abrogado por el reglamento de 1988, según el cual sigue prohibido el empleo de palabras y construcciones gramaticales extranjeras, con excepción de los préstamos de lenguas indígenas.

También en la Ley 7623 de Costa Rica, se hace alusión a la corrección del idioma, estableciendo que las razones sociales, los nombres comerciales etc. "deberán escribirse *correctamente* en español o en lenguas aborígenes costarricenses" (art. 1; el énfasis es nuestro). Aunque no se especifica explícitamente qué se entiende por un "español correcto", es de suponer que se hace referencia a la ortografía. La Ley No. 49 de Panamá contiene un artículo dedicado exclusivamente a la ortografía, donde se declara que "[e]s prohibido escribir rótulos o anuncios con faltas de ortografía" (art. 9, véase 1.2).

Otro punto de vista de la planificación lingüística, exclusivo en México, son las expresiones españolas consideradas como vulgares, o "cantinflescos".[16] En 1982, la subcomisión de radiodifusión-televisión realiza una campaña publicitaria que se dirige contra los anglicismos y las incorrecciones, pero también contra ciertas particularidades del lenguaje popular de México (Lara 1987: 336). Según Lara, el rechazo de los usos populares por la Comisión, que más tarde habría que contribuir a su fracaso (1987: 51), revela el trasfondo ideológico de la política lingüística mexicana de aquella época, ya que se inscribe en una línea de ideología purista, heredada de España, que nada tiene que ver con la voluntad de defender valores culturales nacionales (1987: 346s.).

El afán por la pureza del idioma en Hispanoamérica, sin embargo, nunca ha llegado al grado de elaboración que adoptó en Francia o Québec, donde comisiones especializadas elaboran listas de expresiones francesas susceptibles de sustituir a los anglicismos. Por regla general, no se especifica cuáles exactamente son las palabras extranjeras que hay que evitar, ni por qué voces españolas hay que sustituirlas. En vez de prescribir el uso de las palabras, se realizan campañas de sensibilización, que normalmente están a cargo de las Academias u otros órganos jurídicos.

4. Conclusiones

El breve esbozo comparativo de las políticas lingüísticas muestra que la defensa del español se presenta bajo un abanico de apariencias diferentes en los países hispanoamericanos. No obstante, se destacan algunas tendencias generales.

La planificación lingüística parte de la idea de que el Estado puede influir conscientemente en el desarrollo de una lengua. En el caso de la defensa del español, la toma de influencia se centra en dos aspectos: por un lado, se pretende asegurar la vigencia del español en ciertos dominios de discurso mediante la planificación del estatus y, por el

---

16 Según el Diccionario de la RAE, el verbo "cantinflear", que deriva de *Cantinflas*, apellido de un popular actor mexicano, significa "hablar de forma disparatada e incongruente y sin decir nada".

otro, se aspira a mantener la pureza del idioma a través de la planificación del corpus. Sin embargo, un deslinde definitivo entre estas dos formas de política lingüística no es posible. Las medidas jurídicas tomadas a tal fin se plantean a nivel constitucional, legal o institucional. A nivel legal, hay que distinguir entre las legislaciones que utilizan el sintagma "defensa del español" y se justifican generalmente de manera ideológica, y las leyes de protección al consumidor, que se basan en consideraciones pragmáticas. Sin embargo, por lo menos en lo que se refiere a México, Costa Rica, Nicaragua y Venezuela, cuyas legislaciones acerca del lenguaje comercial son las más elaboradas, las razones de orden pragmático se entrelazan con el plano ideológico.

Con la excepción de México,[17] los países que en algún momento de su historia establecieron constitucionalmente, legalmente o por medio de órganos jurídicos la defensa del idioma español, antes lo declararon constitucionalmente como lengua nacional. Merece la pena señalar que los que no han especificado cuál es su lengua nacional tampoco disponen de legislaciones lingüísticas muy elaboradas respecto al español o a las lenguas indígenas. Esta observación nos conduce a dos hipótesis. Primero, parece que los países hispanoamericanos se organizan en tres grupos: el primero, sumamente sensibilizado en cuanto a las cuestiones lingüísticas, ha desarrollado legislaciones respectivas en diferentes niveles (constitucional, legal, institucional) y respecto a lenguas diferentes (español, lenguas indígenas). Se trata de Colombia, Costa Rica y Panamá. Los países como Ecuador, El Salvador, Guatemala, Honduras, Nicaragua, Paraguay, Perú y Venezuela forman un segundo grupo, que estableció el español como lengua nacional y sancionó una serie de otras leyes lingüísticas, aunque menos elaboradas. El tercer grupo, constituido por Argentina, Bolivia, Chile, la República Dominicana y Uruguay, prácticamente no ha considerado necesario legislar en materia de lenguaje. Existen algunas leyes esporádicas acerca del lenguaje comercial, que, sin embargo, no alcanzan el grado de elaboración de las legislaciones mexicana o costarricense. Cuba, cuya constitución declara el español como lengua oficial, es la

---

17 Hasta la fecha, ha habido tres proyectos de ley para declarar el español lengua oficial de la nación, pero todos han fracasado por la resistencia de las instituciones indigenistas *(Dirección General de Educación Indígena* e *Instituto Nacional Indigenista)*, que pretenden que la oficialización del español perjudicaría a las lenguas indígenas (Pellicer 1994).

excepción confirmatoria en la medida en que el español le debe su estatus oficial precisamente a la "Proposición de una política lingüística nacional" anteriormente descrita, cuyo objetivo era precisamente el fomento de la variedad cubana del español. También en México y Argentina, las proposiciones de declarar el español idioma nacional acompañan típicamente a iniciativas destinadas a la defensa del español.

Aunque en ninguna de las leyes aquí mencionadas se especifica contra qué tipo de influencias extranjeras se dirigen, todo parece indicar que las medidas se dirigen contra el inglés americano. El peso económico de los Estados Unidos y el prestigio del cual goza la lengua inglesa se ve reflejado en el uso creciente de anglicismos o giros ingleses en los anuncios publicitarios, de modo que "el anglicismo es la característica más evidente del vocabulario especializado de la publicidad" (Lara 1982: 45).

Son estas influencias las que se perciben como una amenaza a la lengua española, mientras que los préstamos a las lenguas clásicas o indígenas, elementos ajenas a la estructura del español de igual manera que los anglicismos, no sólo no parecen perjudicar su pureza, sino que incluso pueden llegar a ser, a su vez, símbolos de la identidad nacional. Es precisamente esta conclusión a la que llega Lara en su análisis de la política lingüística realizada por la *Comisión para la Defensa del Idioma* en México:

> [...] non seulement le mot d'origine amérindienne ne s'oppose pas à une conception puriste de la langue, mais, marquant la spécificité mexicaine, ne pose aucun problème. Le mot étranger, et l'anglicisme par antonomase, est en revanche perçu comme une agression directe contre l'identité nationale, définie par le jeu tripolaire des valeurs que nous venons de décrire (Lara 1987: 346).

El hecho de que los préstamos de lenguas indígenas se excluyen explícitamente de la planificación lingüística revela una incongruencia en la argumentación pragmática que nos conduce a poner en duda la justificación oficial de las legislaciones costarricense, mexicana y nicaragüense. Sin negar el derecho del consumidor a tener acceso a informaciones en su propia lengua –incluyendo a las lenguas indígenas– en las relaciones comerciales y la adquisición de productos y servicios, hay que reconocer que el uso de lenguas amerindias y palabras cultas en los embalajes, anuncios o contratos también puede constituir un obstáculo comunicativo y dar lugar a malentendidos y perjuicios. Si éstas son oficialmente toleradas y preferidas ante los anglicismos, es porque su valor simbólico (nacional o culto) no parece contrarrestar la idiosincrasia nacional, al contrario del idioma inglés, representante de una cultura extranjera que se percibe como agresiva y dominante. Lo que se teme, en el fondo, no es tanto el deterioro o incluso la pérdida del idioma español por causa de la influencia inglesa –teoría generalmente refutada por los lingüistas (Lara 1987: 334; Zimmermann 1986: 113)– sino una toma de influencia sutil a nivel ético y social a través del idioma:

> [...] no cabe más que llegar a la conclusión de que [los anglicismos] son verdaderos reflejos superestructurales de una publicidad norteamericana que no solamente determina la disciplina, la técnica y la práctica profesional, sino que también impone sus valores, sus normas y su ideología (Lara 1982: 44).

Otro detalle que parece indicar que la argumentación pragmática esconde un trasfondo ideológico son algunos textos legales en los que se presenta el uso del español como una obligación moral, paragonando el empleo de lenguas extranjeras con actos criminales. Según la *Ley Orgánica de Educación de Venezuela* (1980), está prohibido publicar impresos que incitan al odio y a la violencia y que "deformen el lenguaje y atentan contra los sanos valores del pueblo venezolano". De igual manera, se declara en el *Reglamento del Distrito Federal sobre los anuncios* (1988) que

> [o]n ne délivrera pas de licence ou de permis dans le cas d'annonces dont e contenu incite à la violence, est contraire à la morale et aux bonnes mœurs, promeut la discrimination raciale ou sociale ou est rédigé dans une langue autre que l'espagnol.[18]

De ahí se deduce una segunda hipótesis, según la cual la necesidad de definir una lengua nacional, de igual manera que la necesidad de defensa de la misma, surge típicamente cuando ésta se encuentra en una situación de competencia o rivalidad real o sospechada con otra(s) lengua(s), porque "no se [piensa] en dar una situación legal a lo que es innegablemente propio" (Alvar 1982: 379), y tampoco se piensa en defender lo que no parece ser amenazado. Las medidas de política

---

18 Citado en "Règlement de 1988 du district fédéral sur les annonces", traduit par Jacques Maurais, <http://www.tlfq.ulaval.ca/axl/amnord/mexique-2reglement. htm> [09.10.2007].

lingüística no se inspiran, por lo tanto, en motivos exclusivamente lingüísticos, sino que reflejan conflictos de índole cultural, económica y social. Los anglicismos son rechazados no sólo por constituir una amenaza a la unidad del idioma y un obstáculo a la comunicación, sino sobre todo como portadores de la cultura norteamericana que se percibe como invasora. A los desafíos sociales y culturales de un mundo cada vez más globalizado, los legisladores responden desde la identidad nacional, proponiendo medidas en el campo lingüístico para cubrir la imposibilidad de actuar en otros sectores (Zimmermann 1986: 116; Arnoux 1997: 61). Queda por esperar si, como sucedió en México, las políticas lingüísticas hispanoamericanas fracasan ante la identidad nacional, o si realmente pueden contribuir a la creación de una nacionalidad panhispánica.

Bibliografía

Alonso, Amado (1958): *Castellano, español, idioma nacional. Historia espiritual de tres nombres*. Buenos Aires: Losada.

Alvar, Manuel (1982): "Lengua nacional y sociolingüística: Las constituciones de América". En: *Bulletin Hispanique*, 84, pp. 347-414.

Arnoux, Elvira/Bein, Roberto (1997): "Problemas político-lingüísticos en la Argentina contemporánea". En: *Quo vadis Romania*, 10, pp. 50-65.

Base de Datos Políticos de las Américas (1998): "Idioma oficial". En: Georgetown University y Organización de Estados Americanos (eds.): *Análisis comparativo de constituciones de los regímenes presidenciales*. En: <http://www.georgetown.edu/pdba/Comp/Estado/idioma.html.> (20.10.2005).

Brumme, Jenny (2004): "Las regulaciones legales de la lengua del español y de otras lenguas de España y América". En: Cano, Rafael (ed.): *Historia de la lengua española*. Barcelona: Ariel, pp. 945-966.

Conseil de la langue française (ed.) (2001): *Implicaciones y desafíos lingüísticos de la integración de las Américas*. Québec: Le Conseil.

Consumers International (2001): "Ley Modelo de Consumers International para la protección de los derechos del consumidor de América Latina y el Caribe". En: <http://www.consumidoresint.cl/documentos/legal/ley_modelo_version_bruselas.pdf/> (20.10.2005).

Echeverri Mejía, Oscar (1964): "La academia colombiana de la lengua, baluarte del idioma español". En: Menéndez Pidal, Ramón (ed.): *Presente y Futuro de la Lengua Española. Actas de la Asamblea de Filología del I Congreso de Instituciones Hispánicas*, 11. Madrid: Ediciones Cultura Hispánica, pp. 315-328.

Fernández Pérez, Milagros (1994): "Teoría y aplicación. El estatuto disciplinar de la Planificación lingüística". En: *Anuario de Lingüística Hispánica*, 10, pp. 63-101.

García de la Concha, Víctor (2001): "Clausura del II Congreso Internacional de la Lengua Española en Valladolid". En: <http://cvc.cervantes.es/obref/congresos/valladolid/clausura/garcia_v.htm> [20.10.2005].

González, César (1982): "El lenguaje y los medios de comunicación". En: *Comisión para la Defensa del Idioma Español. La influencia de los medios de comunicación en el habla*. México, D.F.: Colección Nuestro Idioma, pp. 11-19.

Gregori Torada, Nuria (1999): *Proposición de una política lingüística nacional*. La Habana: Pablo de la Torriente.

Guillén, Fedro (1982): "La defensa del español". En: Comisión para la defensa del idioma español (ed.): *El español actual. Contribuciones a su estudio. Necesidad de una defensa*. México, D.F.: Colección Nuestro Idioma, pp. 71-79.

Lara, Luis Fernando (1982): "El vocabulario especializado de la publicidad y su papel en el español de México". En: Comisión para la Defensa del Idioma Español (ed.): *La influencia de los medios de comunicación en el habla*. México, D.F.: Colección Nuestro Idioma, pp. 31-47.

— (1987): "La Comisión para la defensa del idioma español du Mexique. Chronique d'une politique linguistique avortée". En: Maurais, Jacques (ed.): *Politique et aménagement linguistiques*. Québec: Conseil de la langue française/Paris: Le Robert, pp. 317-357.

Leclerc, Jacques (1989): *La guerre des langues dans l'affichage*. Montreal: VLB Éditeur.

— (2001): *L'amenagement linguistique dans le monde*. En: <http:// www.tlfq.ulaval.ca/axl/index.shtml.> (Québec, TLFQ, Université Laval, 20.10. 2005).

— (2005): *L'aménagement linguistique dans le monde*. Québec: TLFQ, Université Laval (http://www.tlfg.ulaval.ca/axl/amsudant/cuba.htm) (19.10.2007).

López Morales, Humberto (2004): "La actuación de las academias en la historia del idioma". En: Cano, Rafael (ed.): *Historia de la lengua española*. Barcelona: Ariel, pp. 919-940.

Pellicer, Dora (1994): "Le droit à la langue nationale face à la globalisation de l'économie: le cas mexicain". En: <http://www.cslf.gouv.qc.ca/Publications/PubF149/F149ch5.html> (20.10.2005).

Schrader-Kniffki, Martina (2005): "Brasilianische Sprachpolitik als Spiegel des französischen Sprachpurismus". Manuscrito inédito.

Söhrmann, Ingmar (1997): "Una sinonimia controvertida: español y castellano". En: *Español Actual*, 68, pp. 55-61.

Valdés Bernal, Sergio (1994): *Inmigración y lengua nacional*. La Habana: Academia.

Vázquez Villanueva, Graciana/Vitale, María Alejandra (2000): "Supuestos políticos-ideológicos de las reglamentaciones sobre la radiodifusión en la Argentina: De la doctrina de la seguridad nacional al pluralismo democrático". En: <http://biblio.fcedu.uner.edu.ar/v_jornadas/ponencias/Area02/Vazquez_Vitale.html.> (20.10. 2005).

Villa Mejía, Victor (2001): *Política idiomática en Colombia: visión sociolingüística.* Medellín: Universidad de Antioquia.

Zimmermann, Klaus (1986): "Eine Episode der Sprachplanung in Mexiko: Die Comisión para la defensa del idioma español". En: *Neue Romania*, 4, pp. 105-128.

Emili Boix-Fuster

25 años de la Constitución Española. Las ideologías lingüísticas en la configuración del Estado español

1. Introducción

Al conmemorar los veinticinco años de la Constitución Española podemos percibir mejor sus luces y sus sombras. Es innegable que desde 1978 ha habido una mejora en los derechos individuales y sociales en España, es innegable que se ha desarrollado cierta descentralización. Sin embargo, hay el tema pendiente de la acomodación del pluralismo nacional, cultural y lingüístico internos. Recordemos que esta descentralización español es bastante limitada: la única citación del federalismo en la Constitución Española es para prohibirlo. Ferran Requejo recordaba recientemente (2004: 143-147) que hay seis cuestiones pendientes si se pretende realmente construir en España una democracia federal avanzada en una realidad plurinacional:

1. el reconocimiento formal de Cataluña, de Euskadi y de Galicia como realidades nacionales diferenciadas,
2. la protección y ampliación del autobierno,
3. la regulación de la inmigración, que tenga en cuenta los intereses diversos de las comunidades autónomas,
4. la representación en Europa de dichas comunidades autónomas,
5. el financiamiento autonómico, y, sobre todo,
6. la profundización de la defensa y promoción del triángulo lengua-educación y medios de comunicación de masas en todas las lenguas de España, sobre todo aquellas más frágiles.

A continuación presentaremos un balance del último aspecto, tanto de las ideologías lingüísticas en España como del desarrollo plurilingüe del marco político español. Empezaré con tres citas que enmarcarán mi intervención.

> Una lengua no es toda la sociedad pero es el elemento central de su bóveda. Depósito de siglos, patrimonio de convivencia, marco de cultura, el idioma es eje y continuidad para la vida de un pueblo, en tanto que pueblo. Escindida, bastardeada o perdida la lengua, la sociedad se rompe, se corrompe o ve borrarse sus contornos diferenciados. Las comunidades que nunca han sufrido una crisis idiomàtica fuerte raramente se dan cuenta de esto: nadie tiene conciencia de la salud, dicen, sino el enfermo (Fuster 1962: LX-LXI).

Con esta primera cita Joan Fuster, el gran ensayista valenciano, resumía la desazón, la angustia incluso, con la que los pueblos que ven amenazada su lengua, viven esta experiencia y sobre todo destacaba la dificultad que tienen los pueblos monolingües para entenderla.

> Rien ne marque d'avantage la grandeur d'un Empire, que la multitude des nations et langues qu'il embrasse (Leibniz, *Proget de lettre à Lefort le Jeune*. Citado por Prat de la Riba 1918: 52).

Mediante la segunda cita, quisiera insistir en que es conciliable el desarrollo económico y social con el reconocimiento equitativo y justo del plurilingüismo de los ciudadadanos, tal como demuestran los casos suizo, finlandés o canadiense. No hay razones para pensar que el caso español no pudiera ser también, como lo fue en su terreno su transición política, un ejemplo de este reconocimiento de la diversidad lingüística.

> Que Dios me de la serenidad para aceptar las cosas que no puedo cambiar, valentía para cambiar las que puedo y sabiduría para ver la diferencia.[1]

Con la tercera cita, quisiera poner hincapié en que el problema que aquí tratamos, el de la organización lingüística del estado, tiene solución si hay simplemente voluntad y medios para ello.

Mi exposición se desarrollará del siguiente modo. En primer lugar describiré brevemente la situación sociolingüística del área catalanohablante. En segundo lugar presentaré el panorama del multilingüismo español. En tercer lugar recordaré el marco legal actual de dicho plurilingüismo. En cuarto lugar explicaré con cierto detalle las dos principales posiciones ante el multilingüismo español: la prioridad del español como lengua común o la igualdad entre todas las lenguas españolas. Finalmente, y en quinto lugar, desarrollaré la reivindicación de extraterritorialidad para las lenguas no castellanas, refiriéndome como

---

1   Nieburs, Reinhold/Oettinger, Friedrich: "Estas tres cosas", s. XVIII.

caso comparativo a la experiencia plurilingüe de la confederación suiza.

2. Un análisis de la situación sociolingüística desde el área catalanohablante

Examinaré la estructuración del Estado desde la perspectiva de los países de lengua catalana y, particularmente, desde Cataluña. Para ello empezaré resumiendo los grandes trazos de su situación sociolingüística. Me serviré, siguiendo a Branchadell (2003), de seis peligros, todos ellos que empiezan con *d*, que acechan a la lengua catalana en todo su territorio de Valencia, Cataluña y las Islas Baleares. Se trata de los peligros de degradación, de desaparición, de desmovilización, de disgregación, de división y de devaluación.

El riesgo de degradación o dialectalización se refiere al peligro de que el catalán pierda sus formas genuinas, a causa del contacto intensísimo con la lengua dominante, el castellano, o, aun de un modo más acusado, con el francés .

El riesgo de desaparición alude a la posibilidad de que los catalanohablantes dejen de usar la lengua y, principalmente, dejen de transmitirla intergeneracionalmente. Este abandono es lo que ya ha ocurrido en las grandes ciudades valencianas, empezando por Alicante y Valencia y acabando en Castellón, y lo que ha sucedido más recientemente en Palma de Mallorca. En todas estas zonas las parejas lingüísticamente mixtas acaban eligiendo la lengua castellana en las relaciones con los hijos. En Cataluña, en cambio, el catalán parece resistir mucho más. En la reciente encuesta de usos lingüísticos de 2003, respuesta por mayores de 15 años, el catalán era lengua primera de un 40,4% de la población al lado de 53,5% el castellano y un 2,8% que optaba por las dos lenguas . En cambio en cuanto a la lengua que consideraban propia, el catalán recuperaba posiciones: un 48,8% elegían al catalán, un 44,3% al castellano y un 5,2% a ambas lenguas.

El tercer riesgo o problema que acecha la lengua catalana es el de la desmovilización, es decir, el abandono masivo de la militancia lingüística lo cual podría acentuar todos los demás peligros.

El cuarto riesgo es el de la disgregación o fragmentación bajo fuerzas centrífugas, manifestado sobre todo por el movimiento secesionista en Valencia (véase sobre el reciente estado de la cuestión Esteve et al. 2005).

Un quinto riesgo es el de la división interna de los territorios de habla catalana, en que los *cleavages* o fronteras culturales y lingüísticas se convirtieran en límites políticos, o, mejor dicho, politizados. La sociedad de Cataluña ha evitado este riesgo, a pesar de que ocasionalmente han saltado las luces de alarma. Existe un considerable consenso sociolingüístico en la sociedad catalana, que redunda en un apoyo mayoritario al proceso de recuperación de la lengua, con cierta preferencia, no exclusividad, del catalán, tanto por parte del actual gobierno tripartito (PSC-PSOE, ERC, ICVVerds) como por parte del ejecutivo anterior (CiU), mientras el PP, el único grupo contrario al proceso de normalización lingüística, ocupa una posición marginal.

Finalmente el sexto problema o riesgo es el de la devaluación, es decir el riesgo que no se logren o se pierdan las funciones prestigiosas o cultas, que dan seguridad sociopolítica a la lengua. Si una lengua no se usa normalmente en la administración, en la docencia, en los ámbitos públicos acaba adquiriendo (en un circuito cerrado infernal) connotaciones negativas, rústicas, retrógradas.

El tema central de esta exposición –un balance de los 25 años de la CE– gira precisamente entorno a una de las funciones que toda lengua occidental aspira a lograr: su empleo en los órganos centrales del estado de que forma parte. No es coincidencia que sea Cataluña, desde donde se haya reclamado más este reconocimiento tanto español como europeo de la lengua. La misma seguridad y tradición movilizadora en pro de la lengua en Cataluña explica que se aspire, como es el caso de muchas otras lenguas oficiales de dimensiones similares, a funciones oficiales de ámbitos superiores al autonómico. Cataluña constituye la vanguardia de las reivindicaciones lingüísticas en España sin lugar a dudas. Ya Joshua Fishman, el patriarca de la sociolingüística internacional, en 1991, destacaba el peso del multilingüismo en España y el papel decisivo que en él ha jugado Cataluña:

> Frecuentemente se ha olvidado (o completamente desconocido) que, después de la Unión Soviética, España constituye el país multilingüe desarrollado económicamente más poblado en el mundo y el Estado multilingue más antiguo en el mundo, siendo incluso anterior a la confederación suiza en este tema. En modo similar, se ha olvidado y se ha valorado poco que la contribución catalana a ambas circunstancias es y ha sido la principal (Fishman 1991: 299).

3. Un breve panorama del multilingüismo español

Estas previsiones de Fishman son especialmente ciertas si consideramos el porcentaje de la población española que vive en territorios con doble oficialidad: entorno a un 40% del total de la población española habita en dichos territorios. Destaquemos que la minoría más importante es la población del área catalanohablante con un 27% del total de la población española. Incluso rebajando este porcentaje a los que usan habitualmente las lenguas españolas no castellanas, se supera el 20% de la ciudadanía española, un porcentaje similar al de los francófonos en la Suiza actual.

La pregunta que nos planteamos es cuál ha sido el reconocimiento de esta realidad multilingüe en estos veinticinco años desde la aprobación de la Constitución Española de 1978 y sobre todo hacia donde tendría que orientarse en un futuro próximo este reconocimiento para que la diversidad interna española fuera tratada de un modo justo y satisfactorio.

Para empezar conviene recordar en qué situación se encuentra el complejo multilingüismo peninsular, muy distinto en cada zona lingüística. Como es harto conocido no tiene nada que ver la situación del vasco en zonas de Alava, oeste de Vizcaya o sur de Navarra, con un papel marginal o nulo de dicha lengua desde hace siglos, con la situación de mayoría social clara del catalán en la Cataluña o la Mallorca centrales, donde la lengua propia, como sentenciaba rasa y simplemente uno de los primeros clásicos de la sociolingüística catalana es "la lengua del pueblo" (Reixach 1975), prácticamente la lengua de todo el pueblo. Haciendo abstracción de esta gran diversidad entre las diversas zonas multilingües españolas, que aun aumentaría si tuvieramos en cuenta las pequeñas lenguas peninsulares como el astur-leonés, el aragonés o el occitano del Valle de Arán (Turell 2001), creo ajustada y correcta la prospectiva sociolingüística que esbozó el sociólogo Juan José Linz, el año 1975 (el año de la muerte del dictador con la cual se abre el proceso democratizador español que nos ha conducido a la situación actual). En aquel momento, Linz sintetiza muy bien tres rasgos simultáneos del multilingüismo español:

En primer lugar Linz constata el fracaso del asimilacionismo lingüístico español. La lengua dominante, el español, a diferencia de lo ocurrido en la vecina y jacobina Francia, a diferencia incluso de lo sucedido en la más tolerante y regionalizada Italia, no ha logrado convertirse en la única lengua, sentida como propia por todos los ciudadadanos españoles. En Orense, en Guipuzcoa, en Lérida, en Valencia, en Mallorca, muchos hablantes con pasaporte español tienen como lengua primera e incluso principal el catalán, el gallego o el vasco. El nacionalismo español, como ha relatado tan claramente Alvárez Junco (2002) respecto al siglo XIX, no logró, por impotencia, por el mayor desarrollo industrial relativo de las zonas multilingües (Cataluña y País Vasco) imponerse ante los movimientos particularistas que fueron, sobre todo en dichas dos zonas, a la vez modernizadores. Este desarrollo, lo lamentaba de este modo Américo Castro en *Cataluña ante España* (1930):

> Hay que partir del hecho –del dolor, no me asusta decirlo– de que la lengua más importante de la nación no haya podido convertirse, como el francés, en el común denominador, amado y respetado de todas las culturas españolas (Castro 1930: 297).

En segundo lugar, Linz constata con razón que el castellano o español se ha convertido en la lengua franca peninsular. Los movimientos de recuperación lingüística, especialmente vigorosos en Cataluña y el País Vasco, no han logrado (y sólo aspiran a ello sectores minoritarios) volver a ningún tipo de monolingüismo. A lo sumo, como ocurre especialmente en Cataluña, se ha aspirado e implementado un bilingüismo asimétrico que intenta dar preferencia a la lengua histórica o propia del territorio. Encontramos pues en Cataluña un uso oficial claramente preferente de la lengua propia (en la administración local o autonómica) pero no un uso único o exclusivo que no está contemplado por nuestro ordenamiento jurídico constitucional. Los grandes cambios demográficos del siglo XX, empezando por las grandes migraciones hacia el País Vasco, Cataluña, Islas Baleares y Valencia, como también hacia Madrid, los cambios comunicativos con la difusión del castellano a través de la televisión, la radio y el sistema escolar, las dos dictaduras del siglo XX (la de Primo de Rivera y la de Franco) que ambos prohibieron el uso público y oficial de las lenguas no castellanas, acabaron de extender la difusión del español. Esta difusión, sin embargo, no ha comportado necesariamente el abandono de la lengua primera, del mismo modo que puede ocurrir, en un futuro no muy lejano que el inglés se convierta en lengua conocida por todos los europeos sin que ello comportara la dejación ni la subordinación de las primeras lenguas de cada zona lingüística del continente. Contemplamos pues una situación que podríamos denominar *de empate*, en términos futbolísticos, que no es de dominio absoluto de ninguna de las lenguas en contacto. El mismo *Partido Popular*, el gran partido español más reticente ante el avance de las lenguas propias, parece aceptar, al menos nominalmente, el plurilingüismo estatal (Marcos Marín 1995: 13):

> la actitud del monolingüe castellano que rechaza la riqueza cultural de una España plurilingüe es tan anticonstitucional como la de quien pretende la sustitución del castellano por otra lengua de España en una determinada Comunidad Autónoma.

El mismo experto, sin embargo, matiza que el español ha de ocupar el primer lugar en la jerarquía lingüística, ha de gozar de ventajas como lengua común e insiste en que se ha de asegurar su dominio, como si en alguna zona no se diera este dominio:

> En el caso español el límite es sencillo: hay una lengua común para todos que es además lengua internacional de primer orden. No se puede privar a los ciudadanos de esa ventaja (Marcos Marín 1995: 56).

Esta posición coincide con el denominado internacionalismo lingüístico que propugnó Juan Ramón Lodares, según el cual lo que primaría en los conflictos de lenguas serían únicamente los criterios instrumentales, lo cual conllevaría el abandono de las lenguas pequeñas en favor de las mayores ("de los caminos de carro en favor de las autopistas", véase el alegato en sentido contrario de Albert Branchadell, *El País*, 29.03.2005). No se observa, pues, entre los representantes del partido conservador o en los sectores alegados una actitud compensatoria de la grave inseguridad social con la que se enfrentan las lenguas no castellanas. Aun menos se observa una visión normalizadora que aspirara a terminar con la interposición cultural que tanto caracteriza la minorización lingüística. Muestra de ello es la política lingüística del *Partido Popular* en las Islas Baleares y en la Comunidad Valenciana. Precisamente se aspira a lo contrario: se espera que las comunicaciones exteriores del grupo no castellano se realicen exclusivamente en castellano.

Finalmente, en tercer lugar, Linz (1984) señala entre otras consideraciones, que este panorama sociolingüístico comportará la exigen-

278 Emili Boix-Fuster

cia del bilingüismo en las zonas no castellanas, lo que conllevará posibles conflictos y limitaciones para la población monolingüe:

> El bilingüismo, independientemente de un nacionalismo excluyente, creará barreras a la movilidad interregional (excepto en las actividades industriales menos calificadas) y barreras a la movilidad ascendente de los inmigrados y de sus hijos, sólo superables con el tiempo, dando lugar a una estructura social segmentada (Linz 1984: 71).

Esta advertencia de Linz encaja con la visión del plurilingüismo que tendrán los liberales españoles, como vemos a continuación.

4. Las ideologías ante el plurilingüismo español

Presentaré las principales concepciones ideológicas con las que se aborda la diversidad lingüística española. La primera, en orden de aparición y en vigencia desgraciadamente, ha sido la concepción asimilista. Dejaremos de lado los intentos de prohibición en ámbitos públicos y privados que han caracterizado al siglo XIX y a las dos dictaduras del siglo XX. Dejaremos de lado las muestras de intolerancia más recientes como los silbatos del público de la plaza de Las Ventas de Madrid (10.11.1997) contra el cantante de Xàtiva, Raimon, por el mero hecho de hablar en catalán.

4.1 La ideología asimilacionista

El fragmento de Laguna en su *Historia Universal* (1836), que data de la primera mitad del siglo XIX, representa la visión asimiladora dominante:

> El referir la historia de todas las lenguas que se han usado en España desde que llegaron los charlatanes de Babel, sería una cosa demasiado prolija y aventurada y así sólo diremos que nuestra lengua castellana es la más rica, la más sonora, la más amena, la más elegante, la más expresiva, la más graciosa, la más melodiosa y la más adecuada, en fin, para expresar conceptos de cualquier categoría. Este idioma se habla en toda la península a excepción de Portugal donde se habla el portugués, de las provincias Vascongadas y Navarra donde se habla el vascuence y de Cataluña y Valencia en donde sigue la lengua limosina: *aunque se está trabajando por desterrar* de la Península tales idiomas (si pueden llamarse así) y uniformar todas la provincias en el uso del idioma común (Laguna 1836: 19, énfasis mío).

Un asimilacionismo más suave, pero asimilacionismo al fin y al cabo, es el que formulaban tanto el gran intelectual vasco, Miguel de Unamuno, como una muestra de estudiantes de secundaria de Salamanca, un siglo después, que respondieron a una encuesta sobre la diversidad lingüística en España.

> Es en nombre de la cultura, no sólo del patriotismo, es en nombre de la cultura como debemos pelear por que no haya en España más lengua oficial, más lengua de cultura nacional, que la lengua española que hablan más de veinte naciones. Y esto, sean cuales fueren las hermosuras, los méritos y las glorias de otros lenguajes españoles, a los que se debe dejar a su vida doméstica (Unamuno 1906 según González Ollé 1993: 145).

Por su lado los estudiantes de Salamanca, encuestados en 2002 (Bellver 2005) manifiestan generalmente una actitud mal informada, reticente o asimilista ante las lenguas no castellanas de España, si no puro desinterés.[2] Un 53% creen que, como estamos en España, todos tenemos que hablar español. Un 38% creen que los catalanes hablan su lengua con el propósito de diferenciarse y porque se creen superiores. Un 76% creen que conviene que haya una lengua dominante y que ésta sea considerada más útil en todos los territorios. Un 50% afirma que el catalán es un dialecto. Un 78% afirman que se pueden respetar las otras lenguas, pero teniendo en cuenta que la lengua prioritaria es el castellano y, como tal, debe tener privilegios.

4.2 La ideología liberal asimilacionista

La visión de Linz es la de un liberal español que lamenta que esta diversidad lingüística limite la movilidad interna española. En realidad Linz se hace eco, con matices, de la vieja idea liberal de que una mínima homogeneización sería indispensable para la eficacia de un estado moderno. Así lo enunciaba un ilustre presidente de las Cortes de Cádiz (Ramón Lázaro de Dou y de Bassols 1801):

> En qualquier estado se ha de procurar que haya una lengua dominante en el país para la enseñanza, expedición de órdenes y para todo cuanto se haya de hacer correspondiente al derecho público (lo cual) trae muchas

---

2   "¿Qué nos separa a los españoles?", pregunto a una chica que viaja a Valencia. Respuesta: "Los distintos idiomas. En Valencia, por ejemplo, cuando hablan valenciano yo no los entiendo."
   P: "¿De dónde eres?"
   R: "De Soria. Estudio Ingeniería Química."
   P: "¿Por qué no aprendes valenciano?"
   R: "No tengo tiempo para esto." (*La Vanguardia*, 14.03.2004).

ventajas en qualquier nación el tener una lengua dominante en dicho mo-do.

La primera es que facilita mucho el comercio interior, porque no tiene duda que la dificultad de explicarse y de entenderse unos a otros entre personas de diferentes reynos y provincias ha embarazado y embaraza en muchas partes el comercio; este impedimento que es insuperable entre distintas naciones, es fácilmente vencible entre distintas provincias de una misma nación, especialmente si se usa para ello medios suaves, no dirigiéndose tanto las providencias a destruir las lenguas que estén en uso como para introducir con fina prudencia el de la que ha de quedar dominante.

La segunda es que hablarse en todo el reyno una misma lengua cría en el ánimo de todos un género de afecto y amor particular que no puede fácilmente encontrarse entre los que hablan diversas lenguas, verificándose en estos que se miran en el algún modo como si fuesen de reyno distinto, sin embargo de formar el mismo.

La tercera es que proporciona que el conocimiento de los adelantamientos que se hacen en algún lugar se comunique a los otros resultando de esto en alguna parte la ventaja que se ha dicho de la lengua latina (Lázaro de Dou y de Bassols 1801; en Cano 2002: 168s.).

De modo similar lo enunciaba John Stuart Mill en 1861:

Las instituciones libres son casi imposibles en un país compuesto de diferentes nacionalidades. En un pueblo sin sentimiento común, especialmente si lee y habla distintos idiomas, no puede existir una opinión pública unida, necesaria para que funcione el gobierno representativo (1947: 361).

Esta visión liberal clásica confunde la igualdad de características *(sameness)*, con la igualdad de derechos *(equality)*.

En España el conocimiento generalizado del español garantiza la posibilidad de que se constituya un imaginario colectivo español, una *comunidad imaginada* en expresión feliz de Benedict Anderson (1983). El mercado comunicativo en español a través de las televisiones, las emisoras de radio, la prensa diaria, las revistas del corazón, la simbología nacional, permite a los ciudadanos españoles imaginarse como partes de un todo común superior, a pesar de que no tengan contacto directo y cotidiano con cada uno de los compatriotas, miembros también de esa comunidad. La comparación de los mercados comunicativos de la Cerdaña Norte y la Cerdaña Sur proporciona un ejemplo evidente de los efectos de pertenecer a dos estados distintos, Francia y España respectivamente. El español es omnipresente y consigue las características de la anonimidad: la neutralidad y el interclasismo (Woolard 2004). Los datos de los que disponemos demuestran que no hay razones para preocuparse por la difusión del castellano en España, ya que tiene una vitalidad social muy asegurada, pero sí para inquietarse por las otras lenguas españolas en una sociedad capitalista y globalizada, en la que, aparte de los tristes casos de pura intolerancia lingüística, las razones estrictamente utilitarias favorecen inevitablemente a una de las lenguas globales, enfrente de lenguas de dimensiones reducidas. En este contexto se puede sacar a colación la frase conocida de que el lobo y la gacela pueden dormir juntos, pero la gacela no dormirá nada tranquila.

5. El marco legal del plurilingüismo español actual

La Constitución Española representó un avance positivo pero insuficiente respecto a la larga retahíla de constituciones españoles que obviaron la diversidad lingüística. Ya en su preámbulo la Constitución Española establece la voluntad de la Nación de "proteger a todos los españoles y pueblos de España en el ejercicio de los derechos humanos, sus culturas y tradiciones, lenguas e instituciones". Ya en el título preliminar de la Constitución se diseña, mediante el famoso artículo 3, una territorialidad desigual, ya que se reconoce la oficialidad del castellano en todo el territorio mientras se restringe la de las demás lenguas españolas (no denominadas) a los ámbitos respectivos de las Comunidades Autónomas. Los tres apartados de este artículo 3 parecen establecer una gradación de reconocimiento de las lenguas y modalidades lingüísticas españolas. Así, en el apartado 3.1. se establece que "el castellano es la lengua española oficial del Estado. Todos los españoles tienen el deber de conocerla y el derecho a usarla", obligación insólita en el derecho comparado internacional. En el apartado 3.2. se hace referencia a las demás lenguas españolas que "serán también oficiales en las respectivas Comunidades Autónomas de acuerdo con sus Estatutos". Cada Estatuto, y las leyes que lo desarrollen desde cada gobierno autónomo han modulado está oficialidad, la cual ha sido cercenada o aprobada, como veremos, por la jurisprudencia del Tribunal Constitucional. Esta competencia autonómica se apoya en el artículo 148.17. que establece que "las Comunidades Autónomas podrán asumir las competencias en el fomento de la cultura, de la investigación y, en su caso, de la enseñanza de la lengua en la Comunidad

Autónoma." Finalmente en el apartado 3.3. se establece muy genéri-
camente que "la riqueza de las distintas modalidades lingüísticas de
España es un patrimonio cultural que será objeto de especial respeto y
protección". De este modo parece establecerse una jerarquía entre las
lenguas (artículo 3.2.) que se normalizan, y las modalidades que simplemente se conservan (artículo 3.3.). Finalmente cabe destacar, por
su repercusión social, el artículo 20.3. referido a los medios de comunicación:

> La ley regulará la organización y el control parlamentario de los medios
> de comunicación social dependientes del Estado o de cualquier ente
> público y garantizará el acceso a dichos medios de los grupos sociales y
> políticos significativos, respetando el pluralismo de la sociedad y de las
> diversas lenguas de España.

Recordemos que la regulación de las televisiones privadas el 1989 no
tuvo en cuenta el pluralismo lingüístico.

El Estado se establece como garante de la realidad plurilingüe del
Estado, como ha establecido también la sentencia del Tribunal Constitucional 56/1990 que la califica "de considerable importancia, simbólica y afectiva en la estructuración autonómica del Estado".

Por consiguiente, como resumen, Vernet y sus colaboradores en
una síntesis reciente de derecho lingüístico (2003), España es un Estado compuesto con división de competencias entre el Estado y las Comunidades Autónomas. La política lingüística está distribuida del
siguiente modo:

1) La materia lingüística no se encuentra en la relación de competencias reservadas al Estado.
2) Cada comunidad autónoma determinará el alcance y objetivos
   concretos de su política lingüística, dentro del marco constitucional y lo que vaya estableciendo el Tribunal Constitucional.
3) La competencia en temas lingüísticos es transversal. El alcance y
   los efectos de la oficialidad serán aplicados por la administración
   estatal, autonómica, local, universitaria y judicial. La medida en
   que cada una de estas administraciones la apliquen nos indicará su
   grado de implicación en pro o en contra de la diversidad lingüística.
4) Las normas se aplican a todo el territorio de la Comunidad Autónoma, no sólo a la administración autonómica.

5) Las prescripciones autonómicas tienen aplicabilidad inmediata. Las administraciones no autonómicas desarrollan la Constitución y el Estatuto de Autonomía respectivos.

La política normalizadora ha comportado la bilingüización de parte del personal estatal y una cierta preeminencia en el caso del catalán en el sector educativo. Diversas sentencias del Tribunal Constitucional han dado el visto bueno a ambos aspectos. Por un lado la *STC 46* de 1991 consideraba ajustado a derecho el artículo 34 de la *Ley de Función Pública de Cataluña*. Por su lado, la *STC 337* de 1994 reconocía las competencias plenas en materia de enseñanza de la Generalitat de Catalunya, así como el carácter "central" que ocupaba la lengua catalana en todo el ámbito educativo no universitario.

A veces el encaje entre la normativa lingüística del gobierno central y la del autonómico es complejo o, mejor dicho, conflictivo. Como señala un reciente libro blanco de la situación sociolingüística en los países de lengua catalana,

> [l]a legislación estatal no respeta los mandatos de las leyes de política lingüística dictada por las comunidades autónomas, en cuanto al principio de lengua propia. Peor aun, los operadores estatales vulneran cotidianamente hasta el contenido de la oficialidad de la lengua catalana y los derechos lingüísticos de los ciudadanos que se derivan de ellos (Pons/ Vila 2005: 111).

Así el artículo 2.2. de la *Ley de Política Lingüística* catalana de 1998 establece que el catalán, como lengua propia, es la lengua preferentemente usada por la Administración del Estado en Cataluña, en la forma que ésta determine. En cambio, el artículo 36 de la *Ley estatal 30/1992*, sobre el régimen jurídico de las administraciones públicas y el procedimiento administrativo establece como principio general la lengua castellana como lengua de los procedimientos tramitados por la administración general del Estado, aunque prevea explícitamente que cuando el procedimiento es a instancias de una persona interesada y ésta utiliza otra lengua oficial distinta de la castellana, entonces el procedimiento se ha de tramitar en la lengua elegida por esta persona (artículo 36.1.). Así mismo el *Real Decreto 1465/1999* del 17.09.1999 establece criterios de imagen institucional y regula la producción documental y el material impreso de la administración general del Estado, norma que establece el bilingüismo como regla general en el material impreso, modelos normalizados, carteles, rótulos y señalizaciones destinados a los ciudadanos, de tal modo que la lengua propia no aparece como preferente. En general existen escasa exigencias de capacitación lingüística para el personal de la administración estatal de tal manera que "la administración del Estado convierte el ejercicio de los derechos lingüísticos de los catalanohablantes en un motivo de conflicto interpersonal" (Pons/Vila 2005: 112). Finalmente cabe recordar que la Administración de Justicia, aun muy centralizada, continúa siendo un sector inexpugnable a la normalización lingüística: su configuración ha blindado la posición de los castellanohablantes monolingües, de tal modo que los derechos de los ciudadanos catalanohablantes quedan muy limitados.

6. Dos posiciones contrarias ante el multilingüismo: la prioridad del español como lengua común o la igualdad radical entre todas las lenguas españolas

En una formulación más dura, la posición programática de intelectuales próximos al *Partido Popular* propugna que el español bastaría para todo tipo de comunicación interterritorial, como "lengua común, única que les (a los niños y niñas de las zonas bilingües) garantiza la igualdad de oportunidades en todo el territorio español" (Marcos Marín 1995: 11). En la jurisprudencia española encontramos la formulación de esta visión unitarista. Se llega a considerar lógico que de la idea de lengua común se derive el uso del castellano para todos los españoles, sin tener en cuenta la opinión de estos mismos ciudadanos. Así constó en una resolución (*Boletín Oficial del Estado*, 22.11.1985) de la dirección general de los Registros y del Notariado, dependiente de la administración central. En ella se daba respuesta a dos recursos presentados por un ciudadano catalán en los que éste solicitaba que los asientos de una inscripción de nacimiento fueran en catalán y que los apellidos del nacido aparecieran unidos con la conjunción copulativa catalana, la *i* latina, en lugar de la castellana, la *y* griega. Dos aspectos son significativos de la resolución denegatoria.

En primer lugar se arguye que el Estado central no puede ser bilingüe:

> Cuarto. Cuestión completamente distinta es la que si en un futuro podría o no ser conveniente que los órganos competentes del Estado implantaran un bilingüismo, que no parece compaginarse bien con el carácter estatal del Registro Civil ni con su eficacia nacional e internacional [...].

De este modo se equipara estatalidad con monolingüismo castellano, dando un predominio desigual a dicha lengua. En segundo lugar, aun más interesante, se argumenta que el uso del castellano no es discriminatorio, de tal modo que se antepone la preferencia de la administración a la del administrado:

> Sexto. Ningún atisbo de discriminación puede existir por el hecho de imponer a un español el uso del castellano, ante el deber de conocer esta lengua establecido para todos los españoles por el artículo 3.1. de la Constitución.

Recordemos, antes de seguir adelante, dos aspectos: por un lado, la Constitución Española no denomina al español lengua común; por otro lado, las otras lenguas españolas también podrían considerarse comunes entre Comunidades Autónomas. Así, el euskera o vascuence es común a Navarra y a la Comunidad Autónoma del País Vasco, y el catalán es legalmente común a Cataluña y a las Islas Baleares, e incluso a la Comunidad Valenciana, si aceptamos como reconoce la misma *Academia Valenciana de la Lengua* en su decreto de constitución de 1998, que la variedad allí hablada pertenece al mismo grupo lingüístico que el catalán.

Esta política de priorización del castellano-español contrasta con la de un representante de un partido clave en el juego político catalán actual, el *Partido de los Socialistas de Cataluña* (PSC-PSOE), un partido independiente, pero federado al PSOE, que manifiesta claramente estar dispuesto a un uso instrumental, si fuere necesario del español, pero prefiere comunicarse con la administración (una administración que aspira a que sea federal) a través de su lengua propia, el catalán:[3]

---

3   Un precedente de este planteamiento lingüístico igualitario se encuentra en Ninyoles (1977) en plena transición política española: En aquel período, la ideología alternativa a la asimilacionista, venía vinculada con aspiraciones de transformación socialista del estado. Era ésta la visión de Rafael Lluís Ninyoles que, desde la periferia, aboga por un cierto predominio de las lenguas no castellanas, para así compensar su subordinación histórica, al lado de un respeto escrupuloso de las nuevas minorías castellanohablantes del territorio: "Quizá la alternativa más coherente implicaría la instrumentación de un modelo de unilingüismo territorial en las regiones autónomas, combinado con garantías eficaces respecto a los sectores de habla castellana sobre la base de unos derechos lingüísticos personales, e inserto en un programa socialista capaz de asumir una transformación cultural democrática y de instaurar una relación de auténtica coigualdad y reciprocidad entre

Evidentemente, este futuro federalismo no puede ser verdad si no está
hecho en libertad, si no está hecho en igualdad, e incluso, ¿por qué no?,
con el contenido fundamental de la fraternidad. Que no se hable de bilingüismo en Cataluña, si no se habla de bilingüismo en todas partes. Porque en Cataluña, es interesante y útil que los catalanes sepamos, o podamos utilizar el castellano cuando sea conveniente. Lo que hay que reconocer es que también el Estado, si quiere ser el Estado de todos, tendría
que pensar que un ciudadano de Cataluña no tiene por qué hacer la co-
media de dirigirse al Estado en una lengua que no es la suya. Mientras
sea así, el Estado nos parecerá siempre un estado extranjero (Cirici Pellicer 1983: 168).

Esta reivindicación del plurilingüismo del Estado es una ya vieja me-
lodía que ya cantaron los poetas y que han llegado demasiado a menudo a oídos sordos. No quiero recordar hoy viejos agravios, episodios
no tan lejanos de intolerancia lingüística Prefiero hoy recordar la *Oda
a la patria* de Joan Maragall, abuelo del actual presidente de la Generalitat de Catalunya, cuando reclama, dramáticamente incluso, un diálogo peninsular.

> Escucha España – la voz de un hijo
> que te habla en lengua no castellana,
> hablo la lengua que me regala la tierra áspera
> en esta lengua pocos te hablaron
> hartos en la otra
> [y que acaba así:]
> ¿Dónde estás, España? – no logro verte.
> ¿No te hiere mi voz atronadora?
> ¿No entiendes esta lengua – que te habla entre peligros?
> ¿No sabes ya comprender a tus hijos?
> ¡Adiós, España! (Maragall 1970: 171s.)

Y Salvador Espriu, otro gran poeta catalán, lanza una invocación al
diálogo, dirigida a Sepharad, España, en la versión de José Batlló:

> Recuerda esto siempre, Sepharad.
> Haz que sean seguros los puentes del diálogo
> E intenta comprender y amar las diversas razones y
>   las hablas de tus hijos.
> Que la lluvia caiga lentamente en los sembrados
> Y pase el aire como una mano extendida,
> Suave y benigna, sobre los anchos campos.

---

las distintas comunidades de un Estado español multilingue" (Ninyoles 1977:
258).

Que Sepharad viva eternamente
En el orden y la paz, en el trabajo,
En la difícil y merecida
Libertad (Maragall 1970: 23).

Actualmente estos anhelos vagos de reconocimiento de la pluralidad lingüística española podrían convertirse en proyectos políticos inmediatos, quizás más factibles después de la vuelta del PSOE al poder central español. Desconocemos, sin embargo, el alcance y la profundidad de lo que Rodríguez Zapatero ha denominado la España plural. Quiero señalar dos iniciativas recientes hacia esta España plural, ambas de origen catalán.

Por una parte la reivindicación del uso extraterritorial del catalán forma del pacto de coalición PSC/ERC/ICV que ha dado lugar al actual gobierno autónomo catalán, denominado catalanista y de izquierdas. Dicho acuerdo (*Acord per a un govern catalanista i d'esquerres*, 14.12.2003) establece lo siguiente:

En cuanto al reconocimiento de la plurinacionalidad del Estado y de sus aspectos simbólicos y culturales, las partes adoptarán las iniciativas legislativas y políticas necesarias para:

– Incorporar al curriculum estatal en todos los niveles de la enseñanza obligatoria las materias que expresen la diversidad cultural y lingüística.

– Tomar las iniciativas políticas y legales que lleven al reconocimiento de la realidad plurilingüística del Estado en su denominación oficial, en los registros públicos, en la emisión de moneda y sellos, el DNI y el pasaporte y el etiquetaje de productos.

– Promover la declaración del catalán y del resto de lenguas del Estado como lenguas cooficiales en todo su territorio y su declaración como lenguas oficiales de la Unión Europea. [Como ha observado oportunamente Branchadell (2004a) la formulación más correcta sería "en los órganos centrales del estado".]

– Impulsar por vía legislativa y política la creación de un Consejo de Culturas, encargado de llevar a cabo las funciones previstas en el artículo 149.2 CE,[4] y al cual se irán transfiriendo estas funciones por parte del gobierno del Estado.[5]

---

4   Dicho artículo establece: "Sin perjuicio de las competencias que podrán asumir las Comunidades Autónomas, el Estado considerará el servicio de la cultura como deber y atribución esencial y facilitará la comunicación cultural entre las Comunidades Autónomas, de acuerdo con ellas."

5   En esta línea, el 08.10.2004, se celebró una reunión en *el Institut d'Estudis Catalans*, para preparar una propuesta de *Ley de Lenguas* estatal.

– Establecer el requisito de uso de las distintas lenguas cooficiales en las condiciones de las concesiones administrativas para la comunicación audiovisual.

– Fomentar por parte de la *Generalitat* la actividad cultural en las lenguas reconocidas en el EAC.

Por otra parte, una organización activista, Organización por el Multilingüismo (OM), tiene como objetivo precisamente lograr un reconocimiento y un uso multilingüe por parte de las instituciones comunes españolas. Dicha organización ha organizado campañas para lograr que los sellos españoles, que las monedas y billetes de euro, que la administración de correos, que la documentación estatal, que la misma Corona española, reflejen el cuatrilingüismo de los ciudadanos. Sus campañas se basan en una exposición pedagógica muy prolija y detallada de los usos oficiales multilingües en estados como Finlandia, Bélgica, Nueva Zelanda, Suiza o Canadá. Hasta ahora, a lo sumo, lo que ha logrado esta organización es una toma de conciencia de la necesidad de multilingüismo. No lograron que los euros reflejaran el multilingüismo español y no lograron impedir que Correos y Telégrafos (usado de forma bilingüe) se transformará en el actual logotipo unilingüe en castellano: Correos.

7. La reivindicación de extraterritorialidad para las lenguas no castellanas: hacia una igualdad radical

El camino hacia un plurilingüismo estatal no está impuesto, pero tampoco prohibido por nuestro marco legal. Quizás este trecho sea lento, como lo fue, por ejemplo, el reconocimiento estatal del neerlandés o flamenco en Bélgica, o el del sueco y el finlandés en Finlandia o el del francés en Canadá. Como ya preveía Miquel Siguan en 1992 continuará habiendo una presión, sobre todo por parte de Cataluña, para el reconocimiento del plurilingüismo tanto en el conjunto del estado como en los organismos europeos (Milian i Massana 2003).

Sin embargo no existe aun un proyecto político coherente sobre el desarrollo futuro del Estado de las Autonomías y de sus correlatos sociolingüísticos. Ahora nos limitaremos a presentar un horizonte próximo hacia el cual creo que tendría que aproximarse España para ser un país más respetuoso y generoso para con su diversidad interna. En primer lugar describiré, someramente, la experiencia internacional más exitosa: el caso suizo. En segundo lugar desarrollaré algunas propuestas para un desarrollo plurilingüístico en el caso español.

7.1 El caso suizo. ¿Una experiencia única?

La tradición plurilingüe suiza es fruto de un lento proceso de acumulación de experiencia, del cual pueden extraerse lecciones para el caso español. Siguiendo a la obra clásica de síntesis de McRae (1983) podemos apuntar sus principales características.

En primer lugar, Suiza goza de una tradición histórica peculiar en la que se han desarrollado técnicas de neutralidad, mediación y descentralización.

En segundo lugar, en cuanto a la estructura social y económica, las comunidades lingüísticas helvéticas tienen y han tenido una acusada estabilidad, gracias a la política estricta de territorialidad en los cantones, incluso en los cantones bilingües o multilingües. La visibilidad de la diversidad lingüística es tan elevada en Suiza que "los niños suizos creen que las comunidades lingüísticas son más iguales de lo que son" (McRae 1983: 233).

En tercer lugar, en cuanto a las actitudes y valores, una socialización política peculiar ha logrado que haya profundas simpatías entre los miembros de los distintos grupos lingüísticos suizos. Esta simpatía contrasta con los viejos estereotipos existentes en España, donde muchos y muchas catalanohablantes son tachados de *polacos*. Los temas lingüísticos pueden emerger y emergen en la vida política suiza pero no se acumulan. Esto es fruto de una continua vigilancia y esfuerzo por parte de las élites y por parte de muchos millares de ciudadanos suizos activos.

En cuarto lugar las instituciones políticas y legales suizas tienen las siguientes características: (1) hay un reconocimiento de la igualdad formal entre las distintas lenguas; (2) hay una participación de las minorías en el gobierno confederal, ajustada e incluso superior a su peso específico; (3) se reducen las disparidades económicas entre las distintas zonas por medios directos e indirectos; y (4) existe una profunda autonomía cultural mediante la descentralización.

En quinto lugar, *last but not least*, hay una política decidida de promoción de la comprensión y comunicación a través de las fronteras lingüísticas. Esta política se concreta en requisitos de bilingüismo funcional entre funcionarios y jueces, en la posibilidad de visión de las distintas cadenas de televisión en todo el territorio, y en la organización Pro Helvetia (Fundación Suiza para la Cultura), que difunde la cultura vehiculada en todas las lenguas del país.

7.2 Propuestas plurilingüísticas para un horizonte próximo en España

¿Cómo llegar la unidad desde lo múltiple? ¿Cómo conciliar el intercambio y la cohesión? Éste es un dilema de la mayoría de estados, dado que hay como mínimo 5.000 lenguas y unos 200 estados en el planeta.

McRae analizó estados plurilingües occidentales: prósperos, con un reconocimiento de su diversidad y con niveles de violencia bajos: la Confederación Helvética, Bélgica, Finlandia y su nativo Canadá. Creemos que España tendría que añadirse a esta lista, a pesar de cierta violencia en y desde Euskadi.

Antes de presentar propuestas para una mejor regulación española del plurilingüismo, examinaremos brevemente cuál es la regulación vigente.

La Constitución Española otorga tres privilegios para el español. En primer lugar, el español o castellano es lengua oficial única en su territorio histórico. En segundo lugar, el castellano es lengua oficial también en el territorio histórico de las otras lenguas y, en tercer lugar, el castellano tiene la oficialidad exclusiva en los órganos centrales del Estado (legislativos, ejecutivos y judiciales).

Los principios de la igualdad lingüística en los espacios políticos compartidos (la Unión Europea, por ejemplo) son más o menos la inversión de estos tres privilegios del español a que acabamos de referirnos. En primer lugar se respeta la primacía funcional de cada lengua en su territorio (como lengua común de uso público). En segundo lugar hay simetría de los derechos personales extraterritoriales (por ejemplo los catalanohablantes tendrían derechos lingüísticos en Madrid, del mismo modo que los castellanohablantes tienen en los países de lengua catalana) y, en tercer lugar, hay igualdad estricta de derechos lingüísticos en las instituciones políticas comunes.

No se ha llevado a cabo aun un examen sistemático del plurilingüismo en España. Esta revisión tendría que responder a las preguntas claves de McRae (1994: 78): ¿quién decide qué comunicaciones se han de realizar en una u otra lengua?, ¿quién recibe qué en cuestiones lingüísticas?, ¿cómo se dan estos servicios?, ¿qué servicios tienen que ser proporcionados en cada lengua?, ¿en qué versión de la lengua seleccionada se prestan estos servicios?

Sólo una organización, *Organización por el Multilingüismo*, intenta que el plurilingüismo del Estado sea un problema, sobre todo desde Cataluña, zona más avanzada.[6]

Hay que plantearse una pregunta previa: ¿Hay condiciones para el diálogo? Como señala Marí hay que lograr un marco satisfactorio de debate político. Para empezar hay que evidenciar de manera continuada las desigualdades del marco actual y legitimar la necesidad de la igualdad formal y de una reparación de los efectos de la larga desigualdad.

En primer lugar se tendría que concretar un horizonte plurilingüe justo y satisfactorio para la mayoría. Como señala Marí (2004)

> en ausencia de un referente ampliamente conocido de ordenación justa del plurilingüismo, es muy fácil que cualquier pequeño adelanto en el uso de las lenguas en algún organismo estatal, el plurilingüismo en el Senado, por ejemplo, se presente como un techo de magnanimidad insuperable. Hasta ahora ha sido muy cómodo para los poderes estatales que nunca se haya cuestionado seriamente la desigualdad del modelo, que nunca hayan tenido que explicar y justificar el plurilingüismo desigual que practican (Marí 2004).

Desarrollo mis propuestas en tres aspectos: los aspectos institucionales, los aspectos simbólicos y los aspectos que denomino culturales.

7.2.1 Los aspectos institucionales

En primer lugar es imprescindible revisar la legislación vigente, tanto de Derecho Privado como de Derecho Público para formular propuestas de modificaciones legislativas acordes con el pluralismo lingüístico. En segundo lugar se tendría que aspirar a garantizar el derecho a ser atendido en la lengua de elección del ciudadano. Los organismos

---

6 Los objetivos de OM son los siguientes: a) adelantar en el pleno reconocimiento político e institucional de la pluralidad lingüística del Estado español; b) defender los derechos lingüísticos de los ciudadanos del Estado español en un marco de pluralismo igualitario; y c) promover la lengua catalana dentro y fuera de su territorio histórico, y colaborar con asociaciones afines en la promoción de las otras lenguas del Estado diferentes del castellano dentro y fuera de su territorio histórico.

dependientes del Estado en territorios autónomos con doble oficialidad han de aplicarla pero como establece la *STC 82/1986* en su FJ5
corresponde a "la Administración estatal la ordenación concreta de la
puesta en práctica de aquella regulación legal en la medida que afecte
a órganos propios." Finalmente otra sentencia citada reiteradamente
(*STC 82/1986*) en su FJ 8 establece que a cada poder público le corresponde concretar "gradualmente" la atención a los ciudadanos de
acuerdo con las posibilidades y los criterios organizativos. Si repasa-
mos los distintos organismos gubernamentales veremos que esta gra-
dualidad se aplica de modos muy distintos sin que se pueda observar
un diseño sociolingüístico global por parte de la administración central. Examinemos, para ejemplificar este desorden, la situación sociolingüística de distintas administraciones estatales.

a) En cuanto a la administración general del Estado, la *Ley 30/92*, de
    régimen jurídico de las administraciones públicas y del procedi-
    miento administrativo común regula las administraciones públicas
    de tal manera que establece que los procedimientos puedan ser en
    las lenguas cooficiales. Sin embargo, el Estado no pone los medios
    para hacer posible esta medida. Ni los textos ni los formularios ni
    las páginas web de los distintos ministerios se hallan en las len-
    guas oficiales. En cuanto a los requerimientos lingüísticos de pla-
    zas en determinados puestos de trabajo en la Administración peri-
    férica del Estado, la Orden del 20.07.1990 del Ministerio de las
    Administraciones Públicas referida a la provisión de determinados
    puestos de trabajo en la Administración periférica del Estado, en
    relación con el conocimiento de las lenguas oficiales propias de
    las Comunidades Autónomas, especifica que dichos conocimien-
    tos serán un mérito en los lugares de información al público, de
    recepción y registro de documentos y en general de proximidad al
    público.

b) En cuanto a la administración de justicia, la *Ley Orgánica del
    Poder Judicial 6/1985*, modificada por la *Ley 16/1994* establece
    que los conocimientos de la lengua oficial serán un mérito y no un
    requisito. En cuanto al ministerio fiscal no se establecen méritos
    lingüísticos; en cambio, para jueces y magistrados el conocimiento
    lingüístico es un mérito preferente. Estas mínimas exigencias en el
    campo jurídico contrastan extraordinariamente con la exigencia

universal de conocer el catalán en la enseñanza no universitaria. El resultado es que en Cataluña actualmente sólo un 6% de las sentencias se dictan en catalán.

c) En cuanto a otras agencias de la administración central del Estado como las Oficinas de Loterías y Apuestas, Muface, la UNED, la administración tributaria, Renfe y Aneca, por ejemplo, hay un bilingüismo no siempre sistemático y a menudo un monolingüismo exclusivo en castellano. Las campañas de publicidad del Ministerio de Sanidad contra el sida o del Ministerio del Interior contra la accidentalidad de tránsito son exclusivamente en castellano. Las publicaciones de los distintos ministerios del gobierno central son también casi exclusivamente en castellano. En el ámbito educativo se tendría que asegurar el reconocimiento del carácter plurinacional y plurilingüístico en los currículums nacionales. Particularmente se tendría que estimular la creación de departamentos de las distintas lenguas del Estado, sobre todo en las Facultades de Filología, de Traducción e Interpretación, de Educación y en las Escuelas Oficiales de Idiomas. Asimismo en la Radiotelevisión pública española, las lenguas no castellanas podrían también representar a España en festivales como Eurovisión. Esta falta de política lingüística sistemática se agudiza en los servicios privatizados o semiprivatizados, como Correos (Milian i Massana 2001). En dichos casos, como ha ocurrido en Canadá, la privatización se tendría que realizar teniendo en cuenta el tratamiento del plurilingüismo.

d) Finalmente, en cuanto a los compromisos internacionales, la regla ha sido el desinterés del Estado en promover la diversidad plurilingüe española de cara al exterior. Así se tendría que incluir, de acuerdo con las comunidades autónomas implicadas, dentro de la acción educativa española en el exterior, la enseñanza de las lenguas y culturas no castellanas. Por ejemplo, tendría que ser España, y no sólo Andorra, quien propusiera la enseñanza del catalán en el Instituto Español en el Principado pirenaico. Asimismo corresponde al Estado garantizar la promoción y difusión de todas las lenguas españolas en el ámbito internacional y, especialmente en el territorio de la Unión Europea, adaptando la organización y funcionamiento del Instituto Cervantes a la realidad plurilingüe española. Afortunadamente actividades como la de hoy muestran que empezamos a avanzar en este sentido. Tendría que ser España, como propuso en su momento la ministra de Exteriores Ana Palacio (*Avui*, 29.10.2003), quien estableciera canales de colaboración con las minorías vasca y catalana en Francia. Asimismo España, como ha hecho el ministro actual de exteriores Miquel Ángel Moratinos, es quien ha de avalar la solicitud de uso oficial de las lenguas no castellanas en Europa. Lenguas como el catalán, con casi ocho millones de hablantes tendrían que estar incluidas dentro de los programas lingüísticos de movilidad de la Unión Europea. La ausencia de programas previos de preparación de lenguas no castellanas imposibilita o reduce el uso de estas lenguas en la docencia, particularmente en las universidades catalanes, donde el uso del catalán es relativamente alto. Algo parecido ocurre con las nuevas migraciones. Los inmigrantes llegados a territorios no castellanohablantes han de ser informados apropiadamente de la situación sociolingüística de las tierras que les reciben y han de recibir los medios (cursillos gratuitos pero obligatorios, por ejemplo) de acceder al dominio de las lenguas de la sociedad receptora.

7.2.2 Los aspectos simbólicos

Abogamos por una representación emblemática del carácter plurilingüe del estado, que tendría que verse plasmado en el mismo nombre del Estado, en las monedas y billetes, en los sellos y en cualquier documento de tipo estatal como el DNI, pasaporte, libro de familia, carné de conducción, tarjeta de residencia, en el BOE y en general en las páginas Web. Asimismo, los miembros de la Corona tendrían que hacer un uso proporcionado de las distintas lenguas oficiales.

7.2.3 Los aspectos culturales

Más allá de reglamentaciones más o menos puntillistas del bilingüismo, el reto principal de un estado plurilingüe es fomentar y arraigar una cultura cívica de respeto por este plurilingüismo, a que invita el mismo mandato constitucional. Creemos necesaria, tal como también propone el gobierno tripartito catalán actual, la creación de una agencia del multilingüismo estatal. Esta agencia tendría dos campos de actividad. Por un lado se trataría de coordinar la política lingüística de la administración central del Estado, que como hemos visto, es anárquica o inexistente. Por otro lado, y principalmente, se trataría de difundir una visión positiva del plurilingüismo en el interior de la misma población española, empezando por un conocimiento básico de las lenguas españolas no castellanas y, sobre todo, un conocimiento general de la realidad pluricultural y plurilingüe del país. Como es sabido, la situación de las zonas bilingües españolas es vista por la España monolingüe a menudo a través de un filtro de ignorancia, reticencia, molestia o simplemente disgusto. Creemos que una agencia estatal, coordinada con los distintos gobiernos autonómicos correspondientes podría hacer que se establezca una cultura positiva de pluralidad y diversidad lingüísticas. Se trataría de avanzar, siguiendo los pasos de la confederación suiza, hacia un nuevo sentimiento de nosotros, hacia un federalismo de nuevo cuño que tenga en cuenta todas las partes del todo del Estado, tal como son, no tal como alguien establece que tendrían que ser. En esta línea se tendría que elaborar un libro blanco, de modo similar al que el gobierno federal canadiense en los años sesenta encargó a *The Canadian Royal Commission on Bilingualism and Biculturalism*. En esta línea se tendrían que sugerir actividades de divulgación, fuera y dentro de la escuela, que permitan la difusión de lo que yo denomino multilingüismo banal. El catalán en la vida cotidiana en Mahón, Alcoi o Barcelona es tan normal como "un vaso de agua clara", en frase famosa enunciada por Jose María Pemán en pleno franquismo. Se trata de que en los medios de comunicación o en el etiquetaje comercial esta vitalidad lingüística se plasme de manera absolutamente ordinaria, sin necesidad de enarbolar ninguna bandera identitaria. La lengua, las lenguas, no son patrimonio de ningún grupo político sino de la sociedad en su conjunto. Una muestra de este multilingüismo banal ya se ha citado en los usos institucionales y simbólicos del Estado, pero va mucho más allá. En una película reciente como *Mar adentro* de Amenábar, el catalán y el gallego aparecen usados con absoluta normalidad por algunos protagonistas. Del mismo modo, en muchos medios de comunicaciones se tendría que reflejar este multilingüismo.

Esta cultura cívica plurilingüe es una manifestación de una cultura federal, bien opuesta a la cultura nacionalista de cualquier tipo. Una cultura federal que en España forzosamente ha de ser asimétrica, porque asimétricas son las diferencias entre las regiones y nacionalidades españolas. Como sintetizaba muy bien Caminal (2002: 37) "la cultura nacionalista defiende el nosotros, la cultura federal es imposible sin el otro". Y tener en cuenta este otro en la España actual, significa tener en cuenta su diferencia lingüística. Cabe matizar, sin embargo, que las propuestas plurilingüísticas que aquí propongo serían aplicables tanto en una estructura federal como en una regional.

El nacionalismo español desconfía de la solución federal, por sus supuestos efectos centrífugos incontrolables, y los nacionalismos periféricos temen al federalismo por el temor a ser uniformados. En cambio, la federación se crea para asegurar lo que se tiene, la pluralidad de unidades constituyentes y no para destruirlas o disolverlas. Creemos que, entre las tentaciones del jacobinismo y el etnonacionalismo, el federalismo es la mejor forma de compatibilizar la unidad y la diversidad, la mejor forma de regular los conflictos. El primer paso en esta política de reconocimiento de la diferencia lingüística, tendría que darlo la mayoría de matriz cultural castellana, que es la que puede dar las mayores muestras de generosidad, si sabe abandonar el lastre de muchos años o siglos de menosprecio.

En todas estas actividades de impulso al plurilingüismo, el Estado tendría que mantener una posición de respeto a la unidad interna del catalán-valenciano, posición absolutamente congruente con la *STC 75/1997* que considera equivalentes al valenciano y al catalán, y con el decreto de creación de la Academia Valenciana de la Lengua en 1998, que también declara dicha unidad, aunque sea mediante eufemismos (Esteve et al. 2005).

8. Conclusiones

Esta contribución es sobre todo una invitación a empezar a construir, enterrando experiencias ominosas del pasado, una tradición plurilingüe española. Ciertamente ha faltado a menudo la igualdad y la fraternidad en las relaciones interlingüísticas españolas. Ciertamente a menudo ha primado más la impermeabilidad y la imposición que no la solidaridad. Estoy convencido, sin embargo, de que un avance es posible y factible, si se cumplen ciertas condiciones.[7] Para empezar con-

---

7 Hay noticias contradictorias. Por un lado fracasó la reforma del reglamento del Congreso que permitirá poder hablar en catalán (*Avui*, 12.09.2007). Por otro lado el Consejo de Ministros aprobó (*El País*, 27.07.2007) el real decreto por el que se crean el Consejo de las Lenguas Oficiales en la Administración General del Esta-

vendría romper con la inercia histórica que hace de las comunidades autónomas valedoras exclusivamente de sus lenguas propias y, por su parte, al gobierno central valedor exclusivo de la lengua castellana-española. Vale la pena recordar que existen, por ejemplo, más de doscientas disposiciones legales que obligan al uso exclusivo o prioritario de la lengua castellana (<http://www.contrastant.net/llengua/obligatori.htm>, 20.09.2007). Por un lado las zonas no castellanohablantes tendrían que reconocer al máximo sus minorías de lengua castellana y aceptar el castellano como patrimonio cultural de primer orden, impulsando (como suele ocurrir) una enseñanza de dicha lengua de calidad. Por otro lado, el gobierno central español, los órganos centrales (quizás en el futuro federales) de la administración del Estado, sea en sus servicios periféricos, sea en sus servicios centrales, tendrían que usar y defender como propias las distintas lenguas de España, mediante, si es necesario, algún organismo coordinador (una agencia española para el multilingüismo hispánico, por ejemplo) o mediante una *Ley de Lenguas*. En este sentido, la capital de España tendría que ofrecer más servicios multilingües, como ya ofrece, por ejemplo, el museo Thyssen-Bornemisza.

Esta actuación del gobierno central a favor del multilingüismo ha de partir de una visión positiva de la diversidad cultural y lingüística y de una actitud generosa que puede permitirse el grupo dominante español, el de lengua castellana, si es que llega a entender la pasión y adhesión que despierta un idioma cuando se corre el riesgo de perderlo.

Como consecuencia de la hegemonía social del castellano-español, la población española que no lo tiene como primera lengua seguirá dominándolo con seguridad. Esta población, sin embargo, si quiere mantener la funcionalidad y prestigio de sus lenguas propias, querrá seguir usando su lengua en todos los ámbitos públicos y oficiales posibles, ante las administraciones locales, autonómicas, españolas y europeas que le tengan que asistir y atender. Del mismo modo, en un futuro no tan lejano, quizás todos los europeos sepamos inglés, pero no por esta razón dejaremos de querernos relacionar en nuestra lengua

---

do y la Oficina para las Lenguas Oficiales, cuya finalidad es garantizar que los ciudadanos de las comunidades autónomas con una lengua oficial propia puedan dirigirse a la Administración General del Estado en dicha lengua.

(alemán, estonio, castellano-español, danés o catalán-valenciano) con la administración europea. Creemos que un buen modelo lingüístico para los órganos centrales de la administración española es la administración helvética. En ella, el francés con un 20% de hablantes o el italiano con apenas un 5% son reconocidos como lenguas oficiales, mientras que el romanche, que no llega al 1% es considerado lengua nacional. Quizás más que los reglamentos plurilingües helvéticos, que no son trasplantables fácilmente al caso español, como no lo son sus tradiciones históricas, su estructura social y sus acuerdos constitucionales e institucionales, lo digno de encomio y de adaptación de Suiza es su tradición consolidada de respeto por el plurilingüismo, apuntalada por otra tradición también venerable de pragmatismo y subsidiariedad (McRae 1983; Bickel/Schläpfer 1994; Windish 2002)

McRae, a quien ya hemos citado, se planteaba la pregunta clave (1983): ¿De qué manera puede un país multilingüe conseguir la paz y la justicia lingüística para los distintos grupos (en contacto)? Una convivencia lingüística exitosa en España es posible. Modelos de organización que salvaguarden la continuidad de las lenguas históricas y, a la vez, mantengan los puentes de comunicación intergrupal. España puede ser un modelo.

Se ha de intentar en España superar tanto el centralismo heredado como el independentismo clásico o el constitucionalismo y federalismo tradicionales. Se ha de construir un nuevo modelo en que las soberanías sean limitadas y compartidas. Marí concluía muy bien su análisis del debate por el plurilingüismo y por la plurinacionalidad:

> No hay problema catalán, sino problema español: el problema de una nacionalidad hegemónica que se cree en el derecho (y además democrático) de decidir cual es la nación, la cultura y la lengua de los otros. ¿Por qué la ciudadanía española no podría ser, como la europea, compatible con las diversas opciones lingüísticas, culturales y nacionales? (Marí 2004).

Si fracasan estos intentos de pluralismo español en el debate territorial, una parte de la población puede llegar a la conclusión que mejor que cambiar al Estado, sería cambiar de Estado, cruzar la raya que conduciría a la independencia. Como ha quedado (supongo) claro, en este texto, aquí se propone llegar a esta raya y quedarse ahí.

Hemos de continuar construyendo nuestra propia tradición plurilingüe. La aprobación el 05.10.2004, por parte de las Cortes generales de una proposición no de ley en pro del plurilingüismo estatal apunta a que el gobierno empieza en trabajar en la dirección apropiada. Esperemos que estas bellas palabras aprobadas por sus señorías hace menos de tres semanas no caigan en el olvido, como una proposición no de ley aprobada en 1997.

Bibliografía

Acord per a un govern catalanista i d'esquerres, 14.12.2003. <http://www.esquerra. cat/web_nova/arxius/pactedeltinell.pdf> (29.10.2007).

Alvárez Junco, José (2002): *Mater dolorosa. La idea de España en el siglo XIX.* Madrid: Taurus.

Anderson, Benedict (1983): *Imagined Communities. Reflections on the Origin and Spread of Nationalism.* London: Verso.

Barrera, Andrés (2004): "'La diversidad de lenguas en España en los últimos 25 años. Perspectivas desde territorio monolingüe'. Comunicación en la 2a Trobada Transdisciplinària 'La Constitució Espanyola de 1978' (07.05.2004), organizada por el Centre Universitari de Sociolingüística i Comunicació". En: *Llengua, Societat i Comunicació* (LSC). En: <http://www.ub.edu/cusc> (20.09.2007).

Bastardas, Albert/Boix, Emili (eds.) (1994): *¿Un estado, una lengua? La organización política de la diversidad lingüística.* Barcelona: Octaedro.

Bellver, Carme (2005): "Pluralitat lingüística i llengua catalana". En: *Llengua i Ús*, 32, pp. 49-57.

Bickel, Hans/Schläpfer, Robert (eds.) (1994): *Mehrsprachigkeit – eine Herausforderung.* Aarau: Verlag Sauerländer.

Boix-Fuster, Emili (2004a): "'Les llengües en els òrgans centrals de l'Estat espanyol, un balanç de 25 anys de la Constitució Espanyola'. Comunicación en la 2a Trobada Transdisciplinària 'La Constitució Espanyola de 1978' (07.05.2004), organizada por el Centre Universitari de Sociolingüística i Comunicació". En: *Llengua, Societat i Comunicació* (LSC). En: <http://www.ub.edu/cusc> (20.09.2007).

— (2004b): "Las lenguas en los órganos centrales del Estado español (un balance de los 25 años de la Constitución Española)". En: *Revista de Llengua i Dret*, 41, pp. 195-217.

Branchadell, Albert (2005): "Ahora, España". En: *El País* (29.03.2005).

— (2003): "Algunes propostes de promoció del català. El cas de les institucions de l'Estat i el sector privat". En: *Idees*, 18, pp. 32-45.

— (2004a): "La gestió de la diversitat lingüística". Conferencia (manuscrito inédito), 17.02.2004.

— (2004b): "'La regulació constitucional del multilingüisme a Espanya: qui vol canviar què'. Comunicación en la 2a Trobada Transdisciplinària 'La Constitució Espanyola de 1978' (07.05.2004), organizada por el Centre Universitari de Sociolingüística i Comunicació". En: *Llengua, Societat i Comunicació* (LSC). En: <http://www.ub.edu/cusc> (20.09.2007).

Caminal, Miquel (2002): *El federalismo pluralista. Del federalismo nacional al federalismo plurinacional*. Barcelona: Paidós.

Cano, María Antonia et al. (eds.) (2002): *Les claus del canvi lingüístic*. Alicante: Institut Interuniversitari del Filologia Valenciana.

Castro, Américo (1930): *Al volver d Barcelona. Cataluña ante España*. En: *La Gaceta Literaria*, pp. 293-297.

Cirici Pellicer, Alexandre (1983): "Diálogo". En: *Relaciones de las culturas castellana y catalana. Encuentro de intelectuales, Sitges, 20-22 de diciembre de 1981*. Barcelona: Generalitat de Catalunya, pp. 166-169.

Cruz, Juan (2005): "Catalanes". En: *El País* (29.09.2005).

Espriu, Salvador (1968): *La pell de brau*. Barcelona: Ediciones 62.

Esteve, Francesc et al. (2005): *El nom, la unitat i la normalitat*. Barcelona: Observatori de la Llengua.

Fishman, Joshua A. (1991): *Reversing Language Shift*. Clevedon: Multilingual Matters.

Fuster, Joan (1962): "Introducció a l'obra de Salvador Espriu". En: Espriu, Salvador: *Obra Poètica*. Barcelona: Santiago Albertí, pp. LX-LXI.

González Ollé, Fernando (1993): "Tradicionalistas y progresistas ante la diversidad idiomática de España". En: Abreu, María Fernanda de (ed.): *Lenguas de España, lenguas de Europa*. Madrid: Fundación Canovas del Castillo, pp. 129-160.

Laguna, Martín (1836): *Resumen de Historia Universal*. Barcelona: Librería de José Solá.

Linz, Juan José (1975): "Politics in a Multilingual Society with a Dominant World Language: the Case of Spain". En: Savard, Jean Guy/Vegneault, Richard (eds.): *Multilingual Political Systems, Problems and Solutions*. Québec: Les Presses de l'Université Laval.

— (ed.) (1984): *España, un presente para el futuro*. Madrid: Instituto de Estudios Avanzados.

Maragall, Joan (1970): "Oda a Espanya". En: Maragall, Joan: *Obres completes*. Barcelona: Selecta, pp. 171-172.

Marcos Marín, Francisco (1995): *Conceptos básicos de política lingüística para España*. Madrid: FAES (Fundación para el análisis y los estudios sociales).

Marí, Isidor (2004): "'Cinc qüestions entorn el multilingüisme estatal'. Comunicación en la 2a Trobada Transdisciplinària 'La Constitució Espanyola de 1978' (07.05. 2004), organizada por el Centre Universitari de Sociolingüística i Comunicació". En: *Llengua, Societat i Comunicació* (LSC). En: <http://www.ub.edu/cusc> (20.09.2007).

McRae, Kenneth D. (1983): *Conflict and Compromise in Multilingual Societies. Switzerland*. Waterloo: Wilfrid Laurier University Press.

— (1994): "El establecimiento de una política lingüística en sociedades plurilingües: cinco dimensiones cruciales". En: Bastardas, Albert/Boix, Emili (eds.): *¿Un estado, una lengua? La organización política de la diversidad lingüística*. Barcelona: Octaedro, pp. 75-98.

Milian i Massana, Antoni (2001): *Público y privado en la normalización lingüística. Cuatro estudios sobre derechos lingüísticos*. Barcelona: Atelier. Institut d'Estudis Autonòmics.

— (2003): *La igualtat de les llengües a les institucions de la Unió Europea. Mite o realitat?*. Bellaterra: Universitat Autònoma de Barcelona.

Mill, John Stuart: ([1861] 1947): *Utilitarianism, Liberty and Representative Government*. Ed. Lindsay, Alexander Dunlop. London/New York: J. M. Dent/E. P. Dutton.

Ninyoles, Rafael Lluís (1977): *Cuatro lenguas para un estado*. Madrid: Cambio 16.

Pons, Eva/Vila, F. Xavier (2005): *Informe sobre la llengua catalana*. Barcelona: Observatori de la Llengua Catalana.

Prat de la Riba, Enric (1918): *Per la llengua catalana*. Barcelona: Publicacions de La Revista.

Reixach, Modest (1975): *La llengua del poble*. Barcelona: Nova Terra.

Requejo, Ferran (2004): *Pluralisme i autogovern al món. Per unes democràcies de qualitat*. Vic: Eumo.

Siguan, Miquel (1992): *España plurilingüe*. Madrid: Alianza.

Turell, Maria.Teresa (ed.) (2001): *Multilingualism in Spain*. Clevedon: Multilingual Matters.

Vernet, Jaume (2003): *Dret lingüístic*. Valls: Cossetània Edicions.

Windish, Uli (2002): "Multilinguisme et plurilinguisme: le cas suisse". En: Lacorne, Denise/Judt, Tony (eds.): *La politique de Babel. Du monolinguisme d'État au monolinguisme des peuples*. Paris: Karthala, pp. 227-253.

Woolard, Kathryn A. (2004): "Les ideologies lingüístiques: una visió general d'un camp des de l'antropologia lingüística", 13.12.04, XII Col·loqui Lingüístic de la Universitat de Barcelona [manuscrito inédito].

Kathryn A. Woolard

Language and Identity Choice in Catalonia: The Interplay of Contrasting Ideologies of Linguistic Authority[1]

1. Ideologies of linguistic authority

In analyzing discourses about linguistic policies in multilingual settings, one crucial question is what makes languages authoritative in community members' eyes and ears. By authoritative, I mean that, by virtue of the language they use, speakers can command and convince an audience, whether that language has institutionally-recognized legitimacy or not. One definition given by the Random House dictionary of English conveniently emphasizes the linguistic dimension of the sense of authority that I intend to capture: "the right to respect or acceptance of one's word" (Flexner/Hauck 1987: 139).

When we synthesize case studies of linguistic ideologies, we find that such authority in modern western societies is often underpinned by one of two distinct ideological complexes. I will refer to these as *authenticity* and *anonymity*, to capture specific characteristics that arise in discussions of the value of language (Gal/Woolard 2001). These are reflexes of the familiar contrast between the universalist ideology that Dirk Geeraerts refers to in this volume as the Rationalist, and the particularist ideology that he refers to as the Romantic, and which Christopher Hutton discusses as an aspect of Protestant semiotics. Each of these ideological complexes naturalizes a relation be-

---

1   This article is based on a presentation to the International Colloquium on "Regulations of societal multilingualism in linguistic policies" at the Ibero-Amerikanisches Institut Preußischer Kulturbesitz in Berlin, June 2005. Related papers were presented in the colloquia on "Los discursos sobre la reformulación del Estado: El pluralismo lingüístico" in Barcelona, December 2004, and on "El español como ideología en la era de la globalización" at the Centro Juan Carlos I de España at New York University in March-April 2005. This work has benefitted from discussion in all of those settings. I am grateful to fellow participants, and especially to conference organizers Peter Masson, Emili Boix, Francesc Xavier Vila, and José del Valle.

tween linguistic form and a state of society, but the relations that they naturalize are quite different. The distinction between them can be useful in analyzing current efforts to frame Spanish as a global language as well as efforts to reposition Catalan in relation to Spanish. The two processes are not unrelated.

1.1 Authenticity

The ideology of *Authenticity* locates the value of a language in its relationship to a particular community. That which is authentic is viewed as the genuine expression of such a community, or of an essential Self. Within the logic of authenticity, a speech variety must be perceived as deeply rooted in social and geographic territory in order to have value. For many European languages, these roots are in the mountain redoubts of peasant folk purity. For varieties such as African-American Vernacular English (AAVE) in the U.S., the roots are often located in the soulful streets of the urban ghetto or *barrio*, where the real folks are said to be busy "keepin' it real". To be considered authentic, a speech variety must be very much "from somewhere" in speakers' consciousness, and thus its meaning is profoundly local. If such social and territorial roots are not discernable, a linguistic variety lacks value in this system. For example, the Corsican sociolinguist Ghjacumu Thiers (1993: 260) reports that a disconcerted Corsican informant rejected a superordinate standard for his language precisely because it wasn't identifiably grounded in a specific region. "It's a nowhere Corsican", he complained.

When authenticity is the legitimating ideology of a language, the linguistically marked form is celebrated, and accent matters. To invoke a semiotic schema, the pragmatic function of social indexicality, rather than semantic reference, is paramount within the ideology of authenticity. In some bilingual circumstances, in fact, use of a minority language is taken by some interlocutors to be *exclusively* about its social indexicality, not its referential value (Trosset 1986). (Such non-referential value is often then trivialized and dismissed from the dominant perspective.) The significance of the authentic voice is taken to be what it signals about who you are, more than what you say. In fact, speech is often taken as not just an indexical sign associated with a particular group or type of person, but even as an iconic representation, a natural image of the essence of that person, as Rosaleen Howard shows elsewhere in this volume (see also Gal/Irvine 2000). To profit, one must *sound* like that kind of person who is valued as natural and authentic, must capture the tones and the nuances. Indeed, this iconic relationship between language and person is itself the essence of authenticity. It is within this logic that the acquisition of a second language can seem to necessitate the loss of a first. A speaker can't risk that the traces of a first language will spoil the claim to a new and valued identity, and so eschews that language.

The label used for the minoritized languages in Spain, *lengua propia* ('proper language, own language'), as discussed by Kirsten Süselbeck in this volume, conveys this view of the worth of the language as private and particular, rather than public and generic. It is well known, as Geeraerts reminds us, that authenticity arose as an ideological tool in late 18th and 19th century Romantic notions of language, people, and nation. The cachet of authenticity was widely appreciated in that formation, but, as the limited use of the term *lengua propia* suggests, it is now very characteristically reserved for minorities and minority languages. The very survival of subordinated languages and nonstandard varieties often depends on their perceived authenticity. It sustains such varieties as valued resources in local social networks, where a claim to authentic membership sometimes can be the currency of a life built precariously on social and economic reciprocity.

1.2 Anonymity: The view from nowhere

In contrast to minoritized languages, hegemonic languages in modern society often rest their authority on a conception of anonymity. Anonymity is an ideological foundation of the political authority of the Habermasian bourgeois public sphere (Habermas 1989). This modern "public" supposedly includes everyone, but it abstracts away from each person's private and interested individual characteristics to distill a common or general voice (Gal/Woolard 2001: 6). The social roots of the public in any specific speaking position are ideologically represented as transcended, if not entirely absent. The disembodied, disinterested public, freed through rational discourse from the constraints of a socially specific perspective, supposedly achieves a superior "aperspectival objectivity" that has been called "a view from no-where" (Nagel 1986). From this viewpoint, the tenets of dominant ideologies in the modern public sphere appear not to belong to any identifiable individuals but rather seem to be socially neutral, universally available, natural and objective truths. In a sense then, they are anonymous.

Anonymity is attributed not just to publics but also to public languages. We have seen that a minority language like Corsican gets no authority from sounding like it is from "nowhere". But dominant languages do. Ideally, the citizen participating in public discourse as a speaker of disinterested truths speaks in a what we could call a "voice from nowhere". The citizen-speaker is not only supposed to be an Everyman, he (or with more difficulty, she) is supposed to *sound* like an Everyman, using a common, unmarked standard public language. In that public standard, we are not supposed to hear the interests and experiences of a historically specific social group. Rather, the language is idealized as a transparent window on a disinterested rational mind and thus on truth itself (Silverstein 1996; Woolard 1989b). By this reasoning, public languages can represent and be used equally by everyone precisely because they belong to no-one-in-particular. They are positioned as universally open and available to all in a society, if only, as Michael Silverstein (1996) reminds us, we are good enough and smart enough to avail ourselves of them. Whereas social indexicality is the function prized for minority languages, in contrast the referential function is ideologically all-important in the anonymous public sphere. (Please remember that I speak of ideologies rather than objective realities throughout this discussion.)

Sociolinguistic case studies have shown how an ideology of anonymity allows institutionally or demographically dominant languages to consolidate their position into one of hegemony. By hegemony, I mean that they achieve what the cultural theorist Raymond Williams (Williams 1973) called the saturation of consciousness, which allows their superordinate position to be naturalized, taken for granted, and placed beyond question.

For example, Joshua Fishman argued that the traditional assimilative power of English in American society owed to the fact that it was ideologized as "nonethnic" in character, at least through the middle of the 20th century. "American nationalism was primarily non-ethnic or supra-ethnic [...] it did not obviously clash with or demand the be-trayal of immigrant *ethnic* values" Fishman wrote (1965: 149). "Just as there is hardly any ethnic foundation to American nationalism, so there is no special language awareness in the use of English" he fur-ther asserted (Fishman 1966: 30). Fishman argued that this non-particularistic American ideology of language successfully promoted the acceptance of English as a seemingly neutral language of upward mobility.

In some cases of linguistic engineering, such as Basque *(euskera batua)*, Indonesian *(bahasa Indonesia)*, or the Neo-Melanesian of Papua New Guinea, language planners have chosen leveled forms, koines, or auxiliary languages as the basis for standardization. In this way they attempt to construct an actual linguistic form not identified with any localized group of speakers (see, e.g. Errington 1998). But the project of creating linguistic anonymity often involves ideological more than linguistic engineering. For example, this was true for the development of Hungarian-speaking unity from a linguistically het-erogeneous polity in 19th century Hungary, as described by the anthro-pologist Susan Gal (Gal 2001). Many of the linguists and activists involved in creating modern Hungarian were not themselves native speakers of the language. They forged a standard language that they claimed was linked to no particular group or social class. Instead, they asserted that it derived only from the language's inherent laws, a strik-ing example of a professional linguistic ideology in operation (Gal 2001: 33). This Hungarian was a language that would be "everyone's" because it purported to be "no one's-in-particular" (p. 43).

The French sociologist Pierre Bourdieu criticized the ideological project of universality and anonymity that undergirds the hegemony of French, and he extended this critique to dominant languages in general. Bourdieu called the popular apprehension of the authority of anonymity *misrecognition (méconnaissance)* (Bourdieu 1982; 1991). Under misrecognition, listeners recognize the authority of a dominant language, but fail to recognize the historical developments and the material power difference between social groups that underpin that authority. This ideological erasure (Gal/Irvine 2000) is what al-lows dominance to become hegemony.

For Bourdieu, such misrecognition is the result of the deracination of language, carried out in institutions such as schools. They purge a language such as French of its origins in the speech of particular social groups and purvey it as a natural attribute of authority. We might think of it as a kind of language-laundering analogous to money-laundering. The actual source of capital (linguistic capital in this case) is obscured by transferring it through legitimate institutions. Under the persuasive power of schools and media, people come to endorse a language's power as genuinely inhering in the language itself. Having lost its social roots, it becomes a language "from nowhere".

In Bourdieu's account, accent can be as important in the production of the anonymous standard language as it is within the framework of authenticity. Just as a Muslim schoolgirl's veil is now interpreted by some as a particularistic trait that disqualifies the wearer from participation in the French civic sphere, so Bourdieu suggests that a non-standard accent (whether class-based, regional or foreign) in one's French might be perceived as a particularistic trait that disqualifies the speaker in public deliberations. Accent can trouble the citizen's identity in the most universalistic as well as the most local of contexts (Blommaert/Verscheuren 1998).

The concept of misrecognition tells us that the standard isn't *really* everybody's language, and that it really does belong to specific "someones" more than to others. Those who have the view from the margins, rather than the center, are most likely to see it this way. For example, young black Americans overwhelmingly shun the supposedly unmarked, anonymous, universally accessible standard English of the school, rejecting it as "Too White". If anything, the laundering of the standard language through the school achieves an ethnic cleansing and realignment of linguistic differences that only confirms the tie of Standard English to White America. The privileged, exclusive nature of access to the public sphere itself is all too apparent from the perspective of marginal positions.

2. Linguistic Authority in Spain and Catalonia

Let me now use the concepts of anonymity and authenticity to discuss the situation of Catalan and Spanish in Iberia. Not all demographically or politically dominant languages succeed in becoming anonymous and hegemonic in the way that English and French have. When a language's roots in the cultural capital of one group in a society are too transparent, this helps sustain other groups' resistance to it. Américo Castro's observation, as brought to our attention by Emili Boix, reminds us of exactly this failure in the Spanish case, "del dolor [...] de que la lengua más importante de la nación no haya podido convertirse, como el francés, en el común denominador, amado y respetado de todas las culturas españolas" (see Boix in this volume).[2]

We might argue that the Spanish language failed to win this position in Catalonia because, far from being an anonymous "voice from nowhere", Spanish was heard there – and in the Franco period more than ever – as being very much from somewhere specific. We might further argue that Catalan in turn has not been able to dislodge Spanish from its dominant position during the autonomous period because Catalan itself is still heard not as an anonymous public vehicle of aperspectival objectivity but rather, as Süselbeck's and Sinner and Wieland's chapters show, as a *lengua propia*, a local and private voice belonging to a particular kind of person. I will return to this last issue in later sections of this article.

2.1 Anonymity and the Spanish language

An ideological program to promote the anonymity of the Spanish language can be seen in recent efforts to frame Spanish as what has variously been called a "post-national language", 'the common language' (*la lengua común*, a phrase used insistently by J. R. Lodares and which Emili Boix pointed out in our colloquium is a loaded term from the hispanist tradition), a *lengua intercultural* (see discussion by Utta v. Gleich in this volume) and as a *lengua de encuentro* ('language of encounter') in controversial remarks by King Juan Carlos in 2001. Furthermore, efforts to legitimate Spanish as an anonymous voice from nowhere have also naturalized it as a vehicle of aperspectival objectivity, with a privileged purchase on the kinds of truths essential to modernity and democracy.

A particularly inspired example of the argument for anonymity can be found in Angel López García's award-winning book on the historical origins of Spanish (López García 1985). That elegant essay

---

2   "The painful fact that the most important language of the nation has not been able to convert itself, like French, into the common denominator, loved and respected by all the cultures of Spain."

proposed that Spanish had originally been a vasco-romance koine that was only later taken over by Castile and "disfrazado"('disguised') as *castellano* ('Castilian'), distorting its essential nature (pp. 58-59) as "la lengua de los otros" ('the language of others') (p. 54). The koine, he wrote, "tiene su origen en todas partes y en ninguna" (p. 72).[3] That is, López García proposed quite literally that Spanish was originally a "voice from nowhere". Since this koine is the language of everyone because no one in particular, for López García it makes no sense to speak of its "native speaker" *(hablante nativo)* (p. 54). There are not some users who own this linguistic capital more than others. It is not a *lengua propia* but rather an anonymous and therefore universal resource.

I do not want to enter into discussion of the merits of this historical account (see the exchange between Trask/Wright 1988 and López García 1988). What interests me is the frame within which this account was put forward and warmly received in the mid 1980s. It functioned as the kind of myth of origins that the anthropologist Bronislaw Malinowski (Malinowski 1961) called a charter myth: a vision of history that offers a foundation for a particular vision of contemporary society. In this case, it was a historical charter for a modern and multilingual Spain, united through a socially rootless language of wider communication – precisely "el rumor de los desarraigados" ('the rumor of the uprooted'), the title of the book. As López García put it quite poetically, "como lengua de relación, la koiné no representa un ser, significa un estar" (1985: 120).[4] This "not-being" *(no-ser)* is what I mean by anonymity. In this account, the Spanish language, and the public sphere that it articulates, were indeed "everyone's because no one's-in-particular". Spanish was the language of "los desheredados que no conocían otra nación que la que ellos mismos [...] pudiesen edificar sin restricciones de raza, sexo, clase social o lugar de nacimiento" (López García 1985: 54).[5] Furthermore, this language from nowhere is endowed with an inherent ability to express an aperspectival, universally available view: "La koiné lleva implícita [...] justa-

---

3   "has its origins everywhere and nowhere".
4   Roughly glossed, "as a language of wider relations, a koine represents not an essential being, but a temporal state".
5   "the disinherited who know no other nation than that which they themselves [...]. were able to build without regard to race, sex, social class or place of birth".

mente la ideología antiparticularista y antihegemónica de **lo común**" (López García 1988: 143).[6]

López García proposed that the authority of the Spanish language was transformed during the Renaissance from its original basis in anonymity to one of local authenticity. Once Spanish was localized as "Castilian", he argues, prescriptivism gained power, and perfect control of the linguistic form became crucial. That is, the indexical function of the language triumphed over the referential function:

> Como koiné no importaba demasiado que el español centropeninsular fuese la lengua materna de unos y sólo la segunda lengua de otros; para comerciar, para dialogar, para emprender proyectos en común, bastaba con que unos y otros se pudiesen entender. Mas ¡ay de los otros! cuando el español se convirtió en castellano: quien no lo dominara a la perfección, por tratarse de su lengua materna urbana o porque una educación esmerada –y, naturalmente, selectiva– le había preparado para ello, quedaba automáticamente excluido o en inferioridad de condiciones para la vida pública (López García 1988: 108).[7]

Thus López García acknowledges that the basis of the authority of Spanish in the modern period has been particular and select, not anonymous. But in the last decade, various spokesmen for the postnational vision of Spanish have echoed the claim that it is deracinated and thus especially suited to modern universality and democracy. For example, Gregorio Salvador holds that

> el español [...] no es seña de identidad ni emblema ni bandera [...] la vieja lengua de mil años y miles de caminos no es vernácula ya en ninguna parte [...ha] devenido en pura esencia lingüística, es decir, en un valiosísimo instrumento de comunicación entre pueblos y gentes, en un idioma plurinacional i multiétnico (del Valle 2005: 407).[8]

---

6   "The koine implicitly carries ... exactly the antiparticularistic and anti-hegemonic ideology of the common interest."

7   "As a koine, it did not matter much that centropeninsular Spanish was the mother tongue of some and only a second language for others; to trade, to converse, to undertake projects together, it was enough that the one and the other could understand each other. But woe to the others when Spanish became Castilian! Whoever did not have perfect mastery of it, whether because it was an urbanite's mother tongue or because a careful – and naturally, selective – upbringing had prepared him for it, was automatically excluded from or relegated to inferior conditions in public life."

8   "Spanish ... is not a sign of identity nor an emblem nor a flag ... the old language of a thousand years and thousands of roads is now not vernacular anywhere ... it

312 Kathryn A. Woolard

The ideology of the depersonalized, anonymous public with its universalistic discourse was originally pitted against the personification of authority in king and aristocracy under the *ancien régime*, as Dirk Geeraerts discusses in his contribution to this volume. But it has since been used to challenge languages whose authority lies primarily in the claim to authenticity, as we see in some of the rhetorical turns of global "post-national" Hispanism. As José del Valle has observed, "se presenta el español como [...] instrumento al servicio de una post-nación..que deja reducidas al atavismo y al particularismo reaccionario al catalán, gallego y euskera" (2005: 411).[9] If one asks, as did Benjamin Tejerina in our conference discussion, what is legitimated through the economistic promotion of a post-national Spanish language taking its rightful place in a globalized world, one answer is precisely this kind of attack on minority languages and nationalisms within Spain.

One can open the trilogy of books on language and nationalism in Spain by the late Juan Ramón Lodares to almost any page and see this phenomenon, but particularly in the first book (2000). For example, on the question of who would teach the minority languages of Spain, Lodares (2000: 17-18) wrote:

> los maestros serían todos de la provincia, estarían facultados para enseñar por las autoridades locales [...] y probablemente dispuestos a hacer de las escuelas un foco de culto a los valores regionales [...] y un vivero de apoyos futuros para la capilla tradicionalista (Lodares 2000: 17-18).[10]

Lodares associated the preservation of minority languages with overall Spanish backwardness: "en la historia de España la conservación de lenguas particulares está ligada a la conservación de analfabetos generales en todo el dominio nacional" (Lodares 2000: 21).[11] This is a difficult bit of sleight of hand, given the position of Catalonia in the

---

has become pure linguistic essence, that is, an invaluable instrument of communication between peoples and nations, a plurinational and multiethnic language."

9   "Spanish is presented ... as a tool in service to a post-nation...that reduces Catalan, Galician, and Basque to atavistic and reactionary particularisms."

10 "the teachers would all be from the province, and they would be authorized to teach by local authorities ... and probably disposed to turn the schools into the center of a cult of regional values ... and a breeding ground for future supporters of the traditionalist persuasion".

11 "in the history of Spain the preservation of distinct languages is linked to the preservation of illiteracy throughout the national territory".

modernizing lead of Spanish economy and society. In criticizing the defense of minoritized languages in Spain, Lodares explicitly invokes modernity and democracy, and implicitly the adequacy of the Spanish language for this form of society:

> la España lingüística que se nos presenta ahora como el colmo de la modernidad, con sus cinco lenguas oficiales [...] es, en esencia, una España antiquísima [...] Una España cuyas lenguas minoritarias se conservan no por una voluntad colectiva, secular, democrática [...] sino más bien porque [...] no hubo ninguna organización de peso que rompiera la tradicional foralidad de los reinos [...] La gente que no circulaba se conservaba pura (Lodares 2000: 29).[12]

Further, he wrote,

> treinta años después del renacimiento lingüístico, creo que queda claro que los propósitos del nacionalismo en cuestión de lenguas chocan reiteradamente con las necesidades, derechos y usos típicos de una sociedad moderna (Lodares 2000:251).[13]

Should there be any doubt about the virulence of the particularism with which Lodares associates the minority linguistic nationalisms, he asserted:

> La angustia llega hasta el extremo de no hallarse diferencias radicales entre las teorías que Hitler expresaba en *Mi lucha* [...] y aquellas que se expresan en ciertos círculos del nacionalismo catalán o vasco (2002: 184).[14]

The current campaign for the expansion of a globalized Spanish is explicitly built on an ideology of anonymity, universalism, economism and pragmatism. Among many instances where this can be seen is the cover story of *El País Semanal* of November 21, 2004, bearing the caption "La fuerza del español; los retos de un idioma en expansión

---

12 "The linguistic Spain that is presented to us now as the height of modernity, with its five official languages ... is, in essence, a very old Spain...A Spain whose minority languages are maintained not by a secular, democratic collective will,...but rather because there was no significant organization that could break the traditional local privileges of the kingdoms ... People who were not mobile remained pure."

13 "thirty years after the linguistic renaissance, I believe that it is clear that nationalist proposals concerning the language question clash repeatedly with the necessities, rights, and typical customs of a modern society".

14 "the anguish reaches such an extreme that there are no radical differences between the ideas that Hitler expressed in *Mein Kampf* ... and those that are expressed in certain circles of Catalan or Basque nationalism."

por el mundo" (Ruiz Mantilla 2004).[15] *El País* tells us that people all over the world, and especially in the U.S., want to learn Spanish because "es práctico" ('it's practical'), quoting Antonio Muñoz Molina, director of the Instituto Cervantes in New York.

However, much of that practical (read economic) value actually rests on the language's value as the coin of authenticity in the U.S. Hispanic community. U.S. Latinos maintain their allegiance to Spanish through several generations and generally rely on it as a sign of identity. Because this minority group is of almost unprecedented and still growing demographic weight, American businesses make unprecedented use of Spanish as a second language in their marketing, giving rise to the practical value of the language in the U.S. The *El País* article happily, even gloatingly, makes clear that in the United States, "el orgullo [del español] se ha implantado" ('pride [in Spanish] has been implanted'). The threat that the political scientist Samuel Huntington believes Latino culture presents for "los valores anglosajones wasp" is going to become a reality, the article asserts, in keeping with the imperialistic tone of its title. Despite the initial invocation of rationality, economics and practicality, Spanish in this description is far from the deracinated public voice of universal values, the "pure linguistic essence" that Gregorio Salvador described. In this defense of global Spanish the practical is, at base, the symbolic.

José del Valle and Luis Gabriel-Stheeman (del Valle/Gabriel-Stheeman 2004: 262) have already summarized this relationship of covert dependency very well:

> el valor económico del español como seña de identidad hispánica, como patrimonio cultural, se traduce en valor económico en la medida en que al asegurarse la lealtad de los hispanos a esta comunidad, se consolida un mercado (2004: 262).[16]

They quote Óscar Berdugo, Director of the Asociación para el Progreso de Español como Recurso Económico, as saying

---

15 "The force of Spanish; the challenges of a language expanding throughout the world." The initial phrase plays on the meanings of fuerza as both strength and military forces.

16 "the economic value of Spanish as a sign of Hispanic identity, and as cultural patrimony, translates into economic value in the degree to which a market is consolidated by insuring the loyalty of Hispanics to this community".

Si España se consigue colocar como referente de identidad o como proveedor de señas de identidad culturales con respecto a la comunidad hispanohablante de Estados Unidos, estaremos en una inmejorable situación para mejorar nuestras posiciones en aquel país (del Valle/Gabriel-Stheeman 2004: 260).[17]

In these examples of post-national Hispanism and the global commodification of Spanish, we can see that the ideologies of anonymity and authenticity are covertly imbricated. The value of a global and therefore allegedly universal Spanish language rests in large part on the foundation of the role of Spanish in identity politics in the United States.

3. The Paradox of Authenticity and Anonymity in Catalonia

Turning now to the Catalan case, we can expect a resurgent minority language to become caught in a tension between authenticity and anonymity. As a rare threatened minority language that makes a bid not just for survival but to become a principal public language, Catalan is indeed in a paradoxical position. Ethnic authenticity and identity value contributed to its survival under conditions of subordination. But now this value is in conflict with the universalistic ideology of anonymity that typically characterizes hegemonic public languages. Vulnerability to rhetorical attacks such as those by Lodares are only one part of the problem. Authenticity and the link to identity that it sustains can also actually constrain the acquisition and use of Catalan as a second language by a larger population.

Again we can turn to the work of Angel López García for a representative perspective on this question. In his latest book, López García (2004) refers to the minority languages of Spain as "obscene", in the etymological sense of "excessively obvious". That is, they do not have the anonymous invisibility of 'just talk', pure reference, that is supposed to be the function of a public language. López García asserts that it is now "almost impossible" to carry out all the activities of everyday life in a language like Catalan "naturally" (Lopéz García 2004: 40-41). This may be less true than he imagines for first-language

---

17 "If Spain succeeds in establishing itself as a reference point for identity or as a provider of cultural signs of identity for the Spanish-speaking community of the United States, we will be in an unbeatable situation to improve our position in that country."

speakers, especially in areas of Girona and Barcelona outside the capital city, but it has some truth. As Sinner and Wieland point out in their
contribution, the paradox of linguistic normalization campaign is that
they are marked efforts to make a language the unmarked choice.

In studies based on research early in the transition to autonomy, I
argued that the indexical value of the Catalan language as a self-
conscious badge for identifying "authentic Catalans" – "Catalan Catalans", as is often said – hampered its acquisition as a second language
for many young people. Those who could not make good on such an
identity claim, or who refused it as a betrayal of another identity, were
reluctant to use Catalan. I argued that Catalan would have to loosen its
tie to an ascriptive ethnic identity if it was to become a successful
public language (Woolard 1989a; 1991).

The problems created by the close tie between the Catalan language and identity were on display in one high school class I visited in
a Castilian-dominant, working class school in Barcelona in the late
1980s (Woolard/Gahng 1990). In a discussion of diglossia and normalization with university-bound (C.O.U.) students, the teacher asserted that bilingualism was abnormal and that the decision to speak
Catalan reflected whether one feels oneself to be Catalan or Spanish.
This is the ideology of language as an expression of the authentic self.
The students, however, rejected this construction of language choice
as a matter of identity, claiming that it created problems for them. One
student said she did not want to be forced to choose one identity or the
other, but rather wanted to be able to maintain both. Her teacher's
position denied her that possibility, she argued. For these students,
speaking Catalan should not be considered to be about *who* you were
ethnically, but rather *where* you were admitted in society. "We don't
speak Catalan because we are socially marginalized" *(marginats)*,
they asserted matter of factly. These students planned to use Catalan
when they got to the university, because there they would be in what
they perceived as a Catalan-medium public environment.

For these students, and I suspect more so for young people now
than then, institutional policies and increased public uses of Catalan
had weakened the equation of the Catalan language with an authentic
and autochthonous population. Diminishing anxieties around authenticity made the language more available to them, at least in theory,
although this was threatened by the views of an older generation, such

as that of their teacher. Use of Catalan had become a more achievable, publicly-accessible goal for some Castilianspeakers, to the degree that they moved into a wider public sphere where they considered Catalan to be the normal public form of discourse rather than a private ethnic marker.

But who could do this? In my now admittedly outdated ethnographic research in the late 1980s and early 1990s, those who actually used the new Catalan public voice were all children of the middle classes or higher. They were the ones who felt most at home in the public domains that have become Catalan-speaking through official policies. Working class children did not. Young working class speakers often feel themselves to be marginal to public institutions like the school, at the same time as they are all the more attached to the popular cultural domains where Castilian still dominates (Woolard 2003). To the degree that Catalan became a necessity for success in formal institutions such as the school, it also became a social resource acquired and used by middle class children of Castilian-speaking origins. The interests of this class are often more identified with such institutions. The connotations of social class that Catalan had before autonomy were further consolidated through the mechanism of institutional acquisition. In Barcelona as in the U.S., the public voice of formal institutions was not heard by socially marginal young people as a voice from nowhere, but as one that was *not* their own. Catalan was in this way in danger of being a victim of its own institutional success.

In part this was because the social roots of institutional power were not obscured by the invisible hand of the commercial marketplace. The work of researchers such as Joan Pujolar (Pujolar 2001) suggests that institutional use in the case of Catalan may not have deracinated it so much as it obscured the human voice of the language, particularly for many who come to it only through the school. Playful and transgressive registers and resonances of lightness and humor that are repressed in formal school use were not replenished for Catalan through mass-mediated popular public culture.

In a certain sense, then, it is true that as a minority language Catalan remained "excessively obvious" in some spheres of public activity, in part because it was markedly absent in others. But if minority languages are excessively obvious, then hegemonic languages are in turn excessively invisible. In counterpoint to the efforts to universalize

Spanish and provincialize Catalan that I have just sketched, there have been attempts to denaturalize the anonymity and the unmarked status of the Castilian language in the Spanish state. This is the point of the remark by Alexandre Cirici Pellicer that Emili Boix quotes in his article in this volume: "Que no se hable de bilingüismo en Cataluña, si no se habla de bilingüismo en todas partes."[18] More recently the Organization for Multilingualism has mounted systematic challenges to monolingualism in drivers' licenses, national identity cards, postage stamps, the national lottery and even the names of the members of the royal family. These at first may seem to be trivial and quixotic campaigns. But their effect is not simply to change the specific linguistic practices in question so much as to disrupt invisibility, anonymity and misrecognition. Their goal is to recognize and question the underpinnings of the still taken-for-granted linguistic authority of the state language in what is now supposed to be a structurally multilingual society. These campaigns attempt to move Spanish from its transparent position as doxa, to make it at least "obvious", if not "excessively obvious", and to make its invisibility "obscene".

4. Beyond Authenticity and Anonymity?

The Catalan authors Enric Larreula (Larreula 2002) and Albert Branchadell (Branchadell 1996) both have noted with some alarm a diminished interest in language polities and in the defense of the minorized languages such as catalan. Of particular concern to them is the fact that most young people don't seem to care very much now whether Catalan or Castilian is spoken; they are indifferent to language choice. Drawing on the metaphor of "dolor de llengua" ('pain in the tongue'), a theme that echoes the quote from Américo Castro given earlier, Larreula poignantly writes that "patir de llengua catalana està cada cop més mal vist i mal comprès" ('suffering for the Catalan language is increasingly viewed in a bad light and poorly understood') (Larreula 2002: 17). Branchadell (1996) takes such indifference to language choice and the loss of a sense of linguistic conflict as signs that Catalan will die because young speakers simply do not care enough to defend it.

---

18 "We should not speak of bilingualism in Catalonia without also speaking of bilingualism in all areas."

Within an ideology of authenticity, it is true that such indifference would signal atrophy. But, if the cases of hegemonic languages that I discussed earlier are taken as precedents, then a breakdown of the anxieties of authenticity is necessary if there is to be a significant expansion of the Catalan-speaking public. Could it be that we are witnessing not simply a loss but rather a change in the ideological base of linguistic authority for Catalan?

Postmodernism has challenged the two dominant bases of linguistic authority of the modern period, the twin monoliths of ideological anonymity in the liberal public sphere on the one hand, and the authenticity of ethnic and nationalist movements on the other. In response, defenders of languages in some settings have begun to search for new discursive ground (see, e.g. Heller 1999).

Among the hallmarks of postmodernity are models of multiple, hybrid and fluid identities and languages. In these, linguistic difference is often associated less with conflict and suffering than with play and irony. A well-known form of such play is the British sociolinguist Ben Rampton's idea of linguistic "crossing," the use by young people of a language variety that is not generally considered to belong to the speaker, but to another group (Rampton 1995). Crossing transgresses ethnic boundaries in the act of observing them, and in Rampton's view creates opportunities for new and possibly more liberating formulations of identity.

In the new Catalanization campaign introduced by the Generalitat in January 2005, "Dóna corda al català" ('Wind up Catalan'), we may have a first glimpse of a developing shift in the rhetorical grounding of the defense of Catalan. The move is away from both authenticity and anonymity, and toward playfulness and irony, the master trope of postmodernity. (Could this be the key to the happy Hegelian synthesis of the Rationalist and Romantic ideologies that Geeraerts suggests has long been sought?) The absurd mascot of the campaign is *la Queta* (short for *la Boqueta*, the little mouth) a windup set of chattering plastic teeth. Thousands of such plastic toys were distributed with the launching of the campaign. La Queta sings the campaign theme song – "Speak without shame, speak with freedom, and for a start, speak Catalan" – over and over in childish and notably non-native Catalan.

Authenticity, purity, tradition, seriousness and certainly suffering are all repudiated quite manifestly in this choice of mascots; what could be less authentic than a set of plastic dentures? The website (Generalitat de Catalunya 2005) shows that la Queta enjoys donning the occasional ludicrous costume. She cheerfully asserts that she speaks without shame, despite the mistakes she makes. What a change from the mascot of the first catalanization campaign (1983), Norma, a slightly priggish young girl who admonished people about their linguistic habits and whose very name oriented speakers to normativity (see Woolard 1986 for discussion).

One of the first speech acts that la Queta comically models on the campaign's website is how to insult people in Catalan. The ridiculous toy evokes language choice as expressive and playful rather than painful. The presentation of the campaign reported on the website in fact characterizes it as attempt to make the language seem appealing *(engrescadora)*, particularly to those who are not fluent by reassuring them that it doesn't matter *(no passa res)* if they make mistakes. Its explicit goal is to make Catalan a "natural, everyday", "modern" language, associated with leisure. Not a language that is imposed but rather one that "makes things easy" *(facilita les coses)*. The campaign is targeted particularly at adolescents, and encourages them to perceive Catalan as a "transgressive language", one that erases labels *(esbora etiquetes)* – a recipe that appears to be derived directly from Rampton's analysis of crossing.

The initial reception of this campaign was poor, although it seems that la Queta has not disappeared. The controversial reaction among the linguistically faithful suggests how risky such deliberate change in discursive strategies can be. And just as there are inherent contradictions in taking marked action to make a language natural and unmarked, so there are contradictions in deliberate institutional planning to make a language playful and transgressive. But this is probably no riskier a strategy than the persistence of an ideological base in a pained authenticity that no longer has the convincing resonance it had in the late 19th and early 20th century. Nor is it riskier than an unsustainable pretense of public anonymity and deracination. I suspect that this campaign, well-received or not, may be a harbinger of deeper discursive and ideological changes to come in Catalonia. I will watch with interest to see if they allow an escape from the tension between the constraining logics of authenticity and anonymity.

Bibliography

Blommaert, Jan/Verschueren, Jef (1998): "The role of language in European nationalist ideologies". In: Schieffelin, Bambi B./Woolard, Kathryn A./Kroskrity, Paul V. (eds.): *Language Ideologies: Practice and Theory*. New York: Oxford University Press, pp. 189-210.

Bourdieu, Pierre (1982): *Ce que parler veut dire; L'economie des échanges linguistiques*. Paris: Fayard.

— (1991): *Language and Symbolic Power*. Cambridge: Harvard University Press.

Branchadell, Albert (1996): *La normalitat improbable: Obstacles a la normalització lingüística*. Barcelona: Empúries.

Errington, Joseph (1998): "Indonesian's Development: On the State of a Language of State". In: Schieffelin, Bambi B./Woolard, Kathryn A./Kroskrity, Paul V. (eds.): *Language Ideologies: Practice and Theory*. New York: Oxford University Press, pp. 271-284.

Fishman, Joshua (1965): "The Status and Prospects of Bilingualism in the United States". In: *Modern Language Journal*, 49, pp. 143-155.

— (1966): *Language Loyalty in the United States*. The Hague: Mouton.

Flexner, Stuart B./Hauck, Leonore C. (eds.) (^{2}1987): *The Random House Dictionary of the English Language*. New York: Random House.

Gal, Susan (2001): "Linguistic Theories and National Images in Nineteenth-century Hungary". In: Gal, Susan/Woolard, Kathryn A. (eds.): *Languages and Publics*. Manchester: St. Jerome, pp. 30-45.

Gal, Susan/Irvine, Judith T. (2000): "Language Ideology and Linguistic Differentiation". In: Kroskrity, Paul V. (ed.): *Regimes of Language*. Santa Fe: School for American Research, pp. 35-84.

Gal, Susan/Woolard, Kathryn A. (2001): "Constructing Languages and Publics: Authority and Representation". In: Gal, Susan/Woolard, Kathryn A. (eds.): *Languages and Publics: The Making of Authority*. Manchester: St. Jerome, pp. 1-12.

Generalitat de Catalunya (2005): "Dóna corda al català". In: <http://www6.gencat.net/ llengcat/corda/index.htm> (October 14, 2005).

Habermas, Jürgen (1989): *The Structural Transformation of the Public Sphere: An Inquiry into a Category of Bourgeois Society* (T. Burger, Trans.). Cambridge: MIT Press.

Heller, Monica (1999): "Alternative Ideologies of *la francophonie*". In: *Journal of Sociolinguistics*, 3, 3, pp. 336-359.

Larreula, Enric (2002): *Dolor de llengüa*. Valencia/Barcelona: Eliseu Climent.

Lodares, Juan Ramón (2000): *El paraíso políglota; Historias de lenguas en la España moderna contadas*. Madrid: Taurus.

— (2002): *Lengua y patria; Sobre el nacionalismo lingüístico en España*. Madrid: Taurus.

López García, Ángel (1985): *El rumor de los desarraigados: Conflicto de lenguas en la península ibérica*. Barcelona: Anagrama.

— (1988): "Respuestas a algunas preguntas no formuladas a propósito del 'vascor-románico'". In: *Verba*, 15, pp. 375-383.

— (2004): *Babel airada; las lenguas en el trasfondo de la supuesta ruptura de España*. Madrid: Biblioteca Nueva.

Malinowski, Bronislaw (1961): *Argonauts of the Western Pacific*. New York: E. P. Dutton.

Nagel, Thomas (1986): *The View from Nowhere*. New York: Oxford University Press.

Pujolar, Joan (2001): *Gender, Heteroglossia, and Power*. Berlin: Mouton de Gruyter.

Rampton, Ben (1995): *Crossing: Language and Ethnicity among Adolescents*. London: Longman.

Ruiz Mantilla, Jesús (2004): "El español en el mundo; Los retos del idioma". In: *El País Semanal*, 1, 469. 21 nov. 2004, pp. 70-77.

Silverstein, Michael (1996): "Monoglot 'standard' in America". In: Brenneis, Donald/Macaulay, Ronald K. S. (eds.) (1996): *The Matrix of Language*. Boulder: Westview Press, pp. 284-306.

Thiers, Ghjacumu (1993): "Language Contact and Corsican Polynomia". In: Posner, Rebecca/Green, John N. (eds.): *Trends in Romance Linguistics and Philology*. Berlin: Mouton de Gruyter, pp. 253-270.

Trask, Larry/Wright, Roger (1988): "El 'vascorrománico'". In: *Verba*, 15, pp. 361-373.

Trosset, Carol (1986): "The Social Identity of Welsh Learners". In: *Language in Society*, 15, pp. 165-192.

Valle, José del (2005): "La lengua, patria común: Política lingüística, política exterior y el post-nacionalismo hispánico". In: Wright, Roger/Ricketts, Peter (eds.): *Studies on Ibero-Romance Linguistics Dedicated to Ralph Penny*. Newark: Juan de la Cuesta, pp. 391-416.

Valle, José del /Gabriel-Stheeman, Luis (2004): *La batalla del idioma: la intelectualidad hispánica ante la lengua*. Frankfurt am Main: Vervuert/Madrid: Iberoamericana.

Williams, Raymond (1973): "Base and Superstructure in Marxist Cultural Theory". In: *New Left Review*, 87, pp. 3-16.

Woolard, Kathryn A. (1986): "The Politics of Language Status Planning: 'Normalization' in Catalonia". In: Schweda-Nicholson, Nancy (ed.): *Language in the International Perspective*. Norwood: Ablex, pp. 91-102.

— (1989a): *Double Talk: Bilingualism and the Politics of Ethnicity in Catalonia*. Stanford: Stanford University Press.

— (1989b): "Sentences in the Language Prison: the Rhetorical Structuring of an American Language Policy Debate". In: *American Ethnologist*, 16, 2, 268-278.

— (1991): "Linkages of Language and Ethnic Identity: Changes in Barcelona, 1980-87". In: Dow, James (ed.): *Language and Ethnicity*. Vol. 2. Amsterdam/Philadelphia: John Benjamins, pp. 61-81.

— (2003): "'We don't speak Catalan because we are Marginalized'; Ethnic and Class Connotations of Language in Barcelona". In: Blot, Richard K. (ed.): *Language and Social Identity*. Westport: Praeger, pp. 85-103.

Woolard, Kathryn A./Gahng, Tae-Joong (1990): "Changing Language Policies and Attitudes in Autonomous Catalonia". In: *Language in Society*, 19, pp. 311-330.

Gordon Whittaker

Shifting Sands:
Language and Identity in North American
Indigenous Communities

In this brief essay it is my intent to address some of the key issues involving language and identity in North American indigenous communities. For this purpose I will employ the term 'North American indigenous communities' to refer to groups generally known in the United States of America as 'Native Americans' (excluding, however, Hawaiians and other Pacific Islanders) and in Canada as 'First Nations'. Although ways will be discussed in which indigenous attitudes towards language and identity have been changing in the entire region over the last hundred years, the primary examples will be taken from the Algonquian area, involving communities from Northeast Canada (Cree) to Northern Mexico (Kickapoo). For many illustrative examples of these trends I will draw on my fieldwork (Whittaker 1996) among the Sauk communities of Central Oklahoma and the Nebraska-Kansas border area, two groups officially known as the Sac & Fox Nation of Oklahoma and the Missouri.

1. The crisis

Michael Krauss (1998: 11) has predicted that almost all – "all but 20" – indigenous languages will be extinct by the year 2060. If this is an accurate prediction, and the overall consensus among scholars is that it is, then it would, indeed, be difficult to view this as anything short of a crisis. Why a crisis? Admittedly, there have been, and still are, voices (in particular among politicians and geolinguists) taking the position that language replacement is a natural – even healthy – development and expressing perplexity over those who, decrying it as a grievous loss of linguistic and cultural patrimony, raise alarm and urge concerted action to counter the downhill trend. Nevertheless, regardless of the stance taken on this issue, there can be no denial that language is widely seen in indigenous communities as a prime vehicle of culture and identity, if not the consummate representative of both. Thus, the impending loss of this bearer, or at least badge, of culture and identity is understandably viewed with consternation by many North American societies, who fear repercussions for their future existence as autonomous entities.

To take one example: While the Sauk as a whole regard their language as the bearer of their culture and the guarantor of their separate identity, many traditionalists also view it as the one true vehicle of their belief systems, without which, for example, their religion ('The Traditional Way', as opposed to 'The Peyote Way' of the Native American Church, and 'The Way of the Cross', or Christianity, all three of which are represented in Sauk society) would be unthinkable. As clan chiefs, the traditional religious leaders, explain it, Sauk who cannot understand their own language and who cannot speak to the numinous manitous in the language the Great Manitou gave them will not be able to find their way after death and will, thus, be lost souls. The fact that the last fluent speaker of Sauk (a Christian) died in 2004 only serves to underscore the gravity of the situation in the eyes of Sauk traditionalists. Even those Sauk (semi-speakers and non-speakers alike) who are members of the Native American and Christian churches agree in seeing the imminent loss of their indigenous language as a crisis for the cultural, if not social and political, identity of the community.

Despite the foreseeable loss of their language, and despite the dogged, but largely fruitless, attempts by individuals in the Sauk community to generate interest in language documentation and in language classes, which have been offered on and off since the 1970s, the trend continued unabated to its ultimate conclusion. In this respect it can be seen that the generally acknowledged vital importance of an indigenous language to the identity of a community need have no relationship to the amount of effort individuals and the community as a whole are willing to invest in salvaging it (that is, in recording it for posterity), let alone in restoring it as a language of the community.

2. Causes of the crisis

How did it get to this point? There were three primary factors which, combined, had devastating repercussions for indigenous language and identity. Firstly, the repressive educational policy in force in the late 19th and early 20th centuries. Secondly, economic necessities that compelled the younger generation to leave their communities in their search for work. And thirdly, the draw of the dominant society's popular culture, particularly in the decades following World War II.

2.1 Educational policy

An immediate and long-term cause of the decline was the educational policy, or better, policies, employed by a majority of government and church schools in dealing with indigenous students into the early 20th century. These highly effective policies, put into practice both at boarding and day schools, involved in their mildest form the public humiliation of children caught speaking their indigenous language, even on the playground. In their severest form they coupled humiliation with corporal punishment. Sauk children, for example, caught 'speaking Indian' were often punished for such infractions by being stood in the corner of the classroom, beaten, or subjected to such practices as having lye soap twisted into their teeth.

At the same time classes inculcated, with varying degrees of success, a perception of 'Indian' language and culture as primitive and barbaric (in contrast to the positive values of European 'civilization' in its North American manifestation). Years of such abuse convinced many Sauk that it would be better to spare their own children a similar fate. Their children were often not taught Sauk at all. Others felt it would be better to wait until the children were old enough to appreciate Sauk traditions and to decide for themselves. Invariably, these strategies presaged the death-knell of the language, at least for their own immediate descendants.

It was not just the perceptible harshness of the educational system that had an adverse effect on the linguistic proficiency and sense of identity of indigenous children. Since children from one community frequently found themselves, especially at boarding school, thrown together for years at a time with children from culturally and linguistically diverse communities sharing little or nothing with their own,

their opportunities for speaking their own language and preserving
their sense of community identity were severely restricted. Such extreme deprivation led inexorably in some cases to suicide.

2.2 Economic concerns

The economic collapse during the period of the Depression forced
many young members of already impoverished indigenous communities to seek work away from home. Acceptance in jobs (e.g. in oil
drilling, in construction work, and in the army) brought new-found
respect not usually experienced in contact with the communities surrounding their own. This convinced some of the positive benefits of
'being civilized' and influenced their attitude towards the indigenous
traditions and values that tended to separate them from their employ-
ers and peers. The decision not to pass on their native language to
their children was, thus, both a conscious one guided by a concern for
their children's future and an unconscious one necessitated by their
own perceived loss of fluency and ease of communication in the language. Even among those who retained a positive attitude towards
their language and identity, the effects of long-term separation from
their home community on their ability to speak their native language
were not infrequently devastating.

Increased mobility beyond the bounds of their own indigenous
communities brought job-seekers not only into more intimate contact
with the dominant Euro-American society, but also into increasing
exchanges with members of other minority groups, especially Blacks
and Hispanics. The greater contact with outside groups that was
brought upon initially by economic necessity led in time to ever more
frequent intermarriage with members of such communities. This in
turn was a further factor influencing parents' adoption of English as
the language to be spoken in the resulting mixed-ethnic family.

Intermarriage introduced conflicting perspectives on language and
language teaching not only into mixed-ethnic families involving indigenous and non-indigenous partners. Intermarriage among members
of different indigenous communities has had similar repercussions on
language attitudes and on the (oft unconscious) choice of language for
the family. In one typical instance, a Sauk-Kickapoo family used English at home. Their son learned neither Sauk nor Kickapoo from his

parents, although his grandmother made a policy of speaking to him in Sauk when he stayed with her. She was, however, the only person to do so. While he understood her perfectly well, he usually answered her in English, the only language reinforced at home, at play, and in school.

Over the last hundred years contact among indigenous communities has grown ever stronger. At the cultural level this has been facilitated by the growth of the powwow system, the cycle of community festivities that draws members of diverse indigenous communities together for annual celebrations centred on dancing. During these festivities there is much exchange of news and ideas, and much opportunity for discussion of attitudes to traditional culture as well as of reaction to recent developments affecting indigenous communities. The gradual leveling effect of Panindianism, an outgrowth both of this intercommunity contact and of a reaction and adaptation to the dominant society's perceptions and expectations of 'Indian' culture, has been a powerful additional factor in eroding community-specific cultural and linguistic features while moulding increasingly uniform attitudes towards language and identity. Some people spend several months traveling the powwow circuit, moving from one community's powwow to the next. Their own attitudes to language and identity are characteristically the result of this subtle, ongoing process of erosion and fusion.

The economic doldrums in which many indigenous communities have long floundered have been alleviated in varying degree by the introduction of bingo halls and casinos. Work in halls and casinos has often brought unaccustomed economic security, both for the community as a whole and for the individual member of the society. The enormous financial impact of these institutions on the first communities to introduce them quickly persuaded others to follow their example, and the trend continues unabated today. While the short-term effects of this monetary infusion have struck many as beneficial to the community, the negative aspects are not lost on its more traditionally-minded members, who discern a concordant rise in drug and alcohol abuse and a tendency for the young to orient themselves increasingly towards the language and values of the dominant society represented by these institutions, a tendency exacerbated by the constant flow of non-indigenous job-seekers and, in particular, gambling recreationists into the community.

2.3 The draw of popular culture

The allure of the mass media – first, radio, then television, now video and computer – has influenced indigenous attitudes towards language and identity in a number of ways. On the one hand, the easy affordability and accessibility of radios and television sets has meant that most families and individuals acquire them. Often, televisions are left on the whole day while family members go about their daily lives. They are frequently left running, sometimes even at high volume levels, when visitors are present and engaged in conversation. Since the language of the North American mass media is European (English, French, Spanish) and its culture Euro-American, this incessant linguistic and visual bombardment has a powerful effect in shaping not only the language habits and choice of children but also their culture of orientation with its ever-changing fads and fashions. Indigenous communities have their own print and, occasionally, broadcast media, but these employ, as a rule, a European language as the standard for communication, relegating indigenous-language material, where admitted at all, to the side-lines of newspapers and to special slots in radio programming. These have little or no impact on the young, serving in general as a vehicle for communication among members of the older generation (Miller 1996).

3. Consequences of the crisis

The effect of these factors on attitudes towards language and identity has been considerable. Among the more significant developments are: firstly, a widespread loss or rejection of indigenous language skills and values; secondly, a largely apathetic reaction on the community level to the inroads of English and French on the one hand and of pop culture on the other; and thirdly, a general reluctance to promote and further develop traditional culture (as opposed to moral values) beyond a superficial or folkloristic level. Despite the often considerable efforts of individuals in indigenous communities to revive an interest in language knowledge and use, energetic and concerted support from the communities as a whole and from their administrations is frequently sporadic and rarely directed towards developing strategies to achieve a stable bilingualism in which the entire community participates. Thus, the erosion of the cultural features that distinguish one indigenous community from the next continues by and large unabated. This blurring of separate identities has, however, been conducive to the fostering of a new continental Panindian identity that was originally limited to the North American heartland but is swiftly spreading to all corners of the Americas. In this identity indigenous languages play at best a subordinate role.

It goes without saying that attitudes towards indigenous languages and language have been shifting over the course of the last half-century in response to the deepening crisis. Indigenous languages are no longer a salient feature in the culture of most communities and yet language still has a powerful symbolic value that is expressed in a number of ways indicative of these shifts. Some of these will be discussed below.

4. What's in a name?

The epithet 'Indian,' originally applied by Europeans to all indigenous peoples of the Americas south of the Arctic, has long been used, albeit in varying degree, by indigenous Americans as a neutral identifying label for themselves. The latter often reject the term 'Native American', not least because the United States government uses it to include Hawaiians, a policy that expands the number of groups eligible to apply for federal grants available to indigenous Americans. Frequently, indigenous Americans will describe themselves first as 'Indian' and only specify their 'tribal affiliation' when asked or pressed for it.

Linguistic identity, too, is often expressed in very general terms, as in the following statements made by Sauk elders: "I pray in Indian"; "I never did learn to write Indian"; and "I only speak Indian to my brother". The use of an indigenous language – any indigenous language – can have the effect of bestowing a degree of authenticity, of 'Indianness', to the person or event associated with it. The Sauk Powwow, an annual event held in English that takes place at the end of the first week in July, is traditionally opened with a prayer offered by an elder from the community. In the past, this has customarily been phrased in Sauk, but in recent years, due to the ever declining numbers of speakers and semi-speakers able to do so, English has begun to alternate with it. The opening prayer, regardless of which religion it pertains to, was once intimately associated with the indigenous language but has now shifted its association to the elder offering it, whose 'Indianness', whether he be a Sauk or, as sometimes happens, a guest from another indigenous community, bestows the desired authenticity on the event.

Hollywood has tended increasingly in recent decades to use language as an instrument bestowing authenticity on the indigenous person or community portrayed. The beginning of this trend appears to be connected with the John Ford film, "Cheyenne Autumn" (1964), one of the first to depict indigenous peoples sympathetically. In the film speakers of Navajo, a Na-Dene language, are cast as Cheyenne fleeing from the U.S army in the late 19th century. The actors were not given lines to read in Cheyenne, an unrelated Algonquian language, but instead were permitted to speak in Navajo. Taking advantage of the ignorance of their employer, the actors in one tense scene apparently speculated freely and unflatteringly on the size of the genitals of their White counterpart. Needless to say, the film enjoys an unheard-of popularity in Navajo country to this day.

The first commercial film I am aware of that is spoken entirely in an indigenous language was "Windwalker" (1980), a tale of two Cheyenne brothers in the pre-reservation period. The dialogue is indeed in Cheyenne (and a little Crow), even though the leading actor was English, but the blurb describing the film on the video jacket states vaguely: "in Native American". In "Clearcut" (1992) the Oneida actor Graham Greene is cast as an indigenous militant in eastern Canada, where Algonquian and Iroquoian languages are spoken. In the only scene in which he uses an indigenous language he prays in Lakota, a Siouan language not spoken in Canada but the one he famously used in "Dances with Wolves" (1990), where he portrayed a Lakota on the 19th-century Great Plains. Lakota has become 'Indian' language par excellence in modern North America and Europe, and Graham Greene is viewed as the epitome of 'Indianness'. Thus, it seems only natural that he speak Lakota when he portrays an indigenous figure.

A more unfortunate development is the experience some communities and educators report with regard to "The Disney Company", which became famous for its feature-length animated films, such as the classic "Bambi" (1942), a tale of animals deep in the North American forests. Given its compatibility with many indigenous tales and themes, one Arapaho educator, Stephen Greymorning, approached Disney with a request to have the film dubbed in Arapaho as part of a program aimed at drawing Arapaho children to their ancestral language, which has been on a steady decline in recent decades. Disney agreed, and the Arapaho version (released in 1994) organized by Greymorning has been a great success in the community. Sadly, other indigenous communities have failed to persuade Disney to permit similar projects for their languages.

With the decline of traditional language and culture has come what could be called the 'last of his tribe' phenomenon, a variant of which is the 'last speaker' phenomenon. James Fenimore Cooper's novel, *The Last of the Mohicans* (1826), is an early example reflecting this concept of the 'vanishing race', Status is attached to individuals described in these terms. Theodora Kroeber's 1964 memoir, Ishi: *Last of His Tribe*, and the recent film version (1992) based on it illustrate how Ishi, a Californian Yahi, had celebrity thrust upon him as a result of the fact that he was perceived and portrayed as being 'the last wild Indian'. An elder in the Sauk community on the Nebraska-Kansas border was understandably proud of his status in the mid-1990s as the 'last speaker of Sauk', although the language had in fact ceased to be spoken there around mid-century and he privately admitted that the one text he carried with him was actually a prayer in another indigenous language that he had attempted to write down phonetically at a powwow. Members of indigenous communities who are among the last individuals with knowledge of their ancestral language are often referred to as speakers even if they are only able to recall a few phrases and a modicum of vocabulary. A sadder development is the casual application of the sobriquets 'speaker' and even 'last speaker' to linguists working with endangered languages. More troubling, however, is a tendency for some academics to yield to the temptation of describing themselves in such flattering or poignant terms.

The last fluent speakers in a community are frequently among those most concerned about the fate of the language and most willing to help efforts to save it. Some Sauk elders who in earlier years had no interest in divulging their linguistic and cultural knowledge to an outsider changed their mind when they realized that the language would die undocumented and thus would be irrevocably lost to future generations. Conversely, as fluent speakers passed away, some semi-speakers began to recognize the growing value of their limited knowledge and attach a premium to it. In the words of one such elder, who was reluctant to share what he knew with others: "Your knowledge is your treasure."

5. Enshrining language and script

A further shift in attitudes can be seen with regard to the nature of language itself. In many communities language is seen as one of the primary cultural gifts granted to mankind by a creator or culture hero. Nevertheless, its nature has not been generally regarded as intrinsically sacred or subject to taboo regulation. With the increasing rarity of language knowledge in a community, however, there has been a trend towards what I call the sacralization of language. In the early 20th century Sauk was a language used for letters, notes, and even for correspondence by postcard with relatives and friends outside of the community, often as far away as Iowa and Illinois. There was no taboo associated with setting it in writing for all to see. Today, by contrast, there are some prominent Sauk who condemn the recording of the language, claiming that its intrinsic sacredness forbids such profane acts. The taboo is taken to include all forms of recording, but explicitly forbids writing and taping. Supporters of this position go so far as to say that they would prefer to see the language die than be recorded.

In some communities writing systems are part and parcel of the cultural identity, all the more so where its form or use appears exotic to the outsider. The Cherokee syllabary still figures as a salient characteristic of the culture even though it is no longer prevalent in daily life. The Canada Inuit syllabary, based on a geometric Cree model designed by a missionary in the 19th century, is felt by its users today to be 'more Eskimo' than the Latin alphabet. Japanese influence in the arrangement of signs in artists' name seals has not diminished the Inuit character of the script but rather enhanced its distinctiveness vis-à-vis the Western systems dominant in the country. The resurrection and adoption of the Maya hieroglyphic system for certain purposes by

Maya intellectuals in Guatemala can be understood both as a reestablishment of links to their cultural past and as a declaration of independence from Western 'cultural imperialism'.

Orthography, too, is an element of visible culture increasingly drawn into the fray when competing perspectives on cultural and linguistic identity are debated. This development is a natural outcome of plans to create language programs in an effort to stem the European-language tide threatening to overwhelm indigenous communities.

When Oklahoma introduced a heavily contested law in 1990 (House Bill 1017) that finally granted indigenous communities the right to develop their own language programs for schools, they were initially given neither state funds nor free access to educators to aid them in development. Furthermore, they were required to complete their course designs, including the implementation of a standard orthography, and to train their own language instructors within a period of two years or lose their right to submit such programs for consideration. Even those communities which, against all odds, succeeded in developing a language program received no guarantee that schools in their district or districts would accept them. Consequently, relatively few indigenous communities have managed so far to set up viable programs.

Orthography is a bone of contention for many. Traditionalists often – quite understandably – resist an orthographic system designed by outsiders, whether they be linguists or not, if a familiar system, however rudimentary, already exists. Spelling conventions in use for decades or longer, even if incomplete and inconsistent, are not easily abandoned or reformed. Although most of these conventions evolved from the practice of non-indigenous persons, such as government officials, interpreters, missionaries, reporters and educators, over time they acquired the status of tradition. With the decline in language knowledge and usage in a community, however, comes a commensurate decline in orthographic proficiency. Variant practices deriving from uncertainty about correct forms may eventually compete with each other in an unsystematic way and become hallowed by tradition. Members of communities with such competing orthographic conventions or practices find it often difficult to adopt a single uniform standard, even if it is based on the existing patterns. And this in turn impedes the introduction of such a generally accepted standard for schools and the media.

An example of this quandary is the situation in the Sauk community of Central Oklahoma. The traditional writing system, one shared for the most part by the Meskwaki (also Mesquakie, Fox) of Iowa, who speak a very closely related language, is based on the Latin alphabet. It includes no diacritics and no special characters. The system, often (but inaccurately) referred to as a syllabary, separates a word syllabically into spaced sequences of consonant + vowel, ignoring the representation of vowel length and preconsonantal aspiration. Its conventions, which derive from the mixed influence of French and English, evolved in the 19th century. Some of the original letter forms had altered their shape significantly by the end of the same century. Thus, an original *ch*, deriving from French for the equivalent phoneme, evolved first by reduction into *cl*, the form retained by the Sauk into the 3rd quarter of the 20th century, but at an early date developed further by fusion into *d*, the variant form employed traditionally by the Meskwaki. Likewise, an original cursive *p*, for the equivalent phoneme in French and English, evolved into the letter *l* among both the Sauk and the Meskwaki, a transformation made tolerable by the fact that a phoneme /l/ no longer exists in these languages. These conventions posed no difficulty to indigenous writers in the early 20th century, when literacy in the system was high and the majority of community members were fluent speakers.

Among the Sauk of Oklahoma today, where there are no more speakers capable of writing connected sentences in the language, a number of competing variations on this system have developed for rendering words and names, serving to confuse and divide not only would-be learners but also elders whose command of the system has slipped. Language classes offered by members of the Sauk community from the 1970s on frequently spent many sessions going over and reciting the 'syllabary' and attempting to read aloud Sauk words and phrases, many of them misspelled, from a primer. Given such stumbling blocks, several of the last fluent speakers had grown accustomed over the years to writing Sauk with conventions based on English, replacing eccentric forms such as *cl* and *l* by their English counterparts *sh* and *p*. At the recommendation of several elders, all of whom were among the last fluent speakers, and despite my realization that

I was embarking on treacherous waters, I drew up in my capacity as language advisor to the Sauk a modified system that incorporated the most common simplifications in use in the community into a consistent pattern understandable to speakers of English, the primary, if not only, language of all Sauk today. This system, adopted by the Business Committees of the Sac & Fox Nation of Oklahoma and the Missouri as the official orthography for Sauk in 1995, was for the most part positively received, but met with resistance among some semi- and non-speakers who looked on the traditional orthography (in its many variants) as God-given and thus immutable. Others felt that the very arcaneness of the traditional system, the very fact that only a select few insiders could wield it skillfully, was what makes it so important to Sauk identity – it serves to distinguish the Sauk from all others. In both cases, it is the secret or esoteric knowledge required that makes the traditional orthography appealing to some as an element of identity.

Throughout the Americas competing orthographies have fought on a battleground on which the contending parties have sometimes been solely academics, sometimes members of indigenous communities, and sometimes a mix of both. The raging debate in Mayanist circles as to which of two or more orthographies should be employed is a case in point. Many Maya intellectuals regard the orthography officially adopted for the Maya languages of Guatemala in 1988 as an important badge of a resurgent Maya identity freed from the shackles of Colonial, Western and academic dictates and unimpeded by national borders (this despite the fact that the new orthography is itself a Western creation, essentially designed and strongly promoted by a professional linguist from the U.S.). Those who fail to use it are seen as rejecting or ignoring this new-found identity. Some go so far as to promulgate the adoption of the Maya conventions even for the representation of well-known non-Maya ethnic labels and place names when cited in a European language.

6. Once and future languages

An unwillingness to accept the fate looming over indigenous languages is reflected in the substitution of the term 'dormant' for 'dead' in reference to a language whose last native speaker has died. This

terminological shift or change of paradigms is now observable not
only in indigenous communities but also in the outside world, among
academics, educators, politicians and the media. Nowadays, indigenous communities are increasingly aware of the discourse in academic
publications and the popular media concerning their languages and
culture. In part this is due to the fact that members of such communities with a tertiary education encounter and participate in this discourse in the context of their training and professional work. Although
this is a healthy development, it can cause sensitive issues to be
smoothed over with euphemisms.

The use of the adjective 'dormant' is one example of this trend.
Languages, of course, are not organic beings; thus, they neither die
nor fall into what Germans call a 'Dornröschenschlaf', a hibernation-
like or comatose state (named after Sleeping Beauty) of expectant
inactivity. Nor are they volcanoes, waiting to erupt once more onto the
cultural plain. They are said to die when the last speaker dies. But
even this is an imprecise equation. When does the last speaker die?
When the last person dies who has the ability to speak the language
fluently (that is, who is capable of talking on any subject without ma-
jor difficulty)? Since such a 'last speaker' would have had no one left
to speak with in the language, can he or she be called a last speaker at
all?

Describing a tongue as 'dormant' allows one the luxury of enter-
taining the hope of a reawakening, of a language revival at some
future point. In practice this is rare, exceedingly rare. The revival of
Hebrew for the modern state of Israel is the classic example. One can
argue that Hebrew is not the sole exception that it appears to be, since
there have always been many Jews with the ability to read the language fluently (thus, a passive fluency, but a fluency nonetheless).
Attempts of this nature are fraught with considerable and often insur-
mountable difficulty. Languages that are not yet dead – that is, that
still have native speakers – can be revived with difficulty and the concerted long-term efforts of the community. Immersion programs, such
as those currently underway in Maori and Hawaiian communities, can
be successful, but they require the help of fluent speakers who work
and play with the young exclusively in the target language. A 'dormant' language, however, does not have a pool of speakers to draw
on. Its revival is, thus, dependant on individuals who have learned it

as a second language or who have only a partial native command of the language. The resultant 'revived' language would arguably be a somewhat different language from the one it is emulating.

A test case for language revival is the ongoing Miami-Illinois experiment in Oklahoma. The Miami-Illinois language died – or, if one prefers, became 'dormant' – in the 1980s. David Costa, a young Algonquianist and the leading specialist today on the language, has been helping Daryl Baldwin, a member of the Miami community and an educator, to recreate it, to the extent that this is possible given the incomplete documentation of the language before its demise. Baldwin, his wife and four children have been using the language as a family language, in an attempt to build a viable core community for the future. Time will tell whether they are successful in this, and other indigenous communities are watching with great interest.

For further information on present trends, I recommend as the best starting point the *SSILA Newsletter* of the Society for the Study of the Indigenous Languages of the Americas, Arcata, California (see <www.ssila.org>).

Bibliography

Krauss, Michael (1998): "The Condition of Native North American Languages: the Need for Realistic Assessment and Action". In: *International Journal of the Sociology of Language*, 132, pp. 9-21.

Miller, Wick R. (1996): "The Ethnography of Speaking". In: Goddard, Ives (ed.): *Handbook of North American Indians*. Vol. 17: *Languages*. Washington, D.C.: Smithsonian Institution, pp. 222-243.

Whittaker, Gordon (1996): "The Sauk Language". In: Pentland, David H. (ed.): *Papers of the Twenty-Seventh Algonquian Conference*. Winnipeg: University of Manitoba, pp. 362-401.

Utta von Gleich

Conflictos de ideologías lingüísticas en sistemas educativos: tres décadas (1975-2005) de observación y análisis en los países andinos Bolivia, Ecuador y Perú[1]

1. Introducción

Es bien conocido que Bolivia, Ecuador y Perú han sido y siguen siendo países multiculturales, pluriétnicos y multilingües. La búsqueda de la identidad nacional y su relación con el lenguaje, o mejor dicho, con las lenguas habladas en el territorio nacional siempre ha sido un tema importante en discursos políticos y filosóficos sobre etnicidad, indigenismo o bien indianismo como nos enseñan Marzal (1981) y Montoya/ López (1988), para Perú y Mesa/Gisbert (2003) para Bolivia en sus reflexiones sobre la historia de la construcción de la identidad nacional. Moya (1987), Abram (1994), Valiente Catter/Küper (1996), Büttner (1997) y Krainer (1999) analizan a base de su experiencia como asesores internacionales la educación bilingüe intercultural y los conflictos y tensiones entre lengua, cultura e identidad en el Ecuador; Kendall A. King (2001) investigan la política y planificación lingüística del Ecuador. El concepto de *etnicidad* siguiendo a Frederik Barth (1994: 2) tiene que ver con "la organización social de la diferencia cultural", y esto es precisamente el reto para el sistema educativo en países multiétnicos y multiculturales.

En las siguientes reflexiones consideramos *etnicidad* como un constructo sociocultural elaborado de acuerdo con varios criterios, todos o algunos de los cuales pueden ser observados en un contexto determinado: la idea de una cultura compartida, un sistema religioso común, orígenes y genealogías compartidos, una historia y una lengua compartida. Coincidimos con la definición de Woolard (1998: 39),

---

1 Agradezco a Teresa Valiente su valioso apoyo en la redacción de la presente contribución.

según la cual "ideologías lingüísticas son representaciones, ya sean explícitas o implícitas que interpretan la intersección del lenguaje y los seres humanos en un mundo social".

En esta exposición nos limitaremos al análisis de la rivalidad de ideologías lingüísticas que se plasmaron durante las últimas tres décadas en la construcción de identidades en el sector educativo y su impacto sobre legislaciones lingüísticas y educativas.

Trataremos de contestar las siguientes preguntas:

- ¿Quiénes son los agentes que determinan la identidad lingüística en los programas educativos en el contexto plurilingüe y multicultural de Bolivia, Perú y Ecuador?
- ¿Qué tendencias sociopolíticas refleja el análisis comparativo curricular:
- a) homogenización por la cultura dominante acompañado de una tolerancia pasiva,
- b) unidad en la diversidad cultural y lingüística plasmada en interculturalidad activa en el sector educativo,
- c) segregación educativa ?
- ¿Se considera debidamente a las lenguas originarias tanto en la formación docente como en la enseñanza primaria conforme a las regulaciones estipuladas en la constitución y las leyes educativas respectivas?
- ¿Se garantiza y respeta la identidad cultural y lingüística del niño?
- ¿Coinciden las reivindicaciones y expectativas de los pueblos indígenas, de sus asociaciones de padres y madres de familia y juntas escolares con el currículo oficial?
- ¿Se siguen imponiendo identidades lingüísticas o existen negociaciones democratizantes?
- ¿Cuál es el rol de los investigadores nacionales e internacionales y de la cooperación internacional en la construcción de identidades?

Antes de presentar en forma sinóptica la evolución de las ideologías lingüísticas en el sistema educativo en los países andinos mencionados quisiéramos resaltar la dificultad de definir lingüísticamente y étnicamente la dimensión de la demanda educativa correspondiente.

2. La dimensión multilingüe y pluriétnica en los censos nacionales

Recién en la década de los 90 del siglo XX podemos constatar un mejoramiento en la consideración de la multietnicidad y del plurilingüismo de los censos demográficos. Esto se debe tal vez a procesos generales de modernización cibernética y estadística en los Estados de la región, pero más probablemente a la presión de los movimientos indígenas mismos y de los donantes internacionales que se han comprometido a dar una trato preferencial a los grupos más necesitados en el combate a la pobreza, de la cual sufren sobre todos los indígenas del continente (Psacharopoulos/Patrinos 1994; Hall/Patrinos 2005).

En el pasado, preguntas sobre lengua materna y conocimiento de otras lenguas o pertenencia étnica casi no figuraron en los censos y en base a esta ignorancia de la estadística intencional se solía poner en duda la demanda educativa para las etnias indígenas postergando así actividades necesarias. Gracias a la CEPAL (Consejo Económico para América Latina), y su instituto de estadística, CELADE (Centro Latinoamericano de Demografía), disponemos desde 1994 de estudios sociodemográficos sobre la dimensión antropológica y lingüística de la demanda educativa que posteriormente fueron actualizados por los grandes donantes de créditos en el ámbito de la educación (Banco Mundial y Banco Interamericano de Desarrollo). Si bien existen muchas discrepancias en la información sobre la población indígena en los censos nacionales, el problema principal radica en la propia definición de quiénes pertenecen a ésta. El criterio teórico más frecuente es la lengua hablada, pero surgen dudas respecto a la validez de esta aproximación debido al fuerte proceso de aculturación y la exclusión de lenguas originarias en la educación básica y media hasta los años 90, década de las grandes reformas constitucionales y educativas. También entre los indígenas mismos y sus organizaciones se cuestiona si un indígena que no usa su lengua propia puede ser considerado como un "indígena auténtico". El segundo indicador fuerte y marcado es la autoidentificación o autopercepción sobre la pertenencia a un grupo étnico o a una comunidad indígena. Este criterio de la autoidentificación es reconocido como pertinente en convenios internacionales y debates sobre derechos indígenas (Stavenhagen 1988; Stavenhagen/Iturralde 1990).

Los países que ahora cuentan con información censal sobre poblaciones indígenas basada en el criterio de lengua hablada son Bolivia, Honduras, México, Panamá y Perú. Ecuador, en el censo de 1990, preguntó por la lengua con mayor frecuencia hablada en el hogar. El nuevo censo de Bolivia del 2000 combina ambos criterios, lenguas habladas y autoidentificación con un grupo étnico (véase la contribución de Xavier Albó en este volumen).

En círculos oficiales frecuentemente se negaba la factibilidad de estudios estadísticos, haciendo referencia a los altos costos y la gran dispersión demográfica, sobre todo de las etnias en la Amazonía donde a veces se responsabilizaba a las minorías lingüísticas de negarse en algunos momentos a participar en los censos nacionales, como por ejemplo en el Ecuador en 1990.

Bolivia demostró en 1993 la factibilidad de tales censos con su documento de planificación *Bolivia multilingüe*, y sus detallados mapas de distribución lingüística y grado de bilingüismo, elaborado bajo la coordinación de Xavier Albó, financiado por UNICEF y CICPCA (Centro de Investigación y Promoción del Campesinado). Con excepción de CELADE (Centro Latinoamericano de Demografía), a nivel subregional o interregional, por ejemplo en el *Pacto Andrés Bello* y los demás acuerdos de integración andino, no hubo marcadas iniciativas de fomentar estudios de esta índole. El *Pacto Andrés Bello* se limitó a valiosas, pero eclécticas, producciones de material didáctico o reimpresiones de gramáticas de lenguas indígenas con una muy limitada distribución en los mismos países miembros. Bolivia está a la vanguardia en actividades censales y se ha creado con el documento antes mencionado un instrumento clave de la planificación de la reforma educativa. El Ministerio de Educación en Perú realizó en el contexto de la cooperación bilateral con Alemania (Gesellschaft für technische Zusammenarbeit – GTZ) en 2000 para el proyecto Plan Nacional de Capacitación Docente (PLANCAD-GTZ-KfW 2000) un estudio sobre *Demanda y necesidad de educación bilingüe en el sur andino* con el objetivo de integrar la formación de maestros bilingües para la primaria en el marco de la reforma de la formación docente Chirinos Rivera (2001) contribuyó con un nuevo *Atlas Lingüístico del Perú* a la planificación linguopedagógica. Extrañamos un estudio comparable para Ecuador.

Actualmente, la fuente más completa sobre la dimensión lingüística y étnica de los pueblos indígenas en América Latina y sus derechos constitucionales es el estudio exhaustivo de Barié (2004), resultado de un esfuerzo mancomunado del Instituto Indigenista Interamericano III en México, de la Comisión Nacional para el Desarrollo de los Pueblos Indígenas (CDI) México y el Editorial Abya-Yala (Ecuador) con el auspicio de la Cooperación Técnica Alemana (GTZ), el Banco Mundial y el Banco Interamericano de Desarrollo (BID).

Cuadro 1: El perfil sociolingüístico de los países andinos al inicio del siglo XXI

Indicadores	Bolivia	Ecuador	Perú
Nación multiétnica y multicultural	Constitución de 1993, Art. 1	Constitución de 1998, Art.1	Constitución de 1993: Art. 2: Igualdad ante la ley
Población total/ Censos y Estimac. 1999*	7,96 millones	12,2 millones	24,8 millones
Población indígena	5,6 millones (71%)	5,2 millones (43%)	11,7 millones (47%)
Grupos étnicos	35 grupos	13 nacionalidades y 14 pueblos	70 lenguas ancestrales
Hablantes de lenguas originarias	3 millones (59%)	0,8 millones (6,8%) censo 2001	6 millones (24%)
Estatus legal de las lenguas:			
Co-oficial con castellano	Decreto Supremo No. 25894, septiembre de 2000: todas las lenguas originarias	Constitución de 1998, Art. 1: Castellano lengua oficial, lenguas indígenas oficiales en su territorio	Const. Art. 48: "son idiomas oficiales el castellano y, en las zonas donde predominan, también lo son el quechua, el aimara y las demás lenguas aborígenes".
Lenguas de Enseñanza	Reforma Educativa 1994: Castellano y lenguas originarias en el modelo EIB	Educación en lenguas originarias y castellano, (Art. 69 C). Propio sistema de administración educativa: la DINEIB	Const. Art. 17: El Estado "fomenta la educación bilingüe intercultural según las características de cada zona".

Fuente: Elaboración propia sobre la base de censos y legislaciones nacionales en Barié (2004) y Meentzen (2005).

2.1 El estatus jurídico de lenguas y culturas indígenas en Bolivia, Ecuador y Perú

Definir el estatus jurídico de lenguas nacionales es según Calvet (1999: 154s.) tarea de la política lingüística que abarca "el conjunto de decisiones conscientes efectuadas en el dominio de las relaciones entre lengua y vida social, y más específicamente entre lengua y vida nacional" y de la planificación lingüística "que se entiende como la búsqueda y la puesta en acción de los medios necesarios para la aplicación de una política lingüística".

Si comparamos los tres países, notamos un avance notable desde los años 90: Bolivia y Ecuador se declaran explícitamente como naciones multiétnicas y pluriculturales mientras Perú garantiza con el Art. 2 la igualdad de todos los individuos sin discriminación por religión, raza, lengua y pertenencia étnica. Las lenguas y culturas forman parte del patrimonio cultural y se les garantiza protección y desarrollo.

La educación básica para niños hablantes de lenguas indígenas está garantizada en su propia lengua y en el idioma oficial en diferentes modelos de educación bilingüe intercultural, mediante leyes educativas, la creación de secciones o direcciones específicas dentro del Ministerio de Educación (Bolivia y Perú) o paralelamente como es el caso de Ecuador.

La ratificación parlamentaria del *Convenio 169 sobre Pueblos Indígenas y Tribales* en países independientes de la OIT (Organización Internacional de Trabajo), en Bolivia en 1991 por la *Ley 1257*, en Ecuador en 1993, y en el Perú en 1994 constituye una protección jurídica adicional con varios enfoques, entre los cuales figura el derecho a una educación lingüística y culturalmente pertinente, definida en los Art. 27, 28 y 29 (véase Anexo 1).

No existen en los países andinos políticas lingüísticas explícitas y coherentes, es decir, con reglamentos de implementación obligatoria; los derechos lingüísticos individuales y grupales están integrados en los derechos sectoriales de educación, salud y jurisdicción. Están ausentes, por ejemplo, para los medios de comunicación estatales y privados así como editoriales nacionales.

2.2 Panorama sinóptico de la evolución de la educación básica para los pueblos indígenas en Bolivia, Perú y Ecuador

Bolivia

La historia de las ideologías culturales y lingüísticas y sus impactos sobre el sistema educativo empieza con la reforma educativa de 1955, donde por primera vez se admite la urgente necesidad de ofrecer educación a las masas indígenas en el campo. Precursoras de escuelas para los indios son las escuelas ambulantes que funcionaron desde 1906 en el departamento de la Paz. Los maestros vivían 15 días en cada lugar para alfabetizar en castellano a los habitantes y luego iban a la siguiente comunidad y así sucesivamente retornando cíclicamente.

En 1931, Elizardo Pérez abre en Warisata la primera escuela para los indios, donde se intenta traducir en una estructura escolar la estructura de la organización social y política de las comunidades indias. Su concepto supera la pura alfabetización e incluye un contenido social y económico. Los padres de familia deben cooperar en su construcción y la escuela debe irradiar su acción a la vida de la comunidad y atender el desarrollo armónico y simultáneo de todas las aptitudes del niño en su proceso educativo. Todavía no se trata de una educación bilingüe sistemática pero testimonios informan sobre la alta valoración de la cultura aymara y el amplio uso de la lengua aymara en los trabajos en el campo y en días festivos. Es innegable que en estas escuelas para indios el buen dominio del castellano era la meta lingüística y educativa principal si bien se hablaba bastante aymara en las actividades productivas.

Muy tímidamente y casi silenciosamente se desarrollaron a partir de los años 70 por parte de organizaciones no gubernamentales (ONGs) como el CIPCA (Centro de Investigación y Promoción del Campesinado), y de la Iglesia católica programas radiofónicos (ERBOL – Educación Radiofónica de Bolivia) de educación en lenguas autóctonas. Paulatinamente se aceptó en estos círculos la convicción de que el bilingüismo fomenta la integración social, mientras el motor de integración nacional sigue siendo el castellano.

En esta coyuntura Xavier Albó entra en 1974 al escenario con su estudio Futuro de las Lenguas Oprimidas en Bolivia y progresivamente se forma un grupo de jóvenes investigadores nacionales que fundaron el Instituto Nacional de Estudios Lingüísticos transformándose más tarde en el Instituto Boliviano de Cultura.

En la década del 80 varios proyectos pilotos de educación bilingüe operan en el altiplano con el apoyo del ILV (Instituto Lingüístico de Verano); el episcopado apoya la educación a distancia; en 1982 se inaugura el primer proyecto de alfabetización de adultos (SENALEP – Servicio Nacional de Alfabetización y Educación Popular) en lenguas originarias bajo el gobierno de Siles Suazo. También debe destacarse la aprobación del alfabeto oficial para quechua y aymara en 1984, el renacimiento del pueblo guarani, el Teko Guarani y la instalación de la Asamblea del Pueblo Guaraní. Pedro Plaza Martínez y Juan Carvajal publican en 1987 el primer estudio lingüístico y antropológico Etnias y Lenguas de Bolivia. Paralelamente se puede notar la movilización y organización de las asociaciones étnicas de Bolivia en la espera de 1992, un año muy crítico en la nueva interpretación de la historia del continente: ¿500 años de opresión y de colonialismo, o de encuentro o de acercamiento?

El inicio del gobierno de Sánchez de Lozada en 1990 con su vicepresidente Víctor Hugo Cárdenas, primer indígena que llegó a esta alta función estatal en América Latina, marcó para Bolivia un cambio fundamental en la percepción de la diversidad cultural, tanto por las mismas etnias como por la población mestiza o criolla.

UNICEF apoya desde 1998 un mayor proyecto de educación intercultural bilingüe, el PEIB (Proyecto de Educación Intercultural Bilingüe) en aymara, quechua y guaraní y así se abre en la sociedad boliviana el paso a la aceptación de la educación bilingüe para los pueblos originarios. Los donantes internacionales apoyan la preparación de la reforma educativa mediante un equipo especial y se preparó el documento *Bolivia Plurilingüe* bajo la coordinación de Xavier Albó (1995) que sirve como instrumento de planificación para la EIB (Educación Intercultural Bilingüe).

La *Reforma Educativa* toma vida como ley, unánimemente aprobado por el parlamento. Estos procesos ilustran la aceptación de una nueva ideología: identidad nacional, multicultural y pluriétnica. La *Ley de participación social* es el segundo pilar en la transformación y modernización de Bolivia. Se refleja de inmediato en la creación de comités de educación y sobre todo en la creación por ley de los cuatro

Consejos Educativos de los Pueblos Originarios (CEPO) con amplios derechos de intervención.

Mientras Perú vive una década silenciada en cuanto a EIB, Bolivia se encuentra en auge y recibiendo mucho apoyo internacional. Considerado indispensable para todos los bolivianos, el bilingüismo entra en el discurso oficial y público y la interculturalidad como axioma social.

Víctor Hugo Cárdenas promueve la transformación del concepto de la interculturalidad pasiva y tolerante en una estrategia activa de reconocer y valorar al otro, al próximo, con igualdad de derechos en todos los espacios de la sociedad. No sorprende el surgimiento de diferentes interpretaciones de esta concepción en el contexto de la reforma educativa. Ésta considera al niño como sujeto de interés de las actividades pedagógicas produciendo así un cambio radical en el sistema tradicional que más bien valoraba la transferencia de conocimientos del profesor al niño. Ahora se trata de una comunidad de aprendizaje formado por niños, maestros, padres y madres de familia, el pueblo y autoridades; este enfoque retoma en gran parte la filosofía de Warisata, *yachay wasi*, es decir, "casa de saber para la vida".

En círculos académicos la reforma educativa de Bolivia es considerada la más avanzada y coherente desde la perspectiva de igualdad de acceso, integridad e idoneidad lingüística y cultural y protección del niño (López/Küper 2002) porque en este concepto se han consensuado las ideologías lingüísticas y culturales que permiten al niño la formación de identidades individuales muy variadas y por ende democráticas.

Perú

Empezamos la retrospectiva del desarrollo de modelos de educación para las poblaciones indígenas en los años 60 en el contexto de una ampliación del sistema de educación promovido por los programas de desarrollo de la CEPAL que hicieron hincapié en la importancia del factor humano educado. En Perú se formaron círculos académicos (antropólogos, lingüistas, sociólogos y educadores) en la Universidad Nacional Mayor de San Marcos y en el Instituto de Estudios Peruanos invadiendo el discurso público con una nueva ideología lingüística que reconocía y reclamaba el valor de las lenguas indígenas frente al castellano. Los protagonistas más destacados fueron José Arguedas y Alberto Escobar en la primera Mesa Redonda sobre Educación Bilin-

350   Utta von Gleich

güe celebrada en Lima en 1967. Como fruto nace ya en 1969 el primer Proyecto de Educación Bilingüe en Ayacucho (CILA) bajo la dirección de Inés Pozzi-Escot, y en 1972 el gobierno del General Alvarado Velasco decretó la Ley General de Educación que formuló como prioridad: atender a los grupos étnicos y marginados sin atención educativa.

En la década del 70 presenciamos el gran despegue de los estudios sociolingüísticos en el contexto de la búsqueda de la identidad nacional en el Perú. En 1972 se celebra el primer seminario sobre educación bilingüe. Se logran mayores estudios lingüísticos de clasificación de las variedades del quechua y aymara (Parker 1963; Torero 1964), la producción de diccionarios y gramáticas regionales como material de apoyo de los maestros. La sociolingüística pone énfasis en ideologías lingüísticas y actitudes hacia las lenguas autóctonas en cooperación con investigadores en universidades estadounidenses (Wolfgang Wölck de la *New York State University at Buffalo*, con Donald F. Solá de la *Universidad de Cornell*, véase Wölck 1975). Estas actividades llevaron a la creación de la *Dirección General de Educación Bilingüe* que apoya estos estudios con el objetivo de una adecuada implementación de la educación bilingüe en el país. Con el mismo motivo se crea en 1975 el Instituto Nacional de Investigación de Desarrollo de la Educación (INIDE). Este proceso fue coronado por el Decreto *Ley 21156 de Oficialización del Quechua* en 1975 al final del gobierno de Velasco.

Durante el segundo gobierno de Fernando Belaúnde Terry (1980-1985) y el gobierno de Alan García (1985-1990) la educación bilingüe avanzó en varios proyectos pilotos: Puno (1979-1991) con el apoyo de la GTZ (Jung/López/T.Valiente), en Cuzco con el apoyo de Cornell, en la Amazonía con el apoyo del ILV y la Comunidad Europea; pero el creciente terrorismo de Sendero Luminoso obstaculizó la generalización de estos modelos pilotos exitosos. Peor aún, los quechua-hablantes del trapecio andino, sobre todo los emigrantes de Ayacucho, ya no se atrevieron a usar su lengua en espacios públicos en Lima (Gleich 1998a). La identificación etnolingüística sufre grandes daños, si bien se logra mediante *Resolución Ministerial 1218* – la oficialización del alfabeto unificado para quechua y aimara.

La década de los 90 con el gobierno de Fujimori es muy contradictoria. Por un lado, se promulga la nueva *Constitución Política del*

Perú (1993) cuyo artículo No. 17 expresa la obligación del Estado de fomentar la educación bilingüe e intercultural, según las características de cada región. Por el otro lado, se reduce la categoría de la Dirección Nacional de EIB a una mera unidad técnica sin influencia apenas en la reforma educativa, especialmente en cuanto a la formación docente. En estos años notamos fuertes conflictos ideológicos dentro del mismo ministerio y entre los parlamentarios y, además, poca voluntad de mejorar y ampliar la cobertura de la educación bilingüe.

Los proyectos pilotos subsisten con apoyo externo, progresivamente se va formando en Lima una protesta intelectual que se organiza como Foro Educativo, donde se cuestiona públicamente la orientación de la reforma, especialmente su carácter homogeneizante de los pueblos indígenas. Los diferentes proyectos no gubernamentales se organizan en 1995 en una red para intercambiar sus experiencias actuando en oposición al gobierno. Frente a esta presión nacional y con el apoyo de varios donantes internacionales se produce finalmente en la segunda mitad la revalorización de las lenguas y culturas en la formación básica. Se diseña el *Plan Nacional de Educación Bilingüe Intercultural* (1997-2000) con un programa de implementación más sistemática que incluye un proyecto de Formación Docente para Educación Bilingüe Intercultural. Después de la salida del país de Fujimori en noviembre de 2000, el gobierno interino acelera la realización de este plan reinstalando en el 2001 la Dirección Nacional de Educación Intercultural Bilingüe (DINEBI), dentro del Ministerio. Por primera vez se establece un Comité Consultivo Nacional de la EBI, conformado por nueve profesionales y seis expertos no indígenas que realizan consultas nacionales y finalmente presentan un documento sobre *Política Nacional de Lenguas y Culturas en la Educación*, aprobado en 2003 como *Ley No. 27818* (*Ley Para la Educación Bilingüe Intercultural*).

Desde 2001 el gobierno del presidente Toledo, a través del nuevo programa PROEDUCA (Programa de Educación Básica de la Cooperación Alemena al Desarrollo), apoya la transformación curricular y la gestión educativa en EIB con el apoyo de la Cooperación Técnica Alemana (GTZ).

El objetivo de involucrar significativamente a las organizaciones indígenas en la planificación estratégica hasta 2005 no ha tenido mayor éxito debido a las discrepancias que surgieron tras la reestructura-

ción de las organizaciones indígenas por Eliana Karp, esposa de Toledo. Su ausencia durante el *Congreso Latinoamericano sobre EIB*,
realizado en Lima en agosto de 2002, probó su desinterés personal en
la cuestión.

Los protagonistas de la EIB son actualmente los docentes en los
Institutos Superiores Pedagógicos para la Educación Intercultural Bilingüe (ISP-EIB) de la sierra y las organizaciones básicas de la Amazonía asociadas con sus colegas a nivel latinoamericano a través de la
red de educadores en EIB y las actividades del PROEIB-Andes (Programa de Formación en Educación Intercultural Bilingüe).

Ecuador

La evolución de la educación bilingüe intercultural en el Ecuador y
con ella la aceptación de identidades individuales y colectivas pluriculturales y multilingües se prepara silenciosamente ya a finales del
siglo XIX con motivo del 400 aniversario del descubrimiento de América. Un renacimiento de la lengua quichua apoyado por la publicación
de gramáticas y diccionarios por el presidente Luis Cordero y la creación de círculos literarios en Cuenca (Yánez Cossío 1994; Küper
2005) contribuye al mejoramiento del estatus y prestigio de las lenguas indígenas. Pero pasaron cuatro décadas más hasta la fundación
de las primeras escuelas indígenas de Dolores Cacuango en la provincia de Pichincha entre 1945 y 1963 que coincidieron con la fundación
de la Federación Ecuatoriana de Indios (FEI). Las monjas de Laurita
que trabajaron en la región de Otavalo contribuyeron a la publicación
de la primera cartilla bilingüe en 1947. Después de este despertar si-
guió una fase intensa de 1952 hasta 1982 influenciada fuertemente por
el Instituto Lingüístico de Verano (ILV) sobre la base de un contrato
de cooperación con el Estado ecuatoriano. El ILV empezó sus actividades en la Amazonía, después colaboró en la costa y en la sierra.

El evento más destacado y con mayor impacto renovador fue el
primer seminario sobre educación bilingüe en 1973 organizado por el
ILV junto con el Ministerio de Educación en el cual participaron más
de 300 representantes de distintas instituciones del país. El resultado
impresionante fue la creación de un instituto de investigación de lenguas indígenas en la Universidad Católica (Centro de Investigación
para la Educación Indígena – CIEI), la oficialización de las lenguas
indígenas y en 1980 la creación de un alfabeto unificado para el qui-

chua. El modelo bilingüe difundido por el ILV tenía carácter de transición, es decir, se usaba la lengua indígena sólo en el primer año, junto con la enseñanza paralela del castellano oral y se producía la transición progresiva al castellano como lengua de instrucción ya a partir del tercer grado. Durante la implementación aumentó la crítica frente a este modelo y del carácter evangelizador del ILV, que resultó conflictivo con las culturas indígenas conduciendo muy rápido en 1981 al cierre oficial del ILV por el gobierno de Roldós; pero los especialistas del ILV permanecieron en el Ecuador hasta 1992 a título privado.

Paralelamente se desarrollaron las actividades de la *Misión Andina* en 10 provincias de la sierra que tenía como meta la integración de la población rural en la vida económica, social y cultural del país. Muy pronto, no obstante, también este programa cambió su orientación indigenista inicial y pasó a ser un programa de aculturación sin promover el cultivo de la lengua quichua. El tercer pilar fuerte de la educación indígena fue la creación de la Escuelas Radiofónicas Populares del Ecuador partiendo de Chimborazo. Posteriormente, bajo la protección del obispo Leonidas Proaño, se desarrolló un programa de radioeducación bilingüe para los Shuar en la Amazonía.

Adicionalmente se debe destacar la influencia del Centro de Investigación de los Movimientos Sociales del Ecuador (CEDIME) que apoyó en la provincia Bolívar la Fundación Runacunapac Yachan Huasi para la formación del liderazgo campesino.

La constitución de 1983 destaca con mayor claridad que la constitución de 1945, que en las regiones con población indígena mayoritaria la lengua vernácula debe ser la lengua de enseñanza.

La tercera fase desde 1982 hasta la actualidad es considerada como época de florecimiento del gran sueño de la EIB, hecho realidad tanto por el Sistema de Escuelas Indígenas de Cotopaxi (SIEC), el nuevo proyecto ecuatoriano-alemán (P.EBI – Proyecto de Educación Bilingüe Intercultural), el Programa Alternativo de Educación Bilingüe comunitario para la educación secundaria y el PAEBIC (Programa Amazónico de Educación Bilingüe Intercultural) en las provincias de Napo y Pastaza. El evento culminante en este proceso fue en 1988 la creación de la Dirección Nacional de Educación Intercultural Bilingüe (DINEIB) un sistema independiente y paralelo al sistema educativo hispano parlante. La DINEIB, institucionalizada con un sistema administrativo en las provincias, creó sus Institutos Pedagógicos Interculturales Bilingües para la formación de sus propios maestros bilingües. En 1993 se decreta el Modelo Educativo del Sistema de Educación Intercultural Bilingüe (MOSEIB), vigente hasta el día de hoy.

El P.EBI (Küper 2005; Valiente-Catter/Küper 1996; Gleich/Valiente 2005) ha contribuido en sus cuatro fases desde 1982 a 2001 esencialmente a la consolidación de la educación bilingüe intercultural mediante la elaboración de un nuevo currículo junto con material didáctico tanto para los maestros como para los alumnos, cubriendo la demanda los seis años de primaria, la profesionalización de especialistas para la elaboración de material didáctico, la formación de formadores, especialistas en evaluación pedagógica, difusión de los resultados en una revista especializada, fomento y modernización lingüística de las lenguas originarias. Mediante estas actividades logró consensuar gran parte de ideologías rivalizantes entre el liderazgo indígena tanto en la DINEIB como en las escuelas fortaleciendo la identidad lingüística y cultural de miles de alumnos, maestros y padres de familia.

La DINEIB continuó la difusión de la EIB y se asoció con el partido *Pachakutik*, el primer partido político indígena que llegó a ocupar dos ministerios (Relaciones Internacional y Educación y Cultura) en el gobierno de Lucio Gutiérrez de 2003. Esta alianza quebró después de seis meses pero nos ilustra el poder crecido del movimiento indígena en el Ecuador y su disposición de cooperar con el gobierno. *El nuevo modelo educativo para un nuevo país*, desarrollado por el equipo de la ministra Rosa María Torres para 2003-2007, tenía como componente fuerte la reestructuración de la EIB a fin de aumentar la difusión de este modelo que se ha estancado y sólo atiende el 10 % de los niños indígenas en edad escolar (DINEIB 2005).

3. Análisis de las ideologías, actitudes y pensamientos populares sobre identidades plurilingües y multiculturales

3.1 Principales actores en la negociación de la identidad lingüística en los sistemas educativos

Esta parte no analiza las ideologías lingüísticas en las instituciones educativas privadas de la clase media alta y de élite que cubren un 15% de la demanda en los países respectivos. Sólo se destaca que éstos en su mayoría consideran el monolingüismo en castellano como norma y en cuanto apoyan programas bilingües se trata de un bilingüismo elitista (Gleich 1989), es decir, castellano en combinación con lenguas europeas de prestigio como, inglés, francés, alemán, italiano en los respetivos colegios internacionales capitalinos. Este tipo de bilingüismo es altamente valorado en la sociedad mientras que el bilingüismo castellano con una lengua indígena no tiene prestigio, más bien es considerado una necesidad o un instrumento para fortalecer la comunicación a nivel nacional en la lengua dominante.

Para el bilingüismo que aquí nos interesa, los agentes de la política linguo-pedagógica a nivel macro son los parlamentarios y los Ministerios de Educación, estos últimos con fuerte dependencia del Ministerio de Finanzas y de los donantes internacionales (bilaterales y multilaterales) y las organizaciones indígenas de base, las nacionales y continentales.

En el nivel meso los agentes son las administraciones educativas descentralizadas, las academias regionales de lengua, las iglesias, algunos académicos universitarios y las comunidades lingüísticas representadas por sus asociaciones y organizaciones étnicas. A nivel micro actúa la comunidad educativa local: los padres de familia, los maestros y las autoridades locales bajo influencia de los actores del nivel macro y meso.

En estos tres circuitos circulan las ideologías lingüísticas influenciándose mutuamente e interviniendo en la definición de la política lingüística.

Dado que a nivel macro político, la representación de los pueblos indígenas en los parlamentos todavía es mínima,[2] se producen a este nivel choques de ideologías lingüísticas; los hispanohablantes favorecen normalmente programas de castellanización sin tener mayor interés en el desarrollo y mantenimiento de las lenguas indígenas. Más bien consideran este multilingüismo como problema, como barrera al desarrollo. Por eso no sorprende que a nivel de la constitución el reconocimiento como país multiétnico multicultural figura solamente en Bolivia. En Ecuador y Perú se reconoce a partir de los 80, pero se

---

2   Sólo en el Ecuador se ha creado un partido político indígena (Pachakutik) que participó en 2002 durante 6 meses en el gobierno: tenía 11 mandatos en el congreso, 28 alcaldes, 5 prefectos y tres ministerios bastante importantes: Economía, Relaciones Exteriores y Educación.

suprime el componente "multilingüe". Indudablemente el reconocimiento de la multietnicidad y del multiculturalismo es un gran logro y el subsiguiente reclamo de incluir el componente lingüístico se debe en gran parte a la movilización étnica del continente y a la disposición de la élite de revalorizar su herencia cultural ancestral. Pero la dimensión lingüística sigue bloqueada en el discurso ideológico o bien queda excluida o vaga.

La puesta en práctica, es decir, la implementación y la operacionalización de todas las leyes de reconocimiento multicultural –protección del medioambiente, monumentos culturales y protección de culturas y lenguas ancestrales– y su consideración en el sistema educativo tardan mucho y experimentan retrocesos o estancamiento según la ideología dominante del gobierno o de los ministros de educación de turno. Desde esta perspectiva el multilingüismo constituye ciertamente para los funcionarios públicos, mayormente monolingües en castellano, el reto más provocativo y complejo.

La actitud de los Ministerios de Finanzas hacia el bilingüismo popular y frente a la identidad lingüística del estudiante y su educación primaria en lengua materna es muy limitada y el argumento es siempre la escasez de fondos. Sin embargo, existen estudios económicos del mismo Banco Mundial y del BID (Psacharopulos 1993; Contreras/ Talavera 2003; Dutcher 2004) sobre el mejoramiento del rendimiento académico mediante la educación bilingüe intercultural.

También en las instituciones donantes tenemos que reconocer que no siempre hay una posición unívoca. A nivel operativo algunos responsables ignoran sus propios lineamientos sobre la cooperación con los pueblos indígenas que incluye el mandato de preservar sus culturas y lenguas. según mis observaciones y mi análisis de los colaboradores y expertos internacionales en proyectos y programas fuera de EIB, éstos, con el reclamo de beneficiar a los pueblos, se oponen al uso de lenguas indígenas con los mismos pretextos y prejuicios ("estos dialectos no sirven para el desarrollo rural moderno o la capacitación profesionalizante, los indígenas ya saben suficiente castellano para entendernos"); así, en los países andinos se asocian con funcionarios nacionales que abogan por la asimilación lingüística. Por el otro lado, los pocos funcionarios étnicos que trabajan en las direcciones de educación bilingüe intercultural logran persuadir internamente a todos sus colegas, pero sus posibilidades de visitar frecuentemente las instituciones educativas en la provincia son muy limitadas.

Las organizaciones de base de los pueblos indígenas (Barié 2004) siguen siendo los defensores más eficientes de sus derechos lingüísticos en la educación. Ellos promueven la política lingüística desde las bases populares (Hornberger 1997) en coordinación con comités educativos locales, maestros y padres de familia. Sin embargo, no se debe negar que existe cierta resistencia entre ellos a la introducción de la educación bilingüe intercultural (véase contribución de R. Howard-Malverde). Esto se debe mayormente a una insuficiente información sobre los objetivos y la operacionalización de la EIB. A eso se añade la introducción de innovaciones pedagógicas por parte de los ejecutores de proyectos y programas en EIB, que a su vez chocan con ideologías pedagógicas y lingüísticas incrustadas, tradicionales y obsoletas. Además, la ignorancia en círculos académicos sobre la EIB y la falta de experiencia propia en la aplicación de la EIB entre docentes en la formación de maestros de primaria son otros factores que favorecen ideologías populares que rechazan la EIB. A pesar de ello en todos los países se pueden observar grandes esfuerzos en las reformas educativas de contrarrestar estas deficiencias mediante una mayor difusión en los medios de comunicación masiva.

En Bolivia y Perú, las academias para lenguas indígenas tienen en el nivel meso una influencia ideológica muy fuerte. Según su objetivo persiguen el rescate y el cultivo de las lenguas indígenas, pero los conflictos ideológicos se producen a nivel operativo en debates sobre el desarrollo y cultivo de lenguas y sobre el proceso de estandarización y modernización, paso indispensable en la búsqueda de nuevas funciones comunicativas no solamente en el sector educativo. Ecuador no tiene academias de lenguas indígenas. Más bien ha promovido el desarrollo de sus lenguas nativas a través de sus organizaciones de base y directamente en el sistema educativo y mediante un sistema de radioeducación a distancia.

Actualmente los siguientes temas se debaten con una carga ideológica tremenda en el ámbito de las academias y en las comunidades lingüísticas:

a) la ortografía de la lengua escrita,
b) el desarrollo de la variedad estándar en un contexto multidialectal,

c) la tradición oral frente al proceso de literalización de lenguas indígenas con nuevas funciones,
d) el uso de lenguas indígenas en la enseñanza.

En la decisión sobre la ortografía adecuada intervienen mayormente los bilingües; un grupo postula una ortografía muy parecida a la lengua oficial y el otro grupo reclama un alfabeto auténtico nuevo para la lengua indígena sobre la base de su propio sistema fonémico. El primer grupo reclama ventajas en la alfabetización bilingüe que no se han comprobado en investigaciones, por ejemplo, en el Proyecto de Educación Bilingüe en Puno en los años 80, cuando el alfabeto oficial había adoptado el pentavocalismo del castellano. El segundo enfoque, es decir, alfabetos sobre la base de un sistema fonémico auténtico de la lengua indígena, resulta más fácil para los niños, según la experiencia piloto del proyecto de Puno, pero exige una preparación técnica por especialistas en estrecha cooperación con la comunidad lingüística.

Las ideologías lingüísticas con respecto a la superioridad de una variante regional de una familia lingüística para su función como lengua estándar son muy variadas. Considerar el quechua de los incas del Cuzco (sin tener fuentes fidedignas) con el reclamo de ser la única auténtica variedad parece una ficción según criterios de la lingüística diacrónica (Cerrón-Palomino 1987). Controversias ideológicas de esta índole han perjudicado los procesos de estandarización con miras al futuro de las variedades. Los quichuas ecuatorianos, en cambio, han logrado un gran avance con la introducción del quechua unificado a través de la radio, en forma oral y posteriormente en varios modelos de EIB en forma escrita. Esta estrategia también ha provocado oposición en las aldeas del Ecuador lo que es muy comprensible dado que los campesinos no tienen conocimiento de procesos de estandarización escrita de su lengua ni del castellano. Eso también explica el miedo de perder la tradición oral por la introducción de la escritura. La dicotomía de lengua oral/lengua escrita tiene una carga histórica de discriminación ideológica muy fuerte en América Latina: la superioridad del castellano con larga tradición escrita y la correspondiente ideología eurocentrista frente a las lenguas originarias. Muchos hablantes se oponen a descubrir nuevas funciones para el uso escrito de sus lenguas mientras algunas etnias como los guaraníes en Bolivia ya lo practican, descubriendo la nueva literacidad (Gleich 2004).

La falta de conocimientos sobre procesos y etapas de adquisición de idiomas tanto de las lenguas maternas como de la segunda lengua y el rol fundamental del lenguaje en el proceso de aprendizaje contribuyen a la creación de ideologías lingüísticas que obstaculizan la comprensión de las ventajas que ofrecen los modelos interculturales bilingües. El mito o la ideología de que el niño aprende automáticamente una lengua cuando la escucha en el aula ha impedido una enseñanza sistemática del castellano como segunda lengua. También la ideología que afirma que se aprende mejor la segunda lengua cuando se descuida el uso y el desarrollo de la primera ha perjudicado a maestros y escolares.

La comunidad educativa en el pueblo o en el barrio urbano, es decir, a nivel micro, compuesta por los niños, los maestros, los padres de familia y las autoridades locales, también desarrolla sus ideologías lingüísticas que transfiere a los niños en los procesos de socialización. En la aceptación de la educación bilingüe se debe reconocer claramente el conflicto entre la valoración de los padres de familia de esta modalidad y la construcción de una identidad lingüística étnica en el niño. La superioridad que atribuyen los padres de familia al castellano como lengua de enseñanza se basa en la ideología que garantiza –y eso saben por experiencia propia– progreso y mayores oportunidades en la vida económica. Por un lado, los padres abogan por una enseñanza masiva del y en castellano pero esto no significa la negación de su idioma materno como marcador principal de su etnia. Pero el niño aprende (interpreta) a través del discurso de los mismos padres que su lengua familiar no sirve para mucho. En un segundo paso, en la escuela, el niño se enfrenta con dos alternativas: cuando la maestra quiere aplicar la EIB, vive un conflicto de obediencia frente a sus padres, pero si la maestra prefiere la segunda lengua, se desarrolla un proceso de autodiscriminación que tampoco puede fortalecer la identidad lingüística del escolar. Éstas son las ideologías lingüísticas que nacieron en los años 60/70 en los primeros proyectos de educación bilingüe de transición cuando había muchos más monolingües en lenguas indígenas, excluidas de la educación, pero que deberían ser superadas en el siglo XXI gracias a la mayor información profesional sobre EIB. También hay que tomar en cuenta que el perfil lingüístico ha cambiado: se puede constatar una disminución fuerte de monolingües en lenguas indígenas pero un aumento en bilingües (lengua indígena más castellano). Por eso hay cada vez más escolares bilingües en el primer grado; esto constituye un reto a los modelos tradicionales de EIB. También hay que respetar la voluntad de reaprendizaje de lenguas originarias por indígenas que ya tienen castellano como primera lengua. Pensemos en el bilingüismo urbano de los migrantes que hasta hoy día no fue atendido por las reformas educativas.

4. Conclusiones

Las ideologías lingüísticas entre los actores que tienen influencia sobre la formación de identidad son múltiples y adversas. Se puede observar una tendencia a respetar la diversidad lingüística y étnica en el sector educativo, resultado del proceso de democratización, y que ha permitido introducir modelos lingüísticamente y culturalmente pertinentes a nivel de la educación básica.

Bolivia y Perú prefieren el modelo de inclusión de todas las etnias en un solo sistema educativo nacional, apoyado por secciones especializadas para la formación y capacitación docente en EIB. Ecuador constituye una excepción. Con la creación de su propia dirección nacional de EIB practican cierta segregación étnica excluyendo con pocas excepciones a los mistis e hispanohablantes y mantienen sus propios centros de formación docente en EIB.

Las lenguas originarias penetran progresivamente en las instituciones de formación docente y la práctica escolar. Gracias a la democratización y participación creciente de la comunidad educativa se negocian las identidades lingüísticas de los escolares en vez de imponerse sin discusión.

El rol de las instituciones que apoyan la financiación del sistema educativo es muy exigente: deben procurar que los derechos de los grupos étnicos, que normalmente carecen de suficiente influencia política, sean respetados conforme a las leyes nacionales e internacionales (OIT 164) y al mismo tiempo los convenios bilaterales o multilaterales.

A los investigadores y consultores internacionales les toca el rol de intermediarios honestos y responsables entre los reclamos políticos de ambas partes y en la construcción de identidades culturales y lingüísticas auténticas. Esto significa en concreto que no pueden abstenerse de tomar posición como académicos universitarios. Pero sus recomendaciones profesionales deben ser factibles y respetar las leyes nacionales. A la cooperación técnica le corresponde el rol de vanguardia en defensa de minorías étnicas pero también tiene que buscar un equilibrio entre el saqueo académico nacional mediante contratos favorables y el fortalecimiento de las instituciones de investigación nacionales. En las negociaciones con los gobiernos nacionales, los representantes de la cooperación bilateral y multilateral tienen que respetar y apoyar los derechos de los grupos étnicos minorizados.

Mi retroperspectiva personal es positiva: podemos constatar avances en la construcción y aceptación de identidades culturales y lingüísticas pertinentes, ya que se debaten y se negocian las ideologías. Hace tres décadas no existía una discusión pública tan abierta sobre la construcción de identidades nacionales multiculturales. Hoy en día se escucha a los pueblos indígenas y ellos mismos han formado su propio liderazgo. El movimiento indígena continental es impresionante y exitoso pero el camino por recorrer sigue siendo espinoso. En vista de la migración internacional, Europa podría aprender de los países andinos en beneficio de sus inmigrantes plurilingües y multiculturales para disminuir el crecimiento de sociedades paralelas y conflictivas.

Anexo

Convención OIT 169

Artículo 27

1. Los programas y los servicios de educación destinados a los pueblos interesados deberán desarrollarse y aplicarse en cooperación con éstos a fin de responder a sus necesidades particulares, y deberán abarcar su historia, sus conocimientos y técnicas, sus sistemas de valores y todas sus demás aspiraciones sociales, económicas y culturales.
2. La autoridad competente deberá asegurar la formación de miembros de estos pueblos y su participación en la formulación y ejecución de programas de educación, con miras a transferir progresivamente a dichos pueblos la responsabilidad de la realización de esos programas, cuando haya lugar.
3. Además, los gobiernos deberán reconocer el derecho de esos pueblos a crear sus propias instituciones y medios de educación, siempre que tales instituciones satisfagan las normas mínimas establecidas por la autoridad competente en consulta con esos pueblos. Deberán facilitárseles recursos apropiados con tal fin.

Artículo 28

1. Siempre que sea viable, deberá enseñarse a los niños de los pueblos interesados a leer y a escribir en su propia lengua indígena o en la lengua que más comúnmente se hable en el grupo a que pertenezcan. Cuando ello no sea viable, las autoridades competentes deberán celebrar consultas con esos pueblos con miras a la adopción de medidas que permitan alcanzar este objetivo.
2. Deberán tomarse medidas adecuadas para asegurar que esos pueblos tengan la oportunidad de llegar a dominar la lengua nacional o una de las lenguas oficiales del país.
3. Deberán adoptarse disposiciones para preservar las lenguas indígenas de los pueblos interesados y promover el desarrollo y la práctica de las mismas.

Artículo 29

Un objetivo de la educación de los niños de los pueblos interesados deberá ser impartirles conocimientos generales y aptitudes que les ayuden a participar plenamente y en pie de igualdad en la vida de su propia comunidad y en la de la comunidad nacional.

Bibliografía

Abram, Matthias (1994): *Lengua, Cultura, Identidad*. Quito: Abya Yala.

Albó Xavier (1974): *El futuro de las lenguas oprimidas*. La Paz: Cipca.

— (1995): *Bolivia Plurilingüe. Guía para Planificadores y Educadores*. 2 vols. y mapas. La Paz: UNICEF et al.

— (2002): *Educando en la Diferencia*. La Paz: UNICEF et al.

Albó, Xavier/Amalia Anaya (2003): *Niños Alegres, libres, expresivos*. La Paz: UNICEF et al.

Barié, Gregor Cletus (^{2}2004): *Pueblos Indígenas y derechos constitucionales en América Latina: un panorama*. La Paz: GTZ.

Barth, Frederik (1994): "Enduring and Emerging Issues in the Analysis of Ethnicity". En: Vermeulen, Hans/Govers, Cora (eds.): *The Anthropology of Ethnicity. Beyond 'Ethnic Groups and Boundaries'*. Amsterdam: Het Spinhues, pp. 11-32.

Büttner, Thomas (1997): "Chaupi lenguabi Gajushpaga: Sprache und ethnische Identität in Ekuador". En: Gleich, Utta v. (ed.): *Indigene Völker in Lateinamerika: Konfliktfaktor oder Entwicklungspotential?* Frankfurt am Main: Vervuert, pp. 191-213.

Calvet, Luis Jean (1999): *La guerre des langues et les politiques lingüistiques*. Paris: Hachette.

CELADE (Centro Latinoameriucano y Caribeño de Demografía) (1994): *Estudios Sociodemográficos de Pueblos Indígenas*. Santiago de Chile: Centro Latinoamericano de Demografía et al.

Cerrón-Palomino, Rodolfo (1987): *Lingüística Quechua*. Cuzco: Centro de Estudios Rurales Andinos Bartolomé de las Casas.

Chirinos Rivera, Andrés (2001): *Atlas Lingüístico del Perú*. Cuzco/Lima: Ministerio de Educación/Centro Bartolomé de las Casas.

Contreras, Manuel/Talavera Simoni, E. Maria (2003): *The Bolivian Education Reform 1992-2002, Case Studies in Large Scale Education Reform*. Washington, D.C.: Worldbank.

DINEIB (Dirección Nacional de Educación Intercultural Bilingüe) (2005): "Historia". En: <http://www.dineib.edu.ec/historia.htm> (15.02.2005).

Dutcher, Nadine (2004): *Expanding Educational Opportunity in Linguistically Diverse Societies*. Washington, D.C.: Center for Applied Linguistics [1ª ed.: 2001].

Gleich, Utta von (1989): *Educación Primaria Bilingüe Intercultural en América Latina*. Eschborn: GTZ.

— (1998a): "El impacto lingüístico de la migración: ¿desplazamiento, cambio o descomposición del Quechua?" En: Dedenbach-Salazar Sáenz, Sabine et al. (eds.): *50 Años de Estudios Americanistas en la Universidad de Bonn, BAS Bonner Amerikanistische Studien*. Markt Schwaben: Saurwein, pp. 679-704.

— (1998b): "Linguistic Rights and the Role of Indigenous Languages in Adult Education". En: King, Linda (ed.): *Reflections and Visions. New Perspectives on Adult Education for Indigenous Peoples*. Hamburg: UNESCO Institute for Education, pp. 33-53.

— (1999): "Acceso a la Educación y al Saber – Requisitos para un Desarrollo auto-determinado de los pueblos indígenas". En: *Educación*, 59, pp. 66-92.

— (2003a): "Lenguaje, lenguas y procesos de enseñanza y aprendizaje". En: Jung, Ingrid/López, Luis Enrique (eds.): *Abriendo la escuela. Lingüística aplicada a la enseñanza de lenguas*. Madrid/Cochabamba/Bonn: Ediciones Morata/PROEIB-Andes/Inwent, pp. 105-118.

— (2003b): "Multilingualism and multiculturalism in Latin America: Matters of Identity or obstacles to modernization". En: Adama, Ouane (ed.): *Towards a Multilingual culture of Education*. Hamburg: UNESCO Institute for Education, pp. 261-298.

— (2004): "New Quechua Literacies in Bolivia". En: King, Kendall A./Hornberger, Nancy (eds.): *Quechua Sociolinguistics*. Berlin et al.: Mouton de Gruyter, pp. 131-146.

Gleich, Utta von/Valiente, Teresa (2005): "Interkulturelle zweisprachige Erziehung im vielsprachigen und plurikulturellen Ecuador". En: Sevilla, Rafael/Acosta, Alberto (eds.): *Ecuador. Welt der Vielfalt*. Bad Honnef: Horlemann, pp. 137-158.

Gleich, Utta von (ed.) (1997): *Indigene Völker in Lateinamerika: Konfliktfaktor oder Entwicklungspotential?* Frankfurt am Main: Vervuert.

Gleich, Utta von/Grebe, Ronald (eds.) (2001): *Democratizar la palabra. Las lenguas Indígenas en los Medios de Comunicación de Bolivia*. La Paz: Goethe Institut/ SFB 538: Universidad de Hamburgo.

Godenzzi, Juan Carlos (2003): "Política de Lenguas y Culturas en la Educación del Perú". En: Solís Fonesca, Gustavo (ed.): *Cuestiones de Lingüística Amerindia*. Lima: CILA, pp. 51-64.

Haboud, Marlene (2004): "Quechua Language Vitality: an Ecuadorian Perspective". En: King, Kendall A./Hornberger, Nancy (eds.): *Quechua Sociolinguistics*. Berlin et al.: Mouton de Gruyter, pp. 69- 82.

— (2004): *Language Planning and Policy in Ecuador*. Quito: Abya-Yala.

Hall, Gilette/Patrinos, Harry Anthony (2005): *Indigenous Peoples, Poverty and Human Development in Latin America 1994-2004*. Washington, D.C.: Worldbank.

Hornberger, Nancy (1997): *Indigenous Literacies in the Americas. Language Planning from the Bottom up*. Berlin/New York: Mouton de Gruyter.

Hornberger, Nancy/Coronel-Molina, Serafín M. (2004): "Quechua Language Shift, Maintenance and Revitalization in the Andes: the Case for Language Planning". En: King, Kendall A./Hornberger, Nancy (eds.): *Quechua Sociolinguistics*. Berlin et al.: Mouton de Gruyter, pp. 1679-1668.

Jung, Ingrid (1992): *Conflicto Cultural y Educación. El proyecto de Educación Bilingüe-Puno*. Quito: Proyecto EBI Educación Bilingüe Intercultural/Abya-Yala.

King, Kendall A. (2001): *Language Revitalization Processes and Prospects. Quichua in the Ecuadorian Andes*. Clevedon: Multilingual Matters.

Krainer, Anita (1999): "Vitalidad de las Lenguas Cha'palaa, Shuar y Quechua: el rol de la Educación Bilingüe Intercultural y el Mantenimiento de las Lenguas Indígenas del Ecuador". En: *Pueblos Indígenas y Educación*, 47-48, Enero-Junio, pp. 35-76.

Küper, Wolfgang (2005): "Geschichte der interkulturellen zweisprachigen Erziehung in Ecuador". En: Sevilla, Rafael/Acosta, Alberto (eds.): *Ecuador. Welt der Vielfalt*. Bad Honnef: Horlemann, pp. 123-136.

López, Luis Enrique (1996): "Donde el zapato aprieta: tendencias y desafíos de la educación bilingüe en el Perú". En: *Revista Andina*, 14, 2, pp. 295-342.

López, Luis Enrique (ed.) (1988): *Pesquisas en Lingüística Andina*. Lima/Puno: GTZ/CNCyT.

López, Luis Enrique/Küper, Wolfgang (2002): *La Educación Intercultural Bilingüe en América Latina. Balance y Perspectivas*. Eschborn: GTZ (Informe Educativo No. 94).

Marzal, Manuel M. (1981): *Historia de la Antropología Indigenista México y Perú*. Lima: Fondo Editorial.

Meentzen, Angela (2005): "Indígenas und Politik im Andenraum – Peru". En: *KAS. Auslandsinformation*, 1, pp. 30-57.

Mesa, José/Gisbert, Teresa (2003): *Historia de Bolivia*. La Paz: Gisbert.

Ministerio de Educación de Bolivia (2004): *La Educación en Bolivia. Indicadores, cifras y resultados*. La Paz: Ministerio de Educación.

Ministerio de Educación, República del Perú (2002): *Aver a Ver ¿Quién quiere salir a la pizarra? ¿Jumasti, Jupasti? Cambios iniciales en la escuela rural bilingüe peruana. Documento de trabajo*. Lima: Ministerio de Educación.

Montoya, Rodrigo/López, Luis Enrique (eds.) (1988): *¿Quiénes somos? El tema de la identidad en el Altiplano*. Lima: Mosca Azul.

Moya, Ruth (1987): *Cultura, Conflicto y Utopía*. Quito: CEDIME.

Parker, Gary (1963): "La clasificación genética de los dialectos quechuas". En: *Revista del Museo Nacional*, 32, pp. 241-252.

Patrinos, Anthony Harry/Psacharopoulos, George (1993): "The Cost of Being Indigenous in Bolivia: an Empirical Analysis of Educational Attainments and Outcomes". En: *Bulletin of Latin American Research*, 12, 3, pp. 293-309.

PLANCAD-KFW-GTZ (2000): *Demanda y necesidad de educación bilingüe. Lenguas indígenas y castellano en el sur andino*. Lima: GTZ.

Plaza Martínez, Pedro/Carvajal Carvajal, Juan (1985): *Etnias y lenguas de Bolivia*. La Paz: Instituto Boliviano de Cultura et al.

Prado Pastor, Ignacio (ed.) (1979): *Educación Bilingüe, una experiencia en la amazonía peruana*. Lima: Instituto Lingüístico de Verano.

Presidencia de la República de Bolivia (2000): "Decreto Supremo No. 25894, 11 de septiembre de 2000 (reconocimiento de 35 lenguas originarias como idiomas oficiales)".

Psacharopoulos, George (1993): "Ethnicity, Education, and Earnings in Bolivia and Guatemala". En: *Comparative Education Review*, 37, 1, pp. 9-20.

Psacharopoulos, George/Patrinos, Harry Anthony (1994): *Indigenous People and Poverty in Latin America*. World Bank Regional and Sectorial Studies. Washington, D.C.: Worldbank.

Selverston, Melina H. (1994): "The Politics of Culture: Indigenous Peoples and the State in Ecuador". En: Van Cott, Donna Lee (ed.): *Indigenous Peoples and Democracy in Latin America*. London: Macmillan Press LTD, pp. 131-154.

Sevilla, Rafael/Acosta, Alberto (eds.) (2005): *Ecuador – Welt der Vielfalt*. Bad Honnef: Horlemann.

Sevilla, Rafael/Benavides, Ariel (eds.) (2001): *Bolivien – Das verkannte Land?* Bad Honnef: Horlemann.

Sevilla, Rafael/Sobrevilla, David (eds.) (2001): *Peru – Land des Versprechens?* Bad Honnef: Horlemann.

Solís Fonseca, Gustavo (ed.) (2003): *Cuestiones de Lingüística Amerindia. Tercer Congreso Nacional de Investigaciones Lingüístico-Filológicas*. Lima/Cochabamba: Universidad Nacional Agraria/PROEIB-Andes/GTZ.

Stavenhagen, Rodolfo (1988): *Derecho Indígena y Derechos Humanos en América Latina*, México, D.F.: Colegio de México.

Stavenhagen, Rodolfo/Iturralde, Diego (1990) (ed.): *Entre la ley y la costumbre: el derecho consuetudinario indígena en América Latina*. México, D.F.: Instituto Interamericano de Derechos Humano/Instituto Indigenista Interamericano.

Torero, Alfredo (1964): "Los dialectos quechua". En: *Anales Científicos de la Universidad Nacional Agraria*, 2, pp. 446-478.

Valiente Catter, Teresa/Küper, Wolfgang (1996): *Sprache, Kultur und Erziehung in Ecuador. Ein Projekt der interkulturellen zweisprachigen Erziehung in Ecuador (1990-1993)*. Rossdorf: GTZ.

Van Cott, Donna Lee (1994) (ed.): *Indigenous Peoples and Democracy in Latin America*. London: Macmillan Press LTD.

Wölck, Wolfgang (1975): "Metodología de una encuesta sociolingüística sobre el bilingüismo quechua castellano". En: Avalos de Matos, Rosalía/Ravines, Rogger (eds.): *Lingüística e indigenismo moderno de América. Lima* [simposio de Problemas lingüísticos américanos: trabajos presentados al XXXIX Congreso internacional de americanistas organizado en Lima entre el 2 y el 9 de agosto por el Instituto de Estudios Peruanos]. Lima: Instituto de Estudios Peruanos, pp. 337-359.

Wölck, Wolfgang/Gleich, Utta von (2001): "Alberto Escobar y la sociolingüística peruana: una valoración". En: *Lexis*, XXV, 1/2, pp. 367-379.

Woolard, Kathryn A. (1994): "Language Ideology". En: *Annual Review of Anthropology*, 23, pp. 55-82.

— (1998): "Language Ideology as a Field of Inquiry". En: Schieffelin, Bambi et al. (eds.): *Language Ideologies, Practice and Theory*. New York/Oxford: Oxford University Press, pp. 3-47.

Yánez Cossío, Consuelo (1994): *La Educación Indígena en el Ecuador. Historia de la educación y el pensamiento pedagógico ecuatorianos*. Quito: Abya-Yala.

Rosaleen Howard

Language Ideologies, Identities and the Discourse of Interculturalism in the Andes[1]

The decade of the 1990s saw indigenous political activism bring about significant shifts in the balance of power in the Andean states. In marked contrast to the homogenising dominant ideology of preceding decades, cultural identity became a key issue in the debates leading up to Constitutional and social policy reforms that took into account indigenous demands to an unprecedented degree since the Spanish Conquest.[2] Cultural identity in Andean societies finds expression in verbal discourse as well as other semiotic media, and is seen to be in a process of constant re-definition. The boundaries between those who consider themselves "mestizo", "indígena" or "blanco", or who are so considered by others, are never utterly fixed.

This paper will examine some of the types of discourse currently being generated within the climate of democratisation, indigenous activism, and neo-liberal reform in Latin America, with focus on discourse of identity. These discourses both reveal and shape ideological currents and shifts in society. Discourse of identity, on the one hand, reproduces pre-existing social categories, thus reinforcing stereotypes. On the other hand, in tension with the conservative forces of discourse, discourse channels the construction of new identities as subjects engage with the newly emergent social paradigms of the day.

Prominent in current thinking at policy-making level is the concept of interculturalism *(interculturalidad)*. This concept signals a paradigm shift in the way official discourse about cultural diversity is formulated, from "multiculturalism" to "interculturalism". With this

---

1   The issues raised in this paper are explored in more detail in Howard (2007). This paper was written prior to the election of Evo Morales to the Bolivian presidency in October 2005. Since that date, radical changes have taken place in public discourse in Bolivia; this will be the subject of a future study.

2   Colombia (in 1991), Peru (1993), Bolivia (1994), and Ecuador (1998) all underwent Constitutional Reform whereby States recognised for the first time the ethnic plurality of their respective Nations (Van Cott 2002: 47).

change of perspective ethnic diversity is no longer conceived of as an atomised multiplicity of cultures, but rather as an interconnected network of diverse groups, whose interconnections are constructed in discourse around values such as "mutual respect", "tolerance", and "understanding", and fostered through education, health, and other developmental channels.

In this paper I shall consider the extent to which the discourse of interculturalism is relevant and meaningful in social fields other than the macro level of state planning and policy formulation. Does this discourse filter down to the levels of civil society and the individual and, if so, what kind of reception does it encounter and what form does it take? Otherwise stated, does the concept of "interculturalism" surface in the ways that people at the grassroots think, speak, and act? And how can a study of discourse throw light on this question?

A methodological framework for the task of addressing these matters is provided in part by methods for the study of ethnicity developed in anthropology, and in part by the Critical Discourse Analysis approach developed in linguistics and sociolinguistics. I shall outline each of these in turn.

Frederik Barth's anthropological approach to the study of ethnicity (Barth 1969, 1994, 2000) is useful for my purposes. For Barth, contrary to the Marxist perspective whereby ethnicity is considered to be a superstructural expression of culture, ethnicity is thoroughly embedded in, and intrinsic to, social organisation: "a matter of the social organisation of cultural difference" (1994: 12). He develops the concept of boundary as a device for thinking about ethnic diversity, not so much in terms of the "cultural stuff" (traits, artefacts, beliefs, practices) that boundaries enclose, but rather as a metaphor for the imagined lines of demarcation of sameness and difference – lines which are continually tested, transgressed, erased, and redrawn in discourse and practice.

In his empirical application of the boundary concept, Barth focuses his attention on "persons who *change* their ethnic identity" (1994: 1; emphasis in the original). This perspective is highly salient to the Andean case. In talking with Andean people about identity, cultural change – actual and aspired to – is a recurrent theme: change through language shift, modification of clothing styles, urban migration, education, and so on. As evoked in discourse, the metaphor of the boundary helps us to conceptualise such change as a series of contrasts (for example, between past and present, them and us, here and there). However, such dichotomies of difference are an ideological feature of the way that ethnicity is consciously constructed in discourse. As Barth himself emphasises, and as Andean society constantly reveals, cultural practices give rise to hybrid forms of identity that blur the boundaries of difference; dichotomies are never fixed. Thus, there is a tension between sameness, difference, and newness, or between dichotomy and hybridity, that emerges in cultural and social processes. This tension characterises the boundary as a fluid and negotiable construct which, metaphorically speaking, exists to be crossed, as it also exists as a borderland where identities merge and re-emerge in new guises.

Susan Gal and Judith Irvine (Gal/Irvine 1995) have examined the ideological function that language performs in the perception of cultural difference. They note how linguistic features perform an indexical role, not so much in referring to speech habits as such, but, rather, standing for other aspects of an individual's identity:

> [...] participants' ideologies about language locate linguistic phenomena as part of, and as evidence for, what they believe to be systematic behavioural, aesthetic, affective, and moral contrasts among the social groups concerned (Gal/Irvine 1995: 973).

In similar vein, Deborah Cameron observes how, when people express concerns ostensibly about language, they may in fact be articulating concerns about other social issues which in themselves go unstated. As she puts it, ideas about language "get recruited to non-linguistic concerns" (Cameron 1995: 10). Thus, debate about language is part of a broader moral debate in which language performs a synecdochic function.

Effectively, in Andean discourse of identity, language is not the only parameter in the delineation of cultural boundaries. Other semiotic media – styles of dress, music, dance, culinary habits, and architecture, to name a few – also encode differential identities. These media correlate with each other in what amounts (in terms of Gal and Irvine's argument) to a moral discourse, creating effects of social inclusion, exclusion, and border-crossing. Furthermore, shifts in one medium may trigger shifts in another, signalling changing positions in the social order, as boundaries dissolve and are redrawn. These shiftings are significant in a society where deeply ingrained assumptions about social status are present and hard to dislodge.

Our question above was whether the discourse of interculturalism formulated at the state planning level filters down to the levels of civil society and the individual and, if so, what treatment it receives there. Barth's theorisation of ethnic boundaries further provides a framework for exploring this question.

Barth identifies three interpenetrating levels at which ethnic boundaries are seen to be constructed: the macro, the median, and the micro (Barth 1994: 20ss.). The macro level is that of state policies which provide a formal legal and institutional framework for social control. The median level is that at which collectivities are formed, which most directly constrain and compel people's expression and action at the micro level (civil society associations, for example). The micro level focuses on interpersonal interaction, or, as Barth puts it, "the management of selves in the complex context of relationships" (Barth 1994: 21). The macro and micro levels correspond to the standard sociological distinction between structure and agency, respectively. However, as Barth observes, the median level is often not built into accounts of the relationship between structure and agency in a sufficiently systematic way (Barth 1994: 21).

While the three levels are separable for analytical purposes, the aim of such analysis is to reveal the interpenetrations between them in practice. At the micro level, for example, the parameters within which ethnic identity is subjectively formed and experienced derives from the other levels: more indirectly in the case of the macro level, more immediately in the case of the median one. At the micro level the parameters converge, to quote: "as a lived context for each person's activities and interpretations" (Barth 1994: 21).

Barth's three-part model helps us toward a working understanding of the ways in which action, thought, and behaviour in society are shaped and framed. Such an understanding is needed in order to implement a critical discourse analysis of our textual data.

The Critical Discourse Analysis (CDA) approach to discourse analysis is founded on the premise that discourse is embedded in social life, in so far as discourse constitutes social interaction and is not detachable from it. Following the pioneering work of Norman Fairclough (Fairclough 1995; Chouliaraki/Fairclough 1999) and Teun van

Dijk (Van Dijk 1993) in this field, CDA sets out to build a bridge between social and linguistic analysis through its recognition of the workings of power relations in language. The approach provides a tool for revealing the interdependency of linguistic form, message content, and social context.

One of the main principles underlying Teun van Dijk's approach to CDA is the concept of *social cognition* (Van Dijk 1993). This complements the model proposed by Barth for the study of how ideologies penetrate mentalities at different levels of society. In Van Dijk's usage, social cognition comprises "socially shared representations of societal arrangements, groups and relations, as well as mental operations such as interpretation, thinking and arguing, inferencing and learning, among others" (Van Dijk 1993: 257). Van Dijk observes that there tends to be an analytical gap between macro notions of the exercise of power through institutions and the micro level of communicative interaction. In order to relate discourse to society, and so reveal how discourse reproduces dominance and inequality, he argues, "we need to examine in detail the role of social representations in the minds of social actors" (Van Dijk 1993: 251). It is this cognitive interface "between discourse and dominance" which provides the "missing link" that helps us merge the analysis of discourse and the analysis of social structural relations (particularly power relations) into a single explanatory framework (Van Dijk 1993: 251). For Van Dijk social cognitions draw together the individual and the group in the shaping of shared understandings: "although embodied in the minds of individuals, social cognitions are social because they are shared and presupposed by group members" (Van Dijk 1993: 257). We can draw a parallel here with the role of collectivities in the formation of ideologies at Barth's "median level". I will draw on these premises in the textual analyses that follow.

Before proceeding to the analyses a word needs to be said about the nature of the data. I tape-recorded the oral testimonies in the course of semi-structured interviews conducted in highland Ecuador, Peru, and Bolivia, between 1998 and 1999. Semi-structured interviews produce verbal data that differ in important ways from the language of spontaneous interaction in daily life. In everyday interaction, as Chouliaraki and Fairclough observe: "people do not represent the world abstractly but in the course of and for the purposes of their social relations with others and the construction of social identities" (Chouliaraki/Fairclough 1999: 41). As these authors put it, the interaction reveals: "simultaneous *representational, relational* and *identificational* processes" (Chouliaraki/Fairclough 1999: 41; emphasis added). Thus, respectively, (i) the interaction contains elements that represent the world "out there"; (ii) social relations are manifested and constructed in the interaction; and (iii) as they interact, participants express their sense of identity in relation to others. Taking these premises as a point of departure, the question is how far these three functions of interaction also hold for the type of discourse elicited through interviewing.

It was my initial expectation that such discourse would be purely representational. However, in practice, the semi-structured interview format allowed the interviewee to develop a "storytelling" mode of discourse whereby the process of "representation" might also incorporate the relational and identificational functions of discourse. There are two grammatical features of the interview narratives that appear to perform these relational and identificational functions, respectively. The first is the use of direct reported speech; the second is the use of personal pronouns. Crucially, the embedding of relational and identificational features in the representation of reality yielded by an interview, performs an ideological function in the discourse, as I hope the examples will demonstrate.

Across the testimonies recorded, the degree to which the discourse of interculturalism has penetrated through to the grassroots, depends on the sociocultural position of the speaker, particularly on whether or not he or she are practitioners in intercultural education programmes.

My first example comes from an interview with a Spanish-Quechua bilingual secondary school teacher, an urban-based mestizo man from highland Bolivia (Interview extract 1). This speaker has a notably "unreconstructed" attitude toward the issue of cultural difference; his discourse is apparently unaffected by the new dominant paradigm. His comments on perceived linguistic and cultural boundaries between the students of urban and rural origin, respectively, in the town secondary school are signs of the conservative trend in discourse, whereby stereotypes are perpetuated. The example also illustrates the way in which the identificational and relational functions of discourse are put to the service of "representation" in the interview context, as discussed above, betraying the ideological position of the speaker. The latter reveals his position, furthermore, in his portrayal of distinctive traits in the speech of others. These traits are perceived and portrayed as both marking out the boundaries of difference and constituting the ground for potential cultural change.

Following a comment from the interviewer about the social composition of the Secondary School in San Pedro, the interviewee embarks on a detailed metalinguistic account which evokes criteria of sociocultural distinction:

Interview extract 1

RH - [...] debe haber cambiado bastante la composición social también del colegio.
GS - Uh... ha cambiado totalmente, prácticamente del campo apenas llegan los chicos, hablando un poco, un poco el castellano ¿no? O sea la cuestión de la modulación y demás, la pronunciación misma ¿no? Estaban un poco... especialmente en la vocalización ¿no? en otras palabras.
RH - ¿Cómo es eso?
GS - Claro, por ejemplo confunden mucho la i con la e, la o con la u ¿no? En vez de decir 'vida' dicen 'veda'. En vez de decir 'burro' dicen 'borro' ¿no? Entonces, en vez de decir 'vista' dicen 'vesta'. Entonces en la cuestión de vocalización, había esa situación ¿no? Pero llegan aquí, pero ya como ya hay televisión, videos, a la vez ya los profesores están siempre con ellos en clase y demás. Comienzan a corregir y prácticamente, y poco les queda esa tara realmente, de la cuestión de la vocalización.
RH - ¿Y se corrigen?
GS - Se corrigen ¿no? Entonces por ejemplo, llegan tímidos aquí a San Pedro. Pero, el momento de salir bachiller son... No se distinguen, si son realmente del campo o son de la ciudad, es igual. Tampoco en el color, en la simpatía son menos que en la ciudad. Hay chicos en el campo que son rubios de ojos verdes, hay chicos blancones en fin. Son altos, robustos. Entonces, nada que poder realmente rezagarlos a último plano. [...]

The interviewee characterises the phonetic influence of Quechua on Spanish in the rural students' speech as a "tara" ("blemish") and argues that contact with the school environment and exposure to the mass media help students to overcome it, and learn the phonological distinctions required when speaking Spanish. Associated with this process of "phonetic boundary-crossing" are ideas of "wiping out" (elsewhere he says "borrar") racial and cultural distinctions between the young people of the countryside and those of the town.

In the testimony, the separate ideas of correcting phonetic habits and coming to resemble the town kids in terms of phenotype are juxtaposed. This is the sort of juxtaposition that Van Dijk in his account of CDA refers to as "local coherence" – whereby the topic of discourse slips from one thing to another through an association of ideas. The speaker then bases his or her subsequent argument on the cognitive link, for which, if we look critically at the text, there is no explicit basis. The connection between the two sets of ideas is unspoken, and it is this unspoken connection that provides the "missing link" – as Van Dijk calls it – between the cognitive and the social spheres (Van Dijk 1993: 251). This "sociocognitive interface" (Van Dijk 1993: 251) is the realm of consciousness in which linguistic ideologies are inherent, and whose presence we can only detect through textual analysis. The same juxtaposition also illustrates Cameron's above-mentioned point about ideas of language being recruited to non-linguistic concerns.

The interviewee then tells a story which illustrates the perceived correlation between changing one's language habits and social betterment.

GS   - Entonces ya mucha gente del campo está surgiendo en este momento. Por ejemplo, hace poco en Cochabamba... un alumno que no sabía vocalizar bien las palabras, pero tenía ese deseo de participar en las horas cívicas cantando, por lo menos recitando y cantaba pues de la vicuñita, cantaba y no pronunciaba bien, decía: "Di la luma vingu cumu vik'uñita brencando, saltando, cumu vik'uñita", decía así el chiquito.
La gente se reía pues, los alumnos, y el muchacho se aplazó ese año, y se ha ido a Chiru Q'asa a estudiar ahí. Por suerte ha terminado sus estudios, y después había ido hasta Cochabamba el muchacho. Pero, no se amilanó, tampoco tuvo vergüenza de su defecto, más bien ha debido corregir, y hace poco, hace un mes más o menos, estaba en Cochabamba... me saluda, me dice:
"Profesor, ¿cómo está usted?" me dice ¿no?
"Ucha el vik'uñitaps había estado aquí", le digo.
"Sí soy, manejo computación, soy técnico en paquetes", me ha dicho.
"Y estoy ganando ahorita 2.500 bolivianos en una empresa. Ahora me han robado todo, de mi cuarto me lo han robado todos mis bienes, mi computadora, mi televisor, estoy andando en una demanda."
Había perdido totalmente toda situación de la mala pronunciación del castellano imagínate, totalmente.
RH   - Sí. ¿Hablaba bien... el castellano?
GS   - Perfecto. Y estaba bien vestido el hombre y no tampoco causó ningún desprecio por su padre que era un campesinito humilde. Estaba andando del brazo de su papá, claro que le había puesto una buena chamarra al papá, y ya pues [yaps]. Yo mismo no lo hubiera reconocido al muchacho ni a su padre. Cuando me han hablado, recién.

[Gerardo Sánchez. San Pedro de Buenavista, Bolivia. 22.04.1999. Cinta BO06]

The speaker illustrates his point with the example of an ex-pupil who moved upwards in the social ladder through a combination of educational success, urban migration and modification of his Quechua-influenced vowel sounds. It is notable how he uses direct reported speech and imitation to represent the speech he imputes to the former pupil. He even imitates himself when recounting, again through direct reported speech, the encounter in the city ("ucha el vik'uñitaps habiá estado aquí"). The example illustrates how the function of the discourse generated by the interview may be not only representational but also identificational and relational in the terms of Chouliaraki and Fairclough, as discussed above.

The use of embedded direct reported speech in this way, must be seen as a rhetorical strategy that suggests the ideological stance of the speaker. His imitation of the speech of the former student amounts to caricature. The phonetic feature that distinguished the young man's way of talking is presented as an object of ridicule and associated, again through local coherence, to the fact that he failed his year.

The fact that the "vicuñita" overcomes the problem attributed to him provokes admiration in the speaker. The latter applauds the fact that his former student was able to avoid the psychological damage that suffering such censure might have caused him. In his discourse there is a close cognitive association between "overcoming the blemish" and subsequent social and economic success. He also approves the student for not losing respect for his father as he climbs the social ladder. Other interviewees often referred to alienation from their parents in the context of talking about language shift, urban migration and cultural transformation.

The idea that the ex-pupil had eliminated supposedly "defective" phonetic traits from his speech is a classic example of what Cameron describes as "verbal hygiene" (Cameron 1995). In her thesis she demonstrates the moral underpinnings of the idea of linguistic correctness as a measure of value and social distinction. It is interesting to consider don Gerardo's discourse in this light: social change is described as a process of moral "self-correction" through loss of stigmatised linguistic features. Furthermore, phonetic cleansing is accompanied by an act of cleansing in another semiotic medium, that of clothing: the respect the ex-pupil purportedly shows his humble peasant father is qualified by the assurance that "he had put a good quality jacket on his back."

The juxtaposition of ideas across different semiotic media illustrates the indexical role of language of which Gal and Irvine speak (Gal/Irvine 1995), and lends ideological weight to the "real" message that underpins don Gerardo's story. This message lays not on the surface of his words, but emerges in the critical reading. What we learn is not so much a story about an ex-pupil who made good (and whether this story is fact or fiction is not the point), but rather we learn something about don Gerardo's views on cultural difference and social distinction, which bear the hallmarks of a racist discourse. Don Gerardo's testimony gives insight into the sociolinguistic context in which *interculturalidad* has evolved as a social policy paradigm in the Andean states, in an attempt to redress the balance of discriminatory attitudes such as these.

My next two examples are from Ecuador. Here, by contrast with don Gerardo, we find evidence of the way in which the concept of interculturality as formulated in official policy filters down into discourses on the ground and gradually comes to alter attitudes.[3]

The speaker in Interview extract 2 is the provincial supervisor of the Intercultural Bilingual Education (IBE) programme in Cañar, Ecuador. In terms of Barth's three-part model, he is thus a "median level" practitioner of the principles of *interculturalidad*. In response to my question, he elaborates a complex personal view of the distinction that people (both insiders and outsiders) commonly make between the categories of indigenous person ("indígena") and "mestizo" in Ecuadorean society.

Interview extract 2

RH - ¿Qué piensa Ud. Germán sobre este tema de la diferencia que puede haber entre indígena y mestizo? Otros dirían que no hay diferencias,

---

3   The testimonies selected for study here are not intended as generalisable illustrations of discourses arising severally in the countries in which they were recorded. Rather, they exemplify types of discourse to be found equally well in all locations. The variable, as mentioned previously, is the degree to which the interviewees are involved in the implementation of Intercultural Bilingual Education programmes, a sociocultural environment that has fomented a particular mindset among practitioners.

otra persona diría somos todos humanos, entonces, no hay que enfatizar las diferencias. ¿Qué opina Ud?

GL   - Bueno, yo siempre digo [...] si nosotros hablamos de los dos mundos que yo siempre hablo, hay la diferencia, porque el mestizo es mestizo, tiene su área geográfica, él vive en sector urbano, él tiene una cultura, tiene tal vez una ciencia. Igual también el mundo indígena, y tenemos nuestras formas, nuestras concepciones de las cosas, ahí está la diferencia para mí. Por ejemplo para el niño indígena si ellos observan el sol, tiene un concepto de ese sol y ellos pueden dar una explicación filosófica de ese sol, de la luna, de las estrellas, de la madre tierra, de la naturaleza, de formas de trabajo, formas de educación. E igual el mestizo puede dar su explicación filosófica. Y a nivel de la estructura mental el pueblo indígena tenemos nuestra propia estructura, igual también el mundo hispano. [...] Y como dijo la compañera de Quilloac hay otros elementos más, por ejemplo la vestimenta, puede identificar al indígena como tal, y también la parte lingüística, también es un elemento tan fundamental para identificarnos como indígenas. Y por otra parte, para mi criterio son digamos los valores del hombre. Porque hay muchos campesinos mestizos que ellos siempre han identificado ¿no? Yo soy indígena, y tal vez una mala suerte mía, la evolución del hombre ¿no? Bueno, cambió, la transformación o la imposición ha cambiado al hombre. Entonces, también hay personas que siendo mestizos, sí lo reconocen que ellos son indígenas, porque hay indígenas también, es posible que sean mestizos. Sino a lo mejor porque vivían en una comunidad tan lejana igual que acá en Laurel, si ellos crecieron la trenza, aprendieron a hablar el quichua y hoy son indígenas, pero en realidad ellos no son indígenas. Por ejemplo mis familiares, yo pienso que yo no soy de los raíces indígenas, somos de raíces españolas, desgraciadamente uno ha salido un pequeño feo, moreno todo eso ¿no? Pero en cambio los familiares son diferentes, entonces justo hablábamos de mis cuñados, por ejemplo, ellos le dicen cualquiera que es una gringa porque sí tiene fisonomía. Entonces, yo creo que a pesar de ello yo nunca me he sentido que a lo mejor seré de raíz española ¿no? Sino más bien yo me he sentido en carne propia como indígena y siempre defiendo con los elementos que acabo de indicar. Ahí está la diferencia del indígena, pero ahora en cambio dentro de la concepción de la interculturalidad, nosotros queremos buscar la unidad, la diversidad y para ello tenemos que ser conscientes, tanto el mundo indígena, también el sector urbano y eso no lo podemos conseguir hasta ahora, pero yo pienso que ese es el reto, ese es el sueño, ese es el trabajo que estamos haciendo en la Educación Intercultural Bilingüe, por eso jamás hablamos que es una educación indígena, sino más bien de una educación un poco más pluralista, un poco más comunitaria, un poco más social, frente al sistema de educación tradicional. [...]

[Germán Loma. Quichua-castellano bilingüe coordinado. Supervisor Pedagógico, Dirección Provincial de Educación Intercultural Bilingüe – Cañar, Ecuador. 14.12.1998. Cinta EC23]

Germán's discourse contains not one line of argument, but a number of threads, which reveal a heterogeneous range of positionings with regard to his sense of identity. He draws boundaries between social groups and types, himself included. Yet as soon as they are drawn, these boundaries are interrogated, re-negotiated, dissolved, and re-defined.

He starts from a dichotomous view, whereby mestizos and *indígenas* belong to "two worlds", categorically distinct due to geographical, cultural and conceptual factors. However, he shifts ground from this view when he says "por otra parte, para mi criterio son, digamos, los valores del hombre". In invoking the universalist category of "el hombre" the separatist thesis is hard to sustain. He moves to a more poly-facetic portrayal of cultural identity, as something harder to categorise. His very language reveals a slippery perception of identity, where boundaries are blurred: "también hay personas que siendo mestizos, sí lo reconocen que ellos son indígenas, porque hay indígenas también, es posible que sean mestizos". According to Germán, there may be mestizos who, by dint of living in close contact with indigenous communities, may become *de facto* Indians by growing their hair and learning Quichua. On this view, cultural transformation can be a two way street: the indigenous may become mestizo but equally the mestizo may adopt indigenous traits.

With the shift in footing from an essentialist view of the indigenous and mestizo constituting two separate worlds, to a more realistic evocation of cultural identities as fluid and changeable, the speaker goes on to relate the situation to his own experience. He attempts to apply ethnic categories to his own family, again with some difficulty: on the one hand he affirms Spanish roots, yet for himself he claims indigenousness. He applies physionomic criteria to his own case, although the switch from first to third person singular at this point creates a distancing effect: "yo me he sentido [...] indígena [...] uno ha salido un pequeño feo, moreno [...]". In fact it is rare in the interview data for people to refer to colour of hair or skin in talking about cultural difference. Far more pertinent in navigating the imagined boundaries between indigenous and mestizo are matters of language, dress, hairstyle, literacy levels, and place of residence. A certain sensitivity around the subject of phenotype may explain Germán's use of third person singular to express his idea of his own appearance.

Towards the end of the extract, Germán changes focus yet again. He invokes the official discourse of *interculturalidad* as a means to suggest that in fact the point is not to reinforce difference, but rather to promote the idea of "unidad con diversidad" (the electoral slogan of various political parties in Ecuador and Bolivia in the 1990s.) This point sits awkwardly with the separatism he professed earlier. The speaker's vocabulary evokes the fashionable philosophy of *interculturalidad* when he speaks of education as "pluralista", "comunitaria", "social", and denies the idea (sometimes heard among indigenous leaders in Ecuador) that a fully fledged IBE (Intercultural Bilingual Education) should be "educación indígena".

The allusion here is to difficulties due to the fact that, contrary to the official intention of "interculturalidad", the Ecuadorean IBE system has triggered a segregationist spirit between IBE designated schools, which fall under the jurisdiction of the Dirección Nacional de Educación Intercultural Bilingüe (DINEIB), and the mainstream hispanic schools, which are administered from the Ministry of Education.[4] Within the IBE schools themselves, this segregation repeats itself, with the teachers falling into two camps, and the words "bilingüe" and "hispano", originally neutral references to sociolinguistic traits, have evolved into classificatory terms that differentiate the *indígena* from the mestizo, yet another way of discursively constructing ethnic boundaries.

Germán's discourse gives us insights into wider tendencies in Andean societies, whereby there is tension between discursive habits that reinforce the ideal of difference, and contrary ones that promote the ideal of unity. This ties in with the tension between the dichotomous view of society, expressed in Germán's opening sentences, and the hybridised view, evoked in the middle section when he is trying to explain racial and cultural mixture in his own family. The tension between dichotomy and hybridity as models of the social order amounts to a tension between an ideology of ethnicity that reaffirms dichotomous claims, and social reality, which generates hybrid forms in all spheres of cultural practice (religion, music, dance, dress, speech, and so on). The question then arises whether the reality of hybridisation generates an ideology of its own. Does not the idea of

---

4   Fuller details are found in Howard (2007).

hybridity, that is, the prevailing of the idea of sameness over the idea of difference, underpin the concept of interculturality, despite the lip-service that is paid in official discourse to the ideal of unity with diversity? I will come back to this suggestion.

German Loma's testimony weaves together ideologies from various discursive fields, each evoking different dimensions of his life experience: (i) as a member of the indigenous *Pachakutik Nuevo País* party, working for the defence of indigenous rights, for whom the ideology of separatism is an important rhetorical tool; (ii) as an educator committed to the cause of IBE, with a "dream" of an inclusive education system based on "interculturalidad"; and (iii) as an individual who perceives a range of phenotypical traits among the members of his family.

The separatist position from which he begins his testimony appears to be contrary to the argument for interculturalism he adopts by the end of the extract. Part way through, these polarised positions blur. As he seeks to apply the categories of ethnicity to the people in his own life, neither separatism nor interculturalism seem to be satisfactory models; in this intermediate terrain the boundaries of ethnic identity defy definition.

However, despite the apparent heterogeneity of these positions, critical analysis leads us to suggest that there is a certain underlying coherence among them. From the indigenous point of view, the doctrine of separatism inverts the project of cultural *mestizaje* upon which national integration policies of the early to mid-20th century (including *indigenismo*) turned. The dominant classes then favoured *mestizaje* as a means to neutralize interethnic conflict, which threatened their hegemony. In this light, we can understand why the discourse of difference plays such an important role in indigenous political mobilisation today. As part of the politics of identity widely taking hold in Latin America since the early 1990s, external signs of cultural distinction that were suppressed in previous times are revived, emphasised, and sometimes even invented where they did not previously exist.

Of course, today's doctrine of interculturality has rather different political and philosophical roots. Interculturality is seen as a step forward from the paradigm of multiculturalism, which – as has been demonstrated in Europe and the US – can over-emphasise difference with negative consequences. Interculturality is proposed as a multidirectional model for an integrated democratic society based on mutual respect for difference. Yet there are problems with implementing this agenda at the grassroots. Particularly problematic is the fact that the paradigm of interculturality was introduced from without, promoted by international development and funding agencies in consultation with state planning bodies. While respect for cultural diversity is among the demands made by indigenous organisations themselves, and is now legislated for under the terms of Constitutional reform, when it comes to being translated into practice on the ground, interculturality proves to be rather an ambiguous thing, due to the not necessarily compatible agendas of those who formulated the paradigm and those on the receiving end.

This ambiguity suggests itself when "interculturality" enters the discourse of politicised median level indigenous educators such as Germán, where it becomes interwoven with other ideological strands also present. Germán has difficulty reconciling the ideal of difference with the reality of hybrid identities, on the one hand, and with the official line on interculturalism, on the other hand. Indeed, we might ask whether the separatist views he expresses represent a subversion of the interculturalism ideal. And if this is so, might it be that from the indigenous point of view it is intuitively felt, as I suggested previously, that the official state policy of interculturalism contains a hidden agenda of cultural homogenisation? Otherwise stated, does the doctrine of interculturality not contain traces of the homogenising discourses of previous eras, such as that of *indigenismo*, reinvented under a new guise for a new era?

I mentioned the practice of using the terms "bilingüe" and "hispano" as ethnic labels to distinguish between indigenous and mestizo teachers within the Ecuadorean IBE system. The divisionism that this suggests is not the whole story, however. Interculturalism also expresses itself as workplace solidarity and serves to counter divisionist attitudes. I spent time at the IBE training college in Cañar, observing classrooms and talking to staff. There was clearly a good team spirit among teachers and students alike, regardless of ethnic background. This sense of cameraderie was encapsulated in their use of the Quichua word "mashi" meaning "comrade" as a term of address when speaking both Quichua and Spanish. Its use in the jargon of the intercultural teacher training college neutralises the opposition evoked by

382   Rosaleen Howard

the terms "bilingüe" vs. "hispano", and can be read as discursively constructing the spirit of *interculturalidad*.

According to what people told me, "mashi" is an innovation in Ecuadorean Quichua dating from the indigenous mobilisations of the 1990s. Certainly, when I did fieldwork in Cañar in the mid-1970s, it was not to be heard. On the contrary, in those days, the term "compañero" was a ubiquitous hispanism in Quichua to refer to co-workers or political comrades. "Mashi" appears to be a lexical introduction into present-day Ecuadorean Quichua from Peruvian/Bolivian Quechua where its phonetic equivalent "masi" is a particle indicating an association between people who share a common activity, akin in meaning to the English suffix "mate".

The transition from the use of "compañero" in the 1970s to the use of "mashi" in the 1990s is significant. The terms construct discursive fields of two quite different ideological orders, each proper to its age.[5] It is also interesting that the direction of the lexical borrowing in the 1990s changed. In the 1970s the ideologically loaded "compañero" migrated from Spanish into Quichua inspired by the leftwing political currents with which it was associated; now, an indigenous term, inspired by the identity politics of today, has replaced the hispanism found in 1970s Quichua and, as a borrowing, also infiltrates Spanish discourse.

The ideological charge of "mashi" was not given at the outset, but accrued to the word over time as part of the discursive processes of interculturalism. The speaker in Interview Extract 3 – one of the indigenous teachers from the IBE training institute in Cañar – describes how the process unfolded:

Interview extract 3

PS   - [...] Fueron los primeros profesores bilingües y ellos se fueron a un curso en Pujilí. Antes de irse a ese curso ellos salieron del Cañar diciendo 'compañeros', pero regresaron de Pujilí y llegaron diciendo

---

5   This case of a Quichua word being introduced into Spanish and effectively dislodging its Spanish lexical equivalent in certain contexts could be taken as an example of what Hill and Coombs, inspired by Bakhtin, describe as "translinguistics" – whereby borrowings back and forth between Spanish and Quechua undergo changes in meaning in their new environment, what these authors refer to as "semantic remodeling" (Hill/Coombs 1982). Note that I use "Quechua" to refer to the language in general, and "Quichua" to refer to the Ecuadorean variety, in line with local usage.

'mashis', entonces todo el mundo nos reíamos, 'mashi', 'mashi', inclusive la palabra 'mashi' era como una especie de representación a los bilingües, a los profesores bilingües, entonces, nosotros decíamos: 'ya viene el mashi', o 'por ahí está el mashi', 'ese es el mashi'. [...] Pero esa palabra pudo traspasar toda esa barrera, cosa que ahora sin ser profesores bilingües, inclusive sin ser estudiantes, la gente en el campo, en las organizaciones, muy poco utilizan la palabra 'compañero'. [...]

According to the speaker, usage originated among participants in the IBE training programmes: "salieron de Cañar diciendo 'compañeros', pero regresaron [...] diciendo 'mashis'". What is interesting is the way that social, cultural and linguistic change go along with movement from inside to outside, as professional training programmes demand that trainees travel to other locations to follow courses, and return to their communities transformed. "Mashi" is a discursive marker of the attendant political process through which the indigenous classes have been going over the last fifteen years – first emerging in IBE contexts, and then spreading into the wider field.

This gradual growth in the ideological value of "mashi" in Ecuadorean Quichua discourse exemplifies what the Russian linguist V. N. Voloshinov, in *Marxism and the Philosophy of Language*, describes as "the social life of the verbal sign" (Voloshinov 1986: 21), to quote:

[...] the word is the most sensitive *index of social changes*, and what is more, of changes still in the process of growth, still without definitive shape and not as yet accommodated into already regularized and fully defined ideological systems. The word is the medium in which occur the slow quantitative accretions of those changes which have not yet [...] produced a new and fully-fledged ideological form. The word has the capacity to register all the transitory, delicate, momentary phases of social change (1986: 19; emphasis in the original).

The Cañar interviewee then describes how "mashi" became part of his own vocabulary. His explanation helps us appreciate the intrinsic relationship between political, educational and linguistic dimensions of the intercultural project. In Voloshinov's terms the word gradually took on "a new and fully-fledged ideological form":

Entonces como les decía, yo enseñaba en la organización, a mí me quedó la palabra 'compañeros,' para mí no fue fácil salir de la palabra 'compañeros', a mí mismo me hacía, me daba vergüenza decir 'mashi'. Pero después ya en el colegio me dieron la materia de quichua. Entonces yo ya no podía decir delante de los alumnos 'compañeros', debía decir quichua y al fuerzo tuve que aprender la palabra 'mashi'. Desde ahí, a veces a los compañeros de antes, de las organizaciones [...] cuando van a encontrar, cuando están todavía lejos, como que quisiera decir 'compañeros' pero ya no puedo decir. En cambio ahora ya le digo 'mashi' a cualquier compañero. Entonces, como esa palabra es un proceso, tiene que pasar por un tiempo crítico y luego tiene que llegar a difundirse a nivel general. Yo creo que con el idioma quichua, con el quichua unificado tiene que, o más bien está en ese proceso de generalización. [...]

[Pablo Soria. Quichua-castellano coordinado. Profesor indígena del Instituto Pedagógico Intercultural Bilingüe, Cañar, Ecuador. 09.01.1999. Cinta EC28]

The process was one of gradually discarding his use of "compañero" in favour of "mashi". Lexical recuperation of this sort, whereby Spanish vocabulary is replaced by Quichua, is a feature of corpus language planning across the board in IBE circles. As also in Peru and Bolivia, the strategy is motivated by the need to standardise and renew the language for the purpose of writing. In Ecuador particularly the so-called "quichua unificado" is spreading into everyday speech (King 2000; Howard 2007). The testimony gives insight into the subjective experience of making the new linguistic philosophy one's own; the change does not come about overnight, but as new social and political policies filter down into changing social reality, in the process of becoming "other", speakers come to "populate" the new forms of speech, to invoke Bakhtin (1981: 293-294). Such innovations, to adopt the perspective of Pierre Bourdieu, can be see as the products of a "linguistic habitus" in process of transformation (Bourdieu 1991: 48). Pablo Soria sees this transformation as a "proceso" that goes through stages of birth, growth and maturation – from an initial tentative one ("tiene que pasar por un tiempo crítico") to a later one of consolidation and spread ("tiene que llegar a difundirse a nivel general").

It is a short step from Pablo Soria's explanation to Voloshinov's theoretical proposal cited above. The "tiempo crítico" identified by Soria would be the stage at which the word is "still without definitive shape [...] not as yet accommodated into [...] regularized and fully defined ideological systems". The process of "generalización" in Soria's words would correspond to the later stage whereby the word acquires "a new and fully-fledged ideological form" in the Russian linguist's account. This example is a fine illustration of the part played by linguistic accommodations in the filtering of policy ideology – such as that of interculturalism – from the macro level to the grassroots. In Voloshinov's emphasis on the word as a 'sensitive *index of social changes'* we find an echo of Barth's account of the ethnic boundary as a metaphor for measuring processes of cultural change. I hope in this paper to have demonstrated the importance of paying close attention to discourse as a means of teasing out the means by which hegemony in the Andes – as expressed in the official formulation of the "interculturalidad" doctrine – is countered or consented to in discourses lower down the line.

Bibliography

Bakhtin, Mikhail M. (1981): *The Dialogic Imagination*. [Ed. by Michael Holquist; Transl. Caryl Emerson and Michael Holquist]. Austin: Texas University Press.

Barth, Frederik (1994): "Enduring and emerging issues in the analysis of ethnicity". In: Vermeulen, Hans/Govers, Cora (eds.): *The Anthropology of Ethnicity. Beyond "Ethnic Groups and Boundaries"*. Amsterdam: Het Spinhuis, pp. 11-32.

— (2000): "Boundaries and connections". In: Cohen, Anthony P. (ed.): *Signifying Identities - Anthropological Perspectives on Boundaries and Contested Values*. London/New York: Routledge, pp. 17-36.

Barth, Frederik (ed.) (1969): *Ethnic Groups and Boundaries. The Social Organization of Cultural Difference*. London: Allen and Unwin.

Bourdieu, Pierre (1991): *Language and Symbolic Power*. [Ed. and introduced by John B. Thompson; Transl. Gino Raymond and Matthew Adamson]. Cambridge: Polity Press.

Cameron, Deborah (1995): *Verbal Hygiene*. London: Routledge.

Chouliaraki, Lilie/Fairclough, Norman (1999): *Discourse in Late Modernity. Rethinking Critical Discourse Analysis*. Edinburgh: Edinburgh University Press.

Fairclough, Norman (1995): *Critical Discourse Analysis: the Critical Study of Language*. London/New York: Longman.

Gal, Susan/Irvine, Judith (1995): "The Boundaries of Languages and Disciplines: how Ideologies Construct Difference". In: *Social Research. An International Quarterly of the Social Sciences*, 62, 4, pp. 967-1001.

Hill, Jane H./Coombs, David (1982): "The Vernacular Remodelling of National and International Languages". In: *Applied Linguistics*, 3, 5, pp. 224-234.

Howard, Rosaleen (2007): *Por los linderos de la lengua. Ideologías lingüísticas en los Andes*. Lima: Instituto Frances de Estudios Andinos/Instituto de Estudios Peruanos/Fondo Editorial de la Pontificia Universidad Católica del Perú.

King, Kendall (2000): *Language Revitalization Processes and Prospects. Quichua in the Ecuadorian Andes*. Clevedon: Multilingual Matters.

Van Cott, Donna Lee (2002): "Constitutional Reform in the Andes: Redefining Indigenous-state Relations". In: Sieder, Rachel (ed.): *Multiculturalism in Latin*

America. Indigenous Rights, Diversity and Democracy. Basingstoke/New York: Palgrave Macmillan, pp. 45-73.

Van Dijk, Teun (1993): "Principles of Critical Discourse Analysis". In: *Discourse and Society*, 4, 2, pp. 48-283.

Voloshinov, Valentin Nikolaevich ([1929] 1986): *Marxism and the Philosophy of Language*. Transl. L. Matajka and I. R. Titunik. Cambridge/London: Harvard University Press.

Wolf Lustig

De la lengua de guerreros al *Paraguái ñe'ẽ*: Coyunturas del guaraní paraguayo como símbolo de identidad nacional

1. La lengua guaraní: ¿símbolo o medio de comunicación?

En el discurso oficial que el Presidente paraguayo Nicanor Duarte Frutos pronunció el 13.09.2004 en Berlín con motivo de su visita de Estado, no dejó de subrayar que el Paraguay es un país bilingüe, con una población mayoritaria que se expresa en guaraní, y se mostró orgulloso de su doble herencia lingüística y cultural:

> Quiero comentarles que el Paraguay es el único país latinoamericano realmente bilingüe, prácticamente la totalidad de la población habla el guaraní, nuestra lengua autóctona. Mí lengua materna es el guaraní. La che ñe'é ypykue guaraní, ha la ore retáme ojehayhú la ore ñe'é. Decía que nuestra lengua original es el guaraní y que amamos mucho nuestra lengua. Siendo Ministro de Educación, en 1994 incorporamos la educación bilingüe. En el Paraguay sólo 5% es monolingüe español, 75% tiene como primer idioma el guaraní y esta es una lengua autóctona que ha sobrevivido el proceso de colonización, el proceso de transculturación y fueron las mujeres paraguayas, fueron las madres paraguayas, las que lograron que el guaraní sobreviva a la presencia europea. Nosotros fuimos colonizados por los españoles, hoy a más de 500 años nos sentimos orgullosos, un orgullo sano, aunque algunos teóricos de las ciencias sociales no tienen mucho aprecio a esta palabra. Nosotros tenemos un orgullo sano hacía nuestra lengua autóctona, pero también hablamos el español y así es que nos comunicamos con este idioma con las naciones amigas y somos también en este sentido tributarios del griego y del latín; Heidegger decía que la lengua es la morada del ser y nosotros habitamos y portamos el mundo y nos comunicamos con el mundo con el español, pero el guaraní también constitucionalmente es un idioma oficial (Duarte Frutos 2004: 1).

Sin embargo, el curioso que busque algún dato o siquiera un reflejo de esta situación lingüística única en América en las páginas web de la Presidencia del Estado paraguayo[1] quedará decepcionado. Podrá leer

---

1   "Sitio Web Oficial de la Presidencia de la República". En: <http://www.presidencia.gov.py> (07.01.06).

estas páginas sólo en castellano y no encontrará la más mínima alusión al hecho de que el guaraní es hablado por más del 80% de la población, o sea unos 5 millones de personas, y que la Constitución democrática de 1992 estableció su cooficialidad. Ésta se manifiesta casi exclusivamente en su lenta implementación a través de una reforma educativa en curso desde 1994. La palabra *guarani* aparece, es cierto, pero tan sólo como denominación de la moneda del país.

Encontrar el guaraní escrito en algún documento oficial fuera del ámbito educativo-didáctico o descubrir una huella del llamado bilingüismo en alguna señalización de calles o edificios públicos resulta una tarea difícil. Únicamente cuando se presenta la necesidad de llegar a hablantes monolingües por algún motivo administrativo, de salud pública o de propaganda política, se recurre –en muy contadas ocasiones– al idioma nativo, como lo podemos comprobar, por ejemplo, en el logo del Censo Nacional de Población y Viviendas 2002[2] o en alguna pancarta izada en períodos electorales.

Esta contradicción es sintomática del valor que se le adscribe al idioma guaraní en el Paraguay: en los discursos de los políticos y en la simbología nacional (que se expresa en la denominación que se le ha dado a la moneda y que con ella comparten entre otros un club de fútbol, una compañía petrolera, una marca de gaseosa y un aeropuerto) el guaraní y lo guaraní son conceptos de primer rango y su mención es obligatoria cuando se trata de llegar a una fórmula de lo paraguayo. Pero esta estima no se manifiesta en medidas concretas que puedan llevar a una verdadera normalización de la lengua y que hagan posible y natural su uso en todos los ámbitos de la vida privada y pública.

Estos ejemplos sirven para ilustrar la diferencia entre una función simbólica y una función comunicativa que puede adquirir el uso del guaraní, funciones que en una situación diglósica coinciden raras veces. Su conflictiva relación se hace notar especialmente en el contexto de los discursos que giran alrededor de la autodefinición de la identidad nacional.

Es en esta perspectiva nos hemos propuesto analizar ciertos rasgos del discurso público **sobre** el guaraní – y parcialmente **en** guaraní – en cuatro momentos históricos que consideramos significativos para la

---

2   Dirección General de Estadística, Encuestas y Censos: "Censo 2002". En: <http://www.dgeec.gov.py/Censos/index.php> (07.01.06).

trayectoria de la lengua autóctona como símbolo de la identidad político-cultural del Paraguay. Se trata de períodos en los que se da una excepcional conjunción entre la función simbólica y la función comunicativa del guaraní, en la medida que se llegan a producir textos en guaraní en los que precisamente se formula –y hasta se condensa poéticamente– una determinada concepción de lo paraguayo.

Se trata básicamente de los siguientes períodos y géneros de textos:

1865-1870	Guerra de la Triple Alianza	Las revistas de propaganda *Cabichuí, El Centinela, Cacique Lambaré*
1932-1935	Guerra del Chaco	Emiliano R. Fernández: Canciones épicas
1935-1989	Dictadura de Alfredo Stroessner	Natalicio González: *Proceso y formación de la cultura paraguaya, Ideología Guaraní*
desde ~1980	Transición democrática	Ramón Silva et al.: Nueva poesía en guaraní

2. Las palabras-flechas del Cacique Lambaré

Según algunos historiadores de la cultura guaraní-paraguaya, la lengua nativa desempeñó un papel decisivo desde la lucha por la independencia. De hecho disponemos del texto de un himno patriótico redactado antes de 1845 (Guarania 2000: 86) en el cual ya se entona el leitmotiv que nos guiará en esta exposición: se formula en lengua guaraní la idea de que la nación paraguaya se define y se distingue del *pytagua* – el extranjeroenemigo– por su vocación eminentemente guerrera.

Jaguarete Paraguáigua okororã vaerã iñarõ ha huguýpe oimehaichagua motare'ymbára rehe, taiñaña, taihyguypy. … Tenonde opa vaerã ava ñemoñanga Paraguái jajepy'apy mboyve pytaguakuéra poguýpe.	El jaguar paraguayo rugirá fiero y sangriento contra cualquier enemigo, que sea malo o cruento. … Antes perecerá la estirpe (india) paraguaya, que nos acobardemos ante la opresión de los extranjeros.

Donde la instrumentalización del guaraní se revela más claramente como clave para la construcción de una identidad nacional guaraní-

paraguaya es en las revistas de propaganda bilingües que se editan a
mando del Mariscal López en la Imprenta del Estado a partir de 1867:

1853-1868	*El Semanario*	en castellano
04/1867-1868	*El Centinela. Periódico serio-jocoso*	en castellano y guaraní
05/1867-1868	*Cabichuí*	en castellano y guaraní, ilustrado
08/1867-1868	*El Cacique Lambaré*	en guaraní

Mientras que *El Cacique Lambaré* es redactado enteramente en guaraní, *El Centinela* y *Cabichuí* contienen regularmente contribuciones
en esta lengua en las cuales se justifican y discuten profusamente
cuestiones que se pueden adscribir al campo de una temprana "Política
Lingüística".

Se aduce toda una gama de argumentos a favor del uso –ciertamente inédito– del guaraní en una publicación escrita del Estado Paraguayo. Entre ellos destacan los que subrayan sus valores afectivos,
como el amor a la patria:

> Hablando en su idioma nativo nos parece estar bajo el techo de nuestros
> Padres, recibiendo sus primeros cariños. Por eso "El Centinela" de vez en
> cuando hablará en su querido guaraní; porque así se espresará [sic!] con
> más gusto en su propia lengua (Centinela 1 [25.04.1867]: 3).

Del amor a la patria se llega rápidamente al potencial militar que
transporta el uso del guaraní, cuando se habla de "esa corriente eléc-
trica del idioma nacional, que ha contribuido poderosamente á la celebridad del soldado Paraguayo" (Centinela 4 [16.05.1867]: 3).

Asistimos a una asombrosa revaloración del guaraní, que no sólo
se caracteriza como lengua de una famosa estirpe guerrera sino que de
repente se dota de una virtual literatura hasta ahora encubierta:

> La importancia de uno de los idiomas más interesantes de la América del
> Sud, que comprende la raza tan numerosa y célebre de los Guaranís, ape-
> nas ha sido indicada por los viajeros que han estudiado la literatura de los
> Incas.
> La raza guaraní, esa raza de primitivos guerreros, se estendia desde el
> Atlántico hasta las faldas Orientales de los Andes y sus vastos dominios
> estaban asentados sobre el Orinoco, el Amazonas i el Plata.

El idioma primitivo de estos pueblos guerreros, aun no ha sido investigado por los Filólogos, y por consiguiente su literatura permanece oculta para este ramo importante de la ciencia (Centinela 4 [16.05.1867]: 3).

El guaraní se presenta como una lengua de la que se servían tradicionalmente los guerreros de una raza valiente y que en su propio seno trae una virtud belicosa, una especial capacidad de levantar el ánimo de los combatientes:

> "El Centinela", hijo de esa raza de valientes tiene el especial gusto de hablar a sus compañeros de armas en el idioma de sus mayores, porque él sabe inspirar ese ardor bélico que dio tanta celebridad a la raza guaraní, celebridad que el paraguayo no ha desmentido hasta hoy (Centinela 4 [16.05.1867]: 3).

Para referirnos a este rasgo tan característico de la literatura paraguaya (no sólo en guaraní) proponemos el término *función tirteica*, que alude a Tirteo, bardo griego antiguo que con sus versos incitó el fervor bélico entre los espartanos (Snell 1969). Esa virtud, que el idioma habría heredado de los antiguos guerreros tupi-guaraníes (que en cierto sentido pueden ser considerados los "griegos" de los paraguayos), se transforma en un argumento en pro del guaraní como lengua nacional.

El entroncamiento no sólo lingüístico, sino también histórico con las raíces indígenas es, pues, otro elemento importante para la consolidación ideológica del sentimiento de identidad, siempre relacionado con la lengua:

> Si! Hablaremos en nuestro idioma, no nos correremos, como el grajo, de nuestra propia lengua ni tomaremos las plumas de otras aves para adornarnos, desdeñando las nuestras. Cantaremos en guaraní nuestros triunfos y nuestras glorias, como cantaron en otro tiempo su indómita bravura, los descendientes de Lambaré y Yanduazubí Rubichá (Centinela 4 [16.05. 1867]: 3).

En el *Cacique Lambaré* este paralelismo se fuerza hasta el punto de interpretar la "defensa" contra la Triple Alianza –especialmente el Brasil– como una especie de reedición de la resistencia indígena contra la conquista española

Figura 1: Portada del Cacique Lambaré a partir del no. 4

Un detalle simbólico de mayor significado de lo que aparenta y que encuentra su reflejo en la portada de los primeros cuatro números[3] consiste en el hecho de que Lambaré inscribe sus mensajes en guaraní con sus flechas en el suelo patrio:

Esto significa:

1. el guaraní se escribe y con esto asciende al rango de las lenguas de las civilizaciones modernas;

2. se asocian las palabras escritas en guaraní con las armas de la raza guaraní. En la misma línea hay que interpretar una rúbrica de índole satírica que aparece regularmente en la revista y que es intitulada *hu'y veve* (saetas volantes).

---

3   <http://www.staff-uni-mainz.de/lustig/guarani/Cacique.gif> (30.11.07).

Figura 2: Viñeta de la rúbrica de las "saetas volantes"

Pasamos a otro elemento de este pensamiento que defiende la identidad a través de la lengua y la herencia indígena y que se irá acentuando más hasta mediados del s. XX, si bien está en abierta contradicción con la idea del *mestizaje,* aquel otro mito constitutivo de la paraguayidad. Se trata de la pureza de la raza que según los defensores del guaraní se traduce en la pureza de la lengua.

> La república del Paraguay, es uno de los puntos donde más generalmente se ha conservado la pureza del idioma.
> Los Pueblos de la Rejion del Plata, que lo hablan, no conservan los jiros primitivos de su orijen (Centinela 4 [16.05.1867]: 3).

Está bien, pues, hablar guarani, pero mejor es hablar un guaraní supuestamente incontaminado y este privilegio les correspondería a los paraguayos, auténticos herederos del *ethos* bélico de la estirpe antigua.

Tal preocupación se traduce en el explícito esfuerzo de los autores que escribían en guaraní por usar un guaraní castizo, recurriendo al hispanismo sólo en justificadas excepciones: un programa poco compatible con la tendencia tan popular como antigua de servirse de una arbitraria mezcla de ambos idiomas, el llamado *jopara.*

Desde ya cabe hacer hincapié en una de las paradojas que implica el uso del guaraní en la forma reivindicada aquí, especialmente dentro del contexto comunicativo que se daba en los campos de batalla del 70.

Figura 3: Grabado en *Cabichuí* no. 27

— Pe iapysaca póráque.
-- Néi : ñahendúcatu.

La lectura del «Cabichuí.»

Sabido es cómo la mímica ha establecido por cierta actitud la manera muda de espresar un placer repentino, que enagena dulcemente.

Ved un hombre con los brazos caídos y la boca abierta, que apenas respira; pues bien, ese hombre siente algo que ha venido á sublevar su frágil admira-

gravado, y esta ahí que tropiezan con el cuadro de la jóven solicitada por el asistente.

Aquí comienza un nuevo género de hilaridad :—
—Tubichámanico icaabo aipo asistente!
—Ha cuñá ! ha cama tembetary.
— Che reindy, bocói aincapa los camba, ha upeguidgudhéne rendápe ne fieénguáre hebe.
—Trinchera, ha avanzada cupiguaman- te baraja !
—Ha ipyápe hué ñanderereeó ! . . .
Vuélvese la 4ª página. Oh ! que algazara, que festejos a Caxias, Cajon ó Caohimbo, que se hundia de hocico con su burrufeiro en el paso Cabara !
—Anique nde iopy!
—Ésique, cuimbae!
—Chaque ne geringa !
—Aũa nde reraha !
—Ja ! Ja ! Ja !
Y lularean el Ditiramho con un retintin, que era la quinta esencia' del acento mas jocoso y burlesco que darse púrde.
—Pequirirí, pequirirí ! . dice el Sargento meneando la mano. Colnaco apu ambué nda iiohaiba abei.
—Mbaépa, mbaépa ?.. preguntan todos, reprimiendo la risa.
—Pe hendú !.. y sigue la Letrilla sobre las mugeres porteñas.

El patriótico mensaje del cacique Lambaré no podía llegar a los solda- dos del frente a quienes teóricamente iba dirigido – por lo menos no en esta forma, y por las siguientes razones:

1. es difícilmente imaginable que los soldados –en gran parte sin formación escolar alguna– hayan sabido leer un texto impreso en guaraní, idioma hasta entonces exclusivamente oral;

2. renunciar totalmente al hispanismo lexical, tal como lo hubiera exigido el concepto de la *pureza del idioma*, habría conllevado la creación de numerosos neologismos que aún más habrían dificultado la comprensión de los textos.

La solución es ilustrada por este grabado extraído de *Cabichuí*, una hermosa *mise en abyme* de un proceso plurimedial: el acceso de los soldados al contenido de la revista (**escrita** en castellano y parcialmente en guaraní) se realiza a través de la imagen y el discurso **hablado** en guaraní: el sargento lee o tal vez traduce el texto y muestra el grabado, amonesta a los soldados a que escuchen bien (*pejesapyka porãke!*), éstos lo oyen (*Neĩ, ñahendu katu!*) y luego lo comentan riendo en guaraní.

Un tema que se discute en el Cacique es hasta qué punto el recurso al hispanismo equivale a una traición de los valores patrios. Se opta por una solución pragmática de recurrir al castellano donde parezca absolutamente necesario, según el modelo del español que sigue aceptando préstamos del latín y de otras lenguas.

> Cuando Lambaré salió de su tumba, dijo que utilizaría también otras palabras que ya entendieran sus gentes, si otra cosa no fuera posible: pero con eso no quería decir que se mezclara todo en forma de *jopara*. No es eso: es necesario que usemos siempre nuestro idioma hasta donde sea posible. Haremos como los españoles: antiguamente su lengua se fundió con el latín, y desde entonces, poco a poco, fue evolucionando hasta quedar bien, aunque tomando palabras de otras lenguas, como por ejemplo *polisílabo*; ésta es una palabra griega, pero el español la prestó, siendo imposible decir lo mismo en su propia lengua sin recurrir a expresiones muy largas. Así lo haremos nosotros también, pero no está bien que se usen sin necesidad palabras latinas, castellanas o de otras lenguas junto con la nuestra, para que ésta conserve su máxima pureza posible (Cacique 4 [05.09.1867]: 4).

3. Emiliano, el *Tirteo verdeolivo*, canta la raza guaraní en *jopara*

En este trasfondo lingüístico-ideológico no sorprende que el guaraní llegue a su segundo apogeo y a una nueva semi-oficialidad a raíz de la segunda gran guerra que envuelve la nación paraguaya: la Guerra del Chaco.

Según Roberto Romero – insigne cronista del *Protagonismo histórico del idioma Guarani* –la lengua nativa cumplió, sobre todo dentro del ejército– varias funciones normalmente exclusivas de un idioma plenamente oficializado, especialmente en la transmisión de órdenes, en la redacción de notas e informes así como en los discursos dirigidos a los soldados y la nación (Romero 1992: 59-62).[4]

No hay que olvidar el papel del guaraní como una especie de lenguaje secreto. No sólo con la ventaja estratégica de que el enemigo tenía dificultades para entenderla, sino también porque el uso del guaraní contribuía a forjar una especie de hermandad secreta de iniciados.

En cierto sentido es un rasgo que caracteriza el guaraní hasta el día de hoy y que se manifiesta en el hecho de que algunos de los textos más significativos en los que basamos nuestro análisis nunca han sido traducidos al castellano y que por lo tanto han quedado sustraídos a la valoración crítica de historiadores y sociólogos no-paraguayos.

Esto es válido para ciertos textos, incluso de "crítica literaria", de y sobre el cantante Emiliano R. Fernández (1894-1949): en su persona se celebra una voz en guaraní que hasta hoy es considerada como suprema encarnación popular de la identidad guaraní-paraguaya. Lo introduciremos aquí con una nota en guaraní de Roberto Romero que resume los aspectos que más interesan en este contexto:

Emiliano ipurahéipe "omombáy Paraguái porãme", omombuetia'e, ombopy'a piro'y ha ombopy'a guasu irũnguéra guarinihárape. [...]	Emiliano en sus canciones "despierta al hermoso Paraguay", lo pone de buen humor, le refresca el ánimo e inspira coraje a los compañeros soldados. [...]
Umi Emiliano purahéi mbokaguasúicha avei ipu ha imbaretéva, oipytyvõ va'ekue omboguevi haguã umi ñande Cháco potahare, ñane retã mbotare'ỹmbára, upéramo guare.	Estas canciones de Emiliano suenan como cañones y son tan fuertes; ayudaron a hacer recular a los que querían apoderarse de nuestro Chaco, a los enemigos de nuestra patria.
Emiliano, iñe'ẽ yvotýpe, ohechauka maymáva paraguáipe mba'éichapa jaikova'erã Tetã rayhúpe, jekupyty, mba'apo ha vy'ápe, ha jahorývo ñane avañe'ẽ ñanemba'eetéva. Ani haguã araka'eve opyta ñane ñe'ẽ retã pytaguakuéra poguýpe (Romero 1992: 126).	Emiliano muestra con su poesía a todos los paraguayos cómo tenemos que estimar a nuestra Nación, gozando de nuestra lengua guaraní que es lo verdaderamente nuestro. Para que nunca más nuestro país quede en manos de extranjeros [Trad. de W. L.].

---

4   Véase también Centurión (1961: 63): "No solamente se lo utilizó para llevar y traer órdenes, para despistar al enemigo con sus claves ininteligibles y traviesas, sino arrulló las penurias del soldado, le dio ánimo y fervor en las horas de aflicción y de coraje."

Con razón la rica literatura encomiástica le aplica el mote de *Tirteo verdeolivo* (Cardozo Ocampo 1980), porque nadie intentó realizar como él lo formulado por *El Centinela*, es decir "inspirar ese ardor bélico que dio tanta celebridad a la raza guaraní".

Salvando los inconvenientes que conlleva el desvío por la escritura, Emiliano escoge el medio que más directamente llega al corazón del paraguayo – la canción acompañada por la guitarra: "Cuando se producen las primeras acciones bélicas [...] pulsa la lira de Tirteo para buscar en sus cuerdas broncíneas los ecos de Cerro Corá" (Romero 1996: 30).

Su voz se dirige personalmente al soldado, y fiel a su vocación de nuevo Tirteo, le recuerda la herencia guerrera guaranítica, como consta de esta estrofa de *Soldado guaraní*:[5]

Ha guarani ra'ýre	Y porque eres hijo de Guaraníes
reiméva ñorairõhápe	que anda en la lucha
mombyry guýpe ha okápe	en la lejanía y sin abrigo,
apa'a ndéko ha'e	me paro diciendo que tú
ne retãndive reime,	estás con tu patria,
reipe'a Aimara vusúgui	la liberas del gran Aymará
nde tricolor rehayhúgui	porque amas la tricolor,
"chéko PARAGUÁI" ere.	diciendo "yo soy paraguayo".

También para apreciar las calidades musicales que agregan su propio mensaje al texto épico, se recomienda escuchar algunas estrofas de una de las canciones más populares hasta el día de hoy, *Rojas Silva rekávo*.[6] Es el eco del llamado a las armas que da inicio a la guerra, después de un incidente ocurrido en la frontera boliviana:

Ñavengáne katuete umi cobarde ojapóva,	Venguemos lo que hicieron aquellos cobardes;
anichéne guaikuru opuka ñanderehe.	no sea que los "guaikuru" se rían de nosotros.
Taheja che ru, che sy; taheja opa ahejáva,	Voy a dejar a mis padres; cualquier cosa dejaré,
ko che retã rayhupápe tamano jepe che ave,	aunque muera yo también por amor de la Patria,
kóicha oĩramo en peligro,	si está en tamaño peligro,

---

5   Los textos de las canciones se han hecho accesibles en línea en <http://www.staff.uni-mainz.de/lustig/guarani/chacpura/chacpu.htm> (30.11.07).
6   Audición en línea de la secuencia en <http://www.romanistik.uni-mainz.de/guarani/paraguainee/rojassilva_guaikuru_seq.MP3> (30.11.07). Texto completo en <http://www.staff.uni-mainz.de/lustig/guarani/chacpura/rojassil.htm> (30.11.07).

seriamente amenazada,	seriamente amenazada,
aipota voi cherenói aservi haguã	entonces quiero que me llamen
ichupe.	pronto a su servicio.
Naiporãi esta amenaza, osapukái	No es buena esa amenaza, un
en la frontera,	grito en la frontera,
umi cobarde asesino guaikurúpe	¡aquellos cobardes asesinos,
heropy.	apodados "guaikuru"!
Jaipyso katu en el Chaco	Extendamos, pues, por el Chaco
Tricolor ñane bandera,	nuestra bandera tricolor
ha iguýpe jaje'óipa	y reunámonos debajo de ella
umi intruso ñamyendy.	para darles fuego a esos intrusos.

Se generaliza en los textos de Emiliano una tendencia ya manifiesta en el *Cacique Lambaré*: la nación paraguaya en guerra se interpreta como descendiente de los guaraníes antiguos, mientras que los pueblos vecinos con los que se está en pie de guerra aparecen en el disfraz de etnias indígenas, o mejor dicho, de "razas" diferentes. En *Rojas Silva rekávo* y *Soldado guaraní* los bolivianos son los *guaikuru*[7], como también pueden ser los *aymará, kolla, quichua*, o *mbya, tupi* y *kamba* ("negros") en el caso de los brasileños.

Llama la atención que no pocas veces la voz guaraní habla de "los otros" usando términos como *umi ava*, lo que en principio significa "aquellos indios". Estos se oponen a *ñande guarani* –nosotros los guaraníes–, como si el paraguayo pudiera ser un guaraní que se sirve y hasta se alimenta del idioma autóctono, pero que está despojado de toda mácula de ser "indio".

Asistimos, pues, a la creación de un mito[8] que habrá de servir como fundamento de la identidad guerrera y guaraní hablante del Paraguay. Uno de sus elementos constitutivos es la continua referencia a la Guerra de la Triple Alianza, que consecuentemente se suele evocar como "gran epopeya" de la Nación.

El otro elemento es la evocación de un pasado remoto, que apenas emerge de las "tinieblas primigenias", un mundo legendario poblado

---

7   *Guaikuru* aparece como nombre de alguna etnia indígena chaqueña o andina que desde el s. XVI se aplica a los "habitantes de la orilla chaqueña del Río Paraguay, sin diferenciación étnica, pero siempre en sentido peyorativo" (Susnik/Chase-Sardi 1996: 88).

8   Si el sentido de las canciones consiste en recordar el origen, la esencia y el destino de la colectividad, si dan "respuestas a las cuestiones más profundas y más graves que un grupo humano puede plantearse" (Cencillo 1970: 79) se vuelve obvio su carácter no sólo épico sino incluso mítico.

de hipotéticos fundadores de la raza, todos heroicos y guerreros.[9] Uno de entre ellos que aparece en los textos de Emiliano y otros bardos guaraníticos es un mítico ancestro de nombre *Guaran* – bien entendido sin ningún fundamento en cualquiera de las tradiciones orales originariamente guaraníes.

Tekotevẽma ñañuenói	Ya es necesario que nos llamemos
jaikuaáva el patriotismo	mutuamente
ñambopyahu jey haguã ku picada	los que conocemos el patriotismo
ymaguare.	para renovar aquella antigua picada,
Ikatu ñaimemimi heredado de	Parece que somos herederos del
heroísmo,	heroismo,
anichéne ñamotĩ ku Guaran ñande ypykue.[10]	ojalá no hagamos avergonzarse a nuestro antepasado Guarán.

Que este pensamiento no pueda tener otra forma de expresión que el idioma guaraní es más que obvio.

Sin embargo, al *Tirteo verdeolivo* se le plantea el mismo problema que ya preocupaba a los hacedores de las revistas de propaganda: el auténtico perfil de la nación se habría de pregonar en la variante más pura y auténtica de la lengua, el *guaraniete*, cuya comprensión, sin embargo, presenta muchas dificultades para los oyentes.

Emiliano parece sentir el imperativo del *guaraniete* y, según parece, se propone cumplir con aquella norma que sólo vagamente intuye:

Peinako chave ko che korasõme	Ahora yo también en mi corazón
añandu porã ikyrỹi kyrỹiva	siento bien una voz muy tierna
ñe'ẽ iporãva guaranietépe	para que encuentre palabras lindas
puraheirãmi ahecha agua.	en guaraní puro para mi canción.[11]

La continuación del texto desmiente dicho propósito porque presenta la misma mezcla que encontramos en la mayoría de las canciones: ya en la segunda estrofa el 50% del material léxico consiste en palabras

---

9   Un panóptico de los héroes fundadores de la raza constituye la epopeya en prosa *Ñande Ypycuera* ("Nuestros antepasados") del "poeta de la raza" Rosicrán (seudónimo de Narciso R. Colmán, 1876-1954), prototipo de una tendencia neo-mitológica que se encarrila plenamente en la línea del pensamiento nacional-indigenista.

10 *Rojas Silva rekávo.* – *Guarán* fue también el título de una revista editada desde 1935 por el periodista y político Carlos A. Pastore (Centurión 1951: cap. XLIV).

11 *Fortín Boquerón* <http://www.staff.uni-mainz.de/lustig/guarani/chacpura/boqueron.htm> (30.11.07).

castellanas o hispanismos.[12] No se sabe si esta indecisión se debe a la incapacidad del rapsoda o si es el verdadero secreto de su éxito. En realidad, su método poético preferido es el que formula al principio de *Tetã rembe'ýpe*:

néikena pehendumi	escuchen un poco
jopara en guaraní	lo que 'mezclado' en guaraní
che purahéipe ha'éva	digo en mi canción.[13]

4. Lengua e ideología de una nación guerrera

Hasta aquí nos hemos apoyado básicamente en las fuentes primarias donde se esboza en guaraní el proyecto de una identidad definida por la lengua. Ahora seguiremos nuestro análisis con otra clase de textos. En ellos se valora la lengua guaraní en forma ensayístico-interpretativa como símbolo de la identidad nacional. Las ideas que derivan de allí dominaron el pensamiento político en Paraguay hasta finales del siglo XX y no están del todo extinguidas.

Alcanzan su fórmula más coherente en los escritos de Natalicio González (1896-1966), el pensador e ideólogo más importante del Partido Colorado durante todo el siglo XX. Fue fundador de la revista cultural *Guarania*, exaltaba el concepto de *raza guaraní* y simpatizaba con los movimientos fascistas europeos de la primera mitad del siglo. Ocupó cargos como embajador y ministro y hasta llegó a ser Presidente del Estado para algunos meses en 1948 (Nickson 1993: 260s.).

El libro donde más abierta y metódicamente expone su concepción de "la guerrera raza de los guaraníes" (González 1948: 52), por cuya herencia se explica el pasado, el presente y el futuro de la nación paraguaya, es *Proceso y formación de la cultura paraguaya* que apareció primero en 1938, pero fue constantemente reeditado hasta 1988.[14]

---

12 Compárese otro ejemplo de un texto eminentemente jopará, extraído de *Fortín Boquerón*: "*¡Viva el Paraguay!* he'ije voi/ osapukaipa *ojatropella*/ jajukapaiteke *enterovete*, / ndajahejaichéne *ni semillarã,*/ *machete* ore pópe roipota/ ha jaje'oipáke *jafarrea*/ *ñambovichofeo a los bolivianos*/ ha hekovekuérare *jakopipa*! (¡Viva el Paraguay! dijeron/ gritaron y se empujaron/ ¡matémoslos todos!,/ no dejemos ni su semilla/ queremos tener un machete en las manos/ y acudiendo todos a la juerga/ vamos a acabar con los bolivianos/ segando sus vidas!)".

13 *Tetã rembe'ýpe* <http://www.staff.uni-mainz.de/lustig/guarani/chacpura/tetaremb.htm> (30.11.07).

14 Según el catálogo de la *Library of Congress*, la primera edición apareció ya en 1938 en Asunción y Buenos Aires: Editorial Guarania, 1938. La *British Library*

De igual interés para la revaloración de la lengua guaraní como símbolo de la nación es su colección de ensayos *Ideología guaraní* de 1958, también reeditada en 1984.

La especulación histórico-lingüística y etimológica desempeña un papel importante en la argumentación de Natalicio; incluso asienta su concepción de "la ideología guaranítica" "en el testimonio de la lengua", o mejor dicho, en una arriesgada interpretación de supuestos valores simbólicos y onomatopéyicos de ciertos sonidos de la lengua (González 1958: 12). "Cada palabra es una imagen y cada imagen está tomada de la naturaleza viva, fluente y soñadora de la naturaleza paraguaya." La lengua guaraní constituye para él "la marca de la nacionalidad, la bandera hecho verbo" (González 1958: 83); es "una de las fuentes vivas de la nacionalidad" (González 1958: 84).

Según el autor, existen incluso analogías entre la estructura aglutinante de la lengua y su potencia identificadora: la lengua y la cultura guaraní favorecen el "pensamiento aglutinador" (González 1958: 77). Carlos R. Centurión retoma este hilo cuando habla del guaraní como "materia aglutinante" y "esencia reaglutinadora de la nación" (Centurión 1961: 60, 63).

Y Natalicio González va más allá en su razonamiento sobre el significado profundo de la lengua. No es suficiente que el idioma una y defina la nación: es además un elemento que justifica las tendencias imperialistas y expansionistas que caracterizaron la política paraguaya en ciertos momentos. El término *ava ñe'ẽ* – que suele usarse como sinónimo de *lengua guaraní* y que de hecho significa "lengua del hombre" – adquiere un sentido muy general. Rechazando la separación entre pueblos y lenguas tupí y guaraní y recordando que también en Bolivia viven etnias de habla guaraní desde muy antiguo, insinúa que en principio un territorio mucho más vasto que el del Estado paraguayo actual puede ser reivindicado por la nación guaraní paraguaya (González 1948: 87-94).

---

registra una última edición en Asunción: Cuadernos Republicanos. Nosotros citaremos a partir de la ed. de Asunción: Cuadernos Republicanos, 1948.

**Figura 4: Guerrero guaraní según Jean de Léry,
reproducido en González (1958: 37)**

Se adapta plenamente a esta línea de argumentación el hecho de que vuelva a insistir en el carácter bélico de la lengua, resumiendo una tendencia que hemos constatado en el *Cacique Lambaré* y las canciones de Emiliano. Basándose en testimonios del tiempo de la Conquista –como los del jesuita Nicolás del Techo, el francés Jean de Léry (de cuyos libros extrae las ilustraciones de su *Ideología*) y en unas reinterpretaciones muy atrevidas de los ensayos de Montaigne– Natalicio explica la "afición al buen decir" que caracteriza al hablante guaraní de la siguiente manera:

> La oratoria era uno de los recursos de que se valía el guerrero para conquistar la jefatura del ejército en las asambleas que precedían a toda acción bélica. Aun en los combates, a semejanza de los héroes homéricos, el *nvuruvichá* alternaba los actos de audacia con melodiosas arengas (González 1958: 50).

En este contexto cabe mencionar también la supuesta etimología del gentilicio *guaraní*. Según un tópico que también ha entrado en publicaciones más o menos científicas,[15] *guarani* significaría *guerrero*. Es verdad que en el *Tesoro* de Montoya está documentada la voz *guarini*, pero sólo con el sentido de *guerra* y como raíz de un verbo "guerrear", y no para el guerrero, que debería ser y era según Montoya el *guarinihára*. Nunca nadie ha explicado ni justificado el cambio nada regular <i> → <a> ni el cambio de categoría semántica de *guerra* a *gue-*

---

15 Compárese el curioso comentario con el cual Antonio E. González anota un pasaje de su novela histórica *Yasih rendih* de 1960 en el cual se discute el origen del gentilicio *guaraní*: "– Guaraní ya no está mal, señor capitán. Para mí santiguada que diciéndolo ansí no dejarán de entenderos los *cari'o* e todos los desta tierra que en su lengua hablen. *Ghuärairí*, e *ghuärirí* o *guaraní* como vos lo decís, en la lengua dellos quiere decir peleante." Y así reza la nota 11 relativa a esta secuencia: "Los autores del tiempo de la conquista están casi todos de acuerdo en que la voz *guaraní (guarani)* se traducía por pueblo guerrero, y en que la voz *guaraní (guarani)* valía por guerra. Los aborígenes que todavía existen en muchas regiones de América desconocen por entero aquellos vocablos y aquellos valores. Y más: afirman sin la menor vacilación que no son guaraníes, sino *avá, mbihá, avambihá* (ava, mbiha, avambiha), etc. En cambio bien conocen la voz *paraguaíh* (paraguay), e igualmente las raíces de aquellos dos primeros vocablos: *ghuärä (guãra), ïhró (yro), ïrö (yrõ)* o *irï (iry)*: el primero vale por pueblo con sentido de parcialidad y nación, es decir político o racial, y el segundo por enojo, guerra, pelea. La voz *amá (ama)* o *amana* vale por pueblo y nación en sentido geográfico, más bien dicho país, 'habitat'. Por todo esto la construcción *ghuärairí (guãrairi)* y *ghuärirí (guãrairi)* me parece enteramente lógica, dentro del genio de la lengua."– Para una perspectiva más científica-etnologica véase Magni (1989).

rrero. La palabra *guarini*, en total desuso ya a mediados del s. XIX[16] ha entrado como arcaísmo en los diccionarios actuales y probablemente, como ningún hablante del guaraní paraguayo la usaría fuera del contexto nacionalista, su espectral supervivencia se debe precisamente a su reanimación dentro de la ideología de Natalicio González y sus seguidores. La hipótesis se expresa en aserciones como la siguiente, cuya trastornada lógica no parece molestar a nadie: "La guerra era su elemento, tanto que la voz guaraní, nombre con que se conoce esta vigorosa raza, quiere decir guerra" (González 1948: 36).

Figura 5: Entrada *guarĩnĩ* en Montoya (1639: 131)

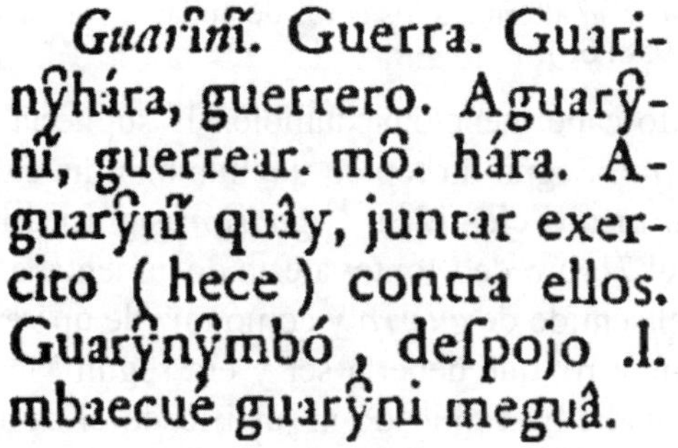

Guarĩnĩ. Guerra. Guari-
nỹhára, guerrero. Aguarỹ-
nĩ, guerrear. mõ. hára. A-
guarỹnĩ quãy, juntar exer-
cito (hece) contra ellos.
Guarỹnỹmbó , defpojo .l.
mbaecué guarỹni meguã.

En realidad no se puede descartar que *guaraní* sea un exónimo con el que los europeos designaban a los indígenas, usando una palabra, que según ellos entendían, correspondía a su firme y a veces violenta actitud de defensa. De hecho, las autodenominaciones que ellos se aplican eran y son *kari'o*, *mbya*, *ava* y significan nada más que *hombre*.

Acabamos de destacar algunos ideologemas del pensamiento de Natalicio González, las cuales nos parecen importantes porque se encuentran repetidos e incluso desarrollados con mayor profundidad en las páginas de muchos otros estudios sobre la historia cultural y lingüística del Paraguay, como especialmente en las obras de los ya mencionados Carlos R. Centurión (*Historia de la cultura paraguaya*, 1961) y Roberto A. Romero (*Protagonismo histórico del idioma guaraní*, 1992).

---

16   Eso resulta del análisis del vocabulario del *Cacique Lambaré*.

No cabe duda que es en esta línea de pensamiento que el guaraní fue declarado "idioma nacional" del Paraguay por la Constitución strosneriana de 1967. Con ella no se oficializó la lengua en la cual se comunicaba la casi totalidad de la población, sino que se consagró –en la dicción de Carlos R. Centurión– el idioma en que "evocamos e invocamos ideales", que está "prendido como una flora al espíritu de la estirpe" (Centurión 1961: II, 125). Es cierto que aquel decreto propició una primera inclusión del guaraní en los programas escolares, pero sólo a nivel oral y con la finalidad de conducir a los alumnos, a partir del guaraní, a un mejor dominio del castellano.

5. La nueva *ποίησις* del Paraguái *ñe'ẽ*

Aunque el pensamiento documentado en la "ideología guaraní" de Natalicio González todavía esté presente en la actualidad, especialmente en ciertos sectores políticos nacionalistas, es un hecho que el fin de la dictadura trajo un cambio de rumbo. Este se manifestó legalmente en la Constitución de 1992 –que en vez de nacionalizarlo oficializa el guaraní– y en la subsiguiente Reforma Educativa. Anterior y paralelamente con ésta nace, en parte como respuesta a la demanda didáctica,[17] una nueva literatura en guaraní.

Para terminar, echaremos una mirada sobre esta última etapa dentro del desarrollo del guaraní como símbolo de la identidad, ya que su nuevo estatuto –aun abriendo las puertas a la normalización comunicativa– no lo ha despojado de la función simbólica.

Este capítulo se intitula *Nueva ποίησις del Paraguái ñe'ẽ*, porque partiremos de un texto literario en el cual se refleja el guaraní como una ποίησις, es decir como una ficción –entendida como proyecto poético y hasta cierto punto artificial– de lo que podrá ser la lengua paraguaya, o sea, *Paraguái ñe'ẽ*.

El que haya ocurrido un cambio de paradigma se nota ya cuando oponemos el concepto de *Paraguái ñe'ẽ* al de *lengua paraguaya*, utilizado por Carlos Centurión. En principio, los dos términos significan lo mismo, pero Centurión –a pesar de su entusiasmo por el idioma nativo– aplica *lengua paraguaya* no al guaraní, sino a una variante del

---

17   Sobre la producción de libros en guaraní de 1980 a 2000 véase Lustig (2003: 57).

castellano, de índole meramente oral, "con base hispana e injertos guaraníes", "fragancia selvática" etc. (Centurión 1961: 62).

El texto que ilustra a la perfección el nuevo significado que se le atribuye al *Paraguái ñe'ẽ* es un poema de Ramón Silva (*1954) con exactamente este título. Silva es una de las voces más representativas de una nueva generación de literatos y filólogos que se toman en serio la lengua. Para ellos el idioma propio del Paraguay no puede ser otro que el guaraní – un guaraní castizo e independiente, totalmente adulto y relativamente libre de sentimentalismo, apto para expresar en forma escrita cualquier contenido tradicionalmente reservado al castellano:

Peju, peju,	Vengan, vengan
pejupaite.	vengan todos
Jajora ñane ñe'ẽ apytĩ.	Soltemos cadenas de nuestra lengua.
Taipoty po pu ñanemba'éva.	Que florezcan los sonidos que son nuestros.
Mborayhu ysapýpe.	Con el rocío del amor
jahypýi ñane ñe'ẽ	asperguemos nuestra lengua
tahoky,	que brote
topu'ã	que se levante
tojupi	que suba
tokakuaa,	que crezca
topave'ỹ	que no acabe más
máramo añete.	nunca, de verdad.
Jaháke jaháke jaha.	Vámonos vámonos vamos
Néike che irũ jaha.	adelante, hermano, vamos.
Tohóke.	Que vaya.
Toúke.	Que venga.
Tosẽke.	Que salga.
Toikéke.	Que entre ya.
Toike	Que entre
akói Paraguái ñe'ẽ: Guarani guarani	siempre la lengua paraguaya:
guarani guarani,	Guarani guarani
guarani guarani.	guarani guarani. [18]

Paraguái ñe'ẽ constituye el manifiesto de una nueva concepción del guaraní como lengua de la nación, o mejor dicho, del pueblo paraguayo, en un sentido plenamente democrático y ya no con todas las connotaciones obsoletas que tenía el concepto de *raza guaraní*. Conserva

---

18 Silva (1985: 12s.). El texto completo del poema con traducción se reproduce en <http://www.romanistik.uni-mainz.de/guarani/paraguainee/Paraguay_nee.pdf> (30.11.07). Los números que a continuación aparecen entre paréntesis se refieren al cómputo de versos de esa edición en línea.

ciertos ecos del discurso nacionalista en el *tetã jehayhu* (32, 47) y en la idea que "los sonidos del guaraní son lo nuestro" (4). Pero más allá de estas reminiscencias, los valores del guaraní se presentan en una constelación renovada y opuesta a la del pensamiento nacionalista.

La idea del espíritu guerrero que define la raza guaraní está totalmente ausente. En vez de ello se asocian con la lengua y la cultura guaraní (*ñande reko*, 37) valores positivos y pacíficos como *mborayhu* (5) y la tradicional ayuda mutua, el *ñopytyvõ* (25). La única violencia permitida es la revolucionaria en el sentido del quebrantamiento de las cadenas (3). No podemos resistir a la tentación de asociar esta postura con una actitud casi contemporánea que se manifestaba bajo el eslogan "Make love not war!".

Mientras que los antiguos ideólogos usaban el guaraní para diferenciarse, para excluir lo otro y definirse frente al *pytagua*, el extranjero y por lo tanto enemigo, aquí todo es invitación, a partir de los dos primeros versos: *peju, peju, pejupaite!*

Que el guaraní transporta una gran sabiduría, por ejemplo en los campos de la medicina y la botánica, lo subrayaba también Natalicio González, pero en sus textos no hay ningún indicio de que ésta pueda formar un contenido actual y válido para la educación, como aquí consta de los versos 29 y 31, que hablan de los valores de la cultura popular y tradicional no indígena. En general, se perfila una proyección visionaria del guaraní hacia el futuro (8-12), que se opone diametralmente a la perspectiva nostálgica, retrógrada y revisionista de la "ideología guaraní". Otro tema inédito que incluye es el programa literario asociado al *Paraguái ñe'ẽ*: esta lengua va a conquistar todos los géneros, más allá de la canción y la anécdota, también los escritos como el cuento y la poesía moderna.

Tal vez la idea más importante y original se encierre en la fórmula del tercer verso: "Jajora ñane ñe'ẽ apytĩ", que expresa un leitmotiv de toda la literatura actual en guaraní.[19] Romper las ataduras que en aquella época encarcelaban el guaraní significaba arrebatarlo al poder de los ideólogos que permitían su uso para ciertos fines y lo prohibían para otros, que dictaban la forma en la cual se podía usar y los contenidos que había de transportar: recordemos como ejemplo algo es-

---

19　Compárese el poema de Félix de Guarania *¡Anive peipykua ñe'ẽ!* (¡Suelten las ataduras de la lengua!), en Guarania (1989).

trambótico una traducción del himno nacional al guaraní en forma de hexámetros (Decoud Larrosa 1978).

El *Paraguái ñe'ẽ* de Ramón Silva no es la lengua que usa la mayoría del pueblo paraguayo. Ésta se encuentra plasmada con mucho mayor fidelidad en las canciones de Emiliano Fernández. La nueva literatura en guaraní es un experimento, un esbozo de lo que podría ser una lengua nacional y oficial a la vez. Mientras tanto, Ramón Silva y otros autores contemporáneos que escriben en guaraní no son seres de otro mundo que cierran los ojos ante esta modernidad todavía vedada al guaraní. En su "otra" vida prosaica, este poeta conduce cada mañana una de las muy pocas emisiones en guaraní de la televisión paraguaya y, a pesar de ser autor de un importante diccionario de neologismos, recurre en ella ampliamente y sin escrúpulos al *jopara* para llegar a su público mayoritariamente campesino. Lo importante –lo único que a esta altura puede salvar la lengua de los paraguayos– es el compromiso incondicional con la lengua, que implica su uso en todos los medios y contextos.

La democratización, que en el Paraguay se manifiesta primordialmente en una relativa democratización de los medios de comunicación, ha facilitado que los hablantes y amantes del guaraní se articulen en público en su propia lengua. Ahora sí que está preparado el suelo para que el guaraní goce de una nueva coyuntura que por primera vez no le sea impuesta desde arriba. Sin embargo, se exige también una respuesta política, especialmente a los gobernantes que en sus discursos se declaran orgullosos del patrimonio lingüístico guaraní, como ya lo hicieron los periodistas de las revistas de la Guerra del 70. Otra vez hace más de una década que los paraguayos –lingüísticamente más despiertos que nunca– están esperando que se creen las condiciones para que se desarrolle en libertad el bilingüismo, tal como lo preconizó Natalia Krivoshein de Canese (1996):

> La aspiración generalizada en nuestro país, que tendría que ser el objetivo de la planificación lingüística y de la educación bilingüe bicultural, es el logro de un bilinguismo coordinado entre guaraní y castellano para todos los habitantes. Esta es la condición indispensable para que el país tenga posibilidades de practicar la democracia, conservar su identidad nacional, acceder al progreso socio-económico y participar con éxito de la integración regional en el marco del Mercosur.

Hasta el momento (enero de 2006), sin embargo, la política lingüística se ha agotado en los discursos y algunas muestras de buena voluntad: actitudes que pueden dar impulsos, pero que siempre corren el riesgo de acabar en el *opa rei*,[20] como parece acontecer con el proyecto de una versión en guaraní de la página web de la Presidencia. En mayo de 2005 la División Informática de la Presidencia informó que tal página estaba en elaboración,[21] pero a los seis meses de aquella comunicación y a los 14 años de la oficialización del guaraní, los enlaces *Versión en Guaraní* que aparecen en algunas páginas de dicho sitio quedan sin activar.

Bibliografía

Cacique Lambaré (1867-1868): ver *Facsímiles del* Cacique Lambaré.

Cardozo Ocampo, Mauricio (1980): "El Tirteo verdeolivo". En: Cardozo Ocampo, Mauricio: *Mis bodas de oro con el Folklore paraguayo (Memorias de un Pychãi)*. Asunción: Gráf. Comuneros, pp. 313-318.

Cencillo, Luis (1970): *Mito, semántica y realidad*. Madrid: Biblioteca de Autores Cristianos.

Centinela: Periódico serio-jocoso ([1867] 1998): *Colección del semanario de los paraguayos en la guerra de la Triple Alianza*. Prólogo de José Antonio Vázquez. Repr.: Buenos Aires: Fondo Editorial Paraquariae.

Centurión, Carlos R. (1951): *Historia de las letras paraguayas*. Vol. 3. Buenos Aires: Ayacucho. También en: <http://www.bvp.org.py/biblio_htm/centurion3/indice.htm> (16.01.06).

— (1961): *Historia de la cultura paraguaya*. Asunción: Biblioteca "Ortiz Guerrero".

Decoud Larrosa, Reinaldo (1978): "Tetã Paraguái momorãhéi". En: *Ñemitỹ* (Asunción), 3, s. p. También en: *Guarani Renda*, <http://www.datamex.com.py/guarani/tembihai_aty/purahei/himno_nacional_paraguayo.html> (15.01.06).

Duarte Frutos, Nicanor (2004): "Conferencia del Excelentísimo Presidente de la República del Paraguay, Don Nicanor Duarte Frutos, sobre el tema: 'El Nuevo Paraguay'". En: <http://www.presidencia.gov.py/discursos/131004.pdf> (01.12.05).

---

20 "acabar de balde" – expresión coloquial en guaraní que se usa a menudo en relación con ambiciosos proyectos políticos que se formulan sin nunca a llegar a realizarse.

21 Comunicación personal por correo electrónico del 27.05.05. En ésta se comunica un enlace temporal que sin embargo ha dejado de funcionar. Una copia del mismo se puede consultar en <http://www.romanistik.uni-mainz.de/guarani/paraguainee/presidencia.gov.py.gua.jpg> (30.11.07).

Enríquez Gamón, Efraín (1982): *La guerra inconclusa: esquema para una ideologia nacional*. Asunción: Litocolor.

— (1999): "J. Natalicio González y sus últimos libros". En: *Última Hora: El Correo Semanal* (Asunción), 21/22.08.1999. También en: <http://www. musicaparaguaya.org.py/natalicio.htm> (15.01.06).

Facsímiles del Cacique Lambaré *y de* Cabichuí (1867-1868) [ed. y trad. al castellano por Wolf Lustig, 2005]. En: <http://www.staff.uni-mainz.de/lustig/guarani/cacique/facs/> (30.11.07).

González, Antonio E. (1960): *Yasih rendih*. Asunción: El Gráf. Caps. III y IV también en: <http://www.bvp.org.py/biblio_htm/gonzalez/indice.htm> (15.01. 06).

González, Natalicio (1948): *Proceso y formación de la cultura Paraguaya*. Asunción: Instituto Colorado de Cultura.

— (1958): *Ideología Guaraní*. [Prólogo de Angel Mª. Garibay K]. Asunción: Cuadernos Republicanos.

Guarania, Félix de (1989): *Tojevy kuarahy*. Asunción: Ñade Reko.

— (2000): *Paraguay cultural*. Asunción: Gráficas Latina.

Guasch, Antonio (2005).: *Diccionario básico Guaraní Castellano/ Castellano Guaraní: Nueva edición por Bartomeu Melià*. Asunción: CEPAG.

Krivoshein de Canese, Natalia (1996): "Cultura y bilingüismo en el Paraguay". En: *Guarani Ñanduti Rogue*" <http://www.uni-mainz.de/~lustig/texte/culpares.htm> (16.01.06).

Lustig, Wolf (1999): *"Chacore purahéi* – canciones de guerra: Literatura popular en guaraní e identidad nacional en el Paraguay". En: Potthast, Barbara/Kohlhepp, Gerd/Kohut, Karl (eds.): *El espacio interior de América del Sur: geografía, historia, política, cultura*. Frankfurt am Main: Vervuert/Madrid: Iberoamericana, pp. 363-379. –El respectivo corpus de canciones está disponible en <http://www. staff.uni-mainz.de/lustig/ guarani/chacpura/chacpu.htm> (30.11.07).

— (2002): "Die Auferstehung des Cacique Lambaré: Zur Konstruktion der guarani-paraguayischen Identität während der 'Guerra de la Triple Alianza'". En: Lang, Sabine/Blaser, Jutta/Lustig, Wolf (eds.): *Miradas entrecruzadas: Diskurse interkultureller Erfahrung und deren literarische Inszenierung*. Frankfurt am Main: Vervuert/Madrid: Iberoamericana, pp. 159-185.

— (2003): "Literatura paraguaya en guaraní". En: *América sin nombre (Alacant)*, 3, pp. 103-108. También en: <http://www.cervantesvirtual.com/servlet/SirveObras/01482185567835986320035/p0000009.htm> (30.11.07).

— (2006): "La lengua del Cacique Lambaré (1867) – primer modelo de un guaraní literario". En: Dietrich, Wolf/Symeonidis, Haralambos (eds.): *Guaraní y "mawetí-tupí-guaraní": estudios históricos y descriptivos sobre una familia lingüística de América del Sur*. Berlin/Münster: LIT, pp. 241-258.

Magni, Claudia Turra (1989): "Guarani: guerreiros". En: *Estudos Ibero-Americanos*, 15, 1, pp. 229-233.

Montoya, Antonio Ruiz de ([1639] 1876): *Arte, vocabulario, tesoro y catecismo de la lengua guaraní*. Vol. 3. Reimp. Leipzig.

Nickson, Andrew (1993): *Historical Dictionary of Paraguay*. Metuchen/London: Scarecrow Press.

Romero, Roberto A. (1992): *Protagonismo histórico del idioma Guarani*. Asunción: Rotterdam S.R.L. Editora.

— (1996): *Emiliano R. Fernández. Mito y realidad*. Asunción.

Silva, Ramón (1985): *Tangara tangara*. Asunción: Taller.

Snell, Bruno (1969): *Tyrtaios und die Sprache des Epos*. Göttingen: Vandenhoek & Ruprecht.

Susnik, Branislava/Chase-Sardi, Miguel (1996): *Los indios del Paraguay*. Madrid: MAPFRE.

Autores/Authors

Emili Boix-Fuster es profesor de lingüística en el Departamento de Filología Catalana de la Universitat de Barcelona. En 1991 ganó el *Premi Recull* con su estudio *El conflicte lingüístic als països catalans: un estat de la qüestió i una questió d'Estat*. Sus campos de investigación son la sociolingüística, la política lingüística, la demolingüística, el bilingüismo y la variación lingüística. Entre sus publicaciones figuran: *Triar no és trair* (1993); Boix et al. (eds.): *¿Una lengua, un Estado?: La organización política de la diversidad lingüística* (1994); *Sociolingüística de la llengua catalana* (1998); "La variació social", en: *Caplletra* 24 (1998); *Contacte i variació lingüístics: descripció i metodologia* (2000).

Dirk Geeraerts holds the chair of theoretical linguistics at the University of Leuven. He is the head of the research unit *Quantitative Lexicology and Variational Linguistics*. His main research interests involve lexical semantics and lexicology, with a theoretical focus on Cognitive Linguistics: he is the founder of the journal *Cognitive Linguistics*, he is managing editor of the book series *Cognitive Linguistics Research*, and he is the editor, with Hubert Cuyckens, of the *Handbook of Cognitive Linguistics* (2007). His publications include: *Paradigm and Paradox* (1985); *The Structure of Lexical Variation* (1994); *Diachronic Prototype Semantics* (1997); *Words and Other Wonders* (2006); *Cognitive Linguistics: Basic Readings* (2006).

Utta von Gleich estudió Traducción (Francés y Español) y Economía y se graduó en 1982 en Lingüística General. Fue docente e investigadora en la Universidad de Hamburgo hasta 2002 y paralelamente consultora (GTZ, KfW y BID) en materia de educación bilingüe intercultural en América Latina. Sus especializaciones son la lingüística de contacto en América Latina y Europa, política lingüística y educativa, adquisición y didáctica de lenguas y documentación de lenguas amenazadas. Actualmente es Investigadora asociada en el Centro de Lingüística de la Universidad de Hamburgo. Sus publicaciones incluyen von Gleich/Wolff (eds.): *Standardization of Languages* (1990); "Changes in Status and Function of Quechua", in: Ammon/Hellinger (eds.): *Status and Languages* (1992); *Die indianischen Völker Lateinamerikas: Konfliktfaktor oder Entwicklungspotential?* (ed., 1997).

Rosaleen Howard is Chair of Hispanic Studies at Newcastle University (since 2005); she was Senior Lecturer at the Institute of Latin American Studies, University of Liverpool (1991-2005). Selected publications: *Creating Context in Andean Cultures* (1997); Howard/ Stobart (eds.): *Knowledge and Learning in the Andes. Ethnographic Perspectives* (2002); *Por los linderos de la lengua. Ideologías lingüísticas en los Andes* (2007).

Christopher Hutton is professor in the School of English at the University of Hong Kong where he has taught since 1989. He studied modern languages and linguistics at the University of Oxford, Yiddish and linguistics at Columbia University, and previously taught Yiddish studies at the University of Texas at Austin. He has published on the history, philosophy and politics of linguistics, sociolinguistics, race theory and the theory of definition. Publications include Hutton/Harris: *Definition in Theory and Practice* (2007); *Race and the Third Reich* (2005); *Linguistics and the Third Reich* (1999). His current research focuses on language, meaning and the law.

Silke Jansen estudió Filología Románica y Lingüística General en las universidades de Münster (Alemania) y Rennes (Francia) y en el Colegio de México. En 2003 se doctoró con una tesis sobre neologismos y contactos lingüísticos en la internet. Desde 2005 es profesora de la Universidad Técnica de Dresden. Sus áreas de investigación son la lingüística aplicada, la política lingüística, los contactos lingüísticos y la lexicología. Publicaciones seleccionadas: *Sprachliches Lehngut im WWW – Neologismen in der französischen und spanischen Internetterminologie* (2005); "Lexikalische Semantik und Sprachkontakt – eine korpusbasierte Analyse", en: Dietrich et al. (eds.). *Lexikalische Semantik und Korpuslinguistik* (2006); "El español popular caribeño entre las teorías criolla y africana", en: Dircksen/Schlüter/Witte (eds.): *El Atlántico – Mar de Encuentros. Der Atlantik – Meer der Begegnungen* (2006).

Franz Lebsanft estudió en la Université Libre de Bruxelles, en la Universidad de Tübingen y fue becario en la Sorbonne y la École Pratique des Hautes Études (Paris). Se doctoró en 1986 y se habilitó en 1992. Fue profesor en las universidades de Tübingen, Braunschweig y Regensburg, desde 1995 es catedrático de Filología Románica en la Universidad de Bochum. Entre sus áreas de investigación figuran la semántica histórica, la política lingüística, el lenguaje mediático y la filología editorial. Es editor de *Analecta Romanica* y de la sección de Lingüística de *Romanische Forschungen*. Entre sus publicaciones destacan: *Studien zu einer Linguistik des Grußes. Sprache und Funktion der altfranzösischen Grußformeln* (1988); *Spanien und seine Sprachen in den "Cartas al Director" von El País 1976-1987* (1990); *Spanische Sprachkultur. Studien zur Bewertung und Pflege des öffentlichen Sprachgebrauchs im heutigen Spanien* (1997).

Wolf Lustig se doctoró en 1987 con una tesis sobre símbolos cristianos en la novela hispanoamericana del siglo XX. Sus áreas de investigación incluyen la literatura hispanoamericana desde la época colonial al siglo XX, así como la cultura y lengua guaraní. Entre sus publicaciones figuran Lustig/Lang/Blaser (eds.): *Miradas entrecruzadas: Diskurse interkultureller Erfahrung und deren literarische Inszenierung* (2002); Lustig/Carranza: *Diccionario Quechua Ancashino – Castellano* (2003); "Ñande reko y modernidad. Hacia una nueva poesía en guaraní", en: Méndez Faith: *Poesía paraguaya de ayer y de hoy*. Tomo II: *Guaraní – español* (1997).

Ulrike Mühlschlegel estudió Filología Española y Portuguesa y Ciencias Políticas en las universidades de Trier, Lisboa y Santiago de Compostela y se doctoró en 1999 en la Universidad de Göttingen en Lingüística Románica. Actualmente trabaja en el Instituto Ibero-Americano de Berlín y da cursos de Lingüística Española y Portuguesa en la Universidad Humboldt de Berlín. Sus áreas de investigación son la lexicografía, los contactos lingüísticos y los nuevos medios de comunicación. Entre sus publicaciones figuran: *Enciclopedia, vocabulario, dictionario. Spanische und portugiesische Lexikographie im 17. und 18. Jahrhundert* (2000); "Lexicografía española y portuguesa de los siglos XVII y XVIII: Las citas lexicográficas en los diccionarios de Covarrubias, Moraes Silva y de las Academias española y portuguesa", in: *Actes du XXIIe Congrès International de Linguistique et Philologie Romanes*, vol. IV: *Des mots aux dictionnaires* (2000); *Dona Carolina Michaëlis e os estudos de Filologia Portuguesa* (ed., 2004); Mühlschlegel/Ahlers: "Einsprachige Online-Wörterbücher des Spanischen, Portugiesischen und Französischen", in: Dahmen et al. (eds.): *Romanistik und Neue Medien* (2004).

Carsten Sinner estudió Castellano, Portugués y Catalán en Berlín, Barcelona y Lisboa y se doctoró en Lingüística Románica en la Universidad de Potsdam. Actualmente trabaja en el Instituto de Lingüística Aplicada y Translatología de la Universidad de Leipzig. Entre sus publicaciones destacan: *El castellano de Cataluña. Estudio empírico de aspectos léxicos, morfosintácticos y metalingüísticos* (2004), "The construction of identity and group boundaries in Catalan Spanish", en: Duszak (ed.): *Us and Others: social identities across languages, discourses and cultures* (2002); "Aproximació a la problemàtica del coneixement dels mallorquinismes", en: *Miscel·lània Joan Veny 2. Estudis de Llengua i Literatura Catalanes* XLVI (2003); "La influencia de los medios de comunicación en la lengua y la difusión de regionalismos en castellano", en: *Spanish in Context* 1:1 (2004); "Consecuencias lingüísticas de la emigración y de la emigración de retorno", en: *Analecta Malacitana* 28: 1 (2005).

Kirsten Süselbeck estudió Filología Románica, Estudios Hispanoamericanos y Sociología en Saarbrücken, Berlín y Chihuahua (México). Desde 2004 es colaboradora de la catedrática Gabriele Beck-Busse en la Universidad de Marburg. Sus áreas de investigación son la sociolingüística y la política y planificación lingüística en España e Hispanoamérica. Publicó "Verhandlungen um die Identität der spanischen Sprache: Bewertung von regionalen Sprachformen auf den Kongressen der spanischen Sprachakademien von 1951 bis 1972", en: Schmelzer et al. (ed.): *Handeln und Verhandeln* (2007); "'Sprache', 'Nation' und 'Identität' im sprachpolitischen Diskurs Kataloniens", en: *Zeitschrift für Romanische Philologie* 122: 4 (2006); "Geschlechterbilder und Fortschrittsglaube: *Doña Bárbara* von Rómulo Gallegos (1929)", en: *PhiN* 38 (2006).

Haralambos Symeonidis estudió Filología Románica, Inglesa y Alemana en la Universidad de Münster (Alemania) y se doctoró en 1998 con una tesis sobre el judeo-español de Thessaloniki. De 1999 a 2006 fue colaborador del proyecto ALGR (Atlas Lingüístico Guaraní-Románico) y realizó varias investigaciones de campo en Paraguay, Argentina y Brasil. Actualmente trabaja como profesor de Lingüística en el Department of Hispanic Studies/University of Kentucky in Lexington. Sus áreas de investigación son el contacto lingüístico, la sintaxis, la sociolingüística y el ladino. Publicó Symeonidis/Dietrich (eds.) *Guaraní y "Mawetí-Tupí-Guaraní". Estudios históricos y descriptivos sobre una familia lingüística de América del Sur* (2006); Symeonidis/Noll (eds.): *Sprache in Iberoamerika. Zum 65. Geburtstag von Wolf Dietrich* (2005); *Das Judenspanische von Thessaloniki: Beschreibung des Sephardischen im griechischen Umfeld* (2002).

María Jesús Vitón de Antonio es Profesora Colaboradora de la Facultad de Educación y Formación del Profesorado de la Universidad Autónoma de Madrid. Colabora en distintos programas de postgrados sobre Desarrollo y Cooperación al Desarrollo, Reformas Educativas e Interculturalidad. Durante 10 años ha desarrollado diferentes trabajos de investigación en Guatemala y durante cinco años (1998-2003) ha sido experta de la Unión Europea en Guatemala para el apoyo a la Reforma Educativa. Publicó entre otros *Eulalio Lee. Cartilla de Alfabetización y Guía del Alfabetizador* (1992) y "Un planteamiento diferencial de aprendizaje de Castellano como segunda lengua. Propuestas de optimización de la Escuela Bilingüe Guatemalteca", en: *Síntesis* 26 (1990).

Harald Weydt has been Professor of Linguistics at the Department of German Language (FU Berlin) from 1975 to 1993. Currently he holds the chair for Linguistics (Descriptive Linguistics and interlingual Sociolinguistics) at the Europa-Universität Viadrina (Frankfurt/Oder), where he is also head of the research unit for German as a minority language. His current research includes interlingual sociolinguistics, German as a minority language (e.g. in the former Soviet Union), comparative linguistics and German grammar. Selected publications: *Noam Chomskys Werk. Kritik, Kommentar, Bibliographie* (1976),

Weydt/Hentschel: *Handbuch der deutschen Grammatik* (1990, ²1994);
Übungskompendium zur deutschen Grammatik (1992).

Gordon Whittaker studied Mediterranean Studies at Brandeis University (Waltham, Mass., USA.) and Anthropology at Yale University (New Haven, CT, USA), where he obtained his Ph.D. in 1980 with a dissertation on "The Hieroglyphics of Monte Alban". In 1985 he made his habilitation at the University of Tübingen and since 1989 he holds the chair of Ethnology and Indigenous American Studies at the University of Göttingen. He is editor of the journal *Mexicon* and co-editor of *Indiana*. Selected publications: *Calendar and Script in Protohistorical China and Mesoamerica (1990); Conversational Sauk. A guide to the language of Black Hawk (1996); A Concise Dictionary of the Sauk Language* (2005).

Katharina Wieland estudió Lingüística Aplicada y Estudios Culturales en las Universidades de Mainz/Germersheim, Rennes y Barcelona (1995-2001). Fue asistente en el lectorado de Alemán de la Universidad de Concepción (Chile). Desde el año lectivo 2004/2005 es colaboradora de la Cátedra de Lingüística Francesa y Española de la Universidad Humboldt de Berlín. Se doctoró en 2006 con una tesis sobre el lenguaje juvenil en Barcelona y su representación en los medios de comunicación. Sus temas de investigación son el lenguaje juvenil y mediático, la política lingüística y el español en Estados Unidos. Entre sus publicaciones figuran "Die Sprache der Jugend in Katalonien: eine Varietät des Katalanischen – Überblick über den bisherigen Forschungsstand", en: Roviró/Torrent-Lenzen/Wesch (eds.): *Normes i identitats* (2005); "Jugendbilder in der katalanischen Mediensprache – Medienbilder in der katalanischen Jugendsprache. Eine Analyse wechselseitiger Abhängigkeit", en: Dürscheid/Spitzmüller (eds.): *Perspektiven der Jugendsprachforschung/Trends and Developments in Youth Language Research* (2006); "Bidirektionale Grenzüberschreitungen – Jugendsprache in modernen Kommunikationsmedien zwischen Katalanisch und Spanisch", en: König (ed.): *Rand-Betrachtungen. Beiträge zum 21. Forum Junge Romanistik Dresden 2005* (2006).

Kathryn A. Woolard (Ph.D. 1983, University of California, Berkeley) is Professor of Anthropology at the University of California, San Diego. She has conducted research on language and identity in Catalonia since 1979 and is author of *Double Talk: Bilingualism and the Politics of Ethnicity in Catalonia* (1989). She co-edited the volumes *Language Ideologies: Practice and Theory* (1998) and *Languages and Publics: The Making of Authority* (2001). Her recent and current research includes historical studies of language ideology in early modern Spain ("Strategic bivalency in Latin and Spanish in early modern Spain", in: *Language in Society* 2007), and an ongoing evaluation of sociolinguistic change in Barcelona after 25 years of Catalan autonomy.

Klaus Zimmermann es profesor catedrático de lingüística iberorrománica de la Universidad de Bremen. Es director de la *Revista Internacional de Lingüística Iberoamericana* y de la serie LENSO (Editorial Iberoamericana). Sus campos de investigación son el contacto de lenguas amerindias con el español, lengua e identidad, lingüística pragmática (cortesía), sociolingüística, política y planificación lingüística, lenguas criollas, historiografía de la lingüística (lingüística misionera, Wilhelm von Humboldt), análisis de discurso, lenguaje de jóvenes. Entre sus publicaciones destacan: *Contacto de lenguas, identidad étnica y deterioro de la identidad* (1992); *Política del lenguaje y planificación para los pueblos amerindios* (1999); *Lenguaje y comunicación intercultural* (1997); *La descripción de las lenguas amerindias en la época colonial* (1997); *Lenguas criollas de base lexical portuguesa y española* (1999); *Lo propio y lo ajeno en las lenguas autronésicas y amerindias* (2001); *El español en América* (2004).